U0449930

国家社科基金
后期资助项目

国际环境嬗变视域下的
第二次国共合作研究

Study on the Second Cooperation between the
Kuomintang and Chinese Communist Party from the
Perspective of International Environmental Evolution

杜俊华 著

中国社会科学出版社

图书在版编目（CIP）数据

国际环境嬗变视域下的第二次国共合作研究 / 杜俊华著 . —北京：中国社会科学出版社，2019.5
ISBN 978 - 7 - 5203 - 2868 - 5

Ⅰ. ①国… Ⅱ. ①杜… Ⅲ. ①国共合作—研究—中国—1936—1946 Ⅳ. ①K265.190.7

中国版本图书馆 CIP 数据核字（2018）第 162040 号

出 版 人	赵剑英
责任编辑	孔继萍
责任校对	张依婧
责任印制	王 超
出 版	中国社会科学出版社
社 址	北京鼓楼西大街甲 158 号
邮 编	100720
网 址	http://www.csspw.cn
发 行 部	010 - 84083685
门 市 部	010 - 84029450
经 销	新华书店及其他书店
印 刷	北京君升印刷有限公司
装 订	廊坊市广阳区广增装订厂
版 次	2019 年 5 月第 1 版
印 次	2019 年 5 月第 1 次印刷
开 本	710×1000 1/16
印 张	22
插 页	2
字 数	406 千字
定 价	98.00 元

凡购买中国社会科学出版社图书，如有质量问题请与本社营销中心联系调换
电话：010 - 84083683
版权所有　侵权必究

国家社科基金后期资助项目
出版说明

后期资助项目是国家社科基金设立的一类重要项目，旨在鼓励广大社科研究者潜心治学，支持基础研究多出优秀成果。它是经过严格评审，从接近完成的科研成果中遴选立项的。为扩大后期资助项目的影响，更好地推动学术发展，促进成果转化，全国哲学社会科学工作办公室按照"统一设计、统一标识、统一版式、形成系列"的总体要求，组织出版国家社科基金后期资助项目成果。

全国哲学社会科学工作办公室

目 录

第一章 绪论 ……………………………………………………… (1)
  一 文献研究综述 ………………………………………………… (2)
  二 研究方法、研究思路和研究资料 …………………………… (9)
  三 创新和不足 …………………………………………………… (10)

第二章 20 世纪 30 年代前期的国际环境与第二次国共合作之酝酿 …………………………………………… (12)
  第一节 1929—1933 年世界经济大萧条与国际环境嬗变 …… (12)
    一 20 世纪 30 年代前期的经济危机及美英法的远东政策 …… (13)
    二 经济危机打击下的德国和日本国内情况及对华政策 …… (22)
    三 经济危机对苏联的影响及对华政策演变 ………………… (34)
  第二节 20 世纪 30 年代前期的国际环境嬗变对第二次国共合作的影响 ………………………………………… (39)
    一 1929—1993 年的世界经济危机对中国的影响 …………… (39)
    二 国际环境嬗变与国共关系的演变 ………………………… (44)
    三 1935—1936 年：苏联暗中支持下的国共秘密谈判 ……… (53)
    四 国际环境与西安事变的和平解决：第二次国共合作条件的初步成熟 ……………………………………………… (57)
    五 西安事变后国共两党对红军改编的初步谈判 …………… (70)
    六 西安事变后国共就苏区政府、土改等的谈判 …………… (71)

第三章 抗战防御阶段的国际环境与国共合作形成及"黄金合作" ……………………………………………… (75)
  第一节 抗战爆发到武汉失陷以前的国际环境 ……………… (75)
    一 日本加大对华侵略，试探"北进"进攻苏联 ……………… (75)
    二 美、英、法对华"实利主义"的政策 ………………………… (79)

三　苏联对华大力支援及原因 …………………………………… (84)
　　四　德国由"中立"暗中援华到偏向日本 ………………………… (88)
第二节　国际环境对第二次国共合作正式形成和积极
　　　　发展的影响 ………………………………………………… (92)
　　一　卢沟桥事变后国共合作的初步形成 …………………………… (92)
　　二　红军改编和国民参政会的成立 ………………………………… (95)
第三节　太原会战、徐州会战、武汉抗战:国共合作抗日的
　　　　黄金时期 …………………………………………………… (99)
　　一　中共游击战理论、从外围防御敌人的思想对国民党
　　　　军队抗日的影响 …………………………………………… (99)
　　二　太原会战中的国共合作抗日 …………………………………… (100)
　　三　忻口会战中的国共军队合作抗日 ……………………………… (101)
　　四　台儿庄战役中的国共合作抗日 ………………………………… (103)
　　五　武汉会战时期的国共合作抗日 ………………………………… (104)
　　六　国民参政会初期:国共的"黄金合作"抗日救国 ……………… (105)
　　七　国共在抗战初期"黄金合作"抗日之原因 …………………… (108)
第四节　全面抗战初期国民党和共产党对国际环境嬗变
　　　　的应对 ……………………………………………………… (111)
　　一　国民党积极争取苏、美、英、法的支持,并中立德国和
　　　　意大利 ……………………………………………………… (111)
　　二　中共开辟抗日根据地,与英美人士接触,克服苏联"亲国
　　　　疏共"影响 ………………………………………………… (118)

第四章　太平洋战争前的国际环境与第二次国共合作 ……………… (127)
第一节　武汉失陷到太平洋战争爆发期间欧、美、苏、日、德等
　　　　大国的对华政策 …………………………………………… (127)
　　一　"欧战"爆发与中国政府的应对 ……………………………… (128)
　　二　日本引诱国民党妥协,开始考虑"北上"或者"南进" ……… (130)
　　三　美国、英国和法国对华政策的嬗变 …………………………… (139)
　　四　苏联支持中国抗日,又与日本谈判 …………………………… (146)
　　五　德国的远东战略(1939—1941) ……………………………… (153)
第二节　国共对汪精卫叛逃建立伪南京国民政府危机的因应 … (155)
　　一　汪精卫出逃及伪南京国民政府的建立 ……………………… (155)
　　二　国民党对汪精卫叛逃投日的谴责 …………………………… (159)

三　中国共产党对汪精卫投日之谴责 …………………… (162)
　第三节　国共第二次合作中的两次危机,中共利用国际
　　　　　环境化解 …………………………………………… (166)
　　　一　国民党利用国际环境掀起第一次反共高潮,中共
　　　　　成功应对 …………………………………………… (166)
　　　二　国民党发动第二次反共高潮,共产党利用国际力量
　　　　　进行遏制 …………………………………………… (171)

第五章　太平洋战争时期的国际环境嬗变与国共合作 ……………… (180)
　第一节　太平洋战争爆发至1945年8月大国的对华政策 ……… (180)
　　　一　太平洋战争的爆发 ………………………………… (180)
　　　二　日本"两个拳头"打人——对中国侵略,与英美争夺
　　　　　东南亚 ……………………………………………… (183)
　　　三　美、英加大对中国的援助,并开辟亚洲反法西斯战场 …… (187)
　　　四　苏联忙于自救,抗战胜利前夕为自己利益出兵东北 …… (190)
　　　五　维希法国与戴高乐领导的"自由法国"的对华政策 …… (192)
　　　六　德国虽与中国断交,但仍企图拉拢蒋介石进入轴心
　　　　　国阵营 ……………………………………………… (194)
　第二节　国际环境对国共合作关系的影响 …………………… (195)
　　　一　英、美对国共的新认识:援蒋的同时加大与中共的接触
　　　　　和交流 ……………………………………………… (195)
　　　二　苏联与中共的嫌隙及中共的独立自主 …………… (204)
　　　三　国际环境与林彪、蒋介石重庆谈判 ……………… (205)
　　　四　1943年上半年的国际环境与国民党第三次反共高潮
　　　　　被打退 ……………………………………………… (209)
　第三节　抗战胜利前夕的国际环境与赫尔利主持的国共谈判 … (212)
　　　一　抗战后期的国际环境 ……………………………… (213)
　　　二　中共"联合政府"主张的提出 …………………… (216)
　　　三　抗战后期中共对美军军事观察组的国际统战工作 …… (220)
　　　四　史迪威事件与第二次国共合作 …………………… (221)
　　　五　赫尔利与抗战前夕的国共谈判 …………………… (226)

第六章　抗战胜利后的国际环境与国共合作的破裂 ……………… (232)
　第一节　抗战胜利初期的国际环境与重庆谈判 ……………… (232)

4　国际环境嬗变视域下的第二次国共合作研究

　　　一　重庆谈判的背景：抗战胜利初期的国际环境……………（232）
　　　二　重庆谈判前夕国共两党对国际环境的应对　…………（241）
　　　三　美、苏对重庆谈判结果的影响……………………………（247）
　第二节　国际环境嬗变视阈下的重庆政协会议、国共停战协定
　　　　　和整军谈判……………………………………………（252）
　　　一　国际环境与1946年1月的重庆政协会议………………（253）
　　　二　马歇尔主持下的国共停战协定和整军方案谈判　………（267）
　第三节　国际环境嬗变视阈下之南京谈判：第二次国共合作
　　　　　终结………………………………………………………（270）
　　　一　背景：南京谈判前夕的国共、美、苏"三国四方"政治
　　　　　较量………………………………………………………（271）
　　　二　国际形势与四平之战　……………………………………（272）
　　　三　南京谈判与第二次国共合作的终结……………………（276）

第七章　国际环境嬗变与第二次国共合作的经验…………………（287）
　第一节　国内因素与国际环境嬗变在第二次国共合作中的
　　　　　辩证关系…………………………………………………（287）
　　　一　国内情势是第二次国共合作形成、曲折发展和破裂
　　　　　的根本原因………………………………………………（287）
　　　二　国际环境嬗变是影响第二次国共合作历程的重要因素…（296）
　　　三　国共合作的曲折发展对国际环境嬗变起一定的推动
　　　　　作用………………………………………………………（301）
　　　四　国共合作是抗战胜利的基础，国际环境是抗战胜利的
　　　　　"催化剂"…………………………………………………（304）
　第二节　第二次国共合作时期国共应对国际环境嬗变的经验…（305）
　　　一　国民党、共产党应对国际环境嬗变的经验………………（305）
　　　二　国共应对国际环境嬗变的教训…………………………（325）

参考文献………………………………………………………………（330）

第一章　绪论

中国的抗日战争是世界反法西斯战争的东方主战场，对反法西斯战争的胜利做出了不可磨灭的贡献。美国总统富兰克林·德拉诺·罗斯福（Franklin D. Roosevelt）在谈到中国抗战的作用时曾强调："假如没有中国或者中国被打垮了，想一想有多少个师团的日本兵，可以调到其他方面来作战……"[1] 英国首相温斯顿·伦纳德·斯宾塞·丘吉尔（Winston Leonard Spencer Churchill）1942年1月在华盛顿写给英军元帅阿奇博尔德·珀西瓦尔·韦维尔（Archibald Percival Wavell）的信中强调中国的重要性："不要忘记在所有重要因素中，亚洲的团结对于世界反法西斯战争的重要性……假如我现在用在美国所能想到的一个词来概括的话，那就是'中国'。"[2] 正因为中国抗战在世界反法西斯战争中的重要作用，中国在抗战后期的国际地位才得到空前提高。

那么，是什么原因让原来贫穷落后、长期遭受外敌欺侮的中国能与强大的日本侵略者持久作战并最终取得胜利呢？毫无疑问，以第二次国共两党合作为基础，有各族人民、各民主党派、抗日团体、社会各阶层爱国人士和海外侨胞广泛参加的全民族全面抗战功不可没。而实现国共第二次合作这一伟大的历史性转变，不但有内因，即中国国内形势的变化；而且有外因，即国共第二次合作的形成、发展都与当时的国际环境嬗变密不可分——中国的抗日战争在影响世界的同时也得到了世界反法西斯力量的大力支持。因此，国际环境的变化对第二次国共合作有很大的影响，从国际环境嬗变的角度探讨第二次国共合作很有必要。

---

[1] ［美］富兰克林·德拉诺·罗斯福（Franklin D. Roosevelt）：《罗斯福见闻秘录》，李嘉译，新群出版社1949年版，第49页。

[2] Winston Churchill, *The Second World War*, Vol. IV: The Hinge of Fate, London: Cassel, 1951, p. 120.

一 文献研究综述

国际环境作为影响第二次国共合作发展的一个非常重要的因素，是国共争相扩大国际影响、争取政治"话语权"的竞争场域之所在，也是深入研究第二次国共合作的重要因素。国外学者对之进行了一定的关注，并取得了一些研究成果。美国哈佛大学中国问题研究中心第一任主任、著名中国问题研究专家费正清（John King Fairbank）所著的《美国与中国》《与中国的五十年不解之缘》《伟大的中国革命（1800—1985）》《剑桥中华民国史（1912—1949）（二）》，美国斯坦福大学著名汉学家范力沛（Lyman van Slyke）著的《敌与友：中共党史中的统一战线》（哈佛大学出版社1971年版），斯坦福大学历史学教授片冈铁哉所著《中国的抗战和革命：共产党与第二次统一战线》（伯克利，加州大学伯克利分校出版社1974年版）[1]等成果；以及俄罗斯科学院远东所的学者 Н. Л. 玛玛耶娃所著的《中日战争时期的苏联、美国和国共"统一战线"》[2]一文，英国牛津大学历史学教授米德（Rana Mitter）所著的论文《中日战争期间英国的外交及英国对中国政府态度的演变》[3] 等研究成果，都对国际环境嬗变与第二次国共合作进行了一些论述，但没有深入探讨国际环境嬗变与第二次国共合作的关系。James Reardon Anderson 在 *The Origins of Chinese Communist Foreign Policy, 1944-1946*（Columbia University Press，1980）一书中认为，抗战期间周恩来等中国共产党人广泛接触外国人士，团结各种社会政治力量，推行"人民外交"，争取了一些国家政府和外国人对中共的同情和支持，使中共的国际形象大为改观。日本土田哲夫的《中国抗战的展开与宣战问题》一文，对中国抗战的展开与推迟宣战的国际环境进行了比较深入的研究。日本学者波多野善大所写的《国共合作》一书（罗可群译：《国共合作》广东档案史料丛刊（增刊），1982年版），对抗战时期的国共关系有所论述，但限于当时的资料收集困难和意识形态的影

---

[1] John King Fairbank, *The United States and China* (American Foreign Policy Library)（《美国与中国》，Harvard University Press，1948）；Republican China，1912-1949，Vol. 13，Part 2（《剑桥中华民国史（1912—1949）》，第二部，Harvard University Press，1983）；*China bornd: A Fifty-Year Memoir*（《与中国的五十年不解之缘》，Harper and Row，New York，1983）；*The Great Chinese Revolution，1800-1985*（《伟大的中国革命（1800—1985）》，Harper and Row，New York，1986）。

[2] 杨天石、侯中军编：《中日战争国际共同研究之四：战时国际关系》，社会科学文献出版社2011年版，第58—75页。

[3] 同上书，第624—639页。

响,该书论述有些不足和偏颇。特·海茵茨希著、张文武和李丹琳翻译的《中苏走向联盟的艰难历程》(新华出版社 2001 年版)一书,不仅对中苏关系的发展过程作了翔实的描述,而且对中苏的一致与矛盾进行了认真的分析,对一些有争议的历史问题和若干历史著作中的观点发表了看法。Henry Wei PH. D 所著的 China and Soviet Russia 一书对 20 世纪以来中国与苏联的关系进行了较为详细的研究,其中也涉及抗战时期苏联与中国国民党、中国共产党的关系,以及国共第二次合作的积极作用和消极作用[1]。英国专家 Martin H. Brice 在其所著的 The Royal Navy and the Sino-Japanese Incident (1937–1941)[2] 一书里,对从 1937 年 7 月 7 日日本发动卢沟桥事变后至 1941 年年底日本发动偷袭美国珍珠港事件(后又进攻英国殖民统治下的香港、新加坡)期间,英国皇家海军的应对、英国政府的对华政策和对日政策进行了比较深入的分析。Tetsuya Kataoka 在其所著的 Resistance and Revolution in China—The Communists and the Second United Front[3] 一书中,对中国共产党在第二次世界大战时期与国民党的第二次合作、共同抗击日本帝国主义的侵略进行了较深入的论述,涉及中共在第二次国共合作期间的对策、措施,成效分析等内容,这是外国学者第一本较为深入研究第二次国共合作的著作,但是因该书成书比较早,受当时中美关系及意识形态的影响,加之一些档案资料没有公布,故该书的观点有许多值得商榷的问题。日本学者矶野士子所著的《蒋介石的美国顾问——欧文·拉铁摩尔回忆录》一书认为,作为美国人的拉铁摩尔担任了蒋介石的政治顾问,希望国共合作共同抗日,并与周恩来交往,反对蒋介石在抗战时期与中国共产党发生军事冲突[4]。美国学者 Arthur N. Young 所著的 China and the Helping Hand (1937–1945),美籍华人历史学家 Tang Tsou 所著的 America's Failure in China (1941–1950),Charles Loch Mowat 所著 Britain between the Wars (1938–1940),美国学者威廉·哈代·卖克尼尔著《美国、英国和俄国——它们的合作与冲突(1941—1946)》,美国学者巴巴拉·W. 塔奇曼著《逆风沙——史迪威与美国对华

---

[1] Henry Wei PH. D, China and Soviet Russia, New York: Greenwood Press, 1974.
[2] Martin H. Brice, The Royal Navy and the Sino-Japanese Incident (1937–1941), London: Ian Allan Ltd, Shepperton, Surrey, 1973.
[3] Tetsuya Kataoka, Resistance and Revolution in China—The Communists and the Second United Front, Los Angels: Berkly University of California Press, 1974.
[4] [日]矶野士子:《蒋介石的美国顾问——欧文·拉铁摩尔回忆录》,吴心伯译,复旦大学出版社 1996 年版。

经验》，美国历史学家易劳逸（Lioyd E. Eastman）所著的《毁灭的种子：战争与革命中的国民党中国（1937—1949）》，英国牛津大学历史学教授 Rana Mitter 先生所著的 Forgotten Ally（China's World War II, 1937 – 1945），剑桥大学方德万（Hans J. vandeVen）教授的《中国的民族主义与战争（1925—1945）》①，这些著作，都对战时中国与盟国的关系、盟国与中国国共两党合作的关系及影响虽也有所涉及，但更偏向于中国政府与盟国政府之间的合作、援助与被援助的关系。

在中国大陆，自 1981 年 8 月 30 日时任全国人大常委会委员长的叶剑英向新华社记者发表谈话②以来，诸多专家和学者掀起了研究国共合作的高潮，这也包括第二次国共合作。在此背景下，学界对抗战时期国共两党关系史的研究不断深入，相关专著、资料汇编、研究论文等研究成果都较丰富。在专著和资料汇编方面，主要有：童小鹏著《第二次国共合作》（文物出版社 1984 年版）、林家友等所著《国共合作史》（重庆出版社 1987 年版）、杨世兰等主编《国共合作史稿》（河南人民出版社 1988 年版）、中共党史资料征集委员会编辑的《第二次国共合作的形成》（中共党史资料出版社 1989 年版）、张广信等编《国共关系研究》（陕西人民教育出版社 1990 年版）、重庆市政协文史资料委员会等编的《抗日战争时期国共合作纪实》（重庆出版社 1992 年版）、田克勤所著《国共关系论纲》（东北师范大学出版社 1992 年版）、黄修荣编著的《抗战时期国共关系纪事（1931—1945）》（中共党史出版社 1995 年版）、柳建伟的《红太阳、白太阳——第二次国共合作启示录》（解放军文艺出版社 1995 年版）、郝晏华的《从秘密谈判到共赴国难——国共两党第二次合作形成探微》（北京燕山出版社 1992 年版）、杨奎松的《失去的机会——战时国共

---

① Arthur. N. Young, *China and the Helping Hand*（1937 – 1945），Harvard University Press，1963；Tang Tsou, *America's Failure in China*（1941 – 1950），the University of Chicago Press，1963；Charles Loch Mowat, *Britain between the Wars*（1938 – 1940），Chicago：The University of Chicago Press；易劳逸（Lioyd E. Eastman）：《毁灭的种子：战争与革命中的国民党中国（1937—1949）》，王健朗等译，江苏人民出版社 2009 年版；[美] 威廉·哈代·麦克尼尔：《美国、英国和俄国——它们的合作与冲突（1941—1946）》，叶佐译，上海译文出版社 1978 年版；[美] 巴巴拉·W. 塔奇曼：《逆风沙——史迪威与美国对华经验》，汪溪译，重庆出版社 1994 年版；[英] Rana Mitter, *Forgotten Ally*（China's World War II, 1937 – 1945），Houghton Mifflin Harcourt，2013；[英] Hans J. VandeVen（方德万）：《中国的民族主义与战争（1925—1945）》，胡允桓译，生活·读书·新知三联书店 2007 年版。

② 在谈话中，叶剑英提出的实现和平统一台湾的"九条方针"中的第一条就是：举行国共两党对等谈判，实现第三次国共合作，完成祖国统一。

谈判实录》(广西师范大学出版社 1992 年版)、范小方等编《国共谈判史纲》(武汉出版社 1996 年版)、杨奎松的《国民党的"联共与反共"》(社会科学文献出版社 2008 年版)、沈志华主编《俄罗斯解密档案选编——中苏关系》第 1 卷（1945.1—1949.2）（中国出版集团、东方出版中心 2014 年版）等。在以上论著中，学者们其一，对第二次国共合作的形成过程进行了梳理，并对合作关系形成的背景、原因进行了较细微的研究，实事求是地评价了国共两党合作对抗日战争胜利所起的巨大作用。其二，学者们亦研究了第二次国共两党合作在抗战各个阶段的具体情况，并对第二次国共合作为什么没能实行党内合作进行了具体研究。[1] 其三，有学者对国共的摩擦事件进行深入研究，并认为当时两党关系发生根本变化的标志是中共提出"联合政府"的主张。[2] 其四，学者们对第二次国共合作期间国共两党的历次谈判作了详尽研究，并探讨了其对中国抗日战争的影响、分析其对国共力量的影响，同时给予了恰当的评价。其五，对第二次国共合作破裂的主要标志的认识逐渐趋于一致。在研究中，一些学者认为，应以 1946 年 11 月国民党政府召开制宪"国大"，关闭国共和谈大门，周恩来率中共代表团主要成员离开南京，返回延安，作为第二次国共合作破裂的标志。一些学者则认为，应以 1947 年 1 月国共南京谈判失败、美国特使马歇尔黯然离开中国，作为第二次国共合作完全破裂的标志。这些都对以前学界的看法——认为 1946 年 6 月国民党发动进攻中原解放区为第二次国共合作结束的标志——有明显的不同。

中国学界对抗战时期中国的国际环境也给予了一定的关注，有一些成果发表。主要体现在以下方面：首先是综合性专著。陶文钊、杨奎松和王建朗的《抗日战争时期的中国对外关系》(中共党史出版社 1995 年版)一书，第一次对战时中外关系作了全面细致的论述，认为外国与中国关系的亲疏、敌友，是以这些国家自身的民族利益为转移。杨奎松教授的《"中间地带"的革命——国际大背景下看中共成功之道》(山西人民出版社 2010 年版)一书，从国际形势的角度，论述了 1921 年中共建党以来与

---

[1] 习五一：《抗战前期国共两党共建一个"大党"的谈判》(载《抗日战争研究》1996 年第 1 期)是这方面的代表作。该文论述了从 1937 年至 1939 年，国共两党为寻求第二次合作的方式展开的谈判和竞争，终因立场相距太远，无法达成协议，最后只得采取党外合作的方式。

[2] 杨奎松：《抗战胜利前后中共争取"联合政府"的斗争》(载《抗日战争胜利 50 周年纪念集》，近代史研究杂志社 1995 年版)一文认为，"联合政府"主张的提出，是抗战时期中共第一次公开向国民党政权在全国的统治地位提出挑战，最终改变了国共两党的相互关系。

6　国际环境嬗变视域下的第二次国共合作研究

国民党的合作与博弈，中共如何在国际环境嬗变中，实力经历了弱—强—弱—强的转变，并最终在解放战争中推翻国民党的统治取得胜利，尤其是对苏联的作用作了详细而深入的分析和思考。以胡德坤教授领衔、国内30余位"二战史"专家通力合作并精心撰著的九卷本的教育部社科重大公关项目《反法西斯战争时期的中国与世界》系列研究丛书①，也对抗战时期中国的国际关系进行了深入的分析。韩永利的《中国抗战与美英东亚战略的演变（1931—1945）》一书，认为中国抗战是推动美英东亚战略转变、战时中美英三国建立战略关系的关键性因素，它推动了美英东亚战略向援助中国、制约日本侵略方向发展。其次是双边关系的专著。李世安的《反法西斯战争时期的中国与英国》一书，详细论述了第二次世界大战中的英国对华政策，揭示了英国对华政策的基本内容、制定过程、实施过程及其对战后英国对华政策的影响。陶文钊的《战时美国对华政策》一书，使用了大量的美国第一手档案资料，全面、系统地阐述了从"九一八"事变到反法西斯战争胜利的美国对华政策，具体细致地描述了美国政策的变化过程、导致这种变化的原因及其产生的后果。汪金国的《战时苏联对华政策》一书，采取历史顺叙和专题研究相结合的体例，将苏联、共产国际与中国共产党的关系，以及新疆问题、东北问题和外蒙古问题置于整个苏联对华政策的大背景中进行研究。马振犊的《战时德国对华政策》认为，在第二次世界大战前，中德两国围绕德国军事顾问来华、原料和军备的易货贸易及经济建设等多方面开展了实质性的外交，德国人参与了中国的内战及后来的全面抗战。第二次世界大战开始后，德国因全球战略的需要，逐渐弃华联日。胡德坤的《中国抗日战争与日本世界战略的演变》（武汉大学出版社2010年版），则对日本的国际国内环境，中国共产党和国民党的对日政策对日本侵华进程的影响，美国、英国、德国和苏联，尤其是苏联对日本侵华战争战略的演变进行了较为详细的分析。中国社会科学院近代史研究所民国史研究室的吕迅博士所著的《大棋局中的国共关系（1944—1950）》（社会科学文献出版社2015年版），利用丰富的第一手的档案文献资料和报刊资料，对1944—1950年的

---

① 丛书共九卷，都由武汉大学出版社于2010年出版，分别是胡德坤主编的《中国抗日战争与日本世界战略的演变》；韩永利《中国抗战与美英东亚战略的演变》；宋培凤《中国与世界反法西斯联盟》；彭敦文《太平洋战争爆发前国民政府外交战略与对外政策》；王建朗《太平洋战争爆发后国民政府外交战略与对外政策》；陶文钊《战时美国对华政策》；李世安等《战时英国对华政策》；汪金国《战时苏联对华政策》；马振犊《战时德国对华政策》。

国际环境大棋局下的国共关系进行了比较深入的研究和分析,认为美国对国民党的支持并不是全心全意的,认为冷战是内战的继续,内战是第二次世界大战的继续。认为美国从本国利益出发在中国内战中发挥的明显作用和潜在影响,苏联对中共或隐或现的支持以及挖国民党的墙角,都是影响1944—1950年国共关系的重要国际背景因素。最后是论文。研究者分别对此时的中国与美英苏日德关系进行了论述。张宪文的《三十年代中德关系初探》(《历史档案》1990年第2期)一文认为,20世纪30年代中德双方关系达到高峰,两国政府从各自的军事、政治战略出发,密切了经济、军事合作。赵士国的《抗日战争时期苏联对华政策解读》(《世界历史》2007年第1期)一文认为,国际形势嬗变使苏联对华政策发生变化:初期为了避免两线作战,加强对中国的军事援助;中期因为主要精力在对付德国法西斯,向日本让步,签订《苏日中立条约》,其对华关系逐渐变冷;后期,苏军为了远东利益,出兵我国东北。但不管动机如何,苏联的对华援助客观上避免了中国为取得最后胜利可能出现的更大牺牲。沈志华的《斯大林与中国内战的起源(1945—1946)》(《社会科学战线》2008年第10期)一文认为,抗战结束苏联出兵中国东北、签订《中苏友好条约》,使其在中国东北有特殊利益,加之与美国在远东的博弈,曾经暗中在东北等问题上支持中国共产党,是影响第二次国共合作破裂的重要因素之一。朱贵生的《抗战时期的中美关系》一文认为,抗战时期的美国对华关系经历了隔岸观火,坐收渔利—援华抗日,联盟作战—抬举中国,壮大美国—考察延安,促蒋联共—扶蒋反共挑动内战的嬗变过程,美国的这一切都是为保障美国在远东和全球的利益服务的。李时安的《英国对华政策与中国共产党(1942—1946):薛穆大使的作用》[中国社会科学院近代史研究所《中国近代史研究》编辑部编《国外中国近代史研究》(25)],该文从英国驻华大使薛穆的角度,对此时英国与中共关系进行了深入研究。

在抗战时期中共与美英苏关系的专题研究方面,学者们也给予了一定程度的关注,主要专著有:牛军的《从延安走向世界:中国共产党对外关系的起源》(中共党史出版社2008年版)和《从赫尔利到马歇尔:美国调处国共矛盾始末》(东方出版社2009年版);王真的《没有硝烟的战线——抗战时期的中共外交》(广西师范大学出版社1995年版);王庭岳的《崛起的前奏:中共抗战时期对外交往纪实》(世界知识出版社1995年版);金城的《延安交际处回忆录》(中国青年出版社1986年版);刘德喜的《延安时期毛泽东外交战略》(陕西人民教育出版社1993年版);

许文鸿的《中共"一边倒"政策的形成》（知识产权出版社 2012 年版）；中国社会科学院近代史研究所翻译室的《国共内战与中美关系——马歇尔使华秘密报告》（华文出版社 2012 年版）；中国社会科学院近代史研究所翻译室译的《马歇尔使华》（中华书局 1981 年版）；汪朝光的《1945—1949：国共政争与中国命运》（社会科学文献出版社 2010 年版），等等。以上专著对民主革命时期尤其是抗战时期和解放战争时期的中共与美英关系的演变，所导致的中国政治格局的嬗变进行了细致的分析，认为国际局势的变化对于中共斗争策略的嬗变有重大的影响。

在中国台湾，学者们也对抗战时期的国共关系与统一战线、国际形势的变化进行了研究和关注，有一些成果发表。秦孝仪主编的《中华民国重要史料初编——对日抗战时期》第三编《战时外交》（一、二、三册），陈志奇编《中华民国外交史料汇编》（十一册），梁敬錞《开罗会议》和《史迪威事件》，张力《国际合作在中国：国际联盟角色的考察，1919—1946》，蒋永敬、刘维开《蒋介石与国共和战：1945—1949》，张玉法编写的《中国现代政治史论》，刘维开《国难期间应变图存问题之研究：从九一八到七七》，许倬云、丘宏达《抗战胜利的代价》[①] 等。这些著作都对抗战时期和抗战胜利初期的国际关系与第二次国共合作的发展进行过论述，但论述角度主要是从国民党的角度，对中国共产党及其领导的抗日武装在抗日成效、国共军事冲突等问题上，都有许多不实之词。

通过梳理和分析，既有成果也存在以下不足：其一，成果主要集中在从国内政治上谈论第二次国共合作的基础、形成、发展及破裂过程。很少有专门从国际环境嬗变的角度探讨第二次国共合作。其二，对第二次国共合作时期美、英、苏、日、德与中国的关系方面，主要集中在其与国民政府的关系方面，而对国际环境对国共合作关系的影响探讨较少。其三，成果对美国和苏联对第二次国共合作的影响相对而言研究得多，而对英国的

---

① 秦孝仪主编：《中华民国重要史料初编——对日抗战时期》第三编《战时外交》（一、二、三册），中国国民党中央委员会党史委员会编印，1981 年；陈志奇编：《中华民国外交史料汇编》（十一册），第 31 编，台北：渤海堂文化事业有限公司 1996 年版；梁敬錞：《开罗会议》，台北：台湾地区商务印书馆 1973 年版；梁敬錞：《史迪威事件》，商务印书馆 1973 年版；张力：《国际合作在中国：国际联盟角色的考察，1919—1946》，台北："中央研究院"近代史研究所 1999 年 6 月；蒋永敬、刘维开：《蒋介石与国共和战：1945—1949》，山西人民出版社 2013 年版；张玉法编：《中国现代政治史论》，台北：东华书局 1988 年版；刘维开：《国难期间应变图存问题之研究：从九一八到七七》，台湾"国史馆"1995 年版；许倬云、丘宏达：《抗战胜利的代价》，台湾联经出版事业公司 1986 年版。

影响研究太少。其四，随着近年来共产国际和苏共档案的解密、英国和美国第二次世界大战时期部分档案解密，已有研究成果也存在着一些论述不完善的地方。其五，已有成果没有对外国执政党与在野党、民众团体对政府的对华政策以及其对国共关系的影响进行深入研究。有鉴于此，本课题拟在以上研究成果基础上，综合研究此时英、美、苏、日、德的国内环境以及对华政策嬗变的历程及原因、采取的相关措施、对国共合作的影响，进一步探讨国共在应对国际环境嬗变方面的措施、经验和教训，为当今中国政府正确处理国际形势并采取应对措施起一点借鉴作用。当然，以前专家和学者们的研究成果也在客观上给本研究带来了很大的帮助。首先有大量经过考证分析的基础材料。其次，方法论的启示，拓宽了课题进行深入研究的视野。

二 研究方法、研究思路和研究资料

（一）研究方法

以历史唯物主义和辩证唯物主义为指导，在广泛收集此时档案材料、历史文献资料的基础上，把理论与实证相结合，综合运用比较分析法、计量研究法、归纳研究法，借助于政治学、国际关系学与历史学的理论与方法，以国际化的视野，从多学科、多视角交叉的角度对项目进行深入研究。

（二）研究思路

在分析已有研究成果和收集到的材料的基础上，提出研究题目《国际环境嬗变视域下的第二次国共合作研究》，综合运用收集到的档案文献资料、报刊资料，采用文献分析、比较研究、典型与一般、定量与定性分析相结合等方法，从十四年抗战的新角度，梳理和研究国际环境嬗变对第二次国共合作酝酿的影响、国际环境嬗变对第二次国共合作形成的影响、国际环境嬗变下的国共合作黄金时期、国际环境嬗变下的第二次国共合作的曲折发展以及国际环境嬗变视野下的第二次国共合作的破裂；最后再归纳总结，形成专著和相关论文成果。

研究的基本技术路线如图1—1所示。

（三）资料说明

研究所用的资料包括在国内和在美国搜罗的第一手档案材料、20世纪三四十年代报刊资料、著述，当今学者的相关研究成果，包括中英文专著和论文等。主要有：

1. 原始档案。原始档案是史学论著写作中最重要的第一手直接材料，

```
┌─现有文献、档案、当时─┐    ┌──前期成果的分析──┐
│  报刊资料的梳理      │    │                  │
└──────────┬───────────┘    └────────┬─────────┘
           ↓                         ↓
┌─────────────────────────────────────────────┐
│    国际环境嬗变视域下的第二次国共合作研究    │
├──────────────┬──────────────┬───────────────┤
│国际环境嬗变与 │国际环境嬗变与 │国际环境嬗变与 │
│第二次国共合作 │第二次国共合作 │第二次国共合作 │
│的酝酿与形成   │的曲折发展     │的破裂         │
└──────────────┴──────────────┴───────────────┘
           ↓
┌─────────────────────────────────────────────┐
│小结  国际环境嬗变对第二次国共合作的影响、经验、启示│
└─────────────────────────────────────────────┘
           ↓
┌─────────────────────────────────────────────┐
│最终成果：专著《国际环境嬗变视域下的第二次国共合作研究》│
└─────────────────────────────────────────────┘
```

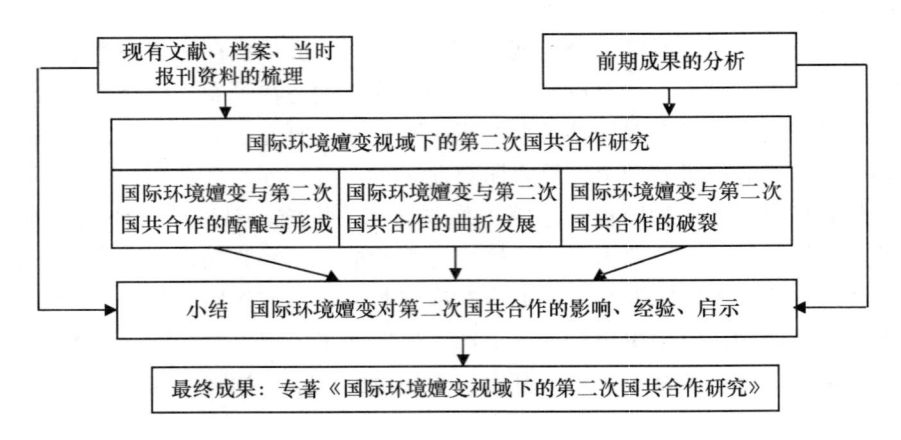

图 1—1

应该尽量收集和整理。在写作过程中，笔者曾到美国国会图书馆、波士顿图书馆、北京的中央档案馆、南京的中国第二历史档案馆、四川省档案馆、重庆市档案馆等地查阅相关档案资料，也请朋友在英国、俄罗斯查阅档案资料。

2. 当时的报刊资料。报纸是资料丰富的载体，它们如实记载了当时发生的情况，给研究提供了翔实而真实可靠的资料。曾经到国家图书馆、重庆市图书馆、四川省图书馆等地，查阅《新华日报》《申报》《解放日报》《中央日报》等报刊资料。

3. 专著。主要包括两大类，一种是专题研究著作，另一种是资料性专著。

4. 论文。主要涉及国内外学者相关研究论文。

5. 在美国访学期间所查阅的档案文献资料、报刊资料，以及大量的外文专著。

三 创新和不足

本书用丰富的档案材料和原始报刊材料作铺垫，尝试综合运用政治学、社会学、历史学、外交学、国际关系学等相关学科的理论和方法进行论证分析。创新之处主要有以下几个方面。

其一，运用大量第一手的原始档案材料及报刊资料，分析论证第二次国共合作时期的国际环境嬗变情况。包括档案材料、报刊资料、文史资料等。

其二，综合运用比较研究、文献研究、调查研究法等研究方法，论述在第二次国共合作时期，国共如何应对国际环境，并对比探讨成效及不足。

不足：

国际环境内容很丰富，涉及政治、经济、文化、社会的方方面面。如何选择和取舍材料颇考验笔者的眼力和脑力，在这方面，论文中可能存在一些论证模糊，论证不到位的地方。

第二章 20世纪30年代前期的国际环境与第二次国共合作之酝酿

20世纪30年代前期，在世界经济危机的影响下，德国、意大利和日本的"民族主义"高涨，法西斯力量或军国主义势力开始登上政治舞台，为了转移国内矛盾，德、意、日三国逐渐走上向外侵略扩张的道路；英、美、法则因资金相对雄厚和具有更强的民主传统，过分关注国内经济发展，依靠"内功进行疗伤"并在欧洲和远东采取了"绥靖"政策，企图把法西斯的侵略矛头引向苏联；苏联则积极利用有利时机进行经济发展、军事发展，为了避免受到东西方法西斯势力的夹击，加紧了与欧美的合作，也开始改变与中国政府的紧张关系。这些对于第二次国共合作的形成都有一定的影响。也正是在苏联的积极支持、欧美的默许下，面对日本帝国主义的侵略，中国国民党和共产党逐渐改变完全对立的政策，并进行了一系列秘密的谈判；而在国际国内因素影响下西安事变的和平解决，为国共第二次合作建立抗日民族统一战线奠定了基础。

第一节 1929—1933年世界经济大萧条与国际环境嬗变

经济基础决定上层建筑，国际经济与国际政治总是紧密联系在一起的。1929—1933年的世界经济危机，深刻影响了国际关系格局。受经济危机沉重打击的影响，金融力量相对薄弱、资源自给率较低的德国、日本和意大利三国国内矛盾突出，纷纷走上了向外侵略并抢占其他国家资源的法西斯道路。而金融和资源相对雄厚的英国、美国和法国，在危机中损失虽然也较大，但这些国家具有民主传统，面对法西斯国家的争夺逐渐摒弃前嫌，于 1936 年秋签订了《三国货币稳定协定》和《三国黄金协定》①。但美、英、法三国过分关注国内经济恢复，纷纷希望对法西斯让步把"祸水"东引苏联，以使它们两败俱伤，坐收渔利，故在外交上采取"绥靖"政策。世界经济危机给苏联带来了前所未有的发展机遇和严峻的挑战，面对德国和日本在东西两方的咄咄逼人，苏联与美国建交，与中国恢复外交关系，并积极地与英法协调。

一 20 世纪 30 年代前期的经济危机及美英法的远东政策

（一）世界经济危机对美、英、法三国的影响

1929 年 10 月 29 日（被称为"黑色星期二"②），美国华尔街股票市场崩溃，对美国影响巨大——股票市场的大崩溃导致了持续四年的经济大萧条。从 1929 年到 1933 年，美国的真实 GDP 下降了 30%，失业率达到 20%③。时任美国总统的胡佛甚至被民众称为"饥饿总统"。在 1930—1933 年，美国银行存款额损失高达 250 亿美元。农业总收入也从 120 亿美元下降到 50 亿美元。1932 年，据当时粗略估算，美国 25% 的劳力资源在失业状态，就业人数中还有 1/3 或遭削减工资或缩短工时，或两者兼而有之。④ 从危机前最高点的 1929 年 5 月到危机中最低点的 1932 年 7 月，美国工业生产下降了 55.6%，相当于 1905—1906 年的水平，倒退了 26 年。⑤ 对外贸易和资本输出锐减。1929 年美国的出口总值是 52.41 亿美元，进口总值 43.99 亿美元；1930 年分别下降为 38.43 亿美元和 30.61 亿美元；1931 年又降为 24.24 亿美元和 20.91 亿美元；1932 年进一步降到 16.11 亿美元和 13.23 亿美元。⑥ 这也直接导致美国政府财政收入大幅下降，财政赤字严重。图 2—1 展示了 1926 年至 1932 年美国联邦政府财政收入（receipts）、支出（expenditures）、赤字（deficit）或盈余（surplus）

---

① 张丽：《1929 年法国的经济危机及其影响》，《中国社会科学报》2011 年 6 月 2 日。
② Frank N. Magill Edited, *The American Presidents—The Office and the Men*（Ⅱ）, Salem: Salem Press, 1986, Salem State Library, p. 560.
③ Price Fishback and Valentina Kachanovskaya, The Multiplier for Federal Spending in the States During the Great Depression, *The Journal of Economic History*, 75th Anniversary, March 2015, Cambridge University Press, p. 126.
④ [美] 艾伦·布林克利（Alan Brinkley）：《美国史（1492—1997）》，邵旭东译，海南出版社 2009 年版，第 703 页。
⑤ 姜德昌、夏景才：《资本主义现代化比较研究》，吉林人民出版社 1989 年版，第 468 页。
⑥ H. N. 沙伊贝等：《近百年美国经济史》，彭松建等译，中国社会科学出版社 1983 年版，第 366 页。

情况①。

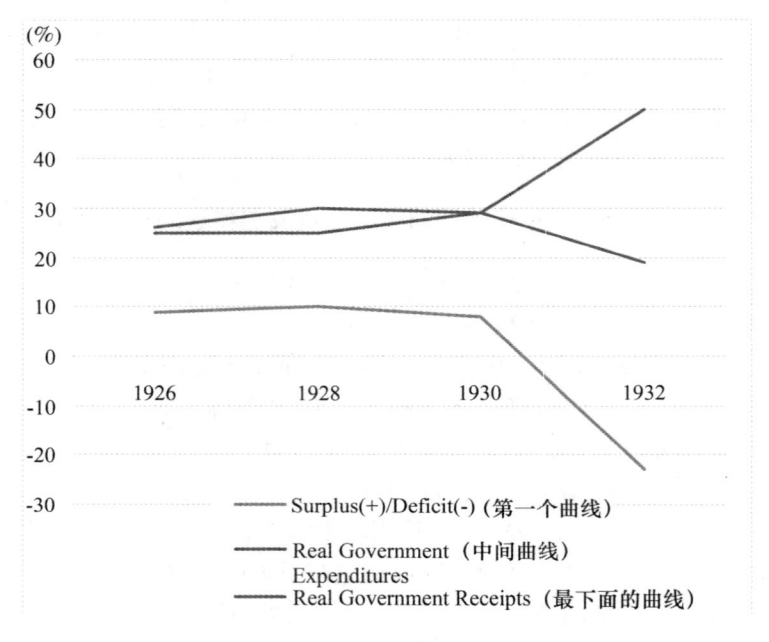

```
(%)
60
50
40
30
20
10
0
-10
-20
-30
        1926        1928        1930        1932
——— Surplus(+)/Deficit(-)（第一个曲线）
——— Real Government （中间曲线）
       Expenditures
——— Real Government Receipts（最下面的曲线）
```

图 2—1

从图 2—1 可以看出，在中间曲线支出中，1928 年美国财政支出为 25%，在最下面的收入曲线中，收入有 30%；而到了 1932 年，美国的财政收入只有 19%，而支出达到 50%。

当时世界经济总量第一的美国爆发严重经济危机，对世界其他主要国家也造成了巨大的影响，引发了一次世界规模的经济大危机。殖民地大国、与美国经济发展联系密切的英国也很快卷入了经济危机中，损失惨重。从 1929 年的最高点到 1932 年的最低点，英国工业生产仅下降了32%，远低于美国，但还是损失惨重。尤其是主要工业受到严重冲击，钢产量下降 46%，生铁产量下降 53%，纺织品生产下降 2/3，煤产量下降 1/5，失业严重。据统计数据显示，1930 年英国失业不断呈现上升趋势。"1 月份，失业人数是 1520000 人；4 月份，1761000 人；7 月份，2070000

---

① Price Fishback and Valentina Kachanovskaya, The Multiplier for Federal Spending in the States During the Great Depression, *The Journal of Economic History*, 75th Anniversary, March 2015, Cambridge University Press, p. 128.

第二章 20世纪30年代前期的国际环境与第二次国共合作之酝酿　15

人；10月份，2319000人；而到了12月份，失业人数达到2500000人。"① 对外贸易的逆差从1930年的3.9亿英镑增加到1931年的4.1亿英镑，第一次出现国际收支逆差和财政危机。"英国的财政危机变得严峻，从7月15日到月底，英国银行正以每天损失2500000英镑的代价而维持金本位。"② 这使英国最终不得不放弃自由贸易政策和金本位制，建立帝国关税特惠制，英镑也大幅贬值。

经济危机给法国带来的影响也是非常深刻的。1931年9月至1932年4月，法国工业生产下跌70%。请看1929—1932年4月法国主要工业下降情况图（图2—2）。③

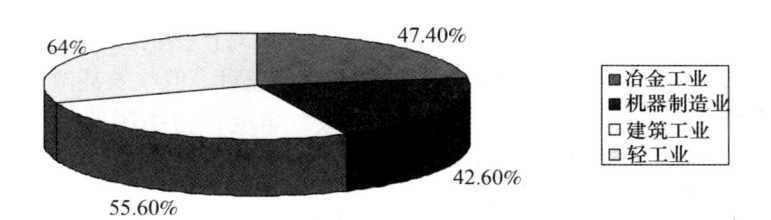

图2—2　1929—1932年4月法国主要工业下降情况

从图2—2可以看出，在1929—1932年的经济危机期间，法国当时的主要工业都出现了较大程度的下降，比如，建筑工业下降了55.6%。特别是传统的轻工业部门，受危机的打击程度更严重。比如，1932年法国轻工业比1928年下降了64%。工业的整体生产在1935年落到谷底。据估计，这次危机使法国的工业倒退到1911年的水平。④ 经济危机给法国带来的政治影响也是很大的。首先，危机激化了阶级矛盾，阶级斗争日趋激烈。危机期间，法国失业人数大量增加，1932年失业人口达到26万人，1935年增加到42.6万人。广大人民群众为改善生活状况，反对政府和资本家转嫁经济危机的后果，并与其展开了顽强斗争。其次，危机使法国政局极为不稳，从1929年11月塔迪厄第一次组阁到1935年5月议会选举，因无力应付经济危机，法国共更换了8届内阁，每届平均任期不到4个月。1933年10月，德国为扩整军备，宣布退出

---

① Charles Loch Mowat, *Britain between the Wars*（1918 – 1940）, Chicago：The University of Chicago Press, 1955, p. 357.
② Ibid., p. 383.
③ 沈坚：《当代法国》，贵州人民出版社2001年版，第28页。
④ 楼均信：《法兰西第三共和国兴衰史》，人民出版社1996年版，第452页。

裁军会议和国联。1934年4月,法国外交部部长巴尔都照会英国政府,提议共同建立欧洲集体安全体系。英国政府对此反应冷淡。在这种情况下,巴尔都转向积极与苏联结盟,以把苏联拉入法国在第一次世界大战后同东欧一些国家建立的条约体系之中,但巴尔都10月9日在马赛被民族主义分子刺杀。巴尔都死后,法国开始实行绥靖政策,主要代表是法国总理赖伐尔(Laval Pierre)。

(二)经济危机背景下美、英、法的远东政策

1. 美国的远东政策

由于国内严重的经济危机、失业问题和经济下滑,加之美国长期光荣的"孤立主义"的影响,美国把主要精力放在国内的经济恢复、解决失业问题等方面,对外则采取孤立主义政策①。面对严重的经济危机,总统胡佛也采取了一些传统的积极政策和措施进行应对,但收效甚微。而在远东外交事务方面,面对日本发动"九一八"事变抢占中国的行为,当国务卿Stimson打算通过经济制裁来恐吓日本退出中国东北时,胡佛却害怕这种行动仅仅会进一步加强日本的军事行动,决定对日本采取提供经济援助的措施来帮助日本渡过危机,从而让日本放缓在东亚的扩张②,这是一种典型的"绥靖政策"。1933年,美国新任总统罗斯福大刀阔斧地实施了一系列旨在克服危机的政策措施,历史上被称为"新政"。其主要内容可以用"三R"来概括,即复兴(Recovery)、救济(Relief)、改革(Reform)③。主要内容包括:政府投资兴办公共工程、对失业进行救济,并建立社会保障制度。罗斯福总统领导的美国联邦政府开始把资金大量投入到公共基础设施和失业救济上,到1939年,美国联邦的财政收入真正用到此类项目的比例达到76.5%④。

在对华政策方面,日本对中国大肆进行侵略,企图把中国变成日本殖民地并进而称霸亚太地区,这无疑是对"凡尔赛体系"和"华盛顿

---

① 当时,美国自认为有太平洋、大西洋这两个上帝赐予它的天然安全屏障,可以在一定时期内免受战火的侵扰,故采取孤立主义政策。参见[美]艾伦·布林克利(Alan Brinkley)《美国史》(1492—1997),邵旭东译,海南出版社2009年版,第761页。

② Frank. N. Magill Edited, *The American Presidents - The Office and the Men*,(Ⅱ), Salem Press, 1986, Salem State Library, p. 567.

③ [美]艾伦·布林克利(Alan Brinkley):《美国史》(1492—1997),邵旭东译,海南出版社2009年版,第730—731页。

④ Price Fishback and Valentina Kachanovskaya, The Multiplier for Federal Spending in the States During the Great Depression, *The Journal of Economic History*, 75th Anniversary, March 2015, Cambridge University Press, p. 128.

体系"建立的远东国际政治秩序的猛烈冲击，是对美国在亚太地区势力的严重挑战。因此，"九一八"事变爆发初期，时任美国驻华公使的詹姆森多次向华盛顿报告日军进攻情况，并说明日本的行动是蓄谋已久地、精心地、有步骤进行的，违背了非战公约签字国应负有的义务。但由于日本的侵略范围还仅限于东北诸省，而东北长期以来是日本和沙俄（此时是苏联）争夺的势力范围，美国在东北投资较少，故日本对东北的侵略对美国的经济危害不是特别大。加之，日本一再以反苏反共面目示人，并给美国等国造成日本即将进攻苏联的假象。因此，美国反对日本侵华的态度并不强硬。当时的美国总统胡佛和国务卿史汀生对"九一八"事变的基本看法是：其一，美国在华利益没有因为事变受到威胁；其二，事变既非日本文官内阁所策划，也未曾得到它的默许，它与币原外相的政策是背道而驰的。①

在这种认识基础上，英、美等西方国家对日本的侵略采取了比较一致的所谓"不干涉"和保持"中立"的绥靖政策。比如，"九一八"事变爆发后，1931年10月，时任美国总统的胡佛公开发言称："假如日本公开地对我们说，'我们不能再遵守华盛顿协议，因为在北方已和布尔什维克的俄国为邻，如果侧翼再有一个布尔什维克化的中国，我们的存在就要受到威胁，所以给我们恢复在中国的秩序的机会吧！'……我们是不能提出异议的。"② 美国国务卿史汀生24日向中、日两国政府发出同文照会，要求两国保持克制，避免用非暴力手段而应用国际法和国际条约来解决争端。针对日本进犯锦州，美国向日本发出抗议照会，国务卿史汀生指责日本扩大侵略的行为，认为这是日军破坏凯洛格非战公约和九国公约的行为。美国国务卿史汀生于1932年1月7日向中、日两国政府发出了内容相同的照会。主要内容是：凡是以损害美国的条约权利及其在华公民，损害中国的主权和独立或领土和行政的完整，或损害门户开放政策的任何新情况，美国不能也不拟予以承认。③

"一·二八"事变后，日本开始把侵略方向指向中国关内，直接危害

---

① Richard N. Current, *Secretary Stimson. A Study in Statecraft* (New Brunswick: Rutgers University Press, 1954), p. 72; Henry L. Stimson, *The Far Eastern Crisis. Recollections and Observations* (New York: Harper and Brothers, 1948), pp. 33 – 34.
② 胡佛：《胡佛回忆录》第2卷，第369页。转引自外交学院编《中国外交史资料选辑》第2册，高等教育出版社1958年版，第269页。
③ 美国国务院外交档案，FRUS, Japan, 1931 – 1941, Vol. 1, pp. 5 – 9。

美国在华利益。美国东亚政策的侧重点已不仅是不承认日本的侵略行为，美国不仅强调国际条约的基本原则，而且包含制约日本侵略的因素，反映出美国对东亚政策有了新认识和新举措。美国开始向中国增兵。1932 年 1 月 31 日，美国海军亚洲舰队 7 艘军舰调往上海，又派 1400 多人增援上海。并暗示，如果日本继续违反上述国际条约，美国将考虑增强在菲律宾等太平洋地区的防御力量[①]。尤其是 1934 年后，随着德国法西斯集团和意大利法西斯在西方的崛起，日本法西斯在占领中国东北之后，进而朝中国华北地区伸出魔爪，英、美、法等国家的态度有较大的改变。1934 年 4 月 17 日，日本外务省对外联络处处长羽英二发表关于独占中国和建立"东亚新秩序"的声明，在英、美等国舆论界引起强烈反响。华盛顿合众社评析认为是"在远东事件中系二十一条要求以来最重要一幕"[②]，反映出美国与日本在华矛盾的加剧，但是美却相对比较谨慎。美国在华利益虽较以前有所增加，但国会中"孤立主义"一直占据上风，因此英、美、法政府保持相对沉默，只让媒体出面表示不满，这在一定程度上助长了日本对华侵略的嚣张气焰。

　　当然，在经济上，美国还是比较关注中国经济的。世界经济危机爆发后，美国采取措施，抛弃金本位制度，向中国等用银国家转嫁危机——大肆购买白银，导致中国白银外流严重。大量白银的外流使中国当时人心恐慌、外贸严重入超、银根紧张、市面周转不灵、通货不足和物价下跌。为此，南京国民政府实行法币改革，得到了美国的大力支持。1935 年 11 月 3 日，中国政府颁布《民国廿四年十一月实施新货币政策命令及章程》，实行法币改革：集中钞票发行权，宣布"自本年 11 月 4 日起，以中央、中国、交通三银行所发行之钞票为法币"；规定法币是"无限法偿货币"；废除银本位制——全部白银收归国有以充作法币准备金；规定法币不予兑现，法币与英镑实行固定汇价[③]。发行法币需要有大量的外汇储备作为保证金，美国银行家、中国法币改革的顾问杨格建议，推行的法币汇率最好"在 0.29 美元至 0.30 美元，或 14 便士至 15 便士的幅度之内选定"。美国政府在与南京国民政府谈判之后，按每盎司白银 0.45 美元的价格收买更多的中国白银，以示支持中国。由此，中国的国际收支变为顺差，因此得到大量外汇，这些数目加上出售白银所得，使中国的通货储备于 1937 年

---

① 杨生茂：《美国外交政策史（1775—1989）》，人民出版社 1991 年版，第 373 页。
② 《国闻周报》1934 年第 11 卷第 17 期。
③ 朱斯煌：《民国经济史》，上海银行学会银行周报社 1948 年版，第 625 页。

中期达到三亿七千九百万美元。①

2. 20 世纪 30 年代前期英国的对华政策

面对经济危机的打击，英国也全身心地投入到经济恢复中，因此其主要聚焦点在国内事务。而在对外事务中，欧洲、美洲又是其重点，远东次之，虽然在英国人看来，远东利益也较重要，但其在远东的防御能力与日本相比非常薄弱，不愿意在远东与日本直接冲突。据统计，到 1931 年秋天，英国的中国舰队司令统辖的海军力量只有 1 艘航母、5 艘巡洋舰、9 艘驱逐舰、6 艘小型护航舰、11 艘潜水艇和少量飞行船。② 而日本却拥有 3 艘航母、8 艘重型巡洋舰、19 艘轻型巡洋舰、110 艘驱逐舰、67 艘潜水艇。③ 两者在远东的海军力量悬殊。因此，英国外交部认为在处理与中国和日本的关系时，英国对华贸易固然重要，但还没有重要到值得为保护它而遭受"与日本发生冲突的"重大风险。英国首相张伯伦竟然对"九一八"事变的爆发原因采取了偏向日本的态度。他说，在满洲事变发生之初，日本曾容忍了中国方面无数次的挑衅，因此局势是非难分。英国甚至称日本"是维持秩序的堡垒和防止共产党人接管中国的主要障碍"。当然，英国也意识到日本的扩张与其维持中国现状的政策背道而驰。这使得它对日本在华扩张保持警惕，但不愿意对日本在中国尤其在东三省的嚣张行为采取积极遏制措施。1931 年 9 月 22 日以英国为首的国联没有谴责日本的侵略行动，而是做出决议要求中日双方停止一切军事冲突，撤退军队，从而将侵略者与被侵略者等同看待。当然，英国从维护在华利益的角度出发，也一直不承认日本在东北建立的"伪满洲国"。由于英国的妥协政策，日本加大了侵华力度，策划华北事变，直接影响英国在华利益，此时英国采取了相对较积极的对华政策。但在其面对德国法西斯的威胁（而此时德国却与蒋介石国民政府关系非常友好）时，其在远东已无力与日本军事力量抗争。因此，当日本态度强硬时，英国在中日冲突中又转向所谓的"中立""不干涉"政策。

在经济上，英国为了其远东利益，又曾大力支持南京国民政府的法币改革。1935 年 9 月，英国银行家、经济学家李滋·罗斯来华，英国与中国单独开谈。李滋·罗斯来华后，赞同并支持了时任国民政府的财政顾问

---

① 杨培新：《旧中国的通货膨胀》，人民出版社 1985 年版，第 15 页。

② Christopher Thorne, *The Limist of Foreign Policy*: *The West*, *The League and the Far Eastern Crisis of 1931 – 1933*, London: The Macmillan Company, 1972, p. 69.

③ Britain, Stephen Roskill, *Navy Policy between the Wars*, Vol. II: The Period of Reluctant Rearmament 1930 – 1939, London, 1976, pp. 529 – 531.

美国专家杨格等人的方案,并"出力协助提供意见"①。1935 年 11 月 4 日,英国驻华大使公布"国王规章"并引述中国法令,明令禁止在中国的英国民众继续用银偿债或支付其他金钱业务;规定英国在华侨民要接受法币以代替白银和银圆。这些举措表明了英方对中国"法币"的信心及"给中国的改革举动以强有力的支持"②。

3. 20 世纪 30 年代前期法国的远东政策

经济危机对法国造成了巨大的损害,这使同时需要肩负欧洲和非洲其他地区军事义务的法国,对远东地区的防御心有余而力不足。第一次世界大战给法国带来的巨大破坏也导致法国在东亚的投资和势力被其他国家远远地甩在后面,削弱了法国在远东的基础,使得法国难以抵御任何一个强国对远东地区的军事进攻,而且法国在远东的国际地位主要依赖于它对包括越南、老挝、柬埔寨在内的印度支那的统治,因此法国采取了区域安全和势力均衡原则。当然,"九一八"事变后,日本在中国的野蛮侵略也直接危害法国在华利益,并潜在地对与中国接壤的法国殖民地越南造成了巨大的威胁。法国政府认为日本侵略者对远东均衡形势的破坏应负主要责任。法国驻沈阳领事和南京公使均认为,尽管在"九一八"事变中发动进攻的部队没有收到日本政府及参谋本部的命令,但此机关中的任何一个都可能默许了事情的发生。③ 1931 年 9 月 22 日,法国外交部收到中国驻日内瓦代表的电报,表示中国政府希望在国联的帮助下和平解决此事,中国军队将尽力避免发生冲突。④ 1931 年 9 月 23 日,法国驻东京大使戴马德(De Martel)相信,"九一八"事变完全是日本人一手策划的。⑤ 然而,他给随后派往东北观察事态进展的两名军官的建议却充满警觉和策略:"重要的是不要让中日双方中的任何一方感觉到我们在支持一方。"⑥ 法国官方报纸竟赞扬"日本是在一个混乱没有法治的国家里维持秩序的好

---

① [美] 阿瑟・恩・杨格:《1927—1937 年中国财政经济情况》,陈泽宪、陈霞飞译,中国社会科学出版社 1981 年版,第 462 页。
② 同上书,第 266 页。
③ 《沈阳 Crepin 领事致法国驻北京公使韦礼德电》,1931 年 9 月 19 日,法国外交部档案,319/52;《沈阳 Crepin 领事致法国驻北京公使电》,1931 年 9 月 22 日,法国外交部档案,319/343;《沈阳 Crepin 领事致法国驻北京公使电》,1931 年 9 月 21 日,法国外交部档案,326/20;《韦礼德致法国外交部》,1931 年 9 月 20 日,法国外交部档案,319/33。
④ 《中国驻日内瓦代表 1931 年 9 月 22 日电》,法国外交部档案,319/109。
⑤ 《韦礼德致法国外交部》,1931 年 9 月 23 日,法国外交部档案,324/129。《东京大使 De Martel 致外交部》,1931 年 9 月 23 日,法国外交部档案,319/147。
⑥ 《韦礼德致法国外交部》,1931 年 9 月 20 日,法国外交部档案,319/33。

宪兵"①。

但由于法国在远东防御空虚，加之日本帝国主义在远东咄咄逼人，德国在欧洲的蠢蠢欲动，时任法国外交部部长的白里安（Aristide Briand，1862—1932）认为，调节中日冲突需要小心和谨慎，以免调解人本身陷于危险的境地。鉴于以上原因，通过集体行动以求和平解决"九一八"事变后的中日冲突，即希望在各国（华盛顿九国公约签署国）的努力下，中日之间达成和解，就成为法国外交的首要选择。1931年9月22日，国联召开委员会讨论中国9月21日的调停申请。在此次会议上，法国代表马斯格里呼吁国联紧急干预中日冲突，监督双方各自即刻撤退军队，并停止进行任何有损和平与安全的行动。法国代表还要求将所有的冲突报告和文件递送一份副本给美国政府。② 当日本于10月8日轰炸中国锦州时，法国迅即与英国驻东京大使一起向日本政府发出警告：日本新的挑衅行为将迫使国联采取有利于中国的举动。③ 11月，白里安通过国联委员会制定了一个日本最后撤军的期限。④ 白里安因病去世后，法国总理赖伐尔亲自掌管外交部，面对德国法西斯在欧洲的崛起，他在远东向日本采取妥协退让政策。因此，法国没有与英国、美国等一起抗议日本发动的"一·二八"上海事变。1933年，法国外交部内部正对日本的威胁以及中国民族主义对法国在远东利益的威胁进行谨慎预估。有关研究报告指出，一年以来，日本政策已经朝着"亚洲主义"或"亚洲门罗主义"的方向倒退。在印度支那、太平洋、中国尤其是上海的财产，是法国的重要利益所在，不允许被攻击或损害，而随着日本的间谍活动以及海军的巡逻，再加之对中国铁路股权的购买尝试，都已经对法国的利益构成了损害。1933年1月上旬，法国驻华大使韦礼德建议，一旦日本军事行动很快威胁到平津地区，应尽快采取行动。⑤ 从2月到5月末，日军越过长城逐步南侵，法国外交代表建议各国外交人员采取集体行动，指出西方列强的沉默态度将被日本认为是"以武力分裂中国并破坏一切条约义务的默许"，但由于美国的拒绝和英国的不情愿，此举并未获得任何成效。⑥ 1933年3月，日本退

---

① 吴东之：《中国外交史》（中华民国时期），河南人民出版社1990年版，第236页。
② 《1931年9月22日Massigli在国联会议上的发言》，法国外交部档案，319/174。
③ 《De Martel 致白里安报告》，1931年10月12日，法国外交部档案，320/259。
④ 《白里安给法国驻华盛顿大使的指示》，1931年11月24日，法国外交部档案，326/392。
⑤ 《韦礼德致Paul-Boncour》，北京，1933年2月16日，《法国外交文件1932—1939》第2辑第1卷，巴黎法国外交部编印1966年版，第644页。
⑥ 《Paul-Boncour给法国驻伦敦大使、华盛顿和罗马大使的指示》，1933年4月21日，《法国外交文件1932—1939》第3辑第1卷，巴黎法国外交部编印1966年版，第375页。

出国联，法国通过国联对日本施加压力的途径消失。此时，法国极为担心日本对苏联开战。因为法国在面对德国崛起的威胁，曾与苏联签订条约。如果日苏开战，法国不得不支持苏联，将导致日本对印度支那的威胁。面对这种情形，法国表达了援助中国的愿望，派遣赫曼（Rajchman）作为国联驻华代表，帮助中国抗日。① 宋子文在1933年下旬访问法国，受到热情接待，积极参与国联的对华援助项目。针对日本于1934年4月17日发布的反对外国援华的声明，法国于4月27日正式抗议日本政府的声明。② 当然，法国也曾"趁火打劫"——抢占南沙九岛。1933年7月19日，法国驻越南地方当局，出动军舰驱赶岛上中国渔民，并发布其占领南沙九个岛屿的告示。此时正值中国守军与日军在长城一带血战，需要争取英法对日强硬的南京国民政府于8月4日指令外交部照会法方，向法国政府提出抗议。

二 经济危机打击下的德国和日本国内情况及对华政策

在世界经济危机的沉重打击下，德国、日本两国损失比较惨重，法西斯力量开始登上政治舞台，以极端"民族主义和爱国主义"为幌子，煽动对外扩展。

（一）经济危机对德、日的严重打击

世界经济危机爆发前，英国出于维持欧洲大陆均势需要，美国出于利用德国工业能力获利需要，出台了一个"道威斯计划"，给予德国8亿金马克的贷款，后又出台了杨格计划。在这些计划的鼓励下，国际资本不断流入德国，从1924年到1929年，外国投资总数高达320亿金马克。德国工业设备得以普遍更新，生产技术水平跃居世界前列。但世界经济危机使美国和英国大量抽回对德国的投资，德国经济跟着全面崩溃。从1929年到1932年，德国对外贸易额下降60%多，物价下跌30%，工业生产资料的生产指数从103下降到46③，全部工业生产下降了40%，尤其是钢铁产业的损失最为惨重。图2—3为美国、德国、英国、法国、日本钢铁产量

---

① 《法国外交部给Massigli的指示》，1933年3月24日，法国外交部档案Asia 1918 – 1940, China, 659/90。
② 顾维钧：《顾维钧回忆录》第2分册，中国社会科学院近代史研究所译，中华书局1985年版，第293页；法国外交部Barthou给驻英美大使的指示，1934年4月25日。《法国外交文件1932—1939》，第5辑第6卷，巴黎1966年版，第343页。
③ 李工真：《德意志道路：现代化进程研究》，武汉大学出版社2005年版，第347页。

1932 年比 1929 年下降的比例图①。

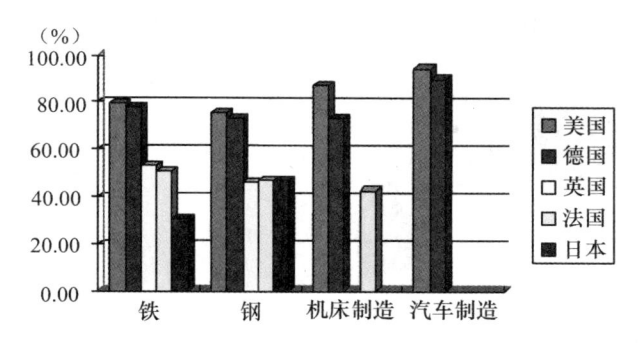

图 2—3　美国、德国、英国、法国、日本 1929—1932 年工业产量下降情况

从图 2—3 可以看出，在世界经济危机的影响下，德国重工业部门产量下降比例都超过了 70%，其损害程度在五个资本主义强国中位居第 2 位。

工业危机反过来又导致了金融危机。1931 年 7 月，德国达姆斯达特银行倒闭，引发银行挤兑风潮，国家黄金储备由 23.9 亿马克减少到 13.6 亿马克，柏林九大银行减为四个。失业率急剧上升，从 1929 年的 8.5% 上升到 1932 年的 30% 以上。极高的失业率为希特勒上台提供了良好的社会土壤。这场危机对社会中间层的冲击是猛烈的。受危机打击最为严重的是工人和职员。在危机打击下，德国失业人数达到 700 万人，接近全国工人总数的半数。② 而当时德国的社会救济和社会保障体系不完善，在经济危机下政府又没有太多的资金用于救济，导致许多失业者、被斥退的小官员和其他中间等级破产者加入的往往是纳粹党领导的"冲锋队"。③

全球经济危机爆发前，日本在 1927 年就爆发了金融危机，A. Morgan Young 在其著述中描述："一个又一个的银行倒闭，政府宣布暂停金融营业；日本最大的工业企业因为缺乏运转资金而关门。在大阪，237 个工厂停止开工"④，还未等日本喘过气来，从美国爆发的更大危机又来到了，使日本社会的方方面面都遭受了沉重的打击。在出口方面，1931 年比 1929 年下降 46%，进口下降 40%。大批银行和工商企业破产倒闭，一些

---

① 方连庆、王炳元、刘金质：《国际关系史（现代卷）》，北京大学出版社 2001 年版，第 172 页。
② 同上。
③ 李工真：《德意志道路：现代化进程研究》，武汉大学出版社 2005 年版，第 349 页。
④ A. Morgan Young, *Imperial Japan* (1926 - 1938), New York：Greenwood Press Publishers (Westport Connecticut), 1974, pp. 22 - 24.

主要工业部门开工率只有50%，工业总产值下降32.9%。图2—4为日本主要工业产值下降情况图。①

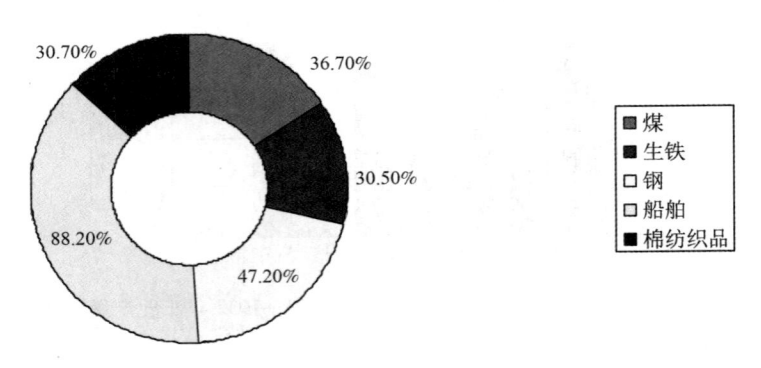

图2—4 1929—1931年日本工业产值下降情况

从图2—4可以看出，日本工业在1929—1931年的经济危机中确实遭到了沉重的打击。尤其是与重工业密切相关的煤、铁、钢、船舶业的产值下降都超过30%。其中产值下降最严重的是船舶业，产值下降比例达到80%以上。

不仅工业产值大幅下降，农业总产值也下降了40%，生丝价格猛跌，占农户总数40%的养蚕农户遭到致命打击。在商品市场，1931年比1929年的物价下降30%。失业人数在1931年达到170万人，每6个职工中就有一个失业者②。农业受到的打击更重。作为农业生产支柱的蚕茧和大米，其价格1931年比1929年下降了一半。在危机的三年中，农民负债由40亿日元上升到60亿日元③，农民被迫外出逃荒，卖儿卖女，甚至全家自杀。

(二) 德国和日本的对华政策

1. 经济危机打击下德国的对华政策

(1) 德国法西斯政权的建立

经济危机对德国的打击十分严重，为纳粹党人夺取政权创造了条件。纳粹党打着当时流行的社会主义和民族主义的招牌，进行蛊惑人心的宣传，获得广泛的支持。针对人民普遍感到在凡尔赛体系下受压制的情绪，谴责

---

① ［日］金原左门：《昭和史》，有斐阁1982年版，第20—21页。
② 同上。
③ ［日］守屋典郎：《日本经济史》，周锡卿译，生活·读书·新知三联书店1963年版，第264页。

第二章 20世纪30年代前期的国际环境与第二次国共合作之酝酿 25

凡尔赛条约是国耻，宣传德意志民族是最优秀的民族。这些宣传蒙骗了很多在经济危机中陷于绝境中的中下层民众。纳粹党的人数在经济危机前还不到10万人，到1933年猛增到近百万人。① 在1932年7月31日的国会选举中，希特勒领导的纳粹党比兴登堡领导的党多1300多万选票②，一跃成为国会第一大党。希特勒还四处活动，与大资本家进行私下会谈，在有垄断资本家参加的会议上发表演说，攻击布尔什维主义，叫嚣扩充军队，得到了垄断资本家的支持③。1933年1月30日，德国总统兴登堡任命希特勒为总理，并授命他组织一个"民族集中化"的政府④。从此，德国走上了对内实行恐怖统治、对外积极扩张的道路。世界大战的欧洲策源地形成了。

德国人支持希特勒对外扩张的法西斯侵略企图的原因主要有二：一是德国民众的"强国梦"。德国首相俾斯麦通过"铁血政策"，先后发动了对丹麦的战争、普奥战争和普法战争，最终统一了德国，成为一个新型世界大国。到20世纪初，德国在工业生产方面超过了英国，仅次于美国，跃居世界第二位。但德国作为后发的世界强国，殖民地比较少，从19世纪80年代开始向外抢殖民地。在20世纪初期，逐渐形成了老牌殖民帝国英法俄的联合对德。1892年8月18日，法国和俄罗斯签订军事协议，共同对付德国⑤。1904年4月8日，英国和法国签订军事合作协议。⑥ 终于在1914年7月28日至1918年11月11日，爆发了由德国和奥匈帝国组成的同盟国，以及由英、法、俄、意大利组成的协约国之间第一次世界大战。最后德国战败，并被迫签订了被德国人视为奇耻大辱的《凡尔赛条约》，对德国实行条件极为严厉的经济与军事制裁。首先，德国失去了13%的国土和12%的人口。所有的海外殖民地（包括德属东非、德属西南非、喀麦隆、多哥兰）被剥夺。德国共需赔偿2260亿马克（约合113亿英镑）且以黄金支付，后减至1320亿帝国马克。德国被解除武装，德

---

① 方连庆、王炳元、刘金质：《国际关系史（现代卷）》，北京大学出版社2001年版，第204页。
② Christian Zentner and Friedemann Bedurftig, English translation edited by Amy Hackett, *The Encyclopedia of the Third Reich*, Vol.1, New York：Macmillan Publishing Company, 1991, p. 420.
③ Ibid., p. 422.
④ Ibid., p. 420.
⑤ *Treaty of Peace between the Allied and Associated Powers and Germany, and Protocol, signed at Versailles*, 28 June 1919. Dr. Spencer C. Tucker edited, *the Encyclopedia of World War I*, Vol.5, New York：ABC CLLO, 2005, pp. 1358 – 1359.
⑥ Ibid., pp. 1358 – 1359.

国的陆军被控制在 10 万人以下，不准拥有空军①。第一次世界大战前后德国在世界中的地位反差，使愤怒和屈辱感迅速在德国蔓延，渴望有像俾斯麦似的人物带领德国重新走向强大。

二是希特勒对内、对外烧的"两把火"。对内的第一把火，烧向了德国几乎陷于停顿的经济状态。从 1932 年到 1937 年，希特勒领导的纳粹党创造了德国经济复兴的奇迹，通过强有力的经济复兴成功，希特勒加强了他在德国民众和政府的地位②。对外的第一把火是秘密重整军备。在短短的几年里，就使德国的空军力量超过英国，陆军力量超过法国。第二把火是收复失地和和平扩张。第一次世界大战中德国失去 73485 平方千米的国土，但在 1938 年收回了萨尔地区，占领莱茵非军事区，让奥地利"回归"德国等。第三把火则是 1936 年 8 月，通过举办柏林奥运会，向全世界宣告了德国的重新崛起。在此次奥运会上，德国所获金牌总数 33 枚和奖牌总数 89 枚，都是第一；法国和英国在此次奥运会上分别只获得了 7 枚和 4 枚金牌。为了展示德国的强大，纳粹政府印刷了大量的宣传资料，向参加奥运会的国家运动员们宣传德国的繁荣昌盛，并花费巨资在柏林兴建了一座能容纳 10 万人的大型运动场，并进行了规模盛大的"奥运圣火"传递，投入大量资金对柏林奥运会的开幕式、闭幕式及重要比赛进行电视实况转播和电台直播，举办各种展览会、音乐会等文化活动，蒙上了一层"热爱和平"的虚伪面纱。例如，1936 年 8 月 1 日，希特勒在柏林的一个巨大的新的体育馆里主持了第十一届现代奥林匹克运动会开幕式；8 月 12 日晚上，希特勒主办宴会欢迎第 11 届国际奥林匹克运动委员会主席 Robert Vansitart③，都鼓吹德国"热爱和平"。

（2）希特勒的对华政策

20 世纪 20 年代和 30 年代初期，中国与德国在世界上没有任何冲突。德国是第一次世界大战的战败国，在国际上地位较低，因此德国开始大力发展，进行战后复兴经济，取得了较显著的成效。长期处于列强压迫之下、任人欺凌的中国，从德国身上看到了民族的希望，中国人梦想着通过

---

① *Treaty of Peace between the Allied and Associated Powers and Germany, and Protocol, signed at Versailles*, 28 *June* 1919. Dr. Spencer C. Tucker edited, *the Encyclopedia of World War* Ⅰ, Vol. 5, New York: ABC CLLO, 2005, pp. 1360 – 1361.

② Christian Zentner and Friedemann Bedurftig, English translation edited by Amy Hackett, *The Encyclopedia of the Third Reich*, *Vol.* 1, New York: Macmillan Publishing Company, 1991, p. 422.

③ Milan Hauner, *Hitler, a Chronology of his Life and Time*, New York: St. Martin's Press, 1983, p. 114.

第二章 20世纪30年代前期的国际环境与第二次国共合作之酝酿   27

学习和模仿,能像德国一样的迅速经济复兴、打破不平等条约、取得国际平等地位。当时的《大公报》和《东方杂志》等报刊对德国战后复兴经验的思考、德国经验给国人带来的精神鼓舞进行了探讨。在"九一八"事变爆发后中日关系紧张的背景下,中国人对希特勒、纳粹党、法西斯主义和其狂热追随者的态度,中国人被德国的法西斯独裁的高效率所吸引和启发,以及蒋介石对法西斯主义的推崇与模仿。

而世界经济危机爆发后,当德国产品的出口需要随着经济萧条的到来而日益增长之时,渗透中国市场的需要也显得尤为迫切了。一位法国经济学家指出,德国工业界对中国市场"固执的乐观主义",是出于其"不惜任何代价逃避一场严重经济危机的愿望"。德国国家银行董事,也是考察团成员的席佩尔说得更直截了当:"只要在对中国出口上加一把刀,德国巨大的失业率就能一举消灭,信贷问题也能因此澄清。"[1] 对于正在迅速扩展的德国国防经济来说,中国的重要性日渐增长,1933年后中德关系的发展,在很大程度上是建立在各自国防经济的互补利益基础上。1933年1月30日,德国纳粹党夺取了政权,军队和工业界开始携手合作。随着德国在出口市场和原料来源方面需求的扩大,一项有利于克服德国在华投资早期障碍的新的外贸政策应运而生。不仅如此,德国还帮助蒋介石按照德国国防军的模式改造国民党军队,提高其战斗力。为此,1930年至1934年,德国派了乔治·魏采尔将军担任蒋介石的军事总顾问。并向中国大量出售武器和军火,从中国获得了其所需战略资源锑和钨。1934年中国也是德国进口锑的唯一来源。[2] 1931年第三次"围剿"中央红军的战斗中,魏采尔提出了一个对江西根据地实行快速合围的战略,即"从四面八方毫无限制地向前推进"[3]。他的战略在原则上被蒋介石采纳,但在实际执行时却因各军将领过分视自己的军队为命根子,而遭到失败。不久,德国又向国民党派了一个军事顾问,此人即德国国防军的缔造者汉斯·冯·塞克特,并帮助蒋介石打败了中央红军,迫使红军长征。当然,德国为了扩大出口,也与"伪满州国"签订了贸易协定。

---

[1] 联邦档案馆:R2/16441,"席佩尔(Schippel)致全德工业联合会"(1930年10月11日),"国家信贷协会"讨论(1931年4月23日)。从1929年至1930年12月,官方统计的德国失业人数已从200万人以下上升到近450万人。[美] 柯伟林:《德国与中华民国》,陈谦平等译,凤凰出版传媒集团、江苏人民出版社2006年版,第73页。

[2] [美] 柯伟林:《德国与中华民国》,陈谦平等译,凤凰出版传媒集团、江苏人民出版社2006年版,第122页。

[3] 联邦军事档案馆:W02-44/2,第97页,魏采尔关于江西战役的笔记(1931年6月24日、6月26日),第121页(1931年7月11日),第133页(1931年7月22日)。

与此同时，法西斯主义在德国崛起，通过"组织、严密的纪律、极高的工作效率"，迅速使德国变得"团结、强大"，这对以蒋介石为代表的国民党右派来说，也值得学习和借鉴。面对强大的日本帝国主义的侵略，中国必须变成一个现代化的国家，除了在军事和经济方面的努力之外，国民党和政府必须加大对国家的控制。甚至连"少帅"张学良1933年在出洋考察德国和意大利后也宣称，独裁是解决中国问题的唯一途径。1934年塞克特来华以及俞大维就任兵工署长之职，德国在扩建长江流域兵工厂以及创建新的兵工厂、弹药厂和研究军队装备的发展等方面，均取得了支配地位。一座完全由德国设备组成的全新的兵工厂建立在"新经济区"湖南株洲，主要生产20毫米、37毫米、75毫米和100毫米大炮以及相应口径的炮弹。该厂于1938年5月开始生产，同年秋迁往重庆。[①]

请看下面两个相关的统计图。

从图2—5—1、图2—5—2可以看出，当1935—1936年中国从德国进口的武器质量和数量不断增加的时候，日本对德国进口的武器数量却越来越少。例如，在1935年中国从德国进口武器的价值总量达到841千马克，占德国卖往英国、中国、匈牙利、日本、荷兰、智利的武器总量的8.1%，处于第二位。1936年中国从德国进口武器的价值总量达到6405千马克，占德国卖往英国、中国、匈牙利、日本、荷兰、智利的武器总量的28%，处于第一位。而日本在1935—1936年，从德国进口的武器价值量从占比1.2%下降到0.8%。

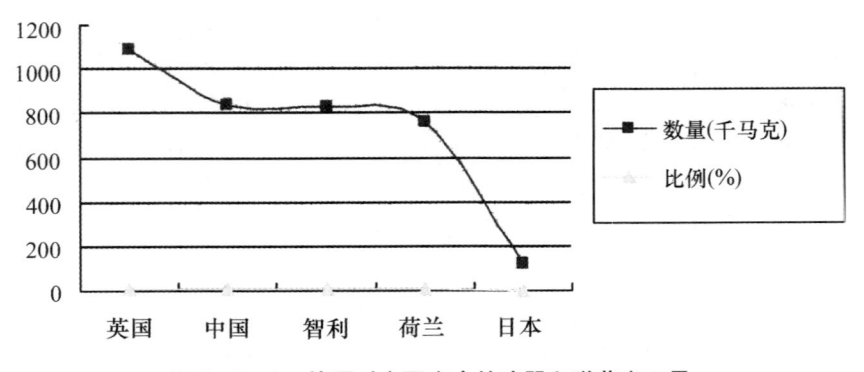

图2—5—1　德国对主要客户的武器和弹药出口量
德国政府统计数字（1935）

[①] 联勤总部（1），第226页；黄庆秋编：《德国驻华军事顾问团工作纪要》，台北："国防部"史政局1967年版，第82—86页。

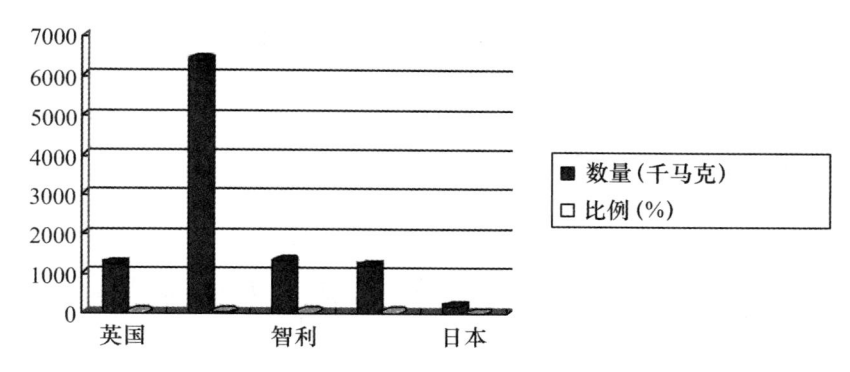

图 2—5—2　德国对主要客户的武器和弹药出口量
德国政府统计数字（1936）

资料来源：贝弗莉·考西：《1918—1941 年德国对华政策》，博士学位论文，哈佛大学，1942 年，第 276 页。

由于一大部分应于 1936 年交货的器材直到 1937 年才运抵中国，所以德国在 1936 年实际交付给中国的军火总额应为 23748 千马克，而 1937 年则为 82788.6 千马克[1]，这对于中国 1937 年抗击日本侵略起了较大的作用。到了 1937 年 7 月，南京城防配备了德制 88 毫米高射炮和德制防空警报系统；在南京街道上，可以看到 75 毫米克虏伯大炮和亨舍尔及 M. A. N. 型坦克；梅塞施米特和斯图加型战斗机即将被进口以补充在国内装配的容克斯飞机。中国海军已向德国订购了 12 艘潜水艇和几艘战舰。经过整编的师共 30 万人，其中 8 万人是精锐的突击部队的一部分，他们大多是用德制武器装备起来的。[2]

日本针对德国在抗战前与中国的密切关系，尤其是对德国在华军事工业发展非常不满，进行了大量的抗议，这表明日本政府是以极大的不信任感来看待德国加强南京政府实力的举动的。早在 1932 年 1 月 28 日日本发动进攻上海的淞沪抗战后，蒋介石命令张治中率领精锐力量——由首都警卫军两个师和 1 个教导总队组成的第五军增援，该军是在德国顾问的指导下，并配备了先进的德式武器装备，战斗力很强。日本各大报纸发表文章，强调中国军队之所以顽强抵抗，是因为得到了德国顾问们的指导，德

---

[1]　维尔备忘录（1938 年 4 月 23 日），[德] 汉斯·洛特菲尔斯等编：《德国外交政策档案》D 辑，第 1 卷，No.576，开普勒出版社 1962 年版，第 692—693 页。

[2]　[美] 柯伟林：《德国与中华民国》，陈谦平译，江苏人民出版社 2006 年版，第 249 页。

国顾问间接地参加了战争①。日本政府从 1934 年以来就反对外国对中国的任何援助（《日本天羽声明》就是部分针对塞克特的使命②），它把德国军事顾问使命的加强看作不必要地加强了中国的力量，是在经济上"侵占了日本的势力范围"。③ 以至于抗战爆发初期，日本人并不顾及德国在华利益。

2. 日本法西斯政权的建立和对华政策

（1）日本法西斯政权的建立。面对经济危机的沉重打击，日本统治集团为了摆脱经济危机以及由此引发的社会危机，建立了法西斯政权。日本原有的经济基础薄弱，国内市场狭小，特别是张学良 1928 年在东北把五色旗改变为青天白日旗（即著名的东北易帜），归顺南京国民政府以后，这对于多年来苦心图谋经营东北、并把东北视为其特殊利益地区的日本无疑是当头棒喝④。为转移国内尖锐的矛盾，日本加大对殖民地台湾、朝鲜的剥削和奴役，并极力向外扩展所谓的"生存空间"。在这种形势下，法西斯势力趁机猖獗，法西斯分子要求在天皇名义下建立法西斯独裁政权，实行对外侵略扩张。本来在 1924—1928 年，日本为了加快发展，曾实行比较温和的、日本外相币原喜重郎退出的"币原外交"政策——承认苏联、对英美采取协调政策，对中国提出所谓的"不干涉政策"，用经济外交代替武力争夺，通过与英美搞好关系进而吸引资金发展日本的经济。在此期间，日本的政党政治也有所发展。"……正如日本记录材料显示的，在 20 世纪 20 年代中后期，日本政府实行的是政党内阁制，政党权力很大，……真的，通过政党内阁进行决策统治的体制已经变得比较成熟，那是一个在日本被称作所谓的'宪政政治'的时代。"⑤ 但经济危机的爆发使日本从英美国家吸引的资金投入变少，加之日益严重的经济危机和社会矛盾，日本极端民族主义右翼势力、强硬分子开始上台。尤其是法

---

① 德国外交部波恩政治档案馆，秘密档案 1920—1936（Geheimakten 1920 - 1936），政治四处（politische Abteilung IV），东亚综合事务（Ostasien Allgemein），中国（China），1932 年 2 月 9 日德国驻日大使伏莱契（Voretzsch）致德国外交部电报。
② 斯蒂芬·莱昂·恩迪科特著：《外交和企业：1933—1937 年英国对华政策》，曼彻斯特大学出版社 1975 年版，第 46—47 页。
③ 德国外交部档案处编：《德国外交政策文件》C 辑，第 5 册，伦敦：门户开放出版社 1949 年版，第 565 页。
④ A. Morgan Young, *Imperial Japan* (1926 - 1938), Greenwood Press Publishers (Westport Connecticut), 1974, p. 44.
⑤ *Japan*, 1918 - 1931: *Experiments with Party Government*, Paul H. Clyde, Burton F. Beers, *The Sixth Edition*: *The Far East* (*A History of Western Impacts and Eastern Responses*. 1830 - 1975), Prentice-hall Inc., Englewood Cliffs, New Jersey, 1975, p. 320.

西斯势力最强、影响最大的日本军部,它直接听命于天皇,政府对其无权过问。法西斯分子的活动十分嚣张,他们对内公开反共,在"防止赤化"的口号下,摧残一切进步力量,制造一连串暗杀事件,甚至发动军事政变,以期达到建立法西斯专政的目的。1936年3月,受军部控制的广田弘毅上台组阁,组阁不久,就恢复了军部大臣现役武官制,这为军部控制政权提供了合法手段。广田弘毅内阁制定《基本国策纲要》,把"外交和国防互相配合,在确保帝国在东亚大陆地位的同时,向南方海洋发展"①定为日本的根本国策,积极准备扩大侵略战争,并自上而下推行国民经济军事化。从1931年开始,政府通过以《重要产业统制法》为首的一系列经济统制法令,把工业、农业、金融、外贸等各领域控制起来;又在各个部门中强行组织卡特尔和托拉斯,把中小企业置于财阀的控制之下。然后对各垄断企业发出大批军事订货,从1931年到1936年,军事订货共达50亿日元之巨。在此期间,政府还投资10多亿日元兴建、扩建和改组国营军事工业。到1937年,八大老财阀(三井、三菱、住友、安田、大仓、浅野、川崎、古河)以及五大新财阀(日产、日氮、日曹、森、理研)拥有的资本达41.7亿日元,占全国公司总资本的27.2%。在接受军事订货的110家企业中,拥有实力的工厂几乎全是属于三井、三菱、住友、大仓、久原等少数财阀的。

(2)日本法西斯的对华政策。为了解决矛盾,转移民众的不满,日本发动了蓄谋已久的侵华战争。日本是个岛国,资源匮乏,自明治维新以后,逐渐发展成为一个富有侵略性的军事帝国主义国家。张学良宣布东北易帜后,又积极引进英美资本对抗日本的垄断和控制,进一步激化了张学良与日本帝国主义之间的矛盾。"在日本的许多政治家看来,满洲是'无主'之地,从来不是中国的一部分(这是不真实的);在战略上,满洲掌握在潜在的敌人的手里将威胁日本的存在;在经济上,满洲对于日本的生存也至关重要。"② 为此,日本统治集团决定实行扩军备战,加速经济军国主义化,对外则积极准备发动侵略战争。那日本选择何处为突破口,向外发动侵略呢?当时的政治、经济、军事地理分析。

从地理上看,日本当时向外侵略可供选择的方向有三个,一是通过关东军掌握的东北一部分地方从陆地向北进攻苏联,以及从海上出千岛、库

---

① [日]外务省:《日本外交年表并主要文书(1840—1945)》下册,《文书》,东京:原书房1987年版,第344页。

② A. Morgn Young, *Imperial Japan* (1926 – 1938), Greenwood Press Publishers (Westport Connecticut), 1974, p. 64.

页岛进而从海上进攻苏联;二是通过所抢占的殖民地——中国台湾,从海上向东南亚进军;三是抢占中国东北、内蒙古,或从中国台湾海上进攻中国福建。日本为什么选择了第三个方案? 这是因为第三个方案在当时最为稳妥。首先如果从陆地上或海上进攻苏联,日本感到胜算很小。早在苏俄刚成立不久,西方国家就围堵苏俄,但苏俄不仅没有消失,而且越来越强大,成为强大的苏联,加之苏联国土面积大,军事实力强,日本还不敢在此时挑战苏联。第二个方案进攻东南亚,必然要涉及东南亚国家的宗主国英国、法国、美国,这些国家的实力在当时大大超过日本,日本也不敢轻举妄动。而第三个方案日本进攻中国,在当时比较可行。首先从国际上看,英、美、法三国因主要关注各自国内经济的恢复,而在国际上实行"绥靖政策",苏联在当时的情况下也不愿与日本公开对抗,德国和意大利作为想挑战世界秩序的国家,也打算向外侵略扩张,故对日本的侵略暗中支持。其次,从中国国内来看,多年的军阀混战导致国家比较贫弱,当时国民党的主要精力在对付中共领导的红军和根据地。最后,日本的综合国力在当时大大强于中国,且有甲午战争战胜中国的先例。

因此,当1931年日本经济危机达到十分严重的阶段,日本帝国主义把强占中国的东北和内蒙古作为其扩大海外市场、摆脱危机的首要解决策略。日本关东军参谋石原莞尔鼓吹:"我国几乎无路可走,人口、粮食及其他重要问题皆无法解决,唯一途径就是断然开发东北和内蒙古。"[①] 而此时英美法德在危机打击下自顾不暇,中国则因蒋介石正在全心投入进行中原大战和"围剿"工农红军耗尽了国家的财力与人力,张学良在中原大战期间率领20万精锐东北军入关助蒋,也致使东北防务大为减弱。日本趁此发动了"九一八"事变,首先抢占东北建立了"伪满洲国",不久又发动华北事变,企图把华北作为其势力范围。日本法西斯发动侵华战争,得到了当时一些不明真相的日本民众的支持,为什么呢?

首先是"强国梦"的影响。第一次世界大战对于日本来说真是"天佑良机",日本没有花费很大财力、军力就赢得了"五大战胜国"的称号,并通过巴黎和会攫夺了德国在中国山东的殖民权益,接管了西太平洋德属诸群岛,成为真正意义上的世界强国之一。但不久在美国召开的华盛顿会议,日本在外交上遭到了巨大的挫折。其一,美、英、法、意、日、中、葡、荷、比等九国签订了《九国关于中国事件应适用各原则及政策

---

① [日]日本国际政治学会编:《通向太平洋战争之路》别卷《资料篇》,东京:朝日新闻社1963年版,第78页。

第二章　20世纪30年代前期的国际环境与第二次国共合作之酝酿　33

之条约》，确认帝国主义列强在中国实行的"门户开放、机会均等"原则①。其二，美、英、法、日四国签订了《关于太平洋区域岛屿属地和领地的条约》，条约生效后，英、日1911年的同盟协定应予终止，英、日也逐渐从盟友走向了某种程度的对抗。限制了日本海军的发展。美、英、法、日、意五国签订了《限制海军军备条约》，该条约规定，五国主力舰总吨位的限额分别为：美、英两国各52.5万吨，日本31.5万吨。② 它结束了第一次世界大战爆发后日本在中国占有的优势地位，为美国进一步对华扩张和争夺亚太地区的霸权提供了条件。这些使日本国内具有所谓"爱国主义"精神的"强国主义"狂热分子不满，这其中也包括许多受到"武士道"精神洗脑的民众。

其次，1929年爆发的世界经济对日本的致命打击——国际贸易体制的崩溃，日本经济发展所需要的美元、英镑大大减少，日本以出口为导向的经济在全球性危机中遭到沉重打击，失业率上升，再加上连续几年的干旱和严重的霜冻天气。而日本的政党内阁却热衷于把危机转嫁给国民，以此来挽救大资本家。日本民众对政府极端不满，也需要有一个所谓的"强势"力量来带领日本走出"困境"。甚至在日本合法的无产阶级政党的主要领导人也支持军部。1932年6月，日本共产党的最高领导人佐野学和锅山贞亲在狱中发表"转向"声明，日本举国欢腾地倒向了法西斯的一边，全国都沉浸于支持法西斯、支持战争的狂热之中。

再次，日本法西斯分子的大量宣传，模糊了国民的视线。比如，1931年，日本各地法西斯军人利用讲演会，甚至用飞机散发传单，狂热地宣传东北和内蒙古是花费"十万英灵，二十亿国帑"而获得的圣地，东北和内蒙古是"帝国的生命线"，中国竟然在"东北和内蒙古排日"，煽动战争的热潮和国民的排外主义意识，很容易引起日本国民的共鸣。为了让日本对外发动侵略，一些法西斯分子甚至企图模仿希特勒，发动恐怖袭击和政变，夺取政府权力。例如，1932年，日本军队里的"铁血团"暗杀占了财政部长、三井财阀Inouye Baron Dan，以及总理犬养毅③。1936年2月26日，包括22名军官和1400名士兵的日军第三步兵团占领了东京的战略要点，违抗他们的命令去国外，并计划

---

① U. S. Department of State, *Foreign Relation of the United States*, 1922, Vol. I, pp. 276 – 282.
② James B. Crowley, *Japan's Quest for Autonomy National Security and Foreign Policy* (1930 – 1938), New Jersey: Princeton University Press, 1966, p. 35.
③ Claude A. Buss, *The Far East*, *A History of Recent and Contemporary International Relations in East Asia*, New York: The Macmillan Company, 1960, p. 185.

谋杀总理和一些内阁官员①。

最后，前面所探讨的南京国民政府在 1935 年年底进行的"法币"改革，使中国货币与美元和英镑挂钩，在日本看来，这是中国在经济上配合英美国家排挤日本在华经济势力。

为此，日本不惜发动对中国局部的军事侵略和军事威胁，扶持"伪满洲国"的建立，以及一些地方的"自治政府"的成立，加大了中华民族的危机，使中日之间的民族矛盾上升为主要矛盾，无论是国民党还是共产党都逐渐改变对外政策，为国共在民族矛盾上升为主要矛盾后双方关系的逐步改善，以及双方暗中密谈合作打下了基础。

三 经济危机对苏联的影响及对华政策演变

（一）经济危机对苏联的影响

20 世纪 30 年代的大危机给资本主义世界带来巨大灾难，却给苏联工业化的发展提供了有利时机。苏联利用西方摆脱经济危机需要向外输出资本、技术和产品的有利时机，大量引进西方的技术、人员、设备和资金，使苏联的社会主义工业化发展到了一个新阶段。

1. 大量引进西方先进技术、设备和人才

20 世纪 30 年代苏联大量引进西方的先进设备和工艺，使苏联的社会主义工业化建设取得了巨大成就。联共（布）第十六次代表大会的文件指出："在坚决保证对外贸易垄断的基础上进一步发展苏联与资本主义国家间的关系。"② 1931 年苏联购买的机器设备约占世界机器设备出口总额的 1/3，从 1926 年至 1931 年，苏联进口的重工业设备数量增加了 11 倍③。1932 年，苏联向美国购买的机器设备占美国机器设备出口总量的 50%，占英国同类产品出口总量的 90%。苏联的三大钢铁厂，马格尼托哥尔斯克钢铁厂、库兹涅茨钢铁厂和札波罗热钢铁厂都是美国援建的。苏联最大的水电站——1933 年建立的第聂伯河电站既引进了美国技术设备也雇用了美国技术专家。著名的高尔基汽车厂是 30 年代初由美国福特汽车公司援建的新厂。在飞机和发动机的生产方面，美国供应苏联飞机或飞机附件，并给予技术援助。1931 年全世界出口机器的 1/3 左右，都是发

---

① Claude A. Buss, *The Far East*, *A History of Recent and Contemporary International Relations in East Asia*, New York: The Macmillan Company, 1960, p. 185.
② 中共中央马克思列宁斯大林著作编译局：《苏联共产党代表大会、代表会议和中央全会决议汇编》（第四分册），人民出版社 1957 年版，第 125 页。
③ 金挥等：《苏联经济概论》，中国财经出版社 1985 年版，第 127 页。

往苏联的。经济危机期间苏联进口的特点是机器和设备的比重最高（见图2—6）。

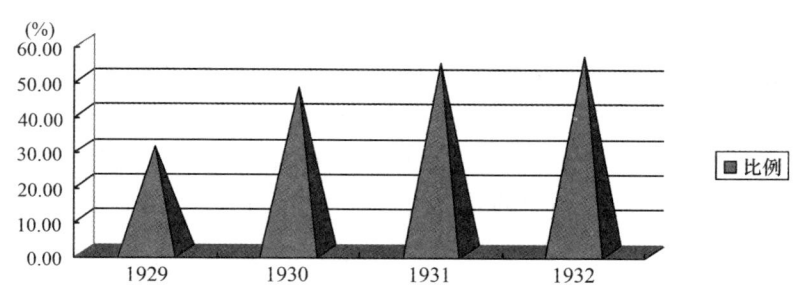

图2—6 1929—1932年苏联进口的设备和机器在苏联进口量中的比例变化①

从图2—6中可以看出，从1929年经济危机开始，因苏联工业化的大力发展和因经济危机造成的西方发达国家美国、英国、法国工业产品过剩，苏联大量向西方进口工业设备和机器，在1929年时比例只有30.1%，但1930年增加了16.8%，1931年更是增加到55.7%。

苏联在大量引进西方先进设备和技术的同时，亦大量引进西方技术人员和专家，解决了西方国家的商品和资本市场的短缺问题，以及技术人员的就业问题。在经济危机期间，斯大林在会见美国客人时说："我们注视着美国，因为这个国家在科学和技术上有很高的水平。我们希望美国的科学家和技术人员在技术方面做我们的老师，我们做他们的学生。"② 而与此同时，欧美严重的经济危机导致许多技术工人失业，他们为了生计，也到苏联工作。萨顿指出："1929—1932年，美国出现了大的不景气，工程师们去苏联是由于他们在美国找不到工作。"1932年外国技术人员在苏联达到20000人③，其中在重工业部门工作的约有6800人，另一个苏联文件报道，约有1700名美国工程师在重工业部门工作。1932年，有200名德国人在马格尼托哥尔斯克、斯大林格勒拖拉机厂工作过。1933年前英国大都会——维克公司有350名建设人员在苏联工作。

---

① 苏联科学院经济研究所：《苏联社会主义经济史》第3卷，复旦大学经济系和外交系俄语教研组部分教师译，生活·读书·新知三联书店1982年版，第399页。
② 中共中央马克思恩格斯列宁斯大林著作编译局：《斯大林全集》第13卷，人民出版社1985年版，第136页。
③ 周尚文等：《苏联兴亡史》，上海人民出版社1993年版，第230页。

2. 苏联同欧美国家关系的改善

1929—1932 年的经济危机为苏联与欧美资本主义国家英国、法国、美国关系的改善奠定了基础。一方面，英、美、法在经济危机中损失惨重，但通过向苏联输出资金、设备、技术、人才，在一定程度上减缓了经济危机对经济的影响，也解决了部分人的就业。而苏联也借此机会解决了工业化进程中的资金、技术、设备和人才，是双赢的事情。另一方面，面对德国、意大利和日本法西斯在的欧洲和亚洲的崛起，苏联和英美法应该合作。最为典型的是美、苏在 1933 年 11 月在华盛顿谈判并建交。

俄国 1917 年十月革命后，美国不承认苏联长达 16 年之久。但 1929 年至 1933 年世界经济危机的打击及法西斯对世界产生的严重威胁，无论是美国还是苏联都希望改变双方非正常的隔绝状态，建立外交关系。在世界经济大危机期间，苏联的经济、政治和军事实力不断增强，国际地位有了很大提高。"俄罗斯奇迹"的内容充斥着美国和西方报刊。"苏联和美国分别进行着苏联式社会主义和美国式'新政'两种实验和两种社会、国家制度孰优孰劣的竞争。"① 美国总统罗斯福认为不承认占地球土地 1/6 的苏联是不现实的，是一种无知的表现。美俄商会 1933 年 7 月通过一项有关美苏关系的专门决议，"重新表明了不承认政策的一无是处……始终正确的是，承认苏联是美苏贸易关系中获得任何重大利益的先决条件"②。因此，罗斯福转向承认苏联的立场得到越来越多的人的拥护。当时苏联自列宁实行新经济政策以来就一直渴望发展与美国的关系，期望获得美国的贷款和技术。在上述背景下，1933 年 10 月 10 日，罗斯福总统与苏联部长联席会主席 Mikhail Kalinin 互相交换信息结束两国隔绝的历史③。1933 年 11 月 17 日，美国总统罗斯福宣布美国正式承认苏联政府。为了表明友善，斯大林也亲自下令为美国大使馆选址④。在 1933 年 12 月 20 日一次与美国驻苏大使布利特的晚宴上，斯大林举杯为罗斯福总统祝酒，并称"罗斯福总统尽管是一位资本主义国家

---

① [俄] В. Л. 马尔科夫：《1934—1939 年苏美关系新文献》（В. Л. Мальков，"Советско-Американские Отношения 1934 - 1939годов"），《近现代史》（Новые Документы）2005 年第 6 期，第 115—116 页。

② [俄] 瓦里科夫：《苏联和美国——它们的政治经济关系》，北京编译社译，生活·读书·新知三联书店 1965 年版，第 190 页。

③ Henry Wei PH. D, *China and Soviet Russia*, New York: Greenwood Press, 1974, p. 110.

④ United States Department of State (ed.): Foreign Relationship of the United States; FRUS, Diplomatic Papers, 1933, II, Russia, p. 838.

领导人，今天却是在苏联最受欢迎的人之一"①。而在同年，日本和德国却先后退出国联，造成国际形势发生重大的变化，1934年9月15日，苏联被国联理事会邀请参加国联并接受邀请加入国联。② 而中国、英国、法国是国联的成员，日本已经退出国联，苏联与美国关系的改善，这些都为苏联与中国关系的发展，以及苏联暗中调解中国国民党与共产党的关系埋下了伏笔。

(二) 20世纪30年代前期的苏联的对华政策

苏联在经济上凭借西方世界经济危机的有利时机，大量引进资本和技术发展了经济，促进了工业化，但是在国际政治方面，面对德国法西斯和日本法西斯在东西方的崛起，加之德日都以反共为旗帜，尤其是远东地区，作为与中国东北接壤的苏联，随时有可能遭到日本出其不意的攻击。

当时的苏联陆上与欧洲的捷克斯洛伐克、匈牙利、波兰，以及亚洲的朝鲜和中国接壤，在海上与日本隔海相望。因此，当时的苏联不仅在西部面临德国法西斯的威胁，因为德国和苏联虽然不接壤，但德国可以通过侵占捷克斯洛伐克、匈牙利或波兰后，进攻苏联；而且在东部，日本也可以从海上进攻苏联的远东港口符拉迪沃斯托克（海参崴），或从中国东北进攻苏联远东地区。

而此时，日本高举反苏反共的旗帜，并侵占长期被苏联视为重要地区的东北，对社会主义苏联无疑是严重的威胁。面对西方国家对日侵华采取绥靖政策、日本希望以东北为跳板进攻苏联的国际形势，苏共中央认为："日本发动九一八后对中国东北的占领，是帝国主义联合对苏进攻总计划的一个重要组成部分。因此，避免帝国主义联合对苏战争的爆发，应当是苏联对外政策的出发点。"③ 为了避免日本侵占中国东北后，国际局势发展成为帝国主义联合对苏作战，苏联对"九一八"事变采取"中立""不干涉"方针。1931年10月29日，苏联代理外交人民委员（相当于外交部长）加拉罕向日本驻苏大使广田弘毅宣布：苏联对中日冲突采取"严正不干涉政策"④。11月14日，苏联外交人民委员李维诺夫再次声明"不干涉政策"：

---

① United States Department of State (ed.): (Foreign Relationship of the United States; FRUS), Diplomatic Papers, 1933, II, Russia, p. 837.
② Henry Wei PH. D, *China and Soviet Russia*, New York: Greenwood Press, 1974, p. 112.
③ 周文琪等：《共产国际和中国共产党》，中央党校出版社1986年版，第289页。
④ 苏联《消息报》，1931年10月29日。

"苏联政府希望日本政府严守诺言,不侵犯苏联的利益。"① 苏联还与日本卵翼下的"伪满洲国"傀儡政权洽谈出售中东铁路权益,并最终以象征性的低廉价格将中苏共管的中东铁路出售给"伪满洲国",国民政府向苏联提出了强烈的抗议。共产国际因受苏共的影响,存有严重"左"的教条主义。反复强调"武装保卫苏联"是"所有共产党的最基本任务"。要求中国共产党"组织和领导工农与全体劳动人民的斗争",以"民族自我牺牲精神保卫各国工人的祖国——苏联"。并要求中国共产党提出打倒"一切帝国主义"的口号,要求中共执行"下层统一战线"的关门主义。当然,苏联为了维护国家安全,为利用中国抗战牵制日军,也开始改善与中国的关系。"九一八"事变后,1931年9月24日,苏联外交人民委员声明:"苏联在道义上、精神上、感情上完全同情中国,并愿作一切必要的帮助。"② 并主动向正在莫斯科与其谈判中东铁路问题的中方代表莫德惠提出恢复中苏邦交的问题。③ 1932年6月6日,国民党中央政治会议决定,同意举行中苏复交秘密谈判。1932年12月12日,两国谈判代表互换复交文件,对外正式宣布:自本日起,苏中两国恢复正常的外交关系。④ 两国复交后,迅速互派大使。颜惠庆被南京政府任命为中国驻苏大使,1933年3月9日向苏联递交了国书。而1933年5月2日,苏联驻华大使鲍格莫诺夫也到南京赴任。⑤ 1934年后,苏联加大了改善与中国友好关系的力度。因为当时中苏在国际上的处境有三大相似之处:"都存在外部侵略的威胁;都有巨大的内部势力博弈:中国内战,俄罗斯的肃反运动;都面临巨大的困难,也都在强力而狂热地推进国家重建的任务。"⑥ 因此,苏联外交部部长鲍格莫诺夫提出签订中苏贸易协定的建议,8月16日又建议签订中苏互不侵犯条约。国民政府也希望通过与苏联签订互不侵犯条约牵制日本。经过双方的谈判,双方最终签订了互不侵犯条约。为防止日本进攻苏联,苏联还暗中集结军队陈兵远东,以防不测,并答应向中国输送军需用品。

1935年5月华北事变爆发后,面对德国和日本在东西方的威胁,苏联提出了反法西斯统一战线的策略方针。1935年七八月间,共产国际书

---

① 苏联《消息报》,1931年11月15日。
② 《国闻周报》第8卷第39期,1931年10月。
③ 苏联《消息报》,1931年11月15日。
④ (天津)《大公报》,1932年12月14日。
⑤ 汪金国:《反法西斯战争时期的中国与世界第8卷——战时苏联对华政策》,武汉大学出版社2010年版,第28页。
⑥ Henry Wei, *China and Soviet Russia*, New York: Greenwood Press, 1974, p.129.

记季米特洛夫作了《关于法西斯的进攻以及共产国际在争取工人阶级团结起来反对法西斯的斗争中的任务》的著名报告,指出,无论在殖民地还是半殖民地国家,共产党和工人阶级的首要任务在于建立广泛的反帝民族统一战线,为驱逐帝国主义和争取国家独立而斗争[①]。大会通过了中国革命的方针:武装人民进行民族革命战争,以反对帝国主义奴役者,首先反对日本帝国主义及其在中国的仆从。苏维埃应成为联合全国人民进行解放斗争的中心。[②]

第二节 20世纪30年代前期的国际环境嬗变对第二次国共合作的影响

20世纪30年代前期的国际环境变化,美、英、法、苏、日、德对华政策的演变,对于中国政局以及国共关系的变化起了巨大的作用——在美、英、法对日持妥协政策的情况下,国民党只好同与日本在东北有战略矛盾的苏联改善关系,实行"联苏制日"的政策,这使其也不得不考虑与中共的关系。在苏联的暗中帮助下,国共进行了秘密接触和谈判,尤其是在苏联等国的干预下,西安事变的和平解决使国共最终停止内战,为第二次国共合作打下了基础。

一 1929—1993年的世界经济危机对中国的影响

1929—1933年的世界经济危机,对于逐渐融入世界经济发展的中国经济来说,也造成了很大的影响,中国的工业、农业和金融业都在此时有所下降。南京国民政府不得不进行币制改革,把法币与英镑和美元挂钩,成为英镑集团和美元集团的重要一环,这也引起日本的不满。

(一)农村经济凋敝

1. 农产品价格急剧下降,农民购买力大幅下降

1930年,欧洲著名社会经济学家托尼(R. H. Tawney)受太平洋关系研究所邀请到中国调研经济问题。中国农村地区的凋敝吸引了托尼的注意力:"那儿有些地区,农民的处境就像一个人一直站在齐颈深的水里,甚

[①] 中共中央党史研究室:《中国共产党历史(1921—1949)》第1卷上册,中共党史出版社2002年版,第411页。
[②] 中国社会科学院近代史研究所翻译室:《共产国际有关中国革命的文献资料(2)》,中国社会科学出版社1982年版,第449页。

至一个小小的涟漪都足以将其淹没。"[1] 1929 年，世界市场上农产品价格开始暴跌，殃及中国农产品市场。相对于 1930 年的农产品价格指数，中国农产品价格从 1931—1935 年呈现出不断下降的趋势。(见图 2—7)

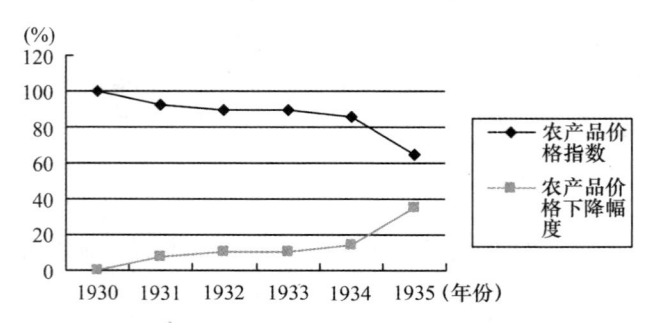

图 2—7　1931—1935 年中国农产品价格下降图[2]
(1930 年的农产品价格为指数 1)

而农产品价格的下降，意味着农民的现金收入正在减少。农产品价格下降，也导致农民的购买力从 1931 年至 1932 年降低了约 30%，到 1933 年又降低了 30%[3]。例如，在江苏南京和安徽宿县附近的农村就是如此(见表 2—1)。

表 2—1　　　　　1930—1935 年南京和宿县附近农产品价格

年份	南京		宿县	
	获得价格	支出价格	获得价格	支出价格
1930	110.3	81.4	83.7	90.7
1931	100.0	100.0	100.0	100.0
1932	86.3	94.5	88.8	98.8
1933	59.9	85.0	57.3	77.3
1934	64.8	77.3	47.2	63.0
1935	76.6	77.3	56.6	59.6

注：1931 年的指数为 100。

---

[1] 托尼（R. H. Tawney）：《中国的土地和劳工》(Land and Labour in China)，伦敦：G. Allen & Unwin 1932 年版，第 77 页。
[2] 国家关税税则委员会：《上海商品价格年度报告》，1936 年，附录 7，第 122 页。
[3] ［日］城山智子：《大萧条时期的中国——市场、国家与世界经济（1929—1937）》，唐磊、孟凡礼、尚国敏译，凤凰出版集团、江苏人民出版社 2010 年版，第 102 页。

第二章 20世纪30年代前期的国际环境与第二次国共合作之酝酿

2. 农村地区白银外流，农村金融机构破产

由于农产品价格下降和购买力下降，而农民又不得不为必需品支付比出售农产品所得更多的钱，再加上税收、租金和利息，愈发使白银从农村地区转移到了中心城市。农村的不安全导致农村地区白银进一步外流，这压缩了农村地区的信贷，给农村家庭造成了沉重的负担，进一步造成了农村经济的萧条。

（二）工业萧条

由于世界经济危机的影响，中国的工业，尤其是重要产业支柱的纺织业遭受了沉重的打击。

1. 因日渐萎缩的国外需求，中国的缫丝业产值大幅下降

因经济危机的影响，作为中国生丝主要进口国的美国和法国开始缩减进口量。1929年，中国对美国的生丝出口从23202担下降到4769担，减幅为80%，对法国的生丝出口从23874担下降到8709担，降幅达64%[1]。随着经济危机的加深，人们对纺织品的需求普遍下降。许多纺织工厂倒闭或暂停生产。一些仍在运转的工厂用人造丝代替生丝作为原料，加之中国缫丝企业失去了与适用金本位货币国家打交道时曾经拥有的汇率优势，中国的缫丝业逐步进入萧条。

2. 棉纺业危机，金融业遭到沉重打击

随着农村经济的萧条，加之1931年的长江洪灾，导致民众的购买力大降，使棉纺织业陷入危机之中。1931年"九一八"事变、东北沦陷，也使中国棉纺织品缺少了一大销售市场。比如，"九一八"事变以前，江苏南通地区所织土布每年大约有20万匹销往东北各省。但是到1932年6月，这一销售数字为0[2]。土布销售的减少，沉重打击了织布业。与销路不畅相伴随的，还有棉纺织品价格的下降。1933年1月，每担16支纱的价格是200元，比1932年1月降了32.9元，降幅达到14%。4月，上海棉纱价格已经低于生产成本。每担20支纱的成本是218.33元，但是市场价格仅为204元，每担亏损14.33元[3]。

棉纺织业危机，使金融业也遭到打击。因为银行有很大一部分贷款都贷给了棉纱厂和丝厂。例如，在上海商业储蓄银行工业贷款总额中，纱厂

---

[1] 徐新吾：《中国近代缫丝工业史》，上海人民出版社1990年版，第674—675页。
[2] "东北国产纱布销路减少"，《工商半月刊》第4卷第11号（1932年6月1日），第126页。
[3] 上海社科院经济研究所：《荣家企业史料》，上海人民出版社1980年版，第363页。

贷款 1931 年占 42.5%，1932 年占 57.8%，1933 年占 65.4%，1934 年占 65.9%。中国银行的贷出款项中，1932 年纱厂贷款占中国银行全部贷款额的 62.8%，1933 年占 59.8%，1934 年占 62.9%[①]。银行要求执行贷款合同。然而，由于棉纱销售下降，许多纱厂延迟偿还利益和本金，或者定期停止偿还，最后干脆就是拖欠[②]。

（三）金融危机加深

正如前面所述，中国工农业经济的衰退，特别是缫丝和棉纺织业遭受的沉重打击，使它们提供给银行的抵押物贬值，银行陷入了危机旋涡之中，企业没钱赎回抵押物，不能按时归还贷款，造成中国恐慌，尤其是在中国经济和金融中心的上海，情况更为严重。从 1931 年至 1934 年，随着世界各国货币贬值，银价回升，白银开始流出中国。1932 年，中国创造了净出口白银 734.6 万元的记录，这是自 1918 年以来的第一次。[③] 紧随进出口价格下滑和白银汇率上涨带来的通货紧缩，中国商品的批发价格也严重下降。上海、华北、广州、青岛、南京的商品批发价格平均每年下降约 5%，上海一地下降了 11.3%[④]。1933 年 3 月美国放弃金本位，对中国银圆与美元之间的汇率产生了巨大的影响，在 1933 年 3 月至 1934 年 2 月的一年时间里，中国银圆对美元的汇率上涨了 66%[⑤]。这使中国 1933 年的贸易逆差达到 7337.39 万元，导致中国净出口 18940 万美元的黄金和 1420 万美元的白银。尤其是 1934 年 6 月，美国政府通过了《白银收购法案》，银价更是急剧上升。随后，中国大量白银外流，商品价格下降，资产价值缩水，上海的金融市场陷入瘫痪。1934 年 6 月，12396 元的白银出口，7 月，上海白银出口上升到 24308 元，8 月达到 79094 元，9 月达到 48140 元[⑥]。

[①] 严中平：《中国棉纺织史稿》，科学出版社 1963 年版，第 231 页。
[②] 同上书，第 230 页。
[③] 林维英：《中国之新货币制度》，芝加哥大学出版社 1936 年版，第 29 页。
[④] 国家关税税则委员会：《上海商品价格年度报告》，1934 年，第 117 页。转引自城山智子《大萧条时期的中国——市场、国家与世界经济（1929—1937）》，孟凡礼、尚国敏译，凤凰出版集团、江苏出版社 2010 年版，第 153 页。
[⑤] 国家关税税则委员会：《上海商品价格年度报告》，1935 年，第 23 页。转引自城山智子《大萧条时期的中国——市场、国家与世界经济（1929—1937）》，孟凡礼、尚国敏译，凤凰出版集团、江苏出版社 2010 年版，第 153 页。
[⑥] 国家关税税则委员会：《上海商品价格年度报告》，1934 年，表 11，第 21 页。转引自城山智子《大萧条时期的中国——市场、国家与世界经济（1929—1937）》，孟凡礼、尚国敏译，凤凰出版集团、江苏出版社 2010 年版，第 159 页。

第二章　20世纪30年代前期的国际环境与第二次国共合作之酝酿　43

（四）南京国民政府对经济危机的应对措施

面对日益严重的经济困难，国民政府开始采取措施，最为明显的就是废两改元、法币改革，并把中国的法币与美元和英镑联系起来，融入英镑集团和美元集团之中。

1. "废两改元"

1933年3月1日，面对日益严重的经济困难和货币混乱的局面，南京国民政府财政部颁布了《废两改元令》。规定自1933年3月10日起，各业交易都改用银圆计算，法定银圆价格为七钱一分五厘银，所有公私款项的收付、债权债务之清算、各种税收应折合银圆进行收付。是年4月5日，国民党中央政治会议第351次会议又再决议：从4月6日起，所有公私款项之收付与订立契约票据之一切交易，须一律改用银币，不得用银两。这在客观上起到了统一货币、发展经济和便利人民的作用，有利于中央政府纸币的推行，为以后实行法币政策奠定了基础。

2. 法币改革

面对越来越严重的经济困难，南京国民政府不得不进一步采取措施，进行货币改革。作为从经济危机中复兴计划的一部分，英、美、日三国都把中国视为潜在的出口市场。一旦其中一国对中国的币制改革许以承诺，另外两强就会怀疑它企图从中国经济中谋得优势。日本尤其反对西方国家对中国的干预。因为日本长期以来把中国视为其主要的原材料和商品市场。但是日本在1931年9月18日发动的"九一八"事变，加剧了中日民族矛盾，加之日本受世界经济危机的影响，也拿不出钱来支持中国的财政改革。因此日本希望中国的币制改革失败，不希望英美支持中国进行币制改革，更不希望中国在英美的经济援助下，恢复和发展经济。英美虽然在远东政治上和军事上采取了绥靖政策，但为了加快其国家经济的恢复和发展，也不愿意放弃中国市场，因此，在中国的多次要求和谈判下，最终支持南京国民政府进行法币改革，并把中国法币纳入英镑集团和美元集团的势力范围内。

1935年11月3日，南京国民政府财政部部长孔祥熙颁布《法币政策实施法》及《兑换法币办法》。主要内容包括：（1）统一货币发行权，所有完粮纳税及一切公私款项之收付，不准使用现金，都用法币结算；其他原经财政部核准发行之银行钞票，准其照常行使，由财政部定期以法币换回。（2）白银国有。禁止白银流通，并将收归国有的白银移存国外，作为外汇准备金；凡银钱行号商店及其他公私机关或个人，持有银本位币或其他银币生银等银类者，应由发行准备管理委员会或其指定之银行兑换法币。(3) 放弃银本位制，采用外汇本位制①。为使法币对外汇比价稳定，规定由中央、中国、交通三行无限制买卖外汇；法币的价值用外汇率来表示；法币与英镑保持固定汇率，当时规定法币1元合英镑1先令2.5便士②。国民政府虽没有公开宣布法币紧盯英镑的政策，但实际上中国法币还是逐渐纳入英镑集团。为此引起了美国的争夺。1936年5月，南京国民政府被迫与美国缔结《中美白银协定》。主要内容：中国保持币制独立，中国除外汇、黄金外，保持现金准备中的25%为白银；美国承购中国白银7500万盎司，另接受5000万盎司作2000万美元贷款的担保，法币1元等于0.2975美元。在实际操作中，法币紧盯美元与英镑中的价格较高的一支，如英镑升则法币保持与英镑的汇率不变，如美元升，则法币保持与美元的汇率不变，从而使法币与美元间接挂钩。③

国民政府的法币改革，统一了币制，对社会经济的发展起了一定的积极作用。首先稳定了金融市场，其次促进了物价回升，刺激了生产复苏。当然，也使中国法币与美元、英镑联系起来，使日本妄图在东亚建立"日元集团"的图谋遭到严重打击。而日本在中国货币体系竞争失败，以及其严重的经济危机和军国主义势力的日渐强势，使日本为了其"所谓的经济生存权"，加快了日本向外侵略抢占市场和原材料的步伐，并利用德国、意大利在欧洲法西斯力量的崛起对欧美的牵制，而冒险在东亚发动改变远东政治格局的军事行动。

二 国际环境嬗变与国共关系的演变

(一) 国际环境嬗变下的"九一八"事变及对国共的影响

在1929—1932年世界经济危机的打击下，美、英、法把主要的精力放在本国经济的恢复和解决严重的失业救济和保障等问题上，对外关注度大幅度下降。而德、意、日的法西斯力量先后执政，以狭隘的民族主义理论为指导，向外扩张抢夺"所谓的生存发展空间"——向外侵略扩张，美、英、法实行"不痛不痒"的制裁，让法西斯力量更加猖狂。比如，1935年10月意大利出兵埃塞俄比亚，国联曾经给予意大利部分经济制裁，1936年

---

① "孔祥熙关于改革币制实施法币政策发表之宣言"，中国第二历史档案馆编：《中华民国史档案资料汇编》第5辑第1编"财政与经济"(4)，江苏古籍出版社1994年版，第316—317页。

② 虞宝棠：《国民政府与民国经济》，华东师范大学出版社1998年版，第111页。

③ [美] 阿瑟·恩·杨格：《一九二七至一九三七年中国财政经济状况》，陈泽宪译，中国社会科学出版社1981年版，第272—273页。

第二章　20 世纪 30 年代前期的国际环境与第二次国共合作之酝酿　45

5 月 9 日，墨索里尼宣布意大利已占领埃塞俄比亚的全部国土。国联承认了意大利吞并埃塞俄比亚的现状，并于 1936 年 7 月，国际联盟就取消对意大利的制裁进行投票。当时中国政府就要求中国出席国联的代表投赞成取消对意大利制裁的票①，投票结果是取消了对意大利的制裁。

在此有利的国际条件下，日本军国主义分子为了转移国内严重的矛盾，1931 年 9 月 18 日，以日本军官河本末守中尉为首的 7 名日军炸毁了南满铁路柳条湖一段。以爆炸声为信号，早已磨刀霍霍的日军以"东北军炸毁南满铁路"为由，迅速向东北军精锐第七旅驻地北大营发起了进攻，"九一八"事变爆发。而当时东北军的主力已经调到关内参加中原大战，留守的东北军又接到国民政府的"不抵抗"政策，日本关东军迅速抢占了中国的东北地区，并扶持溥仪担任"伪满洲国"的傀儡。

"九一八"事变爆发后，蒋介石把解决的希望寄托在英、美、法等西方大国身上，企图依靠国联来迫使日本让步。而英、法只象征性地派了李顿调查团对"九一八"事变进行调查，调查报告采取对中日"各打五十大板"，称日本的侵略是因为中国民众反日激化的结果，日本为了保护日侨在华利益而采取的行动，同时也指出日本在行动结束后应该退出中国东北，并提出一个对中国东北实行国际共管的方案，日本以退出国联为要挟加以抗拒②。美则因中国东北不是其势力范围加之国内孤立主义盛行，故采取"中立"和"不干涉"政策。苏联官方媒体虽曾经发表过支持中国的意见，并积极采取措施改善对华关系，但是为了避免刺激日本，苏联的态度后来也很快发生变化，总体上保持沉默。对此，蒋介石也无可奈何。

本来，"九一八"事变爆发后，中日之间的民族矛盾已经开始上升为主要矛盾，处于战斗状态的国民党军队和共产党的红军本应携起手来，共同抗日。但蒋介石却执行"攘外必先安内"的政策，继续把其主要军力、财力、物力都用于"围剿"中国共产党领导的工农红军。1931 年 11 月 30 日，蒋介石在顾维钧就任国民政府外交部部长的宣誓会上发表演讲："攘外必先安内，统一方能御侮，未有国不能统一而能取胜于外者。"③ 1933 年 4 月 10 日，当日本在东北建立"伪满洲国"后，蒋介石不仅不抗日，

---

① 《1936 年 7 月 14 日行政院长蒋中正呈国民政府》，《国联制裁意大利实施办法》，档号：001063000001155。南京国民政府档案（台湾"国史馆"藏）。

② 中共中央党史研究室：《中国共产党历史（1921—1949）》第 1 卷上册，中共党史出版社 2002 年版，第 335 页。

③ 蒋纬国：《抗日御侮》第 1 卷，台北：黎明文化事业公司 1978 年版，第 128 页。

反而强调:"抗日必先'剿匪',安内始能攘外,在匪未清前绝对不能言抗日,违者即予最严厉惩罚。"①

而当时的中国共产党也在王明等"左倾"分子的领导下,虽然也谴责日本法西斯对中国东北的侵略。比如,1931年9月20日,中共中央发表了《中国共产党为日本帝国主义强暴占领东三省宣言》。宣言指出:"反对日本帝国主义侵占东三省,立刻撤退占领东三省的海陆空军,自动取消一切不平等条约。"②日本发动进攻上海的"一·二八"事变后,中共中央也提出了在三个条件下愿意与国民党军队联合抗日③。并领导东北抗日游击队、东北抗日联军抵抗日本的侵略,打击日本法西斯在东北的统治。但受苏联和共产国际的影响,王明"左倾"教条主义者仍把国民党和民族资产阶级当成主要敌人,甚至把包括国民党左派邓演达领导的反蒋的第三党等当作"最危险的敌人",并脱离实际地提出"武装保卫苏联"而不是"保卫中国"的口号。这在《中国共产党为日本帝国主义强暴占领东三省宣言》《关于日本帝国主义强占满洲事变的决议》(一九三一年九月二十二日)、《关于一·二八事变的决议》(一九三二年二月二十六日)、《中央区中央局关于领导和参加反对帝国主义进攻苏联瓜分中国与扩大民族革命战争运动周的决议》(一九三二年五月十一日)等文件中得到了继续和发挥。比如,在《中国共产党为日本帝国主义强暴占领东三省宣言》中,提出了"打倒一切帝国主义,驱逐帝国主义在华的一切海陆军,没收帝国主义在华的一切财产,反对帝国主义进攻苏联,武装拥护苏联。打倒各派国民党,打倒一切军阀;变帝国主义国民党反对革命的战争为反帝国主义反国民党的革命战争"④。在1931年9月22日中共中央公布的《关于日本帝国主义抢占满洲事变的决议》中强调中国共产党的任务是:"加紧的组织领导发展群众的反帝国主义运动,抓住广大群众对国民党的失望和愤怒,而组织他们引导走向消灭国民党的争斗;抓住一切灾民、工人、兵士的具体的切身的要求,引导他们走向直接的革命斗争。领导群众(为)反对日本帝国主义的暴力政策,武装保卫苏联,反对帝

---

① 张蓬舟:《近五十年来中国与日本》第1卷,四川人民出版社1985年版,第120页。
② 中央档案馆编:《中共中央文件选集》第7册(1931年),中央党校出版社1991年版,第399页。
③ 这三个条件包括:停止进攻革命根据地;保证民众的民主权利;武装民众。见毛泽东《关于若干历史问题的决议》,载《毛泽东选集》第3卷,人民出版社1991年版,第973页。
④ 中央档案馆编:《中共中央文件选集》第7册(1931年),中央党校出版社1991年版,第399页。

国主义的强盗战争而争斗。"① 正如 1945 年 4 月中共六届七中全会通过的《关于若干历史问题的决议》指出："日本发动的进攻中国的'九一八'事变，又激起了全国民族民主运动的新的高涨。新的中央忽视了'九一八'以后中日民族矛盾的上升和中间阶级的抗日民主要求，并断定中间派别是所谓中国革命的最危险的敌人。"② 当然，随着红军"第五次"反围剿不得不长征，以及日本帝国主义对中国侵略的加深，加之 1935 年后苏联面对日本和德国法西斯的崛起并叫嚣"消灭共产主义"，中国共产党的国内政策开始转变——由"抗日反蒋"到"争取民族资产阶级和进步力量反对日本"，再到"逼蒋抗日"，最后到"联蒋抗日"，根据地政权名称也经历了由苏维埃共和国到人民共和国、再到民主共和国的转变。

日本对中国不断深入的侵略，也引起国民党政府对日政策的变化。1935 年 11 月 19 日国民党五全大会上，蒋介石又表示"复以不侵犯主权为限度，谋各友邦之政治协调，以互惠平等原则，谋各友邦之经济合作，否则即听命党国，下最后之决心"③。1936 年 7 月，蒋介石在五届二中全会上，对五全大会的外交方针作了进一步解释："中央对外交所抱的最低限度，就是保持领土主权的完整"，"我们绝对不签订任何侵害我们领土主权的协定，并绝对不容忍任何侵害我们领土主权的事实。如果让步超过限度，只有出于抗战之一途"。④ 全会发表的宣言也明确宣布："对外则决不容忍任何侵害领土主权之协定，遇有领土主权被侵害之事实发生，如用尽政治方法而无效，危及国家民族之根本生存时，则必出以最后牺牲之决心，绝无丝毫犹豫之余地。"⑤ 国民党明确表示决不签订侵害领土主权的协定，并对"牺牲的最后关头"做了最低限度的解释。国民党"二中全会闭会之后，对日交涉，本此进行之决定，标志着其改变了过去一味退让妥协的态度，对日政策开始发生转变。而日本的加快对华进攻，以及美英法的妥协绥靖政策，让国民党内一部分'低调'主义分子，产生对日妥协的思想，逐渐形成以汪精卫为代表的'亲日派'集团，以冯玉祥、孙科、邵力子等为代表的一些人，面对美、英、法对日妥协绥靖，主张联合

---

① 中央档案馆编：《中共中央文件选集》第 7 册（1931 年），中央党校出版社 1991 年版，第 421 页。
② 《毛泽东选集》第 3 卷，人民出版社 1991 年版，第 973 页。
③ 秦孝仪主编：《中华民国重要史料初编——对日抗战时期·绪编（三）》，中国国民党中央委员会党史委员会编印，1981 年，第 659 页。
④ 荣孟源：《中国国民党历次代表大会及中央全会资料》（下册），光明日报出版社 1985 年版，第 323 页。
⑤ 同上书，第 412 页。

苏联共同抗击日本，而以宋子文、宋美龄等为代表的亲英美派，主张依靠英国、美国的帮助对日的侵华政策逐渐采取比较强硬的政策"①。蒋介石作为当时国民政府的实际最高领袖，居中指挥，但越来越倾向于对日反抗的态度。

（二）1934 年后远东局势的变化对国共关系的影响

随着日本对华北的步步进逼，国民党蒋介石在改变对日政策的同时，也开始寻找解决中共问题的新途径。蒋介石之所以逐渐对日强硬，其一是日本的侵略加剧危及他的统治，其二是国内民众舆论的压力，其三是蒋介石在抗战以前，在美元和英镑的滋润下，经济较之北洋军阀时期有了飞速的发展。在德国军事顾问和武器的暗中支持下，国民党的军事实力也有了较大的发展，这包括派遣中国军官到德国考察和学习，邀请德国军事顾问，秘密大量购买德国武器。德国和蒋介石国民政府关系密切，从军事上帮助国民党"围剿"红军，希特勒在德国上台，实行敌视苏联和共产国际的政策，也让中共对德国法西斯进行了猛烈的抨击。在第五次"围剿"中，蒋介石在德国顾问塞克特和魏采尔将军的建议下，实行"碉堡政策"②。在德国军工专家的帮助下，修建了可以互相支援的碉堡体系。这种政策增加了苏区的困难，使其与外界的联系完全被断绝，一时之间，苏区的物资变得异常匮乏，就连生活必需品食盐都难以供应。在德国顾问的协助下，南京政府从武器装备到军事思想，几乎全部仰仗于德国。这些德式训练的军队，同时也被用于"剿共"军事。在 20 世纪 30 年代初，德国曾打算开辟一条从柏林到南京的直达航线，但在首次试航时就遭到苏联的阻拦，苏联战斗机使其在蒙古上空迫降，"德国飞行员和机械师都摔断了骨头，并在一座蒙古监狱中服刑五年"。

当然，蒋介石在打红军的同时，也秘密进行着提高军事实力和经济实力以抗日的准备，尤其是在中央红军"第五次反围剿"失败开始长征后，蒋介石认为红军的威胁大大减弱，消灭残余红军是指日可待之事。1935年华北事变后，国民政府继续加强对日抗战准备工作，在外交、内政、经

---

① 中共中央党史研究室：《中国共产党历史第一卷（1921—1949）》上册，中共党史出版社 2002 年版，第 410 页。
② 即在根据地周围连绵建筑一道道封锁线，在步枪火力能够交叉的地方修筑两个碉堡，每五个碉堡之间建筑一个大碉堡，并用公路连接起来，形成碉堡公路网，然后修建储藏弹药和给养的仓库；接着在若干距离处又修筑第二道碉堡封锁线，用砖石材料移建第三道碉堡。国军依靠稠密碉堡体系，沿着交通要道向红军苏区各战略要地缓慢推进，以碉堡消耗红军的有生力量，使红军无法使用诱敌深入的战略。

济、社会文化、国防军事等多方面均采取了较为积极的措施：积极改善中苏关系，与中共接触，在苏联的帮助下用政治手段解决中共问题；改组政府，主张对日妥协者被逐渐排除出政府；币制改革，法币与英镑和美元挂钩，加强与英美法等西方国家的政治和经济联系；……制订反侵略战争作战方针①。1935 年，国民党军事委员会委员长侍从室主任林蔚拟了一个国防计划。在海州、徐州、开封、洛阳一线构筑防御阵地，建了不少钢筋水泥的机枪掩体，以作阵地骨干，在沧州、石家庄线也构筑了防线②。1936 年度国防计划把对日抵抗列为最急迫问题，进行详细研究和规划；各地江、海防及作战阵地均开始着手整顿、加强，南京警备司令谷正伦负责南京近郊及镇江、句容等地国防工事。中央军校教育长张治中主持锡澄线（无锡至江阴）以东至淞沪等地国防事务（"一·二八"事变中他曾率第五军在淞沪协同十九路军对日作战），在青阳港西岸、吴（江）福（山镇）线及锡澄线构筑国防工事。全国军队实行整编，尽力扩大武器生产，向外国积极洽购军火；加紧铁路、公路等基础设施尤其是西南后方根据地的建设等。这些对后来的抗战起了不可低估的作用。

国民党与苏联的关系在 1935 年以后也有了很大的发展。首先是关于苏联援华抗日问题。1935 年 10 月 9 日，孔祥熙向苏驻华大使鲍格莫诺夫提出：将来"中国被迫武装抗日"，考虑到"通过海路难以获得任何军事物资"，"中国政府能否经过新疆从苏联方面获得军需品"？③ 苏方很快表示同意，并于 11 月 15 日令鲍格莫诺夫通知中国政府："苏联政府同意卖给中国军需品。"④ 其次是关于国共两党关系问题。蒋介石想利用苏共对中共的影响，使中共就范，接受他的"改编"。但苏联答复："蒋介石本人在没有任何中间人的情况下完全可以同中共谈判。"⑤ 1935 年 12 月 19 日，蒋又提出要以 1923 年的《孙文越飞宣言》作为中苏关系的基础。⑥ 苏联坚持认为不能以"孙越宣言"为基础，因为这个宣言承认"苏维埃制度和共产主义组织不适用于中国国情"，这一条蒋介石肯定会抓住不放并广为宣传，特别是在中国红军战斗的地区，这就会给英勇的中国红军和

---

① 黄道炫：《西安事变：不同抗战观念的冲突》，《历史教学》2004 年第 3 期，第 12 页。
② 郭汝槐：《郭汝槐谈抗战前夕的蒋介石：为聚集力量无所不为》，凤凰网历史频道 2011 年 1 月 25 日。
③ 苏联外交部编：《苏联对外政策文件集》第 18 卷，莫斯科：政治文献出版社 1971 年版，第 662 页。
④ 同上书，第 663 页。
⑤ 《苏联对外政策文件集》第 18 卷，莫斯科：政治文献出版社 1971 年版，第 723 页。
⑥ 同上书，第 599 页。

中国共产党背后捅一刀①。

与此同时,中国共产党高举局部抗日和反对德国法西斯的大旗,在东北组织成立了近10万的抗日民主联军,并向全国民众发出了抗日的呼声,涌现了优秀共产党员吉鸿昌、杨靖宇、赵尚志等抗日英雄。华北事变期间,在中国共产党的领导下,北平的大学生们掀起了轰轰烈烈的"一二·九"运动。在1931年秋至1935年秋的四年时间里,中共中央还发表了一系列反对日本帝国主义侵略,呼吁国内团结抗日的宣言,初步提出了含国民党在内的抗日民族统一战线的基本方针,初步形成了关于国共再次合作的设想。早在1933年10月26日,潘汉年作为中华苏维埃临时中央政府和红军的全权代表,同以蒋光鼐、蔡廷锴为首的国民党福建省政府的代表徐永鸿在瑞金进行谈判,签订了《反日反蒋的初步协定》,标志着我党与国民党十九路军的合作抗日反蒋关系的初步形成。②1935年8月,中国共产党从中华民族根本利益出发发表《为抗日救国告全国同胞书》,即《八一宣言》。宣言根据共产国际第七次代表大会关于建立反法西斯人民统一战线的精神,呼吁各党派、各军队和各界同胞停止内战,集中力量一致抗日,并建议组成统一的国防政府和在国防政府领导下的抗日联军。《八一宣言》写道:今当我亡国灭种大祸迫在眉睫之时,共产党和苏维埃政府再一次向全体同胞呼吁:大家都应当有"兄弟阋于墙,外御其侮"的真诚觉悟,首先大家都应当停止内战,以便集中一切国力(人力、物力、财力、武力)去为抗日救国的神圣事业而奋斗……③1935年12月17日至25日,中共在陕北瓦窑堡召开了政治局扩大会议,分析了华北事变后国内阶级关系的新变化,批判了"左"倾关门主义的观点,决定了建立抗日民族统一战线的策略。会议的最后一天,通过了张闻天代表中央作的报告——《中央关于目前政治形势与党的任务决议》。指出:党的策略路线是发动、团结与组织全中国全民族一切革命力量去反对日本帝国主义和卖国贼头子蒋介石,并指出关门主义是党内的主要危险④。12月27日,毛泽东作了《论反对日本帝国主义的策略》的报告。报告对于民族资产

---

① 《苏联对外政策文件集》第19卷,莫斯科:政治文献出版社1971年版,第269—271页。
② 中共中央党史研究室:《中国共产党历史(1921—1949)》第1卷,上册,中共党史出版社2002年版,第379页。
③ 张闻天:《中央关于目前政治形势与党的任务决议》,《救国时报》1935年第10期。
④ 中共中央统战部、中央档案馆:《中共中央抗日民族统一战线文件选编》(中),档案出版社1985年版,第67页。

阶级的两面性和利用地主买办营垒内部矛盾的可能性问题,作了精辟的分析。他指出:"在日本帝国主义打进中国本部来了这一个基本的变化上面,变化了中国各阶级之间的相互关系,扩大了民族革命营垒的势力,减弱了民族反革命营垒的势力。"① 因此,党的基本策略任务,就是要建立广泛的民族革命统一战线。1936年3月,中共的抗日政策也逐渐由"反蒋抗日"向"逼蒋抗日"转变。是年3月20日,中共中央收到了共产国际七大的正式文件,当时的中央负责人张闻天(洛甫)作了《共产国际"七大"与我党抗日统一战线的方针》报告。在报告中张闻天指出:"我们现在主张国内和平,联合对日。……必须而且可能与各种政治派别进行上层统一战线。朝统一战线的政权(抗日联军、国防政府)方向发展。"② 直接原因主要有三个:其一,当时中共在西北正在搞的与张学良、杨虎城的"西北大联合",实力最强大的东北军的首领张学良主张抗日民族统一战线应包括蒋介石。1936年4月9日,周恩来与张学良在肤施(延安)秘密谈判,张学良接受中国停止内战、共同抗日的主张,并提出争取蒋介石抗日的主张。③ 当时张学良是西北"剿总"副司令、代总司令,率领20多万军队,又是当时与中共最早建立抗日民族统一战线关系的国民党爱国将领,他的意见对中共产生一定的影响。其二是蒋介石的对日政策有所改变,蒋对日本的政策比较强硬。1935年11月19日,蒋介石在国民党第五次全国代表大会上发表对日政策说:"和平有和平的限度,牺牲有牺牲的决心,以抱定牺牲之决心,而为和平最大之努力。"表达了"以不侵犯主权为限度"的意向。④ 1936年5月5日,中共中央向全国发出《停战议和一致抗日通电》,明确放弃反蒋抗日,改为逼蒋抗日:"苏维埃中央政府与红军革命军事委员会,……为了促进蒋介石及其部下爱国军人们的最后觉悟,故虽在山西取得了许多胜利,然仍将人民抗日先锋军撤回黄河西岸。……愿意在一个月内与所有一切进攻抗日红军的武装队伍实行停战议和,以达到一致抗日的目的。"⑤ 1936年6月,国民党与中共的秘密谈判中提出了对中共及其领导的红军抗日有利的态度。1936年8月10

---

① 中共中央党史研究室:《中国共产党历史(1921—1949)》第1卷,上册,中共党史出版社2002年版,第418页。
② 张闻天文集编辑组:《张闻天文集》第2卷,中共党史出版社1992年版,第84页。
③ 中共中央党史研究室:《中国共产党历史(1921—1949)》第1卷,上册,中共党史出版社2002年版,第421页。
④ 秦孝仪:《中华民国重要史料初编·绪编(三)》,中国国民党中央委员会党史委员会编印,1981年,第659页。
⑤ 《红色中华》,1936年5月16日。

日，中共中央政治局会议上，毛泽东分析形势后指出："在今天，我们应该承认南京是民族运动中一种大的力量。"周恩来建议说："过去抗日必须先反蒋的口号，现在不适合，现在应以抗日联合战线为中心。"毛泽东也主张"我们要与蒋联合"①。当时的中共中央负责人张闻天在其所作的报告《要推动南京进一步向抗日方面动摇》中也强调，全国形势是抗日更推进了一步。在国民党"二中"全会上，蒋（介石）不能不提到国防政府，反日运动现在是更加可以公开，CC系也要谈联俄联共，等等。只要提出"停止内战，民主自由"，就可与他（蒋介石）合作。至于领导权在名义上可不机械地争。如果大家真心抗日，取消红军、苏维埃名义也是没有问题的②。1936年8月25日，《中国共产党致中国国民党书》对蒋介石在国民党五届二中全会上所说："绝对不订立任何侵害我们领土主权的协定"的政策解释，予以肯定说："我们承认的这种解释，较之过去是有了若干进步，我们诚恳地欢迎这种进步。"③ 其三是共产国际的来电，促进了"联蒋抗日"方针的形成。1936年8月15日，共产国际执委会书记处致电中共中央，针对瓦窑堡会议制定的"抗日反蒋"方针指出："把蒋介石和日本侵略者相提并论是不正确的。为了和日本侵略者做斗争，我们应采取红军和蒋军之间停止军事行动，并与蒋军达成协定的方针"④。在此影响下，中共对国民党的态度也在发生变化，即"反蒋抗日"—"逼蒋抗日"—"联蒋抗日"的嬗变。积极开展对国民党地方军阀和民主派人士的统战工作，促进蒋介石反共政策的转变。1936年9月1日，中共中央专门出台了"逼蒋抗日"的指示：目前中国的主要敌人是日本帝国主义，所以把日帝与蒋介石同等看待是不对的，"抗日反蒋"的口号也是不正确的。我们的总方针是逼蒋抗日。⑤ 1936年9月17日，中共中央通过了《中共中央关于抗日救亡运动的新形势与民主共和国的决议》，提出根据新的形势，把"人民共和国"改为"民主共和国"的口号："中央认为在目前形势之下，有提出建立'民主共和国'

---

① 中共中央文献研究室编：《周恩来传》，人民出版社、中央文献出版社1989年版，第315页。
② 《张闻天文集》第2卷，中共党史出版社1992年版，第132—133页。
③ 中央档案馆：《中共中央文件选集》（11），中共中央党校出版社1986年版，第77—88页。
④ 《共产国际执委会书记处给中共中央书记处电报》（1936年8月15日），[俄]格鲁宁等编：《共产国际与中国革命》（文献与资料），莫斯科：科学出版社1986年版，第266—269页。
⑤ 《张闻天选集》第2卷，中共党史出版社1992年版，第140—141页。

的必要。因为这是团结一切抗日力量来保障中国领土完整和预防中国人民遭受亡国灭种的惨祸的最好方法。"① 1936年10月26日,毛泽东等40多名红军将领写信给国民党蒋总司令及西北的将领,提出只要贵党政府决心抗战,红军"誓与你们合作到底。……西北数十万健儿终会手携手的联合起来"②。

中国共产党还依据新的国际国内形势变化,逐渐改变了"左"的国际统战工作方针,并初步提出了把一切反对日本侵略的国家作为争取和联合的对象。在瓦窑堡会议上,中共停止了"打倒一切帝国主义"的口号,提出"同一切和日本帝国主义及其走狗卖国贼相反对的国家、党派,甚至个人,进行必要的谅解、妥协,建立国交,订立同盟条约等等的交涉"③。1936年7月16日,毛泽东在与美国记者斯诺的谈话中指出:"……日本帝国主义不仅是中国人民的敌人,而且也是世界上所有爱好和平的人们的敌人。尤其是包括美国、英国、法国和苏联在内的在太平洋地区有巨大利益国家的人们的敌人。我们期待这些友好国家至少不帮助日本帝国主义,我们也希望他们将帮助中国抵抗日本的侵略。"④

三 1935—1936年:苏联暗中支持下的国共秘密谈判

20世纪30年代中期,随着日本对中国北方侵略行动的逐步扩大,无论是苏联还是中国都明显感到了巨大的压力。对苏联来说,其在西部的欧洲地区正面临德国法西斯崛起的压力。而日本在远东的蠢蠢欲动,使苏联更害怕被德国和日本两大法西斯强国夹击。故全面抗战爆发前夕,苏联政府希望中国尽快结束内战、团结对外,拖住日本。而蒋介石面对日本咄咄逼人的进攻,也希望世界大国美、英、苏、法支持中国,反对日本。但是当时美国对外"孤立主义"政策盛行,法国和英国面对德国在欧洲的崛起和对苏联的长期仇视,以及英法在远东防卫力量的削弱,对中国与日本的局部冲突基本上是舆论批评而缺乏实质的援华制日行动措施。比如,1936年11月25日,法国对日本在印度支那地区持续不断的秘密活动的疑虑。法国驻华大使认为,西贡日本领事直接领导下的秘密情报机构至少

---

① 《张闻天选集》第2卷,中共党史出版社1992年版,第154页。
② 中央档案馆:《中共中央文件选集》第10卷,中共中央党校出版社1985年版,第100页。
③ 中共中央统战部、中央档案馆:《中共中央抗日民族统一战线文件选编》(中),档案出版社1985年版,第67页。
④ Edgar Snow, *Red Star over China*, New York: Grove Press, Inc. 1961, p. 87.

在 10 个以上，以商店的形式遍布。① 但由于面对德国在欧洲的更大的威胁，法国外交部新任亚太司司长高思默等人，坚决反对对日采取强硬态度。② 在当时只有苏联对于日本的侵略明显表现出积极的态度。尤其在 1935 年 10 月，当日本策动华北"自治"，在中国有较多利益的英国在埃塞俄比亚问题上深陷与意大利的冲突中，蒋介石估计"英更无余力以问远东局势，则倭更横行"③。蒋介石不得不加紧联合苏联，争取苏联的支援。而联合苏联对蒋介石来说当时最大的障碍是如何处理中共问题。在此背景下，蒋不得不设法解决中共问题。为此，蒋介石不仅派驻苏使馆邓文仪到莫斯科秘密接触中共中央驻共产国际代表团，而且指示陈立夫等在中国国内寻找共产党线索，直接争取与中共中央进行接洽，迫使中共接受谈判条件，从而达到其政治解决中共问题的目的。在苏联的暗中支持下，国共进行了秘密接触和谈判。

首先是国民党在 1935 年底就国共谈判对苏联态度的试探。1935 年 12 月 19 日，随着中国革命暂时"处于低潮"，以及德国、日本法西斯力量在欧洲和亚洲的崛起对苏联的威胁，蒋介石命中国驻苏联大使馆武官邓文仪和国民党中央委员、"CC"系头子陈立夫先后前往苏联驻华使馆，会见苏联驻华大使鲍格莫洛夫，从侧面试探苏联政府对中共新政策及国民党解决中共问题的具体意见，并希望苏联政府能帮助说服中国共产党改变其对中央政府之态度，要求中国共产党服从中央领导。④ 12 月 22 日蒋介石再次与鲍戈莫洛夫会晤，表示只要红军承认中央政府之权威，听从指挥，它就可保持其原有编制参加抗日作战。

其次是曾养甫与周小舟的接触。曾养甫是国民党"CC"系中的务实派，政治立场相对比较温和。1935 年 12 月底，曾养甫通过一个叫谌小岑⑤的关系联系到北平中国大学教授吕振羽，并找到中共北方局的周小舟。1936 年 3 月，周小舟应国民党方面的要求第二次到南京谈判，带去

---

① 《Naggiar 致外交部长 Delbos》，上海，1937 年 1 月 23 日，法国外交部档案，549/3 - 3，30/70。
② 《亚太司致法国外交部长的报告》，1936 年 12 月 21 日，《法国外交部文件 1932—1939》第 2 册第 4 卷，第 302—303 页。
③ 台北"国史馆"藏蒋中正档案，《困勉记》卷三十六，1935 年 10 月 1 日条。
④ 鲍格莫洛夫致苏联外交人民副委员斯托尼亚科夫的电报》，1936 年 1 月 22 日，《苏联对外政策文件集》第 19 卷，第 35—38 页。转引自李玉贞译《中苏外交文件选译》，《近代史资料》1991 年第 81 号，第 227 页。
⑤ 谌小岑当时在曾养甫手下当过浙赣铁路理事会秘书，早年曾是周恩来于天津创立的学生组织《觉悟社》的成员，认识并结交了不少中共党人。

了中共的六项要求和毛泽东、朱德、周恩来写给宋子文、孙科、冯玉祥、曾养甫的信件,并附有《八一宣言》。中共在给曾养甫的信中说:"对国民党方面发起两党接触,谈判停止内战,一致对外的举动,表示欢迎,希望早日实现停战议和,完成准备,发动抗日战争。"① 周、吕受北方局指示,总共四次赴南京与曾养甫等人会谈,并向曾提出关于国共合作的四项条件,即:开放言论;组织联合抗日政府与联合抗日武装;让南方红军游击队集中并划定防区;承认苏区的合法地位等。同时要求国民党停止拦阻和进攻红军、协商红军北上路线并提供给养②。经陈果夫与陈立夫研究,并经蒋介石同意,曾养甫避开中共四项条件的实质问题,亦提出了国民党方面的四项条件。③ 国民党的目的有三:一是把红军引向靠近外蒙边境地区,远离中国腹地;二是让红军以外蒙为依托与日军发生冲突,利用日军消灭红军,并削弱日军进攻;三是造成苏日之间的冲突,使日本无力南侵。由于双方谈判条件差距太大,加之,蒋介石派中央军继续"追剿"红军使中共认识到蒋介石缺乏谈判的诚意,双方的谈判没有达成一致意见。

最后是邓文仪与潘汉年、王明的谈判。1935 年 8 月 1 日,王明作为中国共产党驻共产国际代表团的团长,受共产国际"七大"建立"国际反法西斯统一战线"战略的影响,在中共代表团机关报《救国报》和共产国际机关刊物《国际新闻通讯》上发表《为抗日救国告全体同胞书》(《八一宣言》),初步提出与国民党建立抗日民族统一战线的主张。《宣言》指出:"……首先大家都应当停止内战,以便集中一切国力(人力、物力、财力、武力等)去为抗日救国的神圣事业而奋斗。……与苏维埃政府和东北各地抗日政府一起组织全中国统一的国防政府;与红军和东北人民革命军及各种反日义勇军一块组织全中国统一的抗日联军。红军绝对首先加入联军尽抗日救国天职。"④ 蒋介石经过研究,于 1936 年初密派中国驻苏使馆武官邓文仪直接与中国共产党驻共产国际代表团接触。1936 年 1 月 13 日,邓文仪与中共驻共产国际代表团的代表潘汉年谈判。邓文

---

① 赵佳楹:《中国现代外交史》,世界知识出版社 2005 年版,第 624 页。
② 《周小舟给中共中央的报告》(1936 年 8 月 29 日)。杨奎松:《抗战前后国共谈判实录》,新星出版社 2013 年版,第 19 页。
③ 《南京方面五月十五日提出之谈判条件》,转引自杨奎松《国民党的"联共"与"反共"》,社会科学文献出版社 2008 年版,第 330 页。
④ 中央档案馆:《中共中央文件选集(1934—1935)》第 10 册,中央党校出版社 1991 年版,第 521—522 页。

仪说:"我们联合共党的原则已经决定了。根本问题就是两个:一是统一指挥的问题;二是取得苏联援助的问题。"① 摸清了国民党的初步意图后,1月17日,王明与邓文仪进一步交谈。邓文仪强调蒋的意见:关于政府方面,取消苏维埃政府,邀请所有苏维埃政府领导人和工作人员参加南京政府。关于红军问题,红军应改编为国民革命军,并与政府交换政工人员,统一指挥,红军可到内蒙古抗日②。关于党的问题。蒋介石主张"共产党加入国民党",或者共产党独立存在。并希望中共能积极促进苏联援助中国③。中共驻共产国际代表团多数反对南京方面提出的条件。1936年6月底,经过多轮秘密交涉和谈判,双方达成最基本的一致:为求民族之生存,须立即实现民族革命之联合战线,共同抗日④。为了更好地促进国共谈判,中国共产党驻共产国际代表团指派潘汉年回国,直接与主持国共和谈的陈果夫、陈立夫接洽两党合作抗日问题。⑤ 1936年8月8日,潘到达陕北保安,向中共中央汇报。中共高层决定潘汉年为中共中央与红军的正式谈判代表与国民党方面的代表陈立夫进行谈判。此时,由于"两广事变"的爆发,国民党不得不对中共的条件进行让步。潘汉年于当年10月与陈立夫、张冲等人在上海与南京两地重开谈判,这一次的潘陈会谈虽然比以前的各次均要深入,但由于蒋介石刚成功解决了两广事变,本着对红军是收编而非合作的立场,故谈判始终不能有所进展。关于1935—1936年国共秘密谈判的详细内容,杨奎松教授所著的《国民党的"联共"与"反共"》(社会科学文献出版社2008年版)和《抗战前后国共谈判实录》(新星出版社2013年版)两书,进行了比较深入的论述,本研究成果只论述国共秘密谈判的简单过程,不再详尽赘述。

  当然,蒋介石在秘密谈判没有达成协议之前,也调动数十万中央军入陕,并逼张学良、杨虎城与红军决战,但令蒋意想不到的是他这一逼竟然逼出了西安事变,他也成为"阶下囚"。

---

① 《潘汉年与邓文仪谈判情况纪要》,1936年1月13日。转引自杨奎松《抗战前后国共谈判实录》,新星出版社2013年版,第9页。
② 潘汉年:《关于与国民党谈判情况给毛泽东等的报告》(1936年11月12日),《党的文献》1993年第5期。
③ 杨奎松:《抗战前后国共谈判实录》,新星出版社2013年版,第9页。
④ 《雪夫给中共的工作报告》(1936年7月21日),转引自杨奎松《抗战时期国共合作纪实》(下),重庆出版社1992年版,第823—824页。
⑤ 《王明与邓文仪谈判记录》1936年1月23日。原件藏莫斯科俄罗斯当代文献保管与研究中心,全宗号:495,目录号:74,案卷号:276。

四 国际环境与西安事变的和平解决：第二次国共合作条件的初步成熟

1936年12月12日，东北军、17路军将领张学良和杨虎城，为了逼使蒋介石放弃对内"剿共"内战、对外妥协退让的政策，毅然发动了西安事变，扣留了蒋介石。西安事变的突然爆发，震惊了整个世界，国际上对此有什么反应呢？

（一）世界大国对西安事变的态度与政策

1. 苏联和共产国际的态度及政策

由于政治、地理因素以及与中共的关系，西安事变爆发后，苏联成为美英法、德意日等大国关注的焦点，世界舆论纷纷揣测并指责苏联和共产国际是西安事变的幕后策划者。为了应付世界舆论和不损害与南京政府正在修补中的关系，1936年12月14日，《真理报》和《消息报》对西安事变发表了评论文章。其中苏联政府的官方权威报纸《真理报》第一版以显著地位报道贬张的西安事变："张学良叛变反对南京政府。"同时发表该报社论《在中国发生的事件》评述道，张学良以抗日运动从事投机，表面上看似高举抗日大旗，实际上则是帮助日本分裂中国，使中国更加骚乱，成为外国侵略之侵略品。……张学良部队叛变无疑是中国亲日分子的一个阴谋，因为他们正在千方百计地为日本帝国主义奴化中国效劳。[1] 苏联《消息报》发表的署名文章也完全歪曲事实真相，维护蒋介石，说什么"去年就已形成了中国各派社会力量围绕南京政府的形势；南京政府尽管以前它动摇、退却……可是现在它已经表现出愿意和领导抗日，张学良之举动实足破坏中国反日势力之团结"[2]。《国际通讯》等共产国际刊物则在何应钦打起"讨逆"旗号命令中央军开赴潼关和派飞机滥炸渭南、赤水车站的时期，称赞南京"讨逆"是值得赞扬的形势变化，称蒋介石已经"尽最大的努力制止这一惩罚性的征讨"[3]。《真理报》和《消息报》是苏联政府重要的权威宣传报纸，代表苏联政府对西安事变的看法，向世界表明苏联与西安事变没有任何关系。[4]

苏联为什么要采取这种亲蒋反张的立场呢？这是与当时的国际环境密

---

[1] ［苏联］《真理报》1936年12月发表的造谣污蔑张学良将军的两篇评论文章，见《党史资料通讯》1982年第11期，第22—23页。
[2] ［苏联］《消息报》，1936年12月14日第一版。
[3] 《一周外事述评》，《国际通讯》第58期（1936年12月14日出版）。
[4] 李贻彬：《震惊世界的一幕》，上海人民出版社1986年版，第262页。

切联系的。1936年前后,苏联面临的国际形势十分严峻。在欧洲和远东,德国法西斯和日本正在疯狂地扩军备战,对苏联造成了"东西夹攻"的威胁。英、美帝国主义期望把日本侵华的祸水引向苏联。为集中力量抗击德国可能的入侵,它在远东推行联蒋遏日的方针,把中国抗日的希望放在蒋介石身上。苏联认为,在中国只有国民党不仅力量强大,而且得到了英美的同情和支持;而中国共产党正好相反,刚经历了第五次"反围剿"失败,力量遭到很大的削弱。因此,苏联政府虽然不赞成蒋介石反共,但更惧怕蒋介石联日。经过权衡利弊,苏联力促西安事变的和平解决,以实现自己的战略意图。其次,西安事变一爆发,法西斯国家公认此事与苏联政府、共产国际有关,苏联为了撇清关系,不得不如此。比如,日本《朝日新闻》称"张学良与共产党的关系,受赤化的浸润,是不容置疑的事实"①。德国《柏林日报》则直言谓"这次事件和莫斯科有关"②。意大利外交部部长齐亚诺亲自致电张学良声称"阁下为吾挚友,倘参加共产,即为吾敌"③。法国《法兰克福日报》评论称"张学良反复无常,此次与苏俄携手"④。最后,国民政府亲日派汪精卫在德国的活动,也使苏联不得不支持蒋介石,并发表谴责西安事变的主角张学良和杨虎城。斯大林从汪精卫在欧洲试探加入德、日国际防共联盟的活动中,看到了对苏联极不利的情景,只有蒋的存在,才能使苏联摆脱四面受敌的危境,因而竭尽全力保蒋安全,不惜用最严厉的措辞,多管道齐下。汪精卫在西安事变发生后,汪精卫在欧洲致电国民党中央,主张对张学良大张挞伐,清除内患。⑤ 此举有两个作用,一是表示对张学良"叛乱"特别痛恨,表面上支持蒋介石;二是张学良在中央军的讨伐下"狗急跳墙"杀掉蒋介石,让汪成为国民党的头号人物。

苏联和共产国际对待西安事变的态度,不仅对事变各方的作用和影响很大,而且错综复杂。苏联的新闻舆论对南京政府来说太重要了,也太需要了。难怪后来张群对苏联使节说,《真理报》和《消息报》的文章给南京政府带来了很大的好处。1936年12月17日,孔祥熙在劝说张学良的同一封电报中就说:西安事变,"欧美各国舆论,无不一致斥责。日前苏

---

① 中国现代革命史资料丛刊:《西安事变资料》第一辑,人民出版社1980年版,第208页。
② 《西安事变与国际反响》,见《大众知识》第1卷第6期(1937年1月5日)。
③ 中国现代革命史资料丛刊:《西安事变资料》第一辑,人民出版社1980年版,第12页。
④ 同上书,第211页。
⑤ 刘方富:《密档中的历史之:西安事变》,广西师范大学出版社2009年版,第61页。

俄舆论,亦称陕变以反日运动为投机,实际为敌作伥。可见无论中外,对兄此举,皆持反对"。苏联、共产国际的新闻舆论对张学良的打击是十分沉重的。西安事变爆发后,张学良最关心的是苏联的反应,最期待得到苏联的援助。他不仅亲自打电报询问毛泽东:"国际对西安'一二·一二'革命有何批评,乞告。"并且在周恩来至西安后,更反复说明,他极愿听中共中央的意见,"尤愿知国际意见"①。中共曾预测苏联会支持张、杨。但是,当张学良从收音机里听到《真理报》和《消息报》的社论与原来的期待完全相反时,他感到震惊与愤懑。据宋黎回忆:"张学良拿着内容载有苏联评论事变的新闻记录下楼,宋黎在楼梯下面给他让路,听见张学良似乎自言自语,说:'我待他们那么好,他们却这样对待我。'"② 周恩来12月17日到达西安后,张学良就立即询问苏联对西安事变的态度,当周恩来说苏联大致不会援助张、杨的时候,张学良很冲动,反应甚为愤慨,似乎觉得被人出卖了。其实,张学良之所以与中共合作,曾经有加入中国共产党的想法,并写了入党申请书,主要目的还在于打算利用苏日在1936年的矛盾冲突,让苏联帮助其打回东北老家去,但却遭到苏联权威媒体的谩骂。由满怀大希望到大失望的转变,从心理学的角度来看,从大希望到大失望的瞬间极端变化,对当事人的刺激可想而知。张学良为了表明心迹,仓促行动了——亲自送蒋介石回南京,其结果不仅造成自身失去自由,而且西北地区"三位一体"的抗日局面也崩溃了。

2. 日本对西安事变的反应及对策

西安事变的直接原因是日本对中国的侵略,故日本对西安事变也非常关注。事变发生后,日本人因不明原因,最先采取的是"静观"政策,但警告南京政府不能倒向欧美和苏联。13日清晨,日本当局就得到了蒋介石在西安被扣的消息。当天下午6时,日本外务省在外相官邸举行对策会议,出席会议的有外相有田、次官堀内、东亚局长桑岛、欧亚局长东乡。会议开了4个小时,做出如下决定:"关于张学良之叛变,日本政府须等待正确之消息","目前应止于静观事态之演变,而避免积极行动"。③ 14日上午10点40分,有田外相进宫面见日皇,汇报外务省关于蒋介石监禁事件内容,并以该事件为中心之中国各地情形,列国环境,今后对苏

---

① 《周恩来致毛泽东并中央电》,1936年12月18日,《文献和研究》1986年第6期,第65页。
② 张魁堂:《张学良传》,东方出版社1993年版,第208页。
③ 中国社会科学院现代史研究室编:《西安事变资料》第一辑,人民出版社1980年版,第207页。

对华外交关系等帝国方针,详细陈奏,奉答种种下问而退。① 日本海相永野也于13—14日召集紧急会议,正式决定,14日午前十时对在上海第三纵队司令、长官长谷川中将发出明示中央部根本之紧急训令:"对运着动乱危险之中国,应采公明正大之措置,一面注视动向,一面自重静观;为在留日人生命财产之保护并我诸权益之拥护,期适宜公正自卫警备之彻底。"② 陆相也在13日召集省部关系官的会议,讨论认为,"……由张学良通电,联苏容共,及张军与共产军最近关系观之,张军叛乱之背后,有'公明德论'并共产党员之魔手活动,早已无置疑余地,故不拘蒋介石之运命如何,由是中国渐见亲日及亲苏乃至防共及抗日之两派阵营之分裂自在预想中。而国民政府部内冯玉祥为始,亲苏派要人占优势,又国民党部由陈立夫、陈果夫等亲苏派执牛耳之点而观之,中国之抗日战争或与从来相异之思想背景下更加扩大强化,……一方蒋介石失脚后,浙江财阀之向背如何,考虑这点时,国民政府不旋踵或之限于支离分裂,亦不可知,故对此次叛乱,陆军之态度,止于坚执不动国策,严重监视事态推移"③。16日,日本首相、海相、外相举行协调会议,认为"以西安事变中之日本动向,将使中国全局有重大影响,欧美将极深注意,故有暂时静观形势进展之必要",并且要求驻外使节"严戒轻举妄动"。④ 当时,全世界都在关注着中国发生的这一事件,同时也关注着日本对此的态度,用12月16日《朝日新闻》社论的话说,"因为今日世界的眼睛都注视着中国,同时注视着日本,所以日本的立场最要慎重"。当然,日本的"静观"对策,并不等于它心甘情愿听任事态的发展,西安事变发生之后,日本"不论政府还是军部,都在推测蒋介石大概不会生返南京,而且也是那样期待的。如果掌握实权的蒋介石被杀,中国因国民党的领导权之争而再次发生内乱,对日本是太好了"⑤。"日本当局此刻恐怕对于中国民众抗日激昂的感情有火上添油的危险,故决定不给予任何刺激而静观事态的推移。"⑥ 按照日本的设想,西安发生这么重大的事件,各地方实力派一定会遥相呼应,使中国再次陷入内乱之中。出乎意料,西安事变发生

---

① 刘方富:《密档中的历史之:西安事变》,广西师范大学出版社2009年版,第26页。
② 同上书,第27页。
③ 同上。
④ 秦孝仪主编:《革命文献》(第94辑),《西安事变史料》上册,台北:"中央"文物供应社1983年版,第536页。
⑤ [日]古川万太郎:《近代日本的大陆政策》,东京:东京书籍1991年版,第504页。
⑥ 中国社会科学院现代史研究室编:《西安事变资料》第一辑,人民出版社1980年版,第208页。

第二章　20 世纪 30 年代前期的国际环境与第二次国共合作之酝酿　61

后，各地方实力派相继发表通电，拥护蒋介石和南京政府，敦促张、杨释放蒋介石，以和平解决西安事变。这实为日本人始料不及，日本利用西安事变可能出现的中国内乱而攫取中国的阴谋未能得逞。西安事变期间，出自各自的利益，英、美及德、意等国都表示希望西安事变和平解决。对此，日本也不得不假意地对南京政府说，对西安事变的发生表示"同情"。在这种"同情"掩盖下，则是希冀因西安事变而诱发中国大规模的内战。一旦中国出现新的内战，或者当它认为有机可乘之时，便会毫不犹豫地按照预定的侵华方针，发动对中国新的大规模侵略行动，并为此进行暗中活动。

其次，当出现和平解决西安事变的迹象时，日本向南京政府施压，强烈反对南京政府以"容共"为妥协的条件，竭力挑拨西安与南京的关系，反对双方的和平谈判，并以此阻挠西安事变的和平解决。日本宣布张、杨已经"赤化"，声明日本不能容忍南京同西安妥协，并曾一再声言，要南京政府不得做任何损害日本利益的解决。1936 年 12 月 19 日，日本外相有田约见中国驻日大使许世英，探问张学良提出的条件内容及南京政府对此的态度。有田露骨地说，南京政府"如在抗日容共之条件下与张妥协，日本决强硬反对"[①]。与此同时，日本驻中国大使在南京也发表谈话，反对西安事变解决方案中损害日本利益的规定。"在南京的日本大使馆发言人在记者采访中表示，'如果以加强中国抗日的态度为条件来释放蒋介石的话，形势会变得越来越严峻'"[②]。

张学良、杨虎城发动西安事变的目的，就是要求蒋介石能够联共抗日。在当时的情况下，蒋介石如不接受张、杨提出的联共主张，西安事变也就不可能和平解决。日本人明知这一点，却要对南京政府的"容共"妥协"断然抨击"，实际上就是压迫南京政府以武力进逼西安，挑起中国大规模内战。在对南京政府施压的同时，日本又引诱国民党继续采取反共内战政策。1936 年 12 月 15 日，日本关东军发表声明，声称如果"国民政府实行反共防共"，日本将"不惜给予援助"[③]。日本人认为，西安事变的发生，是张学良、杨虎城及其部下，受了"赤化的浸润"的结果，它表明了共产主义影响在中国日益扩大，因此，"极力主张日本政府进一步

[①] 秦孝仪主编：《革命文献》（第 94 辑），《西安事变史料》上册，台北："中央"文物供应社 1983 年版，第 537 页。
[②] Henry Wei PH. D, *China and Soviet Russia*, New York: Greenwood Press, 1974, p. 130.
[③] 中央文献研究室：《周恩来年谱（1898—1949）》，中央文献出版社 1998 年版，第 334 页。

对南京方面施加压力,迫使中国加入反共同盟"①。日本军部在上海出版的报纸《上海日报》在评论西安事变时称:南京政府现在应该乐于接受日本的建议,"采取联合行动,共同对付俄国支持的中国共产党","现在,南京方面正在十字路口徘徊,因此,必须决定自己将来的方向……如果蒋介石委员长试图履行他抗日的诺言,那末,日本政府将对中国采取更加严厉的态度……西安事变已使中日关系日趋恶化"。②

日本露骨地反对南京政府以联共为条件、和平解决西安事变,在反对"容共"妥协上大做文章,不断向南京政府施压,企图使南京政府拒绝张、杨的联共抗日要求,阻挠抗日民族统一战线的建立和在全中国形成一致抗日的局面,使其仍能像以往那样,对中国可以任意加以宰割。同时,长期以来,日本一直把苏联作为假想敌,在侵略中国的同时,加强对苏作战准备。日本走上法西斯道路后,一向以反共旗手自居。1936年,日本与德国签订了《日德防共协定》,公开在东方竖起反共大旗。如果蒋介石、国民党因西安事变而采取联共政策,那么,这种希望也就落空了。

3. 德、意对西安事变的态度

作为日本的盟友,并与南京政府有一定"互利"关系的德国、意大利反对西安事变。他们的新闻舆论攻击苏联和共产国际与张学良、杨虎城的"勾结"。德国的《法兰克福日报》于1936年12月15日评论道,张学良反复无常,此次与苏俄携手,并非由于其对共产主义之信仰,仅系颠覆蒋介石将军之势力耳。③《意大利日报》12月17日发表了名记者盖达的文章,称:此际中日两国,若能推行协调政策,实属最为明智,且有实际利益,反之任何企图,凡以妨害此种政策为能事者,必系以破坏性质的野心为背景也。④ 意大利外长齐亚诺与张学良有私交,12月14日,齐亚诺以私人身份致函张学良。在这封平和、友好的私人信函中,齐亚诺劝说张尽量释放蒋介石。他向意大利驻华大使提及自己与张学良的旧日私谊,命令大使警告张,对苏联的纵容将会使他失去"意大利法

---

① [美]鲍威尔:《鲍威尔对华回忆录》(中译本),邢建榕、薛明扬、徐跃译,知识出版社1994年版,第278页。
② 同上书,第279页。
③ 中国社会科学院现代史研究室编:《西安事变史料》第1辑,人民出版社1980年版,第211页。
④ 中央档案馆编:《中国共产党关于西安事变史料选编》,中国档案出版社1997年版,第212页。

西斯政府的友谊"①。12月20日,齐亚诺命令其驻华外交人员与英方合作。直至圣诞节事变结束前为止,各方均未采取其他进一步的措施②。无论是意大利驻华大使还是罗马的外交部,一致认为事变在没有苏联插手的情况下获得解决,这是最为圆满的结局。12月21日齐亚诺再次致电张学良:"汝系吾友,兹若与共产党联盟,即成吾敌,中国苟无蒋介石将军,即不见重于人。"③

4. 英美对西安事变的态度及对策

英美的态度与日本不同,它们早已不满日本帝国主义得寸进尺地侵害它们的在华利益。它们非常担心蒋介石完蛋了,亲日派掌权,使它们的利益受更大的损害。西安事变的发生对欧美来说是个"晴天霹雳",因为对他们而言,蒋介石既是他们的代理人,又是他们对抗日本在东亚地区扩张的主要依靠,西安事变使他们有丧失这一切的可能。为此,英国通过其驻南京使馆,召集意大利、法国、美国和日本外交官采取一致调停行动,确保释放蒋介石。英国还研究了张、杨通电,认为中心是个抗日问题,是完全可以妥协的。英方的建议为国民党内部分高层官员所赞同,作为交换条件,张学良的安全也须保证。英国极力主张和平解决,以便维持住蒋介石的统治。根据这种方针,英国积极出面支持宋美龄等人前往西安谈判,主张与张、杨妥协,反对讨伐派,并声言愿意担任调解。

西安事变之前,美国驻华大使詹森曾认为蒋介石是唯一能使中国不四分五裂的统治者,这也是美国政府的基本看法。西安事变爆发初始,英美当局十分关注事变的现状及发展,尤其担心蒋介石的安全问题,希望和平解决。事变爆发后的第二天上午,美国驻华大使詹森从南京致电美国国务院报告了事变的发生、中国国民政府外交部次长徐谟对事变的证实、张学良通电的主要内容。④ 同日,美国驻华大使馆参赞罗克哈特从北平电告美国政府:据路透社消息,张学良以个人名义捎话给宋美

---

① [意]瓦尔多·费拉蒂:《意大利法西斯政府与西安事变》,罗敏译,《近代史研究》2007年第2期,第108页。
② 同上。
③ 孔祥熙:《西安事变回忆录》,秦孝仪编:《革命文献》第94辑,台北:"中央"文物供应社1983年版,第540页。
④ 《美国对外关系文件》1936年第4卷(Foreign Relations of the United States, 1936 Vol. IV, Washington 1954), pp. 414-415。

龄，保证蒋介石的安全。① 英国的报纸对西安事变的记载，主要是以叙述为主，没有较多的评论，但也有报纸分析，如果张学良的西安事变与中共有密切联系，国民党不会答应相关条件。"关于张学良之叛乱，十三日各新闻虽皆记载，但是尚无何等之批评，惟据中国之消息灵通者云，此事件虽是重大，然而，尚不能导于动乱，至于对日宣战，亦是决无之事云云。兹将各报记事分列于后：张学良原非强性者，且其支配中国之势力亦最弱少。张学良之对日宣战之要求，'国府'全无此等思想，如果张学良之军队与共产党有何联络，则'国府'更难从其所请。"② 次日，詹森又向华盛顿报告了如下消息：孔祥熙出任行政院代院长；徐漠称中央当局收到了其他省份支持南京政府的电报，中央政府能够控制局势，并与西安有着无线电联系，端纳在洛阳力图与张学良联系。③ 但是，上述电文都未能提供关于西安事变本身、特别是关于蒋介石安全的第一手消息。收到上述电文后，美国代理国务卿穆尔即于12月14日下午1时致电詹森："除非您觉得会遭到反对（在此情况下，您应立即电告国务院并陈述理由），国务院希望您访晤外交部部长或行政院代院长，或以上二人，根据指示，口头表达美国政府对于行政院院长蒋介石人身安全的关注。您执行这一指示后，请电告国务院。"④ 这是美国国务院就西安事变发给詹森的第一个具体的指示，表明美国政府在未能掌握事变详情之时，首先关心的是蒋介石的安全问题。詹森接到这份电报后，于12月15日下午访晤了国民政府外交部部长张群，转达了美国政府"对蒋将军安全的关注"。张群告知詹森，张学良的行动突如其来，使政府感到震惊，目前政府正在尽一切努力使蒋获释。张群并对尚未得到端纳发来的消息而焦虑。⑤ 12月18日上午，詹森会见了孔祥熙，向孔转达了美国政府对蒋介石安全的关切。詹森这一举动实际上也是向南京当局表示了美国希望和平解决这次事变的意愿。

从12月18日起，随着西安事变爆发的原因和中国国内各方态度的逐渐明朗，美国政府与英国方面进行了一系列磋商，试图就尽快解决事变提

---

① 《美国对外关系文件》1936年第4卷（Foreign Relations of the United States, 1936 Vol. IV, Washington 1954），p. 415.
② 刘大富：《密档中的历史之：西安事变》，广西师范大学出版社2009年版，第25页。
③ 《美国对外关系文件》1936年第4卷（Foreign Relations of the United States, 1936 Vol. IV, Washington 1954），p. 417。
④ ［美］巴巴拉·塔奇曼：《史迪威与美国在华经验》（上册），陆增平译，商务印书馆1984年中译本，第205页。
⑤ Foreign Relations of the United States, 1936 Vol. IV, Washington 1954, p. 419.

出一项具体的建议。这项建议是由英国政府首先提出的,其主要观点是:张学良释放蒋介石,英国等大国保证张学良安全离开中国。12月18日,英国外交大臣艾登急电在华盛顿的英国驻美大使林德赛,指示他就建议的内容征询美国政府的意见,希望美国对此方案进行合作,由两国驻华大使为此进行接触。[1] 华盛顿时间12月18日下午美国国务院接到了英国大使馆关于这一建议的备忘录。穆尔代理国务卿在征得了罗斯福总统的原则上同意后,当晚致电詹森大使,告知他:"英国政府认为,如果张学良能确信他个人的安全,他可以被说服释放蒋介石。例如,可将张用飞机送到上海或天津,他能够从那里离开中国,为此可在就地作出安排……"必须指出,上述由英方建议并得到美国方面原则同意且打算向国民党政府提出的解决事变的方案,其立足点完全站在南京当局一边,它根本不是建议事变有关各方进行平等的谈判,只字不提张学良、杨虎城宣言中所提出的解决事变的条件是要用张、杨释放蒋介石的行动来换取南京政府对其发起事变的赦免。

(二) 国际环境对国共、张学良和杨虎城和平解决西安事变的影响

首先,就苏联和共产国际的态度而言,苏联在西安事变爆发后对张、杨的谴责,让国民党政府松了一口气,同时苏联主张和平解决西安事变的主张,对国民党亲日派企图挑起内战、暗害蒋介石,也起了一定的制衡作用。

苏联主张解决西安事变的态度,也使中共不得不放弃最初的审判蒋介石的主张,而变为三方谈判和平解决西安事变的主张。对中国共产党来说,当时军事实力较弱,共产国际和苏共是中共此时的坚强后盾,故中共在西安事变爆发的当天就给共产国际发电,希望能够给予实际的帮助,苏联和共产国际的态度对于中共和平解决西安事变起了很大的促进作用。西安事变爆发后,在"如何处理蒋介石"这一问题上,中国共产党对西安事变的解决受苏联和共产国际态度的影响,经历了"审蒋保蒋安全释蒋"[2] 这一发展过程。西安事变发生的当天,中共中央在中午12点将张学良的来电照转共产国际执委会书记处,并提出,应当把蒋介石与南京国民政府的其他重要领导人区别对待,争取与那些具有抗日诚意的国民党领

---

[1] Eden Telegram to LindSay (London, 1936, 12.8), Foreign Relations of the United States, 1936 Vol. IV, Washington 1954, p. 423.
[2] 丁雍年:《关于我党和平解决西安事变方针问题》,《党史研究资料》1982年第11期,第5—7页。

导人达成政治军事协议①。当天晚上，中共正式通知共产国际执委会书记处："……争取蒋介石的全部军队。以林森、孙科、冯玉祥、宋子文、陈立夫、孔祥熙等暂时主持南京政府，防止和抵抗亲日派勾结日本进攻上海与南京，准备成立革命的国防政府。组织抗日联军，以红军、东北军、十七路军、晋绥军为主，争取陈诚领导的蒋系军队加入其中，抵抗日本之可能的进攻。……"②与此同时，中共中央在给予北方局的具体工作方针中明确主张争取南京及各地方实力派支持，揭发蒋介石的罪状，以及争取罢免蒋介石的宣传任务。包括：揭发蒋介石对外投降，对内镇压民众与强迫其部下坚持内战之罪状，拥护张、杨等之革命行动。……号召人民及救亡领袖，要求南京明令罢免蒋介石，并交人民审判。③ 13日上午，中共中央保安县的领导人召开政治局扩大会议，毛泽东首先做报告，在分析了西安事变的革命意义后，提出"既然事变已经发生，在我们的观点，把蒋除掉，无论在哪方面都有好处"，目前应以西安为中心来领导全国，控制南京。④但是周恩来主张："在政治上不采取与南京对立"的形式。张闻天也更明确提出："我们不采取与南京对立方针，不组织与南京政府对立方式的组织，而是应当拥护南京政府的正统，但必须改组南京政府。"经过争论，会议得出决议：在坚持争取南京及各派赞助西安事变的前提下，"要求罢免蒋介石，交人民公审"这一方针是确定了。⑤同时中共中央机关报《红色中华》亦开始宣传将蒋介石交人民审判的主张，保安亦召开干部大会声援西安义举，声讨蒋介石的罪恶。⑥但南京政府并没有分化，地方实力派绝大多数也谴责西安事变，南京政府也决定武力讨伐西安。19日的中共中央政治局会议的与会者一致认为，事变发生后没有估计到南京方面以及各地方实力派会"盲目的拥护蒋个人而不问抗日"，以致事变发生后中国形成了一个拥蒋潮流，使大规模内

---

① 杨奎松：《西安事变新探——张学良与中共关系之谜》，山西人民出版社2012年版，第306页。
② 《中共中央致共产国际执委会书记处电》，1936年12月12日，（莫斯科）俄罗斯当代历史文献保管与研究中心档案，全宗号：495 目录号：74 卷宗号：280。
③ 《中央书记处致胡服电》，1936年12月12日，中央统战部、中央档案馆：《中共中央抗日民族统一战线文件选编》（中），档案出版社1985年版，第315—316页。
④ 杨奎松：《西安事变新探——张学良与中共关系之谜》，山西人民出版社2012年版，第309页。
⑤ 《（中共中央）政治局会议记录》，1936年12月13日，见张培森等《张闻天与西安事变》，《党的文献》1988年第3期。
⑥ 《红色中华》1936年12月13日第1版。

战的前途空前严重。中共处于比较微妙的地位,此时共产国际和苏联的态度就比较关键。

而力主释放蒋介石、和平解决西安事变是苏联政府和共产国际必然采取的方针,不论是莫斯科的广播,还是《真理报》《消息报》《国际通讯》的文章,都坚持要释放蒋介石,和平解决事变。共产国际执委会也提出了"和平解决冲突"的设想。据季米特洛夫的日记记述,共产国际领导人是在12月13日得到有关西安事变的消息的。12月14日,共产国际执委会举行了关于中国工作的会议,会议听取了邓发关于中共与张学良、杨虎城合作情况的报告,并决定将此报告送斯大林。为此季米特洛夫特地给斯大林写了一封信,信中说:……有必要劝告我们的中国同志采取独立的立场,反对任何内讧,以便和平解决冲突。并向斯大林提出了共产国际执委会的建议(即季米特洛夫信中提出的劝告)[①] 1936年12月16日,在接到中国共产党致电共产国际关于西安事变的电文后,由季米特诺夫校阅签发了致中国共产党中央委员会的电报,在电报中提出了和平解决西安事变。主张:(1)改组南京政府的构成,排除亲日势力。(2)保障中国人民的民主权益也就是要求蒋介石要尊重民意,顺应全国上下高涨的抗日思想浪潮。(3)停止内战和建立联合,国共第二次合作的意向。(4)同同情中国抗日国家合作,这就包含了与同日本在中国有巨大利益冲突的苏联合作的意向[②]。

苏联和共产国际对中共的审蒋政策强烈反对,他们提出和平解决西安事变的主张,对中共和平解决西安事变起了很大的影响。表现在:共产国际和苏联的这个主张,坚定了中国共产党和平解决西安事变的决心,使中共中央的思想更加统一,促使中共中央加快了和平解决事变的进程。在接到12月16日季米特诺夫的电报后,12月19日,中共中央政治局召开会议,研究解决事变的方针和政策,由审蒋政策开始向保蒋和平解决西安事变转变。当时中共中央的临时负责人张闻天强调:"不站在反蒋的立场,因为这一立场可以使蒋的部下对立,是不好的;我们应把抗日作为中心,对于要求把蒋介石交人民公审的口号是不妥的。……我们今后的做法在实

---

① 《季米特洛夫给斯大林的信》,1936年12月14日,见中共中央党史研究室第一研究部《共产国际、联共(布)与中国革命档案资料丛书》(15),中共党史出版社2007年版,第263—264页。

② 《共产国际执行委员会书记处给中共中央的电报》,1936年12月16日,见中共中央党史研究室第一研究部《共产国际、联共(布)与中国革命档案资料丛书》(15),中共党史出版社2007年版,第265—266页。

质上还是要与苏联相一致。"① 随后发布了《中央关于西安事变及我们任务的指示》，提出了"坚持停止一切内战一致抗日的组织者与领导者的立场，反对新的内战，主张南京与西安间在团结抗日的基础上，和平解决；用一切办法联合南京左派，争取中派，反对亲日派，以达到推动南京进一步抗日的立场"②。

其次，英美的态度对西安事变和平解决产生重大影响。毛泽东曾说，西安事变后内战延长与否，既要看国内力量，也要看国际舆论。③ 英、美虽然亦声称事变为"叛变"，但出于维护其远东利益，都表示支持和平解决的主张。英、美大使馆与宋子文、宋美龄、孔祥熙保持密切联系，争取和平解决事端。为了支持主和派的和平努力，制止主战派的武力讨伐，上海英文报纸《字林西报》于1936年12月28日的社论中揭露道："委员长的危险是来自飞机轰炸比之来自搜捕者的更多。"该社论还说："立即需要办理的事务是恢复这次冲突所引起的破坏，……其次，要很好调查张学良所谓共产党人准备让步的论据是否正确。"④ 美商《大陆报》也在社论中向中国各界大声疾呼："……俾此项变乱，于最短时间内，达于解决。"⑤ 欧美政府有关和平解决事变的态度和新闻舆论，制约了南京政府中的主战派，对张学良处理事变的善后工作也颇有影响。当时与欧美没有任何关系的中共对欧美新闻舆论也很重视，在中共中央政治局关于西安事变的会议上，毛泽东就曾表示，"对英美应很好联络，使它们对西安事变在舆论上表示赞助"⑥。

同时，英美和平解决西安事变的主张，也让日本不得不放弃强力干涉西安事变和平解决甚至借此发动侵略战争的图谋。正如前面的论述所言，西安事变爆发后，当时在德国访问的亲日派头目汪精卫看到了"希望"，准备回国谋取最高领导权，如果蒋介石因何应钦等"讨伐派"对西安的进攻导致被张学良所杀的话，汪精卫的图谋极有可能实现。而在西安事变

---

① 《进行和平调解，不站在恢复反蒋的立场》，1936年12月19日；张闻天选集编辑组：《张闻天文集》，中共党史出版社1992年版，第200—201页。
② 张闻天选集编辑组：《张闻天文集》，中共党史出版社1992年版，第205页。
③ 李义彬：《震惊世界的一幕——张学良与西安事变》，上海人民出版社1998年版，第229页。
④ 中国社会科学院现代史研究室编：《西安事变史料》第1辑，人民出版社1980年版，第213—216页。
⑤ 李云峰：《西安事变史实》，陕西人民出版社1981年版，第248页。
⑥ 中央档案馆编：《中国共产党关于西安事变史料选编》，中国档案出版社1997年版，第179页。

发生后，日本也暗中配合"讨伐派"——并以武力威胁南京政府不要向"叛乱者"张学良让步，更不能国共和解进行合作。那为什么后来面对和平解决西安事变，国共达成停止内战、准备抗日的协议，日本最终没有出兵呢？其中英美的态度和苏联的态度是一个关键的因素，因为强大的英美苏都主张和平解决西安事变，且都为西安事变的和平解决努力奔走。前面已经谈了苏联。这里主要论述一下英美的暗中努力。据密档记载：英美驻华官宪，在西安事变勃发当初，曾与南京要人保持紧密联络，频繁往来，暗地活跃，其在事件解决之背后，负有重要工作，至为明白，即该国大使在事件发生后，不一时即赴南京，圣诞节亦未回沪。因解决之关键，在张学良之下野外游，遂联结宁府部内之亲英派，通知妥协派，由宋子文居中调停。蒋介石释放之代金，2500万美金，约8000万元，由该国保证支付。宋子文携飞西安，遂至救出蒋氏成功。故将来宁府改组，宋子文氏大有立于前阵，组织亲英内阁之倾向，同时，英国亦将开始内政干涉的策动，殊堪注目。[①] 英、美支持蒋并主张和平解决西安事变的态度和采取的措施，使日本（当然是与当时落后贫弱的中国比）在1936年还不敢与美英苏叫板，当然，此时与蒋介石政权关系密切的德国、意大利，也主张维护蒋介石的生命安全，主张和平解决西安事变，这对日本也有一定的影响。

这样，在国际形势的影响下，通过中共代表周恩来、东北军和西北军的代表张学良和杨虎城、国民党代表宋子文、宋美龄的谈判，最终达成西安事变和平解决的六项协议：改组国民党和国民政府，驱逐亲日派，容纳抗日分子；释放上海爱国领袖，释放一切政治犯；停止"剿共"政策，联合红军抗日；召集各党各派各界各军的救国会议，决定抗日救亡方针；与同情中国抗日的国家建立合作的关系；实行其他具体的救国办法[②]。西安事变的和平解决，成为时局的转折点，粉碎了亲日派和日本帝国主义的阴谋，促进了中共中央逼蒋抗日方针的实现。蒋介石承诺不打内战，联合红军抗日，十年内战的局面基本结束，国内和平初步实现。在抗日的前提下，国共实行第二次合作已经成为不可抗拒的大势。

---

① 《宁府改组中亲英派大活跃》，转引自刘方富《密档中的历史之：西安事变》，广西师范大学出版社2009年版，第120页。
② 中共中央党史研究室：《中国共产党历史》第一卷（1921—1949）上册，中共党史出版社2011年版，第445页。

五 西安事变后国共两党对红军改编的初步谈判

主力红军改编后的建制和人数，双方一直在磋商谈判之中。西安事变后的 1936 年 12 月 25 日，国民党代表张冲代表蒋介石对中共作了三点确认，其中就有："红军给养问题，蒋先生已答应与中央军同一待遇，以军队之多少决定军饷的数目。"① 1937 年 1 月 31 日蒋介石电告顾祝同：红军驻地陕北，南京每年给 20 万元（法币）至 30 万元（法币）的经费。② 1937 年 2 月 10 日，国民党代表张冲与周恩来接触。周恩来指出，中共红军应编四个军十二个师组成一路军，照中央军待遇，如目前缓改，则每月接济至少百万。否则，须送粮百万并增加清涧、宜川、中宁、预旺四县驻防贷粮③。但蒋介石对把红军改编为一路军的意见，断然拒绝，只给 3 个师的兵力，只答应每月补助军费 50 万元，并企图取消中共对改编后的红军的领导，这在他的日记中暴露无遗，"只可收编其部队，决不许其成立军部或总指挥部"。他在给顾祝同的电报中说："今则时移情迁，……中央准编其为四团制师之两师。……各师之参谋长与师内各级之副职，自副师长乃至副排长人员，亦皆应由中央派充之。"④ 2 月 27 日，张冲带来蒋介石的新意见，红军可改编为三师九团。此时红军三个方面军加上地方部队，大概有六七万之数，除却失利的西路军，也有 40000 多人，如果接近这个数字，多少还是可以接受。3 月 1 日，中共中央给周恩来发来电报，指出："红军编 50000 人，军饷照国军待遇，临时费 50 万，以此为最后让步限度，但力争超过此数。"⑤ 根据中共中央的指示电，3 月 8 日，周恩来与张冲交涉谈判，并达成这样的协议："将现有红军中之最精壮者选编为四个步兵师，计容四万余人，四师并设某路军指挥部；……原有红军军委直属队，改为统帅四个师的某路总指挥部的直属队……以上各项经费由中央统筹。"⑥ 但蒋介石又有疑义，国共谈判国民党方面的代表贺衷寒提出：改编后的红军定员，被裁减为三个师，27000 人；将红军改编后"服从统

---

① 张家康：《红军改编为八路军的艰难历程》，《党史博采》2012 年第 2 期，第 16 页。
② 《红军改编八路军　蒋介石欲招安瓦解毛泽东看穿》，人民网 2012 年 6 月 12 日。
③ 《周恩来致洛甫、毛泽东电》，1937 年 2 月 10 日。转引自杨奎松《抗战前后国共谈判实录》（修订版），新星出版社 2013 年版，第 53 页。
④ 张家康：《红军改编为八路军的艰难历程》，《党史博采》2012 年第 2 期，第 16 页。
⑤ 《1937 年国共谈判中毛泽东、周恩来、洛甫等的一组电文》，《中共党史资料》2007 年第 2 期，第 11 页。
⑥ 王志刚：《八路军与新四军番号背后的领导权之争》，《党员干部之友》2011 年第 3 期，第 54 页。

一指挥",改为"服从一切命令"……双方条件相差太远没有谈成。1937年3月20日,周恩来携中共中央已经草拟好的谈判条件回到西安,并交张冲看。中共要求国民党保证实现和平统一团结御侮的条件,全国停止"剿共"。坚持要求将"红军中之最精壮者,为三个国防师计六旅十二团及其他直属之骑兵、炮兵、工兵、通信、辎重等部队,在三个师上设某路军总部。红军改编后的总人数,不少于43000人。原苏区地方部队改编为地方民团及行政区的保安队"①。但国民党不同意,双方继续在红军改编谈判上博弈。1937年6月4日,周恩来经南京上庐山牯岭,与已经在牯岭多时的蒋介石亲自谈判。双方在红军改编后的数量等方面有所进展,但蒋介石提出了一个不合理的要求:红军改编后的三个师以上不能设总部,朱德、毛泽东等同志须离开军队出来做事②。中共对蒋的条件不能接受。经过周恩来的争取,蒋介石仍只同意让步到可在三师上设一政治训练处代行指挥之权。用蒋日记中的话来说,就是"共党必欲将收编部队设一总机关,自为统率,此决不能允许,应严拒之"③。这仍不能使中共满意,双方的谈判继续进行。

六 西安事变后国共就苏区政府、土改等的谈判

在国共对于中共军队改编谈判的同时,双方还就红军根据地改名、土地改革、政府改革、释放政治犯等问题进行了谈判,经过谈判,国民党在这些问题上给出了一些承诺。"国民党同意指定中国共产党军队在一些特别的区域活动,释放政治犯、履行公民自由权力,进行土地改革等内容。"④

1937年2月10日,国民党代表张冲与周恩来谈判。谈判中,双方先给对方提要求。国民党代表张冲提出:"先按指定区域调防、派驻联络人员;然后将苏区改为特别区,试行社会主义;红军改编为国军,维

---

① 《中央关于与国民党谈判条件问题给周恩来的指示》(1937年3月16日);《中央关于同蒋介石谈判经过和我党对各方面策略方针向共产国际的报告》(1937年4月5日),转引自中共中央统战部、中共中央档案馆《中共中央抗日民族统一战线文件选编》(中),档案出版社1985年版,第429—431、447—453页。
② 《中共中央关于与蒋介石第二次谈判向共产国际的报告》(1937年6月17日),中共中央统战部、中共中央档案馆:《中共中央抗日民族统一战线文件选编》(中),档案出版社1985年版,第514—516页。
③ 《困勉记》卷四十二,1937年6月8日条,台北"国史馆"藏蒋中正档案。
④ Claude A. Buss, The Far East, A History of Recent and Contemporary International Relations In East Asia, New York: the Macmillan Company, 1960, p.509.

持原有领导,但加派政训工作联络人员;各边区武装则编为地方团队。"① 同日,中共中央发表《中共中央给中国国民党三中全会电》,提出五项要求,即:"停止内战,集中国力,一致对外;保障言论、集会、结社之自由,释放一切政治犯;召开各党各派各界各军的代表会议,集中全国人才,共同救国;迅速完成对日作战之一切准备工作;改善人民的生活。"② 接着,双方互相谈判,做出一定的承诺。2月11日,周恩来指出:"……共产党今后不再实行暴动政策与没收地主土地政策,而实行抗日纲领;同意苏区政府取消,改为特区政府,实行民主制度。……中共政府及军队代表参加国民大会、国防委员会或军委会,但暂不参加政府。"③ 而中共中央在致电国民党中央三中全会电中提出的四项保证也强调:全国范围内停止推翻国民政府之武装暴动;工农政府改为中华民国特区政府,红军改名为国民革命军并直接受南京中央政府与军事委员会之指导;在特区政府区域内,实施普选的彻底民主制度;停止没收地主土地之政策④。2月26日,张冲见蒋介石后给周恩来答复:一,共党服从三民主义;二,政治犯分批释放,共党现时秘密,宪法公布后公开;三,特别区因与中央法令不相合,可名行政区;四,国民大会共党代表人数待周恩来来宁后商定;五,对各党派不歧视,周恩来来时可带来加入政府做事之共党人员名单;六,国防会议待组织后共党可参加;七,政治问题已相距不远,周恩来与顾祝同将军军事问题大体商定后即可去宁……⑤国共双方的谈判进一步促进了国共两党关系的改善。1937年5月下旬,国民党派涂思宗(时任国民政府军政商桂林办事处主任)、萧致平(时任西安行营高级参谋)率领的国民政府军事委员会委员长西安行营考察团到达延安,受到中共中央和延安各界群众的热情欢迎。考察团表示愿将延安各界对国共两党合作的愿望和诚意转达南京中央政府。

---

① 《周恩来致洛甫、毛泽东电》,1937年2月10日。转引自杨奎松《抗战前后国共谈判实录》(修订版),新星出版社2013年版,第53页。
② 魏宏运主编:《中国现代史资料选编》第3卷,黑龙江人民出版社1981年版,第439页。
③ 《周恩来致中央书记处并告彭、任、剑英电》,1937年2月12日。转引自杨奎松《抗战前后国共谈判实录》(修订版),新星出版社2013年版,第53页。
④ 《中共中央抗日民族统一战线文件选编》(中),档案出版社1985年版,第385—386页。
⑤ 《周恩来致中央书记处电》,1937年2月27日。转引自杨奎松《抗战前后国共谈判实录》(修订版),新星出版社2013年版,第58页。

小　结

　　1929—1932年的世界经济危机使国际形势发生突变,世界三大势力集团——美英法、德日、苏联的远东政策和对华政策也随之发生变化。德国和意大利为了其经济利益和国防战略资源的需求,与南京国民政府关系密切,一方面与中国开展贸易,同时也出于争霸世界的长远规划,加强与日本的协作,在一些问题上配合日本,对日本的局部侵华表示"理解和支持"。美、英、法关注国内经济恢复,在远东利用中国市场发展其经济,也曾采取措施使中国法币与美元、英镑联系起来,但在军事和政治上更多是奉行"绥靖"政策,企图"以牺牲中国的部分利益,把日本法西斯对外侵略的祸水引向苏联";苏联面对德国和日本法西斯力量在东西方的相继崛起,一方面加大与美英法的接触和交往,加大与中国政府的建交谈判,尤其是中国工农红军的"反围剿"出现严重挫折时,出于自身利益积极改善与中国国民党关系,但其也不至于采取公开措施过分刺激日本。日本在此有利国际形势下,为了转移因世界经济危机造成的国内矛盾,发动了对华局部军事侵略——发动"九一八"事变,打破了"华盛顿体系",引起远东国际形势的变化;世界经济危机使中国工业、农业、金融业也遭到打击,蒋介石采取把法币纳入英镑和美元体系的经济政策促进经济的恢复,实行法币改革等措施,逐渐融入"英镑集团"和"美元集团",希望美英以其在华巨大的经济主义为重,在国联上制衡日本的侵略,但由于此时美英法忙于国内经济恢复,为抵御日本侵略,蒋介石不得不主动与苏联改善关系,并希望在苏联支持下,通过谈判实行"融共"政策,即把红军"融化到国民政府军队中",以达到最终使红军"消遁于无形之中"。中共在"第五次反围剿"失败后,面对世界格局的变化,特别是日本对华侵略的逐步加深,使中日矛盾上升为主要矛盾,中国共产党对美、英、法的认识也发生了巨大的变化,主张联合一切反法西斯力量抗日,同时,对中国民族资产阶级、地主阶级、国民党的认识也发生了变化,主动改变策略,提出抗日民族统一战线的主张。这为第二次国共合作夯实了基础。在苏联的暗中支持下,1935—1936年国共进行了秘密谈判,美英法出于维护远东利益的考虑,也对国共的秘密谈判持默认态度;在中共与国民党的秘密谈判中,虽因双方条件差距较大没有谈成,但是蒋介石在武力威胁"剿灭"中共领导的红军的同时,也并没有彻底放弃秘密谈判的渠道。当然，蒋介石在与中共谈判的同时，也强迫希望抗日的东北军和西北军进攻陕北红军，酿成西安事变。西安事变爆发后，国际社会除日本外，包括美国、苏联、英国、法国、德国、意大利等绝大多数国家从自己国家的利益出发，都希望中国和平解决西安事变，这对参与西安事变谈判解决的国民党、共产党以及张杨三方产生了巨大的影响，成为西安事变和平解决非常重要的外在"催化剂"。西安事变和平解决后，内战基本结束，国内和平基本实现。国民党在五届二中全会上正式通过"抗日"的决议，此后，国共进行了多轮谈判，为抗日民族统一战线的正式成立打下了坚实的基础。

第三章 抗战防御阶段的国际环境与国共合作形成及"黄金合作"

1937年7月7日爆发卢沟桥事变，日本法西斯帝国主义扩大对中国的侵略，中国的全面抗日战争开始。战争初期，日本凭借其初期绝对优势占领了中国东部和中部发达地区，国民党进行了顽强的抵抗，粉碎了日本快速灭亡中国的图谋，世界大国对中国刮目相看。与此同时，当时的国际形势也逐步向反法西斯战争的方向发展，苏联从自己的远东利益考虑，大力支持中国抗日，英美一边绥靖日本，另一边暗中支持中国抗战。在此背景下，中国共产党和国民党积极合作，在谈判中双方互相让步，最终促成了第二次国共合作的迅速形成，双方密切配合共同抗击凶残的日本法西斯。

第一节 抗战爆发到武汉失陷以前的国际环境

全面抗战爆发到武汉失陷以前的这一段时间里，德国和意大利在欧洲磨刀霍霍，日本则在亚洲对中国进行全面进攻，企图在三个月内迅速灭亡中国。美英法希望把德国和日本法西斯的侵略方向引向苏联，加之英法在远东因防御力量遭到削弱，美国国内严重的"孤立主义"，使美英法一方面对日本采取"绥靖政策"，另一方面为维护自己的远东利益也对中国的抗战进行了高度关注。苏联则为了维护其利益，一方面避免刺激日本，另一方面则对中国的抗战进行了暗中积极支援。德国则因与南京国民政府关系比较密切，在淞沪会战中曾给予中国支持，但是随着德意日全球侵略形势的形成，德国逐渐转向"中立"，并出面调停中日冲突。

一 日本加大对华侵略，试探"北进"进攻苏联

1936年12月中国西安事变和平解决，中国逐步形成团结一致抵抗日本侵略的趋势，日本军国主义分子认为这是对其侵略中国计划的严重威

胁，于是在 1937 年 7 月 7 日发动了卢沟桥事变①，全面侵华战争爆发。在战争之初，日本国内曾有"扩大派"与"不扩大派"之争。"扩大派"以陆相杉山元为首。他根据"九一八"事变以后日本局部侵华中国的反应，认为中国国民政府不会领导中国军队进行认真顽强抵抗，只要对中国军队"予以快速猛烈一击"，国民政府就会"举手投降"，并认为凭借日本军事、经济实力的强大，"一个月就可以解决中国事变"②。其主要支持者是富有狂热军国主义情绪、掌握陆军实权的佐级军官。日本参谋本部的一个少壮派军官也扬言，只要日本动员的声势一出现，满载日本兵员的列车在山海关一通过，充其量不过是进行一次保定会战，就万事大吉了。③"不扩大派"以日本参谋本部作战部长石原莞尔为代表，在军中属于少数派。认为目前日本尚未做好全面战争特别是对苏、中两国同时作战的准备，主张进一步扩充与加强陆军实力，待具备实力后，再动手。在没有准备好之前，应尽力避免小冲突，以免影响整个战略目标的实现。但"不扩大派"的主张遭到"扩大派"的极力反对。后者认为苏联在其西方受到实力强大的日本反共产国际盟友德国的威胁，不敢在此时与日本作战。陆相杉山元于卢沟桥事变第二天下令原定 7 月 10 日复员的 4 万现役军人延期复员。12 日，日本参谋本部制定了《对支那作战计划》，决定"以武力惩罚中国第二十九军"④，表明了日本政府扩大战争的道路。从卢沟桥事变开始到武汉失陷以前，日本不断在中国战争中投入尖锐部队，企图在三个月内灭亡中国。先后进攻上海、太原、南京等重要的地方。比如，淞沪会战是抗日战争中规模最大、战斗最惨烈的战役，前后共历时 3 个月，日军投入 9 个师团和 2 个旅团共 30 万人，宣布死伤 4 万余人。中国军队的英勇作战粉碎了日本"三个月灭亡中国"的狂妄计划，使得世界各国对于中国的抗日实力与决心刮目相看，而日军久战未胜，日本的民心

---

① 1937 年 7 月 7 日夜，日军一部在北平宛平县卢沟桥附近进行"军事演习"，并借口一名士兵"失踪"，要求进入宛平县搜查，遭到中方拒绝。当交涉还在进行之时，日军即向卢沟桥一带的中国驻军发动攻击，炮轰宛平县城，国民党第二十九军奋起抵抗。日本向华北增兵，7 月 28 日日军攻占北平，30 日攻占天津。转引自《中国近代史》编写组《中国近代史》，高等教育出版社、人民出版社 2012 年版，第 473—474 页。
② [日] 秦郁彦：《日中战争的军事展开（1937—1941）》，载日本国际政治学会太平洋战争原因研究部《走向太平洋战争之路 4·日中战争下》，东京：朝日新闻社 1963 年版，第 246 页。
③ 同上书，第 58 页。
④ [日] 外务省编：《日本外交年表及主要文书》（1840—1945）下卷，东京：原书房 1978 年版，第 366 页。

士气，则出现了怀疑与困惑。日本几乎已经可以确定，无法在短期内结束与中国的战争，那么日本就将面临其战略最大的致命弱点——缺乏资源，根本经不起长期的消耗。日本皇太子 Konoe 在 1937 年 12 月就指出："中国事变是日本实行其长远战略的一个机会，这个战略机会不会重复，因此日本不能犹豫，要采取更大的行动。在这个意义上，南京的陷落仅仅是中国问题的前奏曲，真正的挑战才刚刚开始。"[1] 为此，日本对于美、英、法的政策主要是以迷惑为主，对美、英、法在日本进攻中国东部沿海地区造成的损失给予赔偿或道歉。"为了吸引西方国家的资金以开发和发展日本新占领的中国领土，掠夺所占领的中国地方的经济，日本假装实行与'西方势力友好的和解政策'。[2]"

由于中国军队的顽强抵抗，日本开始采取军事打击为辅、政治诱降为主的政策，加大了对国民党的诱降力度。1938 年 1 月 16 日，日本近卫首相发表第一次对华声明，宣布"不以国民政府为对手"，表明日本决定从政治上和军事上摧毁蒋介石为首的国民政府，代之以亲日的政权。1938 年 5 月，日军为了"捕捉和消灭中国野战军主力"，以迫使国民政府投降而发动了徐州会战，虽然战役以日军"胜利"结束，但日军却付出几万人伤亡的代价，仅在台儿庄战役中就被中国军队消灭两个主力师团 10000 余人。1938 年 6 月，日本内阁智囊昭和研究会提出《关于处理中国事变》的根本方针，必须"举国一致"，以击溃国民党政府为根本方针，"除此以外别无有效的解决办法"，强调为了彻底打击国民政府，使他在名义上、实际上都沦为一个地方政权，必须攻下汉口、广州以及其他抗战中枢，同时将沿海岸线的军事、经济要地逐个占领，发挥海上封锁的作用。1938 年 8 月，日军参谋本部制定《以秋季作战为中心的战争指导纲领》，确定武汉战役的目的是"摧毁蒋政权的最后的统一中枢和完成徐州会战以来的持续事业——黄河和长江之间的压制圈"；广州会战的目的是"一面切断蒋政权的主要补给线，另一面使第三国特别是英国的援助意图遭到挫折"[3]。为了实现这一目标，日军在付出了重大伤亡的基础上，在 1938 年 10 月份先后占领了武汉和广州。然而国民政府迁到重庆，国民党军队

---

[1] James B. Crowley, *Japan's Quest for Autonmy* (National Security and Foreign Policy 1930 – 1938), New Jersey: Princeton University Press 1966, p. 306.

[2] Leonid N. Kutakov, *Japanese Foreign Policy on the Eve of the Pacific War, A Soviet View*, Tallahassee, Florida: The Diplomatic Press, 1972, p. 70.

[3] [日]《日中战争·2》，见《现代史资料》第 9 卷，东京：美玲书房 1964 年版，第 269—270 页。

主力也没有被消灭，加之中国西部广袤的土地和特殊的地理环境，彻底粉碎了日本"速战速决"的战略计划，把它拖入持久战的深渊。

日本在实行军事倒蒋的同时，积极推行政治倒蒋的策略。1938年2月，日本参谋本部确定在日本占领区建立"中国新兴政权"。规定"新政权在华北、华中及华南，均应首先分别在其各自领域内培养实力，逐次自行扩大其势力范围"，"时机成熟时"再"指导其自然实现合并"①。在这期间，日本先后扶植建立了华北的伪中华民国临时政府、华中的"维新政府"以及伪察南、晋北、蒙古联盟"自治"政府，实行"分割统治""以华制华"政策。

日本实行双管齐下摧毁蒋介石政权的方针策略，迫使以蒋介石为首的国民政府唯有抗战这一途径，别无选择。而抗战爆发以来，面对武装到牙齿、企图灭亡中国的日本法西斯侵略者，中国共产党也始终高举抗日的旗帜，号召全国民众积极抗日。因此日本的这种政策明显有利于国共第二次合作建立抗日民族统一战线。此时的国共第二次合作抗日进行得很好，双方进行了比较紧密的军事配合，也几乎没有什么军事摩擦。

针对抗战初期苏联对中国抗战的积极援助，日本急在心里。为了主动牵制苏联让苏联放弃援华政策，以配合日本华中派遣军对武汉和广州的进攻，日本关东军于1938年7月29日对苏联远东军发起了进攻，即"张鼓峰战役"，日军损失惨重，只好停止进攻，并于1938年8月10日与苏联签订停战协议。但是日军始终认为北部苏联是一大安全隐患，想尽快结束中日战争。就在日苏签订停战协定的当天，日本政府决定：在国民政府方面提出和议之际，"因势利导，重新调整日支关系，及时地结束这次事变"，"由此抓住结束战争的时机"，然后"下一时期的军备对象，确定是苏联"②。这是日本感受到北方受到了威胁而做出的一个战略决策。但摆在日本面前的问题是，既然主动牵制苏联失败，势必需要德国在西面帮助牵制苏联，而进一步攻打英国在华核心区域的广州，也必将招致国际社会的强大压力，最担心的就是英国在华南的海军，这也需要德国在欧洲牵制英国。而德国为了在欧洲争夺利益也需要日本对苏联、英国在远东地区的利益产生潜在威胁。日本有了德国的支持，于1938年10月3日悍然声明

---

① ［日］冈村宁次著，稻叶正夫编：《冈村宁次回忆录》，天津市政协编译委员会译，中华书局1981年版，第415—416页。
② 参谋本部第一部第一课《以秋季作战为中心的战略指导要点》，《日本帝国主义对外侵略史料选编：1931—1945》，复旦大学历史系日本史组编译，上海人民出版社1975年版，第273—275页。

"日本同（国际）联盟之间的对立关系已经变得明了"，并威胁说："只是希望今后联盟各成员国对于理事会所采纳的报告的可操作性及其所带来的结果，更应加以三思，采取慎重态度。"①

二　美、英、法对华"实利主义"的政策

卢沟桥事变爆发后，世界局势也在发生深刻的变化。1937年11月，意大利正式签字加入德、日《反共产国际协定》。世界形成以英法美、德意日、苏联等为代表的多极政治格局。日本发动全面侵华战争，欲把中国变为其独占的殖民地，必将直接损害西方帝国主义列强美英法在远东的利益。特别是日本进攻上海、华中、华南地区，使得美英法与日本的矛盾急剧加深。面对日本对华东、华中、华南的侵略，英国的在华利益受到损害，日本甚至轰炸了英国驻华大使。1937年8月26日，当英国大使Hughe Knatchbull Hugessen在从南京到上海的行程中，日军飞行员向他的汽车投掷了炸弹。②当时英国在上海直接投资也达1.8亿英镑，相当于在华投资总额的72%。为此，英国政府也加大了英国皇家海军在中国的力量，以保卫英国在华人员生命财产、英国在华贸易。英国皇家海军远东司令（Commander-in-chief of the China station）Charles Little配备有100艘舰船，其中有由十四艘战舰组成的皇家海军第4潜艇舰队，这些潜艇包括Odin、Osirs、Olympus、Orpheus、Otus、Oswald、Pandora等著名潜艇在内，还包括一艘名叫"Eagle"（老鹰）的航空母舰。该舰队是当时除了英国本土以外英国皇家海军中最强的舰队③。但当时英国政府内部对外政策采取的是绥靖政策。英国驻日大使克莱琪在1937年10月和11月给英国外交大臣的报告中说：英国应该对中日交战双方维持友好态度，以便在和平谈判中和事后发挥作用。英国目前的态度应该是拖延时间，期待双方终于筋疲力尽，然后再由英国帮助实现这个悲剧冲突的合理解决。英国首相张伯伦也是一个典型的绥靖主义者，总是千方百计地将战争祸水引向别人，不惜对法西斯势力采取妥协退让的绥靖政策，他一再表示，千万不能轻易对日制裁。为什么英国采取对日绥靖妥协政策？第一是以为对日妥协

---

① 《机关情报部长谈联盟规约第十六条适用》，载《支那事变关系声明集》，外务省外交史料馆藏，薄册号：B-A-1-1-353。
② Irving S. Friedmean, *British Relations with China* (1931–1939), New York: Octagon Books, 1974, p. 96.
③ Martin H. Brice, *The Royal Navy and the Sino-Japanese Incident* (1937–1941), London: Ian Allan Ltd, Shepperton, Surrey, 1973, p. 28.

可以减少由于远东战争给英国在华利益带来的损害,同时限制中国采取过激行动,避免被拉入战争旋涡。无论是从欧洲政治形势还是经济利益上看,英国都不希望远东爆发战争,担心英国在中国、香港、新加坡、印度的利益被日本所夺占,也担心英国如果直接介入,将会激起日本军方进一步行动,对英国更为不利。对于中日战争,英国不分是非曲直要求双方"克制",进而消极调解。第二,英国存在严重的孤立主义情绪。1929—1932 年的世界性经济危机使 1930 年以后的数年中英国被经济萧条搞得十分沮丧,胆战心惊,由于失业率和税率升高,大多数人民忧虑的是自己的重重困难,根本无意对外冒险。第三,英国害怕德日结盟并对其远东的殖民地进行报复性打击。日本由于可预见德日结盟后对英国不利,因此肆意起来。第四,缺乏美国的协同行动。英国政府的大多数官员认为,英国不具有相应的实力左右远东形势,只有获得美国的明确支持,英国在这一地区才会有所作为,但美国受国内孤立主义的影响一步也不愿意多走。因此,1937 年 8 月 30 日,国民政府向国联递交《关于卢沟桥事变以来日本侵略中国的照会》,要求依据国联盟约第 10、11、17 条,宣布日本是侵略者并谴责其野蛮的战争行径,拒绝向日本提供战争物资和贷款,对中国的抗战提供援助。操纵国联事务的英、法两国对此态度冷淡,他们认为:"制止侵略的任何国际行动,除非能说服华盛顿参加,仅向国际联盟申诉不起作用。"[1]

面对日本的威胁,正处于快速上升阶段的美国在华利益也受到极大的损害,曾经对日本的全面侵华加以谴责。1937 年 8 月,日本炸沉美国一艘巡洋舰,封锁中国海岸。12 月 12 日,日本飞机对美国炮舰"帕奈号"的轰炸,造成美日关系再度紧张。日军占领中国南京、上海后,无端搜查、殴打英美侨民、强行没收英美侨民财产、亵渎美国国旗和国徽等事件也频频发生。仅 1938 年,日军损害美国在华侨民财产事件就有 296 起之多[2]。日本还采取劫夺海关、管制外汇、限制贸易、独占经济经营、垄断航运等许多强制措施,排斥和打击美英法在华经济利益。[3] 为此,早在 1937 年 10 月 5 日,美国总统罗斯福就发表了著名的《防疫演说》,强调:"当前的恐怖盛行和国际上无法无天的情况,已达到严重威胁文明社会本身的基础的地步;仅靠孤立主义或中立主义是逃不掉的;爱好和平的国家

---

[1] 中国社会科学院近代史研究所:《顾维钧回忆录》第 2 分册,中华书局 1985 年版,第 461 页。
[2] [美]哈因利克斯:《日美外交与格鲁》,东京:原书房 1969 年版,第 162 页。
[3] 方连庆等主编:《国际关系史》(现代卷),北京大学出版社 2001 年版,第 282 页。

第三章 抗战防御阶段的国际环境与国共合作形成及"黄金合作" 81

必须作出一致的努力去反对违反条约和无视人性的行为。他建议用'隔离'的方法对付侵略者。"① 次日,美国国务院也发表声明指出:"美国政府鉴于远东事态的发展,不得不得出结论说,日本在华之行动,与国与国之间的关系不符,也有违九国公约、白里安·凯洛格公约的条款。"② 但对中国和苏联代表提出援引国联盟约第 16 条,集体制裁日本侵略者的要求,他们更是不予理睬,而是大谈对中日冲突应予"调停和和解"。1938 年 12 月 30 日,美国政府向日本提出严重抗议,措辞强硬地谴责了日本近卫首相提出的"建设东亚新秩序"主张,强调美国的"门户开放"原则"不容由一方片面行为取消",美国不能同意"新秩序的内容和条件",不能同意任何美国的权利被日本的"武力行为所废止"。③ 但是美国此时国内孤立主义影响很大,认为美国有两大洋的天然屏障,没有必要为了其他国家而让美国火中取栗。当时美国的对外政策由三部分组成:"东向欧洲,不结盟,保持在外;南向拉丁美洲,实行门罗主义,置身其中;西向太平洋,实行门户开放主义,保持在外。"④ 从中可以看出,美国当时在远东实际上采取的是具有孤立主义色彩的"门户开放政策"——只要日本占领中国的地方对美国开放,美国在远东问题上可以向日本让步。尤其是美国考虑到英国正受到来自德国的威胁而自顾不暇,害怕与英国一起"干涉"或调停日本在远东的侵略,将担负起调停的全部责任,因此极力避免与英国采取共同行动,坚持"不干涉主义""孤立主义"。其政策的实质是纵容日本侵略者的"两面"政策,即一方面企图利用中国的抗战削弱与之争霸亚太地区的主要对手——日本;另一方面企图利用日本扑灭中国共产党领导的中国人民的革命斗争,甚至还希望将日本进攻的矛头向北引向苏联。1937 年 7 月 16 日,美国国务卿赫尔发表《关于国际政策基本原则的声明》,其中对于日本帝国主义在中国的侵略根本没有予以谴责,只是空谈"维持和平","切戒在推行政策中使用武力","切戒干涉中国内政","以和平谈判及协议之程序,调整国际关系中的问题"⑤,等

---

① [美] 罗斯福著,关在汉编译:《罗斯福选集》,商务印书馆 1982 年版,第 151 页。
② [美] 罗伯特·达莱克:《罗斯福与美国对外政策(1932—1945)》,陈启迪等译,商务印书馆 1984 年版,第 264 页。
③ 《美国对外国际关系文件集(1938—1939)》,波士顿 1939 年版,第 246—251 页。转引自方连庆等主编《国际关系史》(现代卷),北京大学出版社 2001 年版,第 282 页。
④ John King. Fairbank, *Chinabound: A Fifty-year Memoir*, New York: Harper & Row Publishers, 1982, p. 162.
⑤ 《科德尔·赫尔回忆录》(*The Memoirs of Cordell Hull*)第 1 卷,纽约 1948 年版,第 535 页。

等。日本政府甚至对赫尔发表的声明"表示同意"。8月，美国驻日大使格鲁在给国务卿赫尔的信中说："在目前情势下，我们觉得美国的基本目标是：（一）避免卷入；（二）极力保护美国人的生命财产和权利；（三）在保持中立的同时，维持我们对交战双方的传统友谊。"[1] 美国国务卿赫尔在布鲁塞尔会议开幕后，曾训令美国驻日大使格鲁向日本外相广田弘毅解释，外间所传布鲁塞尔会议系由美国发起，完全不是事实，所以与会国家不会超过对远东局势交换意见的限度。美国代表戴维斯在会上宣称："我们来此并未希望做出奇迹，而仅企图诉诸理智。"并期待日本予以"合作"。[2] 甚至在"八一三"淞沪战役后日本的侵略直接威胁和损害美国在华利益的情况下，9月14日，美国总统罗斯福发表声明，承认日本对中国沿海的封锁，并且宣布："在没有新的指示以前，凡属美国政府的商船一律禁止向中国或日本运送任何种类的军火、军用装备或军需品。"[3] 同时还声明，其他任何悬挂美国国旗的商船，如企图向中国或日本运送军用物资时，责任自负。这个声明无疑是帮助日本封锁和孤立中国。

　　中日战争全面爆发后，面对日本对美国在长江流域利益的损害，为什么还采取绥靖日本的政策呢？除了前面所述原因外，经济因素也是重要原因之一。在抗战初期，美国大量军事物资源源不断地运往日本，大发战争财。据官方发表的数字，1937年美国对日出口总额为2.88558亿美元；1938年为2.39575亿美元；1939年为2.31405亿美元。其中，军用物资占出口总额的比例逐年攀升：1937年是58%；1938年是66%；1939年是81%。1938年，美国输日的作战物资，竟占日本全部消耗额的92%[4]。美国洛克菲勒财团不仅给日本军部军需企业帝国燃料国策会社足够的石油，而且还供给了创办新石油工业所必需的技术设备。抗战初期美国在远东的军事力量与日本有很大的差距。美国陆军远远落后于日本，直到1939年美国陆军才发展到190000人。而日本1937年就拥有400000名训练有素的陆军；1935年美国仅在主力舰方面接近于华盛顿条约所规定的吨位，而其他舰艇明显落后于日本。[5] 当日本进逼中国华南时，美国在西太

---

[1] 复旦大学历史系中国近代史教研组编：《中国近代对外关系史资料选辑》（1840—1949年）下卷，第二分册，上海人民出版社1977年版，第25页。
[2] 同上。
[3] 李长久、施鲁佳主编：《中美关系二百年》，新华出版社1984年版，第100页。
[4] 龚古今等主编：《中国抗日战争史稿》，湖北人民出版社1983年版，第86页。
[5] 颜声毅：《现代国际关系史》，知识出版社1984年版，第369页。

平洋上还没有建立起有效的防卫，无法与日开战。因此，罗斯福总统发表的"隔离演说"遭到国会议员中孤立主义者的猛烈攻击。美国六大和平组织联名发起一场征集250万人的签名运动，要求避免使美国卷入战争。1937年的民意测验表明70%以上的美国人支持孤立主义。于是，罗斯福马上降低调门，在对记者谈话时改口说，"制裁"是一个可怕的字眼，应该把它扔到窗外去。

1937年7月7日，卢沟桥事变爆发后，中日之间不宣而战的大规模战争直接影响法国在远东的利益。因此，法国驻英、美大使立即建议与英、美两国政府接触，希望通过共同行动警告东京和南京保持克制。7月下旬，法国尝试与中国合作以对抗日本，保护法国在华和在印度支那的利益以及保持中国南海路线的畅通。① 但日本仍然置若罔闻继续扩大侵华战争，为此，法国加大了暗中援助中国的力度。首先，越南成为援华物资的必经渠道，因为经过新疆、蒙古的陆路运输充满危险。1937年10月23日，中国驻法大使顾维钧致电外交部，称法国允许中国货物秘密借道越南。顾维钧在电文中称：自日本侵华战争爆发后，日本即于8月25日、9月5日两度宣布封锁中国濒临太平洋各口岸，以图阻断我国对外交通。昨晚见法外长谈我国假道越南事，悉法国内阁昨已决议在北京会议决定办法以前，法方允准我国一切在途中之货物通过越南。惟切望我方缜密行事，勿致泄露。北京会议决定各国假道后，日如对法为难，各国应协助法国一致对付。② 而1938年日本占领广州并封锁了长江。1938年战争物资经越南运往云南的吨数增加了1/3，1939年这个数字翻了一倍，达到20万吨。在中国中央和地方政府以及驻扎在海防军方的号召下，中国人以巨大的爱国热情成立了数十个公司，他们通过货车、小车、人力驼背等各种方式，经由河内到郎松的公路也正向中国输送物资。其次，法国为了远东殖民地印度支那，也尽可能为中国提供一定的军事援助。不过，由于法国对日本的顾忌和欧洲局势的变动，物资援助交涉不仅秘密，而且量少。1937年8月孔祥熙到法国寻求贷款，中法签订了总额为2亿法郎的信贷用途借款协议。但法国为避免给日本以法国介入中日冲突的借口，安排给中国的信贷完全由私人银行提供，并要中国保证不用于军事。1938年11月7日，张建夫等在筹设中法公司情形报告中，提出了以原料换军械的办法，法国表

---

① 陈三井：《抗战初期中法交涉初探》，《近代中法关系史论》，台北：三民书局1993年版，第242—261页。
② 中华民国史事纪要编辑委员会：《中华民国史事纪要（初稿）》（1937年7—12月），台北："国史馆"1987年版，第558页。

示同意，因为这样不但可以避免日本的抗议，还可获得备战物资。再次，聘请法国军事顾问团。1938 年 6 月 21 日，孙科与法国总理达拉第会谈，提出法国"军事高级顾问及专门技术人员，可以私人投效名义雇佣"。1938 年 7 月 21 日，在孙科与殖民部长孟戴尔的交谈中，孟戴尔认可了孙科的建议。1939 年 1 月底，法国同意"密派白尔瑞将军等现役军官 9 人（实为 7 人）来华"担任顾问，以示中法合作关系的存在，遏制日本对越南通道的梗阻。最后，中法联合防卫军事计划的谈判。1939 年 9 月，鉴于国民党军事方面的糟糕表现以及法国在印度支那的微弱兵力，法国驻华大使致电法国政府，建议与日本和汪精卫联合。如果加入日本与汪精卫一边，将能保全法国在东亚的现有利益，并能防止将日本推向苏联一边，以防苏联加入德国侵略欧洲的计划。1940 年德国进攻法国并占领法国，法国政府在远东的外交努力彻底失败，并逐渐变成日德法西斯势力的被奴役者。

总之，面对日本在中国的侵略，美、英、法在华利益受到了极大的损害，但是因为美国国内孤立主义的影响，英法两国在欧洲面临比日本更强大和更咄咄逼人的德国法西斯的威胁，加之他们在远东地区的防务力量较之日本有很大的差距，因此，为了保持住它们的利益不惜损害中国权益，唯恐得罪日本，对日本侵华政策采取绥靖政策。与此同时，由于苏联积极支持中国抗战，美英法也企图把日本侵略者的进攻矛头引向苏联。

三　苏联对华大力支援及原因

苏联政府面对德国法西斯在欧洲咄咄逼人的威胁，为了减轻来自亚洲的日本法西斯的压力，需要中国把日本拉住使其陷在亚洲，因此，苏联加大了在政治上和道义上给予中国抗战支援。在 1937 年 8 月 21 日，中苏签订互不侵犯条约。包括：在任一缔约国遭到第三方的侵略时，其他缔约方不向第三方提供任何形式的直接和间接的援助；在任一缔约国与第三方在整个冲突期间，其他缔约国也不要采取任何行动来削弱处于交战中的缔约国的力量[1]。苏联新闻舆论还从各个方面报道中国抗战，不乏对中国人民抗日斗争的颂扬。据不完全统计，自 1937 年 7 月至 1940 年 9 月，《真理报》刊载的各种形式的有关中国抗日战争的稿件就多达 170 多篇[2]。如 A.

---

[1]　League of Nations, Treat Series, Vol. 181, p. 102, Henry Wei PH. D, China and Soviet Russia, New York: Greenwood Press, 1974, p. 136.

[2]　汪金国：《战时苏联对华政策》，武汉大学出版社 2010 年版，第 59 页。

第三章　抗战防御阶段的国际环境与国共合作形成及"黄金合作"　85

别罗夫在《中国的战争与日本的经济》一文中说："在中国的战争使日本的经济状况尤为恶化。这场战争的持久性突出地暴露了日本经济的弱点，特别是暴露了日本对一系列原料的短缺，没有这些原料，就无法将一场长期的战争打下去。"① 如此大范围的报道，在国际上造成了不小的影响，声援了中国人民的抗战。苏联政府领导人也经常利用各种机会，公开表明支持中国反对日本法西斯的正义立场，并严厉谴责日本的侵略行径。1937年9月16日，当中国在国联上控告日本侵略，并要求国联采取措施制止日本侵略时，国联理事会的重要成员英、法两国只谴责日本的"非法行动"，而不主张采取具有实效的援助中国的措施。而苏联代表团团长 Maxim Litvinov 则在理事会上批评英、法等国不把日本对中国的侵略当成侵略，只视为"中国事件"的错误认识。② 1937 年 12 月底，当日本对南京进行轰炸时，苏联政府对日本进行强烈的抗议和警告：谴责日本非法对南京的轰炸行动。③ 1938 年 9 月 21 日，苏联参加国联的代表团团长又指出，国联对日本侵略中国的行为不仅是道德谴责，而且应该给予中国适当的经济和军事援助④。这导致日本不满，进而影响日苏贸易。比如，1937 年苏联出口到日本的物品价值为 3902000 美元，而在 1938 年则降低到 380000 美元⑤。尤其是 1938 年德国对匈牙利的进攻等行动，对苏联造成了巨大的压力。在此情况下，苏联加大了对中国军事援助的力度，以提高中国军队的战斗力，进一步削弱日本军队的力量，有效地把日军牵制在中国战场。1939 年 5 月 31 日，苏联人民委员会主席兼外交人民委员莫洛托夫发表了苏联实行反侵略外交政策的演说，再次公开阐明了苏联援助中国的立场。

抗战时期苏联对华贷款援助总额达 2.5 亿元，分三期，是由杨杰的军事代表团访问苏联时商定的。⑥ 第一次借款协定于 1938 年 3 月 1 日在莫斯科举行，借款总额为 5000 万美元，利息为年利率 3%，自 1938 年 10 月 31 日起 5 年内还清，每年偿付 1000 万美元。条约第三条规定："全权代表依据本条约各条款，于苏维埃社会主义联邦共和国政府借予中华民国政

---

① ［俄］A. 别罗夫：《中国的战争与日本的经济》，《真理报》1937 年 12 月 23 日。
② Henry Wei PH. D, *China and Soviet Russia*, New York：Greenwood Press，1974，p.138.
③ Ibid., p.137.
④ Ibid., p.138.
⑤ Ibid., p.137.
⑥ 汪金国：《战时苏联对华政策》，武汉大学出版社 2010 年版，第 60 页。

府之信用借款额内,订购各种工业产品与工业设备。"① 战时苏联的第二次对华信用借款于 1938 年 7 月 1 日在莫斯科商定,即《苏维埃社会主义联邦共和国政府与中华民国政府间关于实施五千万元美金信用借款条约》,借款的使用、年息与第一次相同。条约规定自 1938 年 7 月 1 日起计息,1940 年 7 月 1 日起 5 年内偿还,每年偿付 1000 万美金和相应的利息②。苏联的第三次对华借款 1.5 亿元,是 1939 年 6 月 13 日在莫斯科签订的。

苏联的军事援助。

(1) 武器支援。前面提到的苏联给中国 2.5 亿美元贷款,国民政府主要用于从苏联订购抗日急需的军用品。当时,苏联政府与国民政府共签订了 9 次这样的购买军火合同。下面我们以第一笔贷款 5000 万美元为例来说明。这笔贷款,国民政府与苏联签订了三次购买军火的合同。第一笔军火购买合同于 1938 年 3 月 3 日签订,3 月 5 日至 6 月 10 日履行。合同规定购买的军火总价值 29726631 美元,外加器材组织费(占总价值的 2%)594533 美元,合计为 30321164 美元③。第二次购买军火合同于 1938 年 3 月 11 日签订,3 月 15 日至 6 月 20 日履行。军火总价值 7976700 美元、军火的铁路运费为 202892 美元、轮船装载费 40167 美元,组织费仍为军火总价值的 2%,即 159534 美元,合计 8379293 美元(中方统计为 8379294 美元④)。第三笔合同于 1938 年 3 月 22 日签订。军火总价值 6287969 美元、外加铁路运费、轮船装载费、包装费、修理工程队派遣费 3443251 美元,组织费 125759 美元,合计 9856979 美元⑤。

三笔合同累计,中方用于购买军火费用 43991300 美元,运费及行政费 4406602 美元,剩下 1602098 美元为苏联军事专家生活费。⑥ 中国使用这些贷款从苏联购买的大量武器装备,成为抗战初期中国军事装备的主要来源。

(2) 派遣军事顾问支援抗战。抗战时期,苏联还派军事顾问来华援助中国的抗战,数量达到 300 人。1938 年 6 月第一批苏联军事顾问和专家 27 人抵达中国,由苏联使馆武官 М. И. 德拉季文兼任总顾问。1938 年

---

① 李嘉谷:《合作与冲突——1931—1945 年的中苏关系》,广西师范大学出版社 1996 年版,第 78 页。

② 汪金国:《战时苏联对华政策》,武汉大学出版社 2010 年版,第 61 页。

③ [俄] М. И. 斯拉德科夫斯基:《苏中经贸关系史》,莫斯科:科学出版社 1977 年版,第 12 页。

④ 王正华:《抗战时期外国对华军事援助》,台北:环球书局 1987 年版,第 123 页。

⑤ [俄] М. И. 斯拉德科夫斯基:《苏中经贸关系史》,莫斯科:科学出版社 1977 年版,第 130 页。

⑥ 同上。

至 1942 年，中国方面先后聘请 4 名苏联军事总顾问，分别是 М. И. 德拉季文、А. И. 切列潘洛夫、К. М. 卡恰洛夫；В. И. 崔可夫。① 各军、兵种的首席顾问有：1）空军：П. Ф. 加列夫、Т. И. 特霍尔、П. Н. 阿尼莫西夫等 6 人；2）工程兵：А. Я. 卡利亚金等三人；3）坦克兵：П. Л. 别洛夫等 2 人；4）炮兵：И. В. 戈卢别夫等 3 人。中央机关和各战区首席顾问有：И. П. 阿尔费洛夫等 10 多人。援华空军志愿队：领队 П. В. 雷恰戈夫，政治委员 А. Г. 雷托夫。② 这些苏联军事顾问们总是亲临前线视察，研究作战方案，向中国军方提出建议。苏联军事顾问与专家还帮助中国培训空军、炮兵与坦克部队等各类军事人员 9 万余名，有力地支援了中国的抗日战争。

（3）空军援助。在与日寇的空战中，本就十分衰弱的中国空军损失惨重，至 1937 年 11 月南京沦陷，中国空军的作战飞机仅存 30 架左右，几乎完全丧失了战斗力。在这种情况下，苏联出于自己利益，派出空军志愿队来华援助。至 1939 年 12 月，已达 712 人，派往中国的苏联飞行员中，不少是优秀飞行员。

1939 年春，苏联援华飞机从 135 架增加到 245 架。苏联援华队的战斗机大队和轰炸机大队又各增至 4 个大队。在以后的两年半时间里，他们英勇奋战，积极协助中国空军，与凶悍的日军殊死搏斗，共同守护着中国西南、西北大后方空间，并伺机反击，深入敌占区作战，给日军造成惨重的人员物资损失和巨大的心理恐慌。1939 年四五月间，日军展开对重庆的狂轰滥炸。中国飞行员顽强抗击，牺牲很大。危急时刻，苏普伦少校指挥的苏联志愿航空队 1 个战斗机联队抵达重庆，担负起空防任务。50 架战斗机分成两个大队，一大队为依 - 16 战斗机大队，由布戴齐耶夫大尉率领，另一个大队为依 - 15 战斗机大队，由沃罗比约夫率领。日机侦察得知此事，妄图在夜间偷袭，将其消灭。7 月 6 日，30 架日机夜袭重庆，中国和苏联的飞机起飞迎战，由于缺乏夜航设备，作战难度大。但是苏联飞行员凭借娴熟的技术克服困难升空作战，科基纳基首开纪录，用 20 毫米航炮击落敌机 1 架。8 月 3 日夜至 4 日晨，日机 18 架又进袭重庆，被中苏飞行员击落 2 架。③ 1939 年年底，日军对广西的昆仑关发动猛攻，战火在广西上空熊熊燃起。中苏方面投入飞机 115 架，与敌 220 架飞机浴血奋战。1939 年 12 月 25 日，3 架轰炸机和驱逐机飞临昆仑关上空，日军阵地

---

① ［俄］Р. А. 米罗维茨卡娅：《苏联首批援华顾问》，《远东问题》1983 年第 4 期，第 82—88 页。
② 汪金国：《战时苏联对华政策》，武汉大学出版社 2010 年版，第 71 页。
③ 同上书，第 86 页。

误认为是自己的飞机，布置信号板联络。结果遭到中、苏飞行员扫射，中国第 200 师乘机强攻日军阵地，12 月 31 日，中国军队夺回昆仑关。[1] 1940 年 5 月 8 日至 9 月 4 日，日军联合执行"101 号"作战计划，对以重庆、成都为中心的大城市和空军基地进行持续轰炸。在日军空袭时，中苏空军并肩战斗，共击落敌机 16 架，击伤 387 架，毙伤敌飞行员 89 人。

当然，在与日寇空战中，苏联飞行员为了中国大后方的防空安全献出了宝贵的生命。1939 年 6 月，苏联空军志愿队轰炸机大队大队长格里格利·阿基莫维奇·库里申科率领"达莎"（Ⅱь）远程轰炸机大队到中国。10 月 14 日下午 2 时，轰炸机飞至万县红砂碛上空时，机身失去控制，格里格利坠落于江心不幸遇难，年仅 31 岁。1939 年夏，苏联空军大尉勃达伊采夫率领机群在重庆上空与前来偷袭的日军机群展开搏斗，不幸受伤，跳伞后牺牲，葬于重庆。1940 年 11 月 15 日，苏联空军志愿队上校卡特洛夫在重庆上空与日军激战，不幸阵亡，葬于重庆。1941 年 5 月 11 日，苏联空军志愿队上校斯托尔夫在重庆与日军空战中，中弹牺牲，葬于重庆。

苏联之所以在抗战前期大力支援中国，是因为抗战前期，德国法西斯在欧洲咄咄逼人，日本法西斯又在东方肆意妄为，而美英法等国又企图把德日两股法西斯祸水引向苏联，在此背景下，苏联迫切需要中国的持久抗日把日本法西斯军队牵制在中国战场上，因此它给予了中国大力的支持。

四　德国由"中立"暗中援华到偏向日本

面对日本的暴行，德国为了保持同英美的关系以及在华利益和影响，表示在中日冲突中保持中立态度。[2] 实际上，极端民族主义者希特勒对日本是没有好感的。这种"中立"实则是暗中援华的战略。因为日本侵华不符合德国的总体战略。首先，德国害怕日本对中国侵略的扩大将导致日本投入大量的人力、财力于对华战争中，从而使日本失去钳制苏联的作用[3]。其次，日本扩大侵华会把中国推向苏联一边。德国认为"日本（对中国的）进犯违背反共产国际协定精神，妨碍中国稳定，促使共产主义在中国蔓延"。最后，影响德国从中国取得军事战略物资钨砂的易货贸易。因此，德国外交部部长警告日本政府，不要期待德国政府对日本侵华

---

[1] 汪金国：《战时苏联对华政策》，武汉大学出版社 2010 年版，第 87 页。
[2] 《德国外交政策文件集》（1918—1945）D 辑 1 卷，伦敦：门户开放出版社 1949 年版，第 463 页。
[3] Leonid N. Kutakov, *Japanese Foreign Policy on the Eve of the Pacific War*, *A Soviet View*, Tallahassee, Florida: The Diplomatic Press, 1972, p. 14.

第三章　抗战防御阶段的国际环境与国共合作形成及"黄金合作"　89

行动的援助①。为此，德国对中国表示同情，并在实际行动上给予了中国当时最宝贵的支持：德国输华武器继续运往中国，军事顾问继续在华工作，甚至参与中国抗战的指导工作。据统计，在抗战的最初几个月里，在中国对日作战的军火中有80%来自德国。至1937年10月，德国输华军火已经价值5000万马克，在11月1日，德国由其国防军装备中紧急抽运了价值5300万马克的军火输往中国。12月，德国再接再厉，又向中国运送了价值4400万马克的军火，到了次年3月，德国又卖给中国包括12架HS123型轰战两用机在内的总额为3000余万马克的军火。抗日战争爆发时，南京国民政府指挥的中央军是由德国军事顾问训练的，其中最精锐的"示范军"装备的是清一色的德式武器，甚至连中国的防御计划也是由德国军事顾问制定的。"八一三"淞沪抗战中大约有70名德国军事顾问参与指挥，在德国先进军事装备的有力支援和德国军事顾问的指导下，中国军队在淞沪战役中的表现让人眼前一亮。比如，在淞沪战役中，全部德械装备的国军第88师在闸北与不可一世的日军正面交锋三个月，创造了寸土未丢的奇迹，德国驻华军事顾问团自豪地宣称，只要中国多装备几个德国师，是完全有可能制止住日本的侵略野心的，以致一些西方人和日本人将这一仗直呼为"德国战争"（The German War），日本对德国向中国抗战的暗中援助进行了抗议。面对日本对德国的责难，德国外交部的Ernst von Weizsacker指出：日本没有正当的理由要求德国不能向中国提供武器②。暗指"中日之间没有互相宣战，双方均没有宣布处于交战状态"。

　　不仅如此，德国还对中日冲突双方进行了调停的努力。淞沪会战打响后，日本虽然一再增兵，战局依然胶着，上海久攻不下。日本为了速战速决，结束中日战争，以便从中国战场抽出兵力，做好对苏作战准备，发动了对华外交攻势，配合军事作战。1937年10月23日，日本外相广田向德国政府提出，希望德国斡旋中日谈判，10月30日，德国驻华大使陶德曼奉命向中国政府表示，德国愿意斡旋中日谈判。11月5日，陶德曼会见蒋介石，转达了日方提出的七项谈判条件。（一）内蒙古自治；（二）自伪"满洲国"至平津以南设立华北非武装区；（三）扩大上海非武装区，国际共管；（四）停止排日运动；（五）共同防共；（六）降低日货进口税；（七）尊重华人在华权利。③ 蒋介石表示，假如日本不愿意恢复

---

① Leonid N. Kutakov, *Japanese Foreign Policy on the Eve of the Pacific War*, *A Soviet View*, Tallahassee, Florida: The Diplomatic Press, 1972, p. 15.
② Ibid., p. 16.
③ 陈铁健主编：《简明中国新民主革命通史》，上海人民出版社2011年版，第371页。

战前状态，中国不能接受日本的要求。蒋介石拒绝日本的要求，主要有两个原因：第一，如果同意日本的条件，中国会发生革命，结果是共产党在中国占优势。第二，借助布鲁塞尔会议遏制日本侵略。11月底，布鲁塞尔会议草草收场，蒋介石借助西方大国的幻想化为泡影。同时，日本逼近南京。在此形势下，蒋介石束手无策，终于同意与日本谈判。12月2日，蒋介石会见陶德曼，同意以日方条件为谈判基础，并要求德国参加谈判全过程。德国外交部接到陶德曼报告后，指示驻日大使狄克逊同日本政府联系。12月7日，狄克逊向广田提出德国关于中日谈判的建议，但由于此时日本已兵临南京城下，因而不同意照原条件谈判。日本占领南京后，提出了全面灭亡中国的谈判条件：中国与日本和伪"满洲国"合作，放弃亲共和反日政策；在有必要的地区建立非军事区和特殊政权；日、满、华经济合作；中国偿付日本所要求的赔偿①。狄克逊认为，这些条件中国难以接受。12月26日，陶德曼将日方条件转告国民党政府行政院副院长孔祥熙，但国民党政府不敢接受。蒋介石在日记中激愤地表示："与其屈服而亡，不如战败而亡。"② 1938年1月13日，国民党政府外交部部长王宠惠发表声明指出："经过适当考虑后，我们觉得改变了的条件范围太广泛了。因此，中国政府希望知道这些新提出的条件的性质和内容，以便仔细研究，再作确切答复。"次日，狄克逊向广田递交了中国政府的复文，日本政府内阁决定不再与国民党政府交涉，致力于培植伪政权。1938年1月16日，日本近卫内阁发表首次对华声明，声称："帝国政府今后不以国民政府为对手，而期望能与帝国合作的中国新政权的建立与发展。"③ 18日，国民政府针对近卫声明宣布，将以"全力维持中国领土与行政之完整，任何恢复和平办法，如不以此原则为基础，决非中国所能忍受。同时，在日占区如有任何非法组织僭窃政权者，不论对内对外，当然绝对无效"④。蒋介石也表示，绝不接受敌人要求⑤。对此，《新华日报》也发表社论，认为国府的声明是对敌人坚强的答复。认为近卫声明体现了日本吞灭整个

---

① 陈铁健主编：《简明中国新民主革命通史》，上海人民出版社2011年版，第372页。
② 《蒋介石日记》，1938年1月2日。斯坦福大学胡佛研究所档案馆《蒋介石日记》手稿影印件。
③ 日本防卫厅战史室：《战史丛书（68）·支那事变陆军作战》（1），东京：朝日新闻社1975年版，第448页。
④ 《国府发表重要声明　全力维护领土主权完整　暴力之下绝无和平可言》，《新华日报》1938年1月19日。
⑤ 《蒋委员长表示，绝不接受敌要求》，《新华日报》1938年1月19日。

中国的野心,不以国民政府为对手,就是撤销承认的另外一种说法。在这里,我们一方面要愤恨敌人之横暴无理,公然否认中华民族上下一致所拥议的抗日的国民政府。另一方面,敌人希望我国的政府向他屈服,同他讲和,然而我国军民在国民政府军事委员会蒋委员长领导之下,半年来"再接再厉,越挫越奋"①。德国调停中日战争宣告结束。

随着国际国内局势的变化,当德国发现维持中德友好所付出的代价高于维持两国友好所能带来的利益时,德国的对华政策发生改变,逐渐由友好向中立再到偏向日本转变。1937年8月21日《中苏互不侵犯条约》的签订,冲击了德国外交部中对中日战争采取中立态度的传统派势力。因此1937年10月中旬,空军元帅戈林和外交部部长里宾特洛甫要求国防部终止向中国供应军火,并要求外交部采取鲜明的亲日立场。但这一要求引起了国防部和外交部的强烈不满。因德国这一东亚政策的调整,将在中国失去许多重要的经济利益,而日本方面却不能保证德国在华贸易的优势。戈林在压力下不得不改变了立场,指示德国供应商可以继续向中国提供军火。进入1938年,德国驻华大使陶德曼调停失败后,德国感到中日和解无望,1937年12月日本攻占南京后,在德国看来,"强大的日本"已经侵占中国富饶的地区,下一个目标无疑是苏联,因此希特勒开始做出倾向日本的选择。尤其是进入1938年,德国即将在欧洲动手,需要日本在远东牵制英法苏,故德国政府接连采取了一系列迎合日本的措施,中德关系急转直下。1938年2月,希特勒对其政府进行大清洗,亲华的国防、外交、经济等部长被撤换。2月20日,德国宣布将正式承认伪"满洲国"。3月,德国单方面决定中止已实施多年的中国军事学员赴德训练的合作项目。4月,戈林下令禁止对华输出军火,德国外交部向中方交涉召回全部在华军事顾问。6月下旬,为迫使顾问们尽快离华,德方发出极其严厉的训令:凡不遵从者,"即认为公然叛国,国内当即予以取消国籍及没收财产处分"。随后,德方以中国未能如期允准全体德国顾问离华为由先行召回驻华大使陶德曼,此后再未派出驻华大使。7月5日,以法肯豪森为首的德国军事顾问团离华返德。

尤其是1939年欧战爆发后,英法是德国的交战国,德国从其世界战略出发,指望日本在亚洲牵制英法苏的力量,相比较而言,1939年的日本比蒋介石国民政府要强大得多,蒋介石甚至不得不退到贫穷落后的西部"苟延残喘"。受德国的影响,意大利元首墨索里尼也于1937年年底下令

---

① 社论《给敌人的声明以坚强的答复》,《新华日报》1938年1月19日。

从中国撤除各种意大利军事和经济师团，并下令把中国已经付款购买的正在运往中国的一船意大利武器在南中国海沉没。①

第二节　国际环境对第二次国共合作正式形成和积极发展的影响

正如前面所述，抗战初期只有苏联在大力支援中国的抗日，加之抗战爆发后国民党为了避免被日本灭亡，也急需中共领导的抗日力量配合抗日，在此背景下，国共进行了多次谈判，最终促成了双方的第二次合作，建立民族统一战线共同应对日本帝国主义的侵略。

一　卢沟桥事变后国共合作的初步形成

1937年7月7日，日本侵略军向北平西南的卢沟桥发动进攻，制造了震惊中外的"七七事变"。面对日本在远东的侵略扩张，当时的英、法、美在国联对日本进行了语言上的"谴责"，并对国民党的抗日在一定程度上给予了暗中支持。苏联则出于保护其远东利益的目的，支持中国的抗日。德国和意大利也对日大力发动进攻中国不满，德、意希望日本进攻苏联，以"共同防共"。而日本的无端挑衅和步步紧逼激起了全中国人民的无比愤慨，中国共产党也多次表达了与国民党合作抗日共赴国难的愿望。7月8日，中共中央发布《中国共产党为日军进攻卢沟桥通电》：呼吁国民党和共产党亲密合作，号召全中国军民团结起来，抵抗日本的侵略。②中共中央还致电蒋介石，"日寇进攻卢沟桥，实行其武装夺取华北之已定步骤。……红军将士愿在委员长领导之下为国家效命，与敌周旋，以达保地卫国之目的"③。第二天，红军将领彭德怀、贺龙、刘伯承、林彪等人致电蒋介石，表示全体红军愿马上更名为国民革命军，作为抗日先

---

① ［英］丹尼斯·麦克·史密斯：《墨索里尼其人》，许其鹏译，军事译文出版社1985年版，第281页。
② 中央档案馆编：《中共中央文件选集》第11册（1936—1938），中共中央党校出版社1991年版，第274页。
③ 《红军将领为日寇进攻华北至蒋委员长电》（1937年7月8日），原载《解放》第1卷第10期（1937年7月12日），中央档案馆编：《中共中央文件选集》第11册（1936—1938），中共中央党校出版社1991年版，第278页。

第三章　抗战防御阶段的国际环境与国共合作形成及"黄金合作"　93

锋奔赴战斗第一线与侵华日军死战①。1937 年 7 月 15 日，周恩来向蒋介石提交《中共中央为公布国共合作宣言》。《宣言》强调，为挽救中国的危亡，中国共产党在和平统一团结御侮的基础上已经与国民党获得谅解、共赴国难。《宣言》还提出了全民族抗战、民主政治和改善民众生活的要求，并重申为实现国共合作，中共的四项保证："红军改编为国民革命军，受国民政府军事委员会之统辖，遵守三民主义；苏维埃政府改为边区民主政府，取消推翻国民党政权，改变土地政策"②，并待命出动，担任抗日前线之职责，表明了中共重开谈判的诚意和务实的态度。其实早在 1937 年 6 月 22 日，周恩来在会见海伦·福斯特·斯诺（Nym Wales）时就告诉她："抗日战争的准备与要求民主，就像自行车的两个轮子。抗日战争的准备是第一位的，接着才是民主运动；现在国民党在全国形势影响下即将变换其以前的反共政策，提出实行孙中山先生的三民主义，因此，我们现在想放弃苏维埃主义，而为了实现孙中山先生的三民主义而奋斗。"③

在以上国际国内形势的影响下，蒋介石决心抗战。"八一三"淞沪会战爆发的第二天，南京国民政府发表自卫抗战声明书，强调：为日本无止境之侵略所逼迫，中国兹已不得不实行自卫，抵抗暴力。④

在此背景下，国民党提出在一定条件下"吸纳中共抗日"。为此，国共进行了相关的谈判。在中共中央提出了《为公布国共合作宣言》后，蒋介石派其心腹、特务头子之一的康泽会见中共代表周恩来，对该宣言提出了许多无理要求⑤，不同意宣言中提"民主"，要求一律改为"民用"；不同意提同国民党获得谅解，要求提共赴国难。周恩来当即表示，有的可以研究，有的不能同意。17 日，中共代表周恩来、林伯渠等在江西庐山与蒋介石、张冲等人继续谈判。同一天，蒋介石发表名为《The limit of China's Endurance（最后关头）的演讲》，强调中国虽然是一个弱国，但如果到最后关头，也要拼全民族的生命，以求国家生存；……如果战端一

---

① 《人民抗日红军要求改编为国民革命军并请授名为抗日先驱的通电》（1937 年 7 月 9 日），中央档案馆编：《中共中央文件选集》第 11 册（1936—1938），中共中央党校出版社 1991 年版，第 280 页。
② Mao Tse-tung and others, *China: The March Toward Unity*, New York, 1937, pp. 119 – 123.
③ Nym Wales, *Inside Red China*, New York: Da Capo Press, Inc. (A Subsidiary of Plenum Publishing Corporation), 1977, pp. 209 – 210.
④ 中国第二历史档案馆编：《中华民国档案史料汇编》第 5 辑第 2 编外交，江苏古籍出版社 1997 年版，第 27 页。
⑤ 吕春：《周恩来与抗战初期的五次国共谈判》，《钟山风雨》2007 年第 3 期，第 11 页。

开，地无分南北，年无分老幼，无论何人，都有守土抗战之责。① 与此同时，蒋仍寄希望于国联干预，没有答应中共改编军队数量的要求。但日本军国主义分子并没有理睬蒋介石的演讲，反而采取进一步扩大军事侵略来回应。随着华北局势日益危急，7月27日，蒋介石传来口信：红军迅速改编，出动抗日。周恩来表示：红军同意改编，同意开拔，但国民党应马上发表《国共合作宣言》。8月1日，张闻天在延安举行的陕甘宁边区军民抗战动员会上发表《到抗日前线去》的演讲，号召工农红军随时准备开赴抗日前线进行抗日。② 同日，周恩来接到国民党要员张冲来电，强调指出，国民政府军事委员会委员长蒋介石密邀毛泽东、周恩来和朱德尽快坐飞机到南京，共同商议国防问题。中共中央决定，派周恩来、朱德和叶剑英去南京出席国民政府军事委员会举行的国防会议③。8月2日，中共中央负责人张闻天作《论平津失守后的形势》的报告。要求南京国民政府立刻实现国共亲密合作，并以两党合作为基础，团结一切抗日救国的党派，创立抗日民族统一战线；……拥护国际和平统一阵线，反对法西斯侵略阵线，同苏、美、英、法等国订立有利于抗日救国的协定。④ 8月9日，周恩来同朱德、叶剑英飞抵南京，与冯玉祥、白崇禧以及西南地区的川军首领刘湘和滇军首领龙云会晤商谈国共合作抗日问题。可在讨论国共合作的具体问题上，蒋介石仍然挑刺。"八一三"淞沪会战爆发，日军大举进攻上海，扬言3个月灭亡中国，蒋介石不得不同意中共中央的条件。8月14日国民政府发表《自卫抗战声明书》。声明书公告了卢沟桥事变以来事变推演的经过，最后提出："中国决不放弃领土之任何部分，遇有侵略，惟有实行天赋之自卫权以应之。"⑤ 声明书的发表，标志中国政府正式进入抗战。8月18日，中共代表周恩来、朱德、叶剑英同蒋介石等就发表改编红军问题在南京举行谈判，蒋介石被迫同意将在陕北的主力红军改编为国民革命军第八路军，任命朱德、彭德怀为正副总指挥，下辖3个师⑥。但在关于《中共中央为公布国共合作宣言》和陕甘宁边区政权问题

---

① Chinese Ministry of Information, *The Collected Wartime Messages of Generalissimo Chiang Kai-shek* (1937 – 1945), New York: Kraus Reprint Company, 1969, p. 25.
② 《张闻天文集》第2卷，中共党史出版社1992年版，第321页。
③ 吕春:《周恩来与抗战初期的五次国共谈判》，《钟山风雨》2007年第3期，第11页。
④ 洛甫:《论平津失守后的形势》，《解放周刊》第1卷第13期，1937年8月9日；转引《张闻天文集》第2卷，中共党史出版社1992年版，第330页。
⑤ (南京)《中央日报》，1937年8月15日。
⑥ 红军改编后的番号选用国民党桂系军队空出的第八路军，三个师番号则用吃败仗被撤销的东北军115师、120师、129师的番号。

上，国民党又无故拖延。比如，在陕甘宁边区政权问题上，1937年8月30日，国民党特务头子之一康泽（当时负责与中共交涉的国民党谈判代表）通知中共代表：国民政府已决定陕甘宁边区政府以丁维汾为正、林伯渠为副；两党关系宣言则必须在中共部队全部出动抗日之后发表。据说，南京政府这时还确定了派驻红军的高级参谋人员。对此，中共极力反对，称：丁维汾过去是反共领袖，苏区民众决不承认他为长官，必须以林伯渠为长官，张国焘为副长官。国民党派往红军的高级参谋长也实行"挡驾"，不准踏进营门，南京政府应该信任红军。① 由于战争形势异常危急，加之共产党的催促，9月20日，中共谈判代表博古与国民党谈判代表康泽在《中共中央为公布国共合作宣言》上签字。9月22日，国民党中央通讯社终于正式播发《中共中央为公布国共合作宣言》。9月23日，《中央日报》发表了该宣言，同日，蒋介石发表《对中国共产党宣言的讲话》强调指出，共产党此次发表的宣言，宣布放弃暴动与赤化，取消苏区与红军，这些是救亡御侮之必要条件，且均与国民党三中全会的宣言及决议相符合。而其宣称愿为实现三民主义而奋斗，更是证明中国今日只能有一个努力之方向。……在存亡危急之秋，更不应计较过去之一切，……对于国内任何派别，只要诚意救国，愿在国民革命抗敌御侮旗帜之下，共同奋斗者，政府无不接纳。② 蒋介石这一讲话，实际上是承认了中国共产党的合法地位。国民党针对中共党人设立的反省院也决议裁撤，允许中国共产党开办报纸、杂志③，民众抗日运动也蓬勃发展起来。至此，抗日民族统一战线正式形成，第二次国共合作开始。

二 红军改编和国民参政会的成立

无论是中国共产党还是国民党都高度重视军队，并且国共第二次合作主要就是在军事上合作共同打击日本帝国主义的侵略。而这种军事合作主要就体现在中国共产党领导的工农红军的改编。针对陕北的主力红军以及南方坚持斗争的红军游击部队的不同情况，红军的改编经历了两个时期：在陕北的主力红军改编为八路军，南方8省14个地区的红军游击队改编

---

① 《洛（甫）、毛（泽东）致西安、前总、周（恩来）、博（古）、林（伯渠）、朱（德）、彭（德怀）、任（弼时）电》（1937年9月1日），转引自杨奎松《国民党的"联共"与"反共"》，社会科学文献出版社2008年版，第381页。
② 蒋介石：《集中力量挽救救亡》，秦孝仪主编：《先"总统"蒋公思想言论总集》第38卷，台北："中央"文物供应社1984年版，第95—96页。
③ 陈铁健：《简明中国新民主革命通史》，上海人民出版社2011年版，第358页。

为新四军，两次改编中国共都进行了博弈。

（一）陕北主力红军改编为八路军

卢沟桥事变爆发后，国民党急需共产党参与抗日，因此，1937 年 7 月 13 日，国民党西安行营通过正在西安的叶剑英了解红军调出参加对日作战的问题。叶报告中共中央后，立即得到中央肯定的答复："……（二）红军主力准备随时调动抗日，并已下令各军十天内准备完毕，待命出动。（三）同意担任平绥线作战任务，并愿以一部深入敌后方打击敌人……"① 西安行营立即将中共中央同意红军立即参加对日作战的答复报告何应钦，并于 16 日下午转报在庐山的蒋介石。但蒋介石仍然坚持红军改编后，"各师须直接隶属行营，政治机关只管联络"。就是不让设立总指挥部，以取消中共对改编后的红军的领导。后蒋介石在谈判中虽从"（中共）的政治机关只管联络"让步到"政治机关只能转达人事指挥"，但仍坚持"改编后的三个师的直属行营"，且三个师的参谋长由南京派，政治主任要周恩来或林伯渠，最后甚至提到可要毛泽东任副主任。② 朱德、彭德怀等红军将领对此表示出最为坚决的态度，他们认为："蒋介石对红军改编所提条件，超过我们统一战线最低限度原则，如果接受其条件有瓦解危险。我们改编三个国防师一军部及若干地方武装，是最低限度的原则与要求，否则拒绝谈判。"与此同时，中共中央也分析，在全面抗战爆发后蒋介石希望中共抗日的背景下，不仅红军改编后的军队，不仅独立指挥权问题，就是成立独立的总指挥部或军部的问题，"因抗日战起"，都由解决的可能。③ 7 月 29 日、30 日，日本加大进攻的力度，北平、天津相继沦陷，红军改编已是刻不容缓。8 月 9 日，应蒋介石的邀请，朱德、周恩来、叶剑英等到南京参加南京政府组织召开的国防会议，并举行两党第 5 次谈判。期间周恩来拜会了冯玉祥等国民党地方实力派，阐明了共同抗日和改编红军的原则立场，使两党半年会谈的真相大白于天下。冯玉祥以辞副委员长相劝蒋介石同意红军编 3 个师。④ 蒋介石深知不同意共产党的整编方案，红军上不了前线，自己罪责难逃。在内外压力下，蒋介石答

---

① 李慎明、张顺洪：《抗日战争胜利关键是中国共产党思想上政治上路线正确——兼论抗日战争中国共两党两条路线、两个战场的关系》，《人民日报》2015 年 9 月 5 日。
② 《博、林、州致洛、毛电》（1937 年 7 月 21 日），转引自杨奎松《国民党的"联共"与"反共"》，社会科学文献出版社 2008 年版，第 379 页。
③ 《中央书记处致朱德、彭德怀电》（1937 年 7 月 27 日），转引自杨奎松《国民党的"联共"与"反共"》，社会科学文献出版社 2008 年版，第 379 页。
④ 王志刚：《八路军与新四军番号背后的领导权之争》，《党员干部之友》2011 年第 3 期，第 54 页。

应给红军番号尽快让其改编。但谈判中国民党提出:"八路军以2个师由渭南上车,经风陵渡、同蒲路至代县附近下车,到蔚县一带集中。另一师沿陇海路转平汉路,在徐水下车,到冀东玉田、遵化一带,开展游击战争。"① 遭到中国共产党的拒绝。8月13日,日军大举进攻上海,打到了南京政府统治的心脏地区。江浙是蒋介石发家之地,也是英美等国在华重要利益所在地,非东北、华北可比,他迫切需要红军开赴抗日前线。经过再三权衡后,蒋介石终于放弃了"收编"的企图,在红军改编上做出让步。蒋介石在调动国军淞沪会战的同时,同意大体按照红军整编后的番号是桂系空出的第八路军,3个师的番号则是被撤销的东北军115、120、129师。18日,蒋介石同意发表红军改编为国民革命军第八路军的协议,并正式宣布朱德、彭德怀为国民革命军第八路军总指挥、副总指挥②。8月25日,毛泽东、朱德、周恩来以中共中央军委主席和副主席的名义发布命令,宣布红军改名国民革命军第八路军(9月改称第十八集团军)。任命朱德、彭德怀为总指挥和副总指挥,任弼时、邓小平为政治部主任和副主任,叶剑英、左权为正副参谋长,下辖三个师——第115师、第120师、第129师,全军编制共四万五千人。八路军第115师以红一方面军为主编成。师长林彪,副师长聂荣臻,政训处主任罗荣桓。下辖第三四三旅和第三四四旅。第120师以红二方面军为主编成。师长贺龙,副师长萧克,政训处主任关向应。下辖第三五八旅和第三五九旅。第129师以红四方面军为主编成。师长刘伯承,副师长徐向前,政训处主任张浩。下辖第三八五旅和第三八六旅。③ 八路军开始东渡黄河,和国民党军队共同抗战。红军主力改编后,国民党方面虽没有发给枪支,但也发给了八路军三个师人员的军饷、弹药和碘片、阿司匹林片之类的药品。

(二) 南方红军游击队改编为新四军

中共中央对新四军整编中的领导权非常重视,毕竟这是一支由中国共产党领导的具有丰富游击战斗争经验、坚强的革命意志和共产主义信念的红军队伍,是当时共产党在中国南方抗日的主要力量。1937年6月,周恩来在和蒋介石的直接谈判中提出了南方红军游击队的改编问题,蒋介石表示可先由中共派人前往联络,经调查后实行编遣。随即,中共中央选派人员前往南方与游击队联系。经过周恩来等与国民党代表的进一步谈判,双

---

① 王志钢:《八路军与新四军番号的由来》,《解放军报》文摘,2015年4月19日。
② 《中国共产党历史(1921—1949)》第1卷下册,中共党史出版社2002年版,第465页。
③ 同上书,第466页。

方达成了把南方红军游击队集中编为一个军的初步意向。双方对该军军官由国民党委派还是由红军游击队自己选举产生，产生了分歧。尤其是在新四军军长人选问题上，国共双方几经讨论不能取得一致，共产党提出叶剑英，蒋不同意；国民党提出陈诚，共产党当然也不同意。最后，蒋介石说："军长要由双方协议，选出一个国共双方都接受的无党无派人士担任。……"①

周恩来经过深入分析后认为，叶挺是新四军最好的军长人选。因为当时叶挺既不是国民党，也不是共产党，属于无党无派人士。于是周恩来到上海找到叶挺让叶出任新四军的军长，并要叶挺在适当的时候向陈诚、张治中等人表示一下自己愿意领导这支部队，然后再通过他们争取蒋介石的同意。"八一三"淞沪抗战爆发后，叶挺向保定陆军军官学校的老同学②、国民政府军委会第三战区前敌总指挥陈诚建议，将南方八省红军游击队集中编一支部队，开赴前线抗日，并建议这支部队取名新编第四军，以继承国共第一次合作北伐时老四军的光荣传统。陈诚心中暗自高兴，以为可以趁机拉拢已脱党十年的叶挺。于是他打电话给蒋介石，推荐叶挺出任军长来改编南方红军游击队。蒋介石也出于同样的目的企图拉拢叶挺，于1937年9月28日任命叶挺为国民革命军陆军新编第四军军长。10月12日，国民党江西省政府主席熊式辉转发了蒋介石的命令，将南方游击区的红军游击队交新四军军长叶挺"编遣调用"③。叶挺经过去延安汇报，共产党完全同意叶挺担任新四军军长，并让他与项英一起负责新四军的改编。1937年11月12日，叶挺到达当时的抗战中心武汉，与秦邦宪、叶剑英、董必武、张云逸接洽改编南方游击队事宜，着手南方8省14个地区红军游击队的改编工作。1937年12月25日下午，叶挺、项英在大和街26号召开有新四军军部机关和部分游击区负责人参加的干部大会。会上，叶挺和项英分别报告了抗战形势、上海和南京失陷的经过及原因，布置了集中部队开赴前线的任务。这是新四军军部机关的第一次会议，标志着新四军第一个军部的诞生。1938年1月3日晚，周子昆率30余名干部抵达武汉，随即充实到新四军军部机关各处部。新四军下辖四个支队，一个特务营，共计1.03万余人。军长叶挺，副军长项英兼政委，参谋长张云逸，副参谋长周子昆，政治部主任袁国平，副主任邓子恢。第一支队司

---

① 胡兆才：《叶挺出任新四军军长始末》，《党史文汇》2007年第10期，第26页。
② 叶挺与陈诚同出保定军校，叶挺六期毕业、陈诚八期毕业，同在粤军第一师任过职，叶挺任步兵营长，陈诚任炮兵连长，算是老同学、老袍泽。
③ 中共中央党史研究室：《中国共产党历史（1921—1949）》第1卷上册，中共党史出版社2002年版，第467页。

令员陈毅,副司令员傅秋涛;第二支队司令员张鼎丞,副司令粟裕;第三支队司令员张云逸,副司令员谭震林;第四支队司令员高敬亭。① 当然,在南方红军游击队改编为国军的过程中,也曾发生国民党军队收缴红军枪支、杀害红军将领的事件:漳浦事件和闽中浦仙游击队被缴械。漳浦事件又叫何鸣事件,该事件曾经在《毛泽东选集》第 2 卷和第 3 卷的文章中两次被提到。具体情况如下:1937 年 7 月 16 日,国民党军队 157 师以集中点验发饷为名,要求红 3 团全军集中到当地的运动场。红 3 团在团长何鸣带领下到操场集合被国民党军队包围缴械。② 闽中浦仙游击队被缴械事件:由中共闽中工委领导的红军游击队被编为第 80 师特务大队。不久,第 80 师以集中点验为名让特务大队到泉州集中,趁机杀害了大队长刘突军,强缴枪械。后来新四军军部派谭震林强烈抗议,国民党发还了人员和武器,该大队后改编为新四军军部特务营 1、2 连。③

第三节　太原会战、徐州会战、武汉抗战: 国共合作抗日的黄金时期

红军改编后,很快地奔赴抗日战场,与国民党军队一起,共同抗日——配合国民党军队正面战场作战,从侧翼打击日军,成为国共全方位、无间歇合作抗日的"黄金时期"。国民政府军事委员会也连电嘉奖,称八路军"屡建奇功,强寇迭遭重创,深堪嘉奖"④。

一　中共游击战理论、从外围防御敌人的思想对 国民党军队抗日的影响

抗战时期,中国共产党抱着真诚坦率的态度,广泛地宣传抗日游击战和持久战,积极影响国民党的抗日战略思想和决策,部分被国民党重视采纳,合作渐有成效。

---

① 中共中央党史研究室:《中国共产党历史(1921—1949)》第 1 卷上册,中共党史出版社 2002 年版,第 467 页。
② 《上海太原失陷以后抗日战争的形势与任务》(1937 年 11 月 12 日),《毛泽东选集》第 2 卷,人民出版社 1991 年版,第 388 页。
③ 《南方红军改编新四军:曾有三支游击队被国民党围剿》,(www.China.com)中华网军事频道 2014 年 6 月 18 日。
④ 中共中央党史研究室:《中国共产党历史》第 1 卷下册,中共党史出版社 2002 年版,第 610 页。

中共积极探讨中国抗敌的军事策略，指出中国应"确定游击战争担负战略任务的一方面，使游击战争和正规战争配合起来"[1]，号召"武装人民，发展抗日的游击战争，配合主力军作战"[2]。使国民党军事当局逐步认识到敌后游击战的重要性，并逐步采纳一些游击战的理论。1938年3月在武汉召开的国民党临时全国代表大会通过的《中国国民党抗战救国纲领决议案》指出："其军事纲领为'指导及援助各地武装人民……在敌人后方发动普遍的游击战，以破坏及牵制敌人之兵力'。"[3]

中共还提出了从外围防御日本帝国主义军队进攻的思想。1938年1月30日，《新华日报》发表题为《怎样保卫大武汉》的社论，指出"欲保卫武汉，必须先从远后方去牵制和打击敌人，从野战中去消灭敌人……"[4] 是年8月6日，毛泽东等人致电王明（陈绍禹）、周恩来等人，提出保卫武汉"军事则重在袭击敌人之侧后，迟滞敌进，争取时间，无须避免不利决战，至事实上不可守时，不惜断然放弃之"[5]。周恩来向国民党转呈该电内容，受中共的影响，国民政府军事委员会在1938年6月中旬制定武汉保卫战计划，决定将防御重点放在广阔的外围。

二 太原会战中的国共合作抗日

太原失守以前，八路军主要是直接在配合国民党军作战，同时以小部兵力发动和组织群众武装。平型关大捷八路军在山西广泛配合晋绥军作战并取得巨大胜利，粉碎了所谓"日本皇军不可战胜"的神话，极大地振奋了全国军民抗战胜利的信心，提高了共产党和八路军的威望。[6] 1937年8月28日，第二战区司令长官阎锡山表示抗战决心，并同行营人员及八路军总政委周恩来会商，制定了《第二战区平型关战役计划》，林彪所率领的第18集团军115师编入阎锡山所属第二战区，至晋北协同防守内长城一线。9月5日，第115师由侯马车运山西原平。由于刘汝明和汤恩伯部10日退出阳原、蔚县，日寇跟踪占领，威胁到115师预定前进地区，但该师仍旧按照国民党的原令出至灵邱境内。9月20日，蒋介石发布第

---

[1] 《毛泽东选集》第2卷，人民出版社1991年版，第346页。
[2] 同上书，第354页。
[3] 中国第二历史档案馆：《中华民国国史档案资料汇编》第五辑第二编政治（一），江苏古籍出版社1998年版，第152页。
[4] 社论《怎样保卫大武汉》，《新华日报》1938年1月13日。
[5] 《关于保卫武汉的方针问题的指示》，《武汉文史资料》，《保卫大武汉——纪念武汉抗战六十周年专辑》1998年第3辑，第10页。
[6] 《中国近现代史纲要》，高等教育出版社2008年版，第136页。

二号训令,要求第八路军速进出涞源、蔚县,击破该方面之日军。第二战区以主力固守晋北现阵地,以有力一部协力第八路军之攻势,另以一部固守集宁。① 当时,115师尚未进入涞源、蔚县,日军已突向平型关,第二战区被迫组织平型关战役,阻扼日军推进。22日,国防部副部长黄绍竑电请阎锡山:"请令八路军派出一部向该方(平型关)以北之山地游击侦察。"② 23日,阎锡山电令朱德:"我决歼灭平型关之敌,增加八团兵力,明拂晓可到。希电林师夹击敌之侧背。"③ 第115师师长林彪接到朱德的命令后,预判日军进军路线及视察相关地形后,指挥115师主力在平型关东北数十公里处设伏,并分出两部阻援。9月25日晨7时许,日军第5师团第21旅团一部偕同大批辎重车辆进入115师主力预伏地域。经过一天的战斗,115师不仅歼灭500余名日军,而且缴获了日军100支完整的步枪、2挺轻机枪、2个掷弹筒、大衣数千件、部分马匹、弹药、粮草等物资。10月17日,《解放》周刊刊登了林彪《平型关战斗的经验》,林彪总结了12条与日军作战的经验,以供友军分享④。蒋中正两次致电祝贺嘉勉,各党派团体纷纷致电祝贺,就连欧美、东南亚媒体也报道了第十八集团军115师胜利的消息。

三 忻口会战中的国共军队合作抗日

在随后的忻口会战中,国共也进行了密切的配合,八路军亦遵命担任拦阻日军的任务,阎锡山也曾将与八路军相邻部队交予朱德辖制指挥。当时,为保卫太原,国民党第二战区集中8万军队,由副司令长官卫立煌任前敌总指挥,在忻口地区组织防御。10月2日,卫立煌第14集团军由石家庄经正太铁路至太原,10月10日,集中于忻口附近,会合第2战区各部,区分为3个集团军,其中以第18集团军、第73师、第101师、新编第2师组成的右翼集团军,由朱德总司令指挥。朱德除以主力位于平型关、雁门关、朔县之线之两翼侧外,另组织4个支队挺入敌人后方,以伤亡官兵600余人的代价,毙敌千余人。并缴获敌九二野炮一门(无炮

---

① 《南京蒋委员长尚密一作效酉电》,1937年9月20日,台北"国史馆"藏阎锡山档案,微卷号97,1715—1717。
② 《石庄黄部长轩密养子石电》,1937年9月22日,台北"国史馆"藏阎锡山档案,微卷号97,1721。
③ 《阎锡山致五台朱总司令漾申行一电》,1937年9月23日,台北"国史馆"藏阎锡山档案,微卷号97,1724。
④ 林彪:《平型关战斗的经验》,《解放》周刊,1937年10月17日。

弹），七三、七五山炮炮弹 3000 余发，步枪 300 余支，机关枪及其他军用品甚多。① 对八路军所取得的战绩，蒋介石通电嘉奖："捷报传来，甚为欣慰。袭敌侧背，断其联络，收效甚大。希更发动民众，扩大行动，使敌有后顾之虑，则与战局更有裨益也。"②八路军于 4 日又传捷报："宋（时轮）支队于冬日 3 时袭击朔县西北之井坪镇，当将该处敌千余人全数击溃，收复井坪。计是役缴获坦克车 8 辆、装甲车 15 辆、汽车 5 辆、毙敌 200 余名，缴步枪 36 支，轻机关枪两挺，枪、炮弹 8 箱。"③ 10 月 7 日，蒋介石致电朱德、彭德怀："宋支队奋勇杀敌，收复井坪，殊为欣慰。若能扩大游击，向平绥线山地行动，使敌感受痛苦，尤有意义。并希望转前方将士代致嘉勉为盼。"④ 在忻口会战中，八路军 115 师在山西省平定县南广阳至松塔间之伏击作战，10 月 16 日，第 115 师再占团城口，乘胜收复广灵、涞源、尉县等县城，在冀南、冀北切断日军晋东北的交通线，直接威胁敌后方。10 月 17 日蒋介石致电朱德："接通捷报，无任欣慰。着即传谕嘉奖。"⑤ 晋南战役时，"一一五师陈光部一度策应卫长官（卫立煌），结成好感，确认为晋南作战有唇齿相依必要"⑥。一二九师在平定县城以东七亘村和昔阳县以南黄崖底的伏击作战，都取得了胜利，有力地支援了国民党军队的抗日。

1937 年 10 月 16 日，情报传来，日寇从大同集结了 300 多辆汽车，满载武器弹药准备运往忻口。10 月 18 日凌晨，八路军 120 师贺炳炎团沿着小道进入阵地黑石沟设伏，击毙伤敌 300 余人，炸毁汽车 20 余辆。八路军对敌运输线的破坏，使板垣师团一时面临食物不足，弹药短缺，油料缺乏的局面⑦。10 月 20 日，八路军 120 师攻克雁门关，接着又在同蒲路岱岳和崞县附近分别设伏，给敌以重大杀伤，切断了忻口方面日军通往大同的后方交通线。1937 年 10 月 19 日，第 129 师陈锡联团一部夜袭阳明堡日军机场，以伤亡 30 余人的代价，毁日军飞机 24 架，创造了用步兵歼灭大量敌机的光辉范例，使日军数日无法对忻口阵地进行轰炸⑧，有力地支援

---

① 《朱德、彭德怀致蒋介石等密电》1937 年 10 月 3 日，国民政府战史编纂委员会档案。
② 《蒋介石致朱德密电稿》1937 年 10 月 6 日，国民政府战史编纂委员会档案。
③ 《朱德、彭德怀致蒋介石等密电》1937 年 10 月 4 日，国民政府战史编纂委员会档案。
④ 《蒋介石致朱德、彭德怀密电稿》1937 年 10 月 7 日，国民政府战史编纂委员会档案。
⑤ 《蒋介石致朱德密电稿》1937 年 10 月 17 日，国民政府战史编纂委员会档案。
⑥ 《第一战区司令长官司令部函戴雨农面呈委座亲启》，1942 年 2 月 5 日，台北"国史馆"藏蒋中正档案，特交档案 50604。
⑦ 徐壮志：《雁门关伏击战：切断日寇交通线》，新华网 2007 年 6 月 16 日。
⑧ 《中国近现代史纲要》，高等教育出版社 2008 年版，第 136 页。

了国民党军在忻口的防守战役。当时一直承受着日军空袭压力的国民党第二战区副司令长官卫立煌,致电周恩来:"阳明堡烧了敌人24架飞机,是战争历史上从来没有过的事情,我代表忻口正面作战的将士对八路军表示感谢!"这种情况也影响到当时国共两军上层将领之间的关系,一般都比较融洽。朱德、彭德怀经常向阎锡山和南京军委会提出作战建议与设想,而国民党将领亦比较重视八路军的装备武器补给等问题。如卫立煌就对八路军印象颇佳,对八路军的游击战感兴趣,不仅如此,他还对八路军作战两月的兵员损失和武器陈旧等问题颇为关心,故代为转报蒋,请予通融整补。① 阎锡山在抗战初期也积极与朱德合作,并委托共产党员帮助组建山西青年抗敌决死队(后改称山西新军),山西总动员委员会主任兼保安司令续范亭、山东省第六区专员兼保安司令范筑先等,也和共产党积极合作抗日。

四 台儿庄战役中的国共合作抗日

在台儿庄战役中,国共也合作共同抗日。其一,周恩来、叶剑英、张爱萍对台儿庄战役的形成和发展起了很大作用。1938年3月上旬,白崇禧被蒋介石派往徐州协助李宗仁指挥作战。周恩来派张爱萍以八路军代表的身份去徐州通报我方掌握的敌情,重申我方的作战建议②。其二,台儿庄大战打响后,共产党领导的总动委会组织战区民众帮助中国守军挖战壕,抬担架,扒铁路,送弹药,送水煮饭,救护伤员……拿起武器,直接参战。……邳县各界人民组成慰问团,冒着敌人的炮火奔赴台儿庄前线阵地慰问战士们③。其三,为了在战略上配合国民党军队的对日作战,新四军张云逸师在津浦路南段淮河一线不断出击。八路军第一二九师即准备一个团或两个营以上的兵力,由宋任穷率领,东出沧(州)石(家庄)路以南邢台、德州间活动,声援徐州友军作战。使得徐州战场国民党军队减轻压力,得以在台儿庄周围集结部队与敌军决战④。其四,台儿庄战役期间,中国共产党领导的地方武装——游击队以游击战的方式扰袭日军。濑谷支队长向其上司叫苦,追问派来增援的坂本支队为什么不打台儿庄,给

---

① 《卫立煌致南京蒋委员长电》,1937年11月28日,台北"国史馆"藏蒋中正档案,特交文电26013282。
② 当时中共的建议是:津浦路以南,桂军应采取以运动战为主、游击战为辅的联合行动;在徐州以北,应采取阵地战与运动战相结合,守点打援,以达各个击破。
③ 滕常勇:《台儿庄大战国共合作二、三事》,《百年潮》2005年第9期,第59页。
④ 同上书,第60页。

予增援，以减轻他的困难处境？原来是坂本支队受到中共领导的地方游击队的攻击，无法支援他。

五　武汉会战时期的国共合作抗日

国共两党在武汉会战期间也进行了密切合作。中国共产党曾经派人在武汉协助国军进行军政训练；中共中央长江局还以合法名义直接参与了武昌珞珈山军官训练班的工作，向国民党军官们传授游击战的基本概念、重要性和方法。① 国民党也允许中国共产党在国统区设立八路军武汉办事处、西安办事处等，方便了中共在国统区积聚力量，筹集各种军需物资，并向抗日前线输送人力，对于营救"政治犯"、宣传国共合作、团结抗战的意义等方面也发挥了巨大的作用。武汉会战开始后，中共中央通过长江局提醒国民政府避免再次出现此前会战中单纯防御作战部署导致损失过大的教训，提出："保卫武汉重在发动民众，军事则重在袭击敌人之侧后，迟滞敌进，争取时间，务须避免不利的决战。至事实上不可守时，不惜断然放弃之。"② 在武汉保卫战期间，中共高度重视保卫武汉的重要性。叶剑英在1938年1月12日撰文指出："武汉处天下之中，依今天的形势看来，隐然亦俨然的为中华民族精神所寄托。"③ 董必武也撰文认为"武汉的重要性，无论从政治上、经济上或军事上来看，都是很显然的"④。武汉会战中，游击战有力地配合国民党军队的作战。中国军队"在华中的一些主要的铁路干线上，炸车毁路，抗击敌人的'扫荡'，大力消灭敌人，牵制日军30余万人"⑤。周恩来、郭沫若提议，国民政府军事委员会政治部在7月7日发起了武汉百万人大献金活动。周恩来、陈诚等国共两党的著名人士带头捐献。远在延安的中共领导人毛泽东也发来电报，捐献他作为参政员的一个月薪金⑥。1938年初，经过国共两党的商谈，"全国战时教育协会"正式成立，这是中国教育界的统一战线组织，共产党人戴白桃、朱启贤和国民党人蒋健白等为常务理事⑦。国共两党及其他爱国人士经过

---

① 《国破山河在——武汉会战（下）》，《武汉广播影视周报》第2010421期B25版《非常档案》栏目。
② 《平型关大捷与武汉会战——国共携手共赴国难》，《三联生活周刊》2005年第20期。
③ 叶剑英：《目前战局与保卫武汉》，《新华日报》1938年1月12日。
④ 董必武：《武汉的民众动员与组织》，《群众》周刊1卷8期，1938年1月29日。
⑤ 王功安、毛磊：《国共两党关系史》，武汉出版社1998年版，第412页。
⑥ 张铭玉：《武汉保卫战期间的国共合作》，《黄埔》2015年第3期，第20页。
⑦ 蔡丽、亢凤华：《关于1938年中国共产党政治设计的探讨》，《湖北行政学院学报》2010年第3期，第55页。

认真的筹备组织,齐心协力于 1938 年 3 月 10 日在武汉成立中国妇女慰劳自卫抗战将士总会战时儿童保育会(中国战时儿童保育会),宋美龄为理事长,邓颖超为常务理事。蒋介石、毛泽东、冯玉祥、周恩来、朱德、彭德怀、李宗仁、郭沫若、邹韬奋等国共两党和民主党派著名人士为名誉理事。[1] 在战时妇女工作合作方面,1938 年 5 月,邓颖超出席宋美龄在庐山主持的妇女谈话会,不仅在大会上作了《关于陕甘宁边区妇女运动概况的报告》,而且提交了一份《我们对于战时妇女工作的意见》的书面报告,对建立全国统一的妇女组织和制定统一的工作纲领提出了具体的建议。[2] 武汉保卫战期间,国民党第 70 军军长李觉通过郭沫若请共产党员到他的部队做思想政治工作。在共产党员的宣传工作下,部队始终没有溃散,在庐山一带的金官桥战役中,李觉的部队与占优势的日军激战 40 多天,阵地坚如磐石。战后,李觉说:如果没有共产党人有力的政治工作,这个阵地是难以守下来的[3]。关于国共在武汉会战时期的合作,当时在武汉的外国人也给予了客观而正确的评价。美国人 Mackinnon 在他的书中写道:"1938 年在汉口成为战时新中国首都的 10 个月时间里,国共形成了统一战线,中国好像在政治和军事上变得更团结了。这种国共团结合作的情景是自二十年代早期第一次国共合作破裂以来所没有的。这好像是统一战线的高潮时期。周恩来在汉口,国共合作共同抗击日本侵略者。"[4]

六　国民参政会初期:国共的"黄金合作"抗日救国

(一)抗战初期国民参政会的建立

1937 年 7 月 7 日,日本发动卢沟桥事变,依靠其强大的军事力量迅速占领中国的许多地区,中华民族处于生死存亡的危急时刻,为了争取最广大的中国民众抗日,8 月 17 日,南京国民政府依《国防最高会议组织条例》召开"国防"会议,20 日正式成立"国防参议会"。该机构是国防最高会议的一个咨询机构,多是在野党和社会团体的代表人物,在一定程度上缓和了国民党与共产党等党派的矛盾。但是聘任的人员较少,且国

---

[1] 蔡丽、尢凤华:《关于中国共产党政治设计的探讨》,《湖北行政学院学报》2010 年第 3 期,第 56 页。
[2] 黄修荣:《抗日战争时期国共关系纪事》,中共党史出版社 1995 年版,第 300 页。
[3] 《武汉会战中国军队伤亡 25 万,市民"献金"百万》,新华网军事频道 2014 年 4 月 24 日。
[4] Stephen R. Mackinnon and Oris Friesen: *China Reporting: An Oral History American Journalism in the 1930s – 1940s*, Los Angeles: University of California Press, 1987, p. 37.

民党实力派官员和将军都没有参加,不能充分调动抗日民众的积极性。为了更好地调动和发动民众积极投身到抗日中,促进民主政治的发展,1938年3月1日,中国共产党正式提出了"建立民意机关"的主张,此主张被国民党接受。1938年3月29日—4月1日,国民党在武汉举行临时全国代表大会。中国共产党中央委员会向国民党临时全国代表大会发了电函。指出:"为增强政府与人民间的互信互助,为增加抗战救国的效能,健全民意机关的建立已经成为刻不容缓的当务之急。""同时此机关要有不仅建议和对政府咨询的作用,而且能有商量国事和计划内政外交的权力。"① 在中共的建议以及其他民主党派人士和民主人士的共同努力下,国民党临时全国代表大会通过了《组织国民参政会案》的决议。

1938年3月31日,中国国民党临时全国代表大会讨论《国民参政会组织法大要案》《组织非常时期国民参政会以统一国民意志增加抗战力量案》,决议:"在非常时期应设一国民参政会,其职权及组织方法交中央执行委员会详细讨论,妥订法规。"② 4月1日通过《抗战建国纲领》,其中第四条规定:"组织国民参政机关,团结全国力量,集中全国思虑与识见,以利国策的决定与推行,加速完成地方自治条件,改善政治机构。"③ 4月7日,中国国民党五届四中全会修正通过了《国民参政会组织条例案》,4月12日正式公布《国民参政会组织条例》。规定国民参政会为咨询机关,职权为"在抗战期间,政府对内对外之施政方针,于实施前应提交国民参政会决议"④,目的是"在抗战期间,为集思广益,团结抗战力量起见,特设国民参政会"⑤。6月16日,由国民党中央发表了国民参政会参政员总额为200名,其中国民党员有89名;无党派人士70名⑥。共产党员被当作"经济团体与文化团体",有毛泽东、王明、秦邦宪、林祖涵、吴玉章、董必武、邓颖超7名参政员⑦。中共代表除毛泽东外,其他6名都参加了国民参政会,他们都对大会的成功表示满意。

---

① 周勇:《国民参政会》,重庆出版社1995年版,第85页。
② 林泉编:《中国国民党临时全国代表大会史料专辑》(上),台北:中国国民党中央委员会党史委员会编印,1991年,第250页。
③ 孟广涵:《国民参政会纪实》上卷,重庆出版社1985年版,第203页。
④ 同上书,第47页。
⑤ 同上书,第46页。
⑥ 张玉法:《近代中国民主政治发展史》,台北:东大图书股份有限公司1999年版,第272页。
⑦ 中共中央党史研究室:《中国共产党历史(1921—1949)》第1卷上册,中共党史出版社2002年版,第491页。

1938年9月26日，国民政府又公布《省临时参议会组织条例》，在各省设立参议会，规定"国民政府在抗战期间，为集思广益，促进省政兴革起见，特设省临时参议会，……现任官吏不得担任省临时参议会"①。中共在陕甘宁边区也建立了参议会。国民参政会成为国共关系连接的纽带，国共在抗战时期交流合作的重要平台，在第一届国民参政会名单产生以后，中国共产党曾称："虽然这次的国民参政员都不是人民选举的，从参政员的成分上来说，或可成为战时相当民意的机关。"②

（二）国民参政会上的国共合作，共谋抗日良策

1938年7月6日，第一届国民参政会在汉口两仪街上海大戏院召开，包括国民党、共产党、民主党派、无党派人士在内的156名参政员出席。毛泽东因在延安缺席了会议，但向大会发去电文，并提出三点意见："一曰，坚持抗战；二曰，坚持统一抗战；三曰，坚持持久战。"大会发表了《国民参政会首次大会宣言》，并选举了董必武、秦邦宪、陈绍禹、张君劢、左舜生等25人为首届驻会委员。武汉沦陷后，国民参政会移往重庆召开。国民参政会在成立初期（1938年7月—1940年4月），起到了团结全中国将士和民众坚持抗战、反对妥协投降的积极作用。1938年7月6日，在武汉召开的一届一次国民参政会上，在武汉的中共参政员王明（陈绍禹）、林祖涵（林伯渠）、董必武、博古（秦邦宪）、吴玉章、邓颖超都出席了会议。在会上，由王明领衔提出了《拥护国民政府实施抗战建国纲领案》，号召民众积极帮助政府，为实现《抗战建国纲领》而不懈奋斗。王明还在提案中强调："中国共产党真诚拥护《抗战建国纲领》，认为其基本方针与本党在抗战时期的政策方针是共同的，并愿努力帮助国民党和国民政府实施《抗战建国纲领》。"③ 同时，中国共产党也希望国民政府尽快制定详尽具体的实施办法。包括国民党、共产党、民主党派和无党派人士的所有参政员起立鼓掌通过了这一提案。一届一次参政会在国共合作为基础的抗日民族统一战线旗帜下，充分显示了民族大团结，坚定了全国军民的抗战意志。在此期间，中国共产党、民主党派和国民党进步人士合作，在国民参政会上反对汪精卫的"降日"论调。此时，汪精卫是国民党副总裁、国民参政会议长，曾经劝蒋介石接受日本的停战条件，并在国民参政会上大肆制造"和平"气氛，并企图在参政会上通过一个弹

---

① 湖北省地方志编纂委员会：《湖北省志·政权》，湖北人民出版社1996年版，第213页。
② ［汉口］《新华日报社论·对国民参政会的希望》，《新华日报》1938年6月23日。
③ 孟广涵：《国民参政会纪实》上卷，重庆出版社1985年版，第190页。

劾孔祥熙（当时担任国民政府行政院长）的提案，以达到以汪代孔加紧与日妥协的目的。中国共产党参政员认为，孔固然不好，但还能跟随蒋抗日，倒孔后又易何人？如换一人与蒋不合则更坏；倒孔无异于倒蒋，我们拥蒋以其有决心和能力抗战，应相互信任，倒孔引起蒋反感，如果闹成僵局，使亲者痛仇者快，岂不更糟吗？中共的主张得到其他党派参政员的支持，使汪精卫的弹劾孔祥熙案被制止①。

一届一次会议结束后，参政会迁往重庆，随后召开一届二次国民参政会。中共参政员王明、邓颖超、董必武等六人提出了《拥护蒋委员长和国民政府，加紧民族团结，坚持持久抗战，争取最后胜利》的提案，大会排除汪派分子的干扰，通过了中国共产党提出的该提案，全国军民为之振奋。一届三、四、五次会议分别通过了《拥护政府抗战国策决议案》《声讨汪逆兆铭电》《声讨汪逆兆铭南京伪组织电》，谴责汪精卫等汉奸之流。国民参政会在抗战初期的作用，正如毛泽东等七参政员所指出的："国民参政会虽然在其产生的方法上，在其职权的规定上还不是尽如人意的全权的人民代表机构，但是，并不因此而失掉国民参政会在今天的作用与意义——进一步团结全国各种力量为抗战救国而努力的作用，企图使全国政治生活走向真正民主化的初步开端的意义。……中国共产党人将以最积极、最热忱、最诚挚的态度去参加国民参政会的工作。"②陕甘宁边区第一届参议会也在致重庆国民参政会和参政员电中指出："贵会努力抗战建国事业，开创民主政治始基，无任仰佩。……今后尚祈多赐指导，共同为驱逐日寇、实现三民主义而奋斗。"③

七　国共在抗战初期"黄金合作"抗日之原因

国共在抗战初期密切合作共同抗日，主要有以下国际国内两方面原因。

首先，从国际上看，日本帝国主义在亚洲发动对中国全面侵略的同时，德国、意大利法西斯政府也采取向外扩张侵略的政策，美国、英国、法国由于之前经济危机的打击和"先欧后亚"应对法西斯侵略的政策影响，采取了绥靖政策；虽然日本在中国的侵略和对中国东北、华北的侵

---

① 杨五星：《中国共产党在国民参政会的工作与斗争》，硕士学位论文，中共中央党校中共党史专业，2005年，第14页。
② 毛泽东等：《我们对于国民参政会的意见》，《解放》1938年第47期，第4页。
③ 陕甘宁边区第一届参议会：《致重庆国民参政会电》，《解放》1939年第68期，第20页。

占,对苏联的远东利益造成了巨大的危害,直接威胁苏联的安全,但是面对德国在欧洲"打着反共产国际"的旗号进行咄咄逼人的扩张侵略,苏联也不敢直接大力支持中国的抗日斗争,这使中国共产党和中国国民党不得不通力合作,共同应对因日本对中国的全面侵略造成的民族危机。而国民党则出于通过与中国共产党缓和关系,推动苏联参加对日作战。

其次,从国内因素来看,中国共产党在抗战初期的军事力量比较薄弱,许多抗日根据地政权还没有完全建立起来,民众还没有广泛发动起来,因此国民党认为此时的中国共产党及其领导的抗日力量对其没有多大的威胁,而日本此时发动的全面侵华战争对其是最主要的威胁,国民党的几乎全部精力都在对付日本的侵略,这也使其在抗战初期的抗日战争打得很积极。1937年9月,蒋介石发表谈话:"余以为吾人革命所争者,不在个人之意气与私见,而为三民主义之实现。在存亡之危急之秋,更不应计较过去之一切,而当与全国国民彻底更始力谋团结以保国家之生命与存亡。"①

在共产党方面,王明右倾机会主义在国统区有较大的影响,共产党在统战过程中对国民党让步很多。1937年11月29日,王明从苏联回国到达延安,提出了一系列的右倾错误观点。他的右倾错误的主要表现是:政治上,过分强调统一战线中的联合,影响独立自主原则的贯彻;在军事上,对党领导的游击战争的作用认识不足,不重视开展敌后根据地的斗争。1937年12月9日至14日,中共中央召开政治局会议。首先,王明作了题为《如何继续全国抗战与争取抗战胜利呢?》的报告。他对洛川会议以来中共中央在统一战线问题上的许多正确的观点和政策提出批评。他认为,过去太强调解决民主、民生问题,没有把握住"抗日高于一切""一切服从抗日"的原则;过分强调独立自主,没有采取"一切通过统一战线""一切服从统一战线"的工作方法。会后,王明等即去武汉中共代表团和长江局工作,发表了《挽救时局的关键》等文章,提出了许多对国民党无原则迁就退让的错误观点。1938年2月27日至3月1日,中共中央在延安召开政治局会议。在这次会议上,王明作了《目前抗战形势与如何继续抗战和争取抗战胜利》的报告。报告完全脱离实际地提出全国抗日部队"统一指挥""统一编制""统一待遇""统一作战计划"和"统一作战行动"等右倾主张。会后,王明回到武汉,将自己的错误主张写成《三月政治局会议的总结》等文章,在《群众》周刊上公开发表。

---

① 《毛泽东选集》第2卷,人民出版社1991年版,第369页。

没有积极组织力量向华中敌后地区和广大农村开展工作，把工作重点放在大城市和同国民党上层的关系上。王明的这种以"限制共产党力量的发展"来让国民党"放心"，也使蒋介石在此时的抗日斗争中没有采取"限制共产党及其领导的抗日力量"发展的政策，国共双方此时几乎是无间隙合作抗日的"黄金时期"。同时刚从苏联回来的王明，与共产国际领导人和苏联领导人都有特殊关系，一心希望获得苏联直接援助来抗击日本的蒋介石非常重视，他思考着如何能在有效控制共产党的前提下，通过谈判"放宽共党，使之尽其所能，以期合作抗倭"。[1]

当然，国共在第二次合作的"黄金时期"，在军事上紧密合作共同打击日本的同时，国民党也有在政治上防范和打压中共的举措。举措之一：主张国共两党合并，这种合并是以当时弱势的中共加入国民党成为其中的一个派别，以达到取消共产党的组织。周恩来明确表示，党不能取消，两党之间的问题只有从联合中找出路。陈立夫又提出建议，可否在国共两党以外组织一个三民主义青年团，国共两党加入。[2] 国共两党的不同认识，也导致 1937 年陕西省党部冲突事件：1937 年 11 月，国民党陕西省党部，禁止中共机关报《解放》在陕西发行，并逮捕报社职员，与中共陕西省党部发生正面冲突。国民党的借口是宣称：共党现已达日暮途穷地步，向国民党输诚共同抗敌，今后，共党之组织不复存在。中共发表《国民党曲解抗敌联合阵线之意义》，批驳了谬论。后经两党最高当局阻止冲突没有扩大化[3]。举措之二：加强防共措施。1938 年 5 月 10 日和 6 月 21 日，国民党五届中常会第七十九次会议通过《对党外各种政治团体及其分子之态度的决议》，明确指示各级党部务必严密防范共产党等党外政治团体及分子，必要时可以严予取缔。[4] 之后，国民党在各地相继出现了解散救亡团体，封闭机关，没收各种激进书报，逮捕民众运动领导人的事件。[5]

---

[1] 《困勉记》卷四十五，1937 年 12 月 10 日、11 日、12 日条，台北"国史馆"藏蒋中正档案。转引自杨奎松《革命》（三）《国民党的"联共"与"反共"》，广西师范大学出版社 2006 年版，第 453 页。

[2] 《陈、周、博、叶、董致中央书记处并朱、彭、任电》（1938 年 3 月 10 日），中共湖北省委党史资料征集编研委员会、中共武汉市委党史资料征集编研委员会编《抗战初期中共中央长江局》，河北人民出版社 1991 年版，第 156—157 页。

[3] 述先：《七年来的一页糊涂账——陕西省党部冲突事件》，《国共交恶记略》（上），《常识》1944 年第 5 期，第 5 页。

[4] （台北）中国国民党党史馆藏档，特 9/16—8。转引自杨奎松《国民党的"联共"与"反共"》，广西师范大学出版社 2006 年版，第 402 页。

[5] 中共中央文献研究室：《周恩来选集》上卷，人民出版社 1980 年版，第 219 页。

第四节　全面抗战初期国民党和共产党对国际环境嬗变的应对

面对全面抗战初期的国际形势，中国共产党和国民党都采取了措施进行应对，取得了一定的成效。

一　国民党积极争取苏、美、英、法的支持，并中立德国和意大利

1938年国民党临时全国代表大会通过《抗战建国纲领》，把外交方针放在首位，规定"本独立自主之精神，联合世界上同情于我之国家及民族，为世界之和平与正义共同奋斗；……联合一切反对日本帝国主义侵略之势力，制止日本侵略，树立并保障东亚之永久和平，对于世界各国现存之友谊，当益求增进，以扩大对我之同情，否认及取消日本在中国领土内，以武力造成之一切伪政治组织，及其对内对外之行为"[①]。

（一）积极争取苏联的支援

中国的全面抗战初期，中、苏两国在意识形态上迥异——一个实行社会主义，另一个属于半殖民地半封建社会，但是在对付当时在远东地区强烈扩张的日本方面，中、苏两国有着共同的战略诉求。而苏联在其远东地区驻有强大的陆军和空军，且距离中国很近。因此，国民政府对争取苏联的援助寄予较大期望，"联合苏联制衡日本"成为蒋介石的一个重要战略。1937年7月8日，蒋介石召孙科和王宠惠上江西庐山，令他们请苏联驻华大使鲍格莫洛夫致电苏联政府，尽快订立中苏军事互助协定。[②] 中国外交部还拟定了一份中苏互助协定的草案。[③] 于是孙、王二人赶赴上海，与苏联驻华大使鲍格莫洛夫进行商谈。为了避免直接介入与日本的冲突，鲍提议中苏两国签订一个互不侵犯条约。在蒋介石的允许下，是年8月21日，中国和苏联正式签署《中苏互不侵犯条约》。条约规定："双方斥责以战争解决国际纠纷之方法；双方约定不得单独或联合其他一国或多国，对于彼此之任何侵略。若两缔约国一方，受一个或数个第三国侵略

[①] 上海师范大学历史系中国现代史教研室：《中国现代史资料选辑第三册》（下），上海师范大学1978年编印，第3—4页。

[②] 孙科：《中苏关系》，中华书局1946年版，第16页。

[③] 秦孝仪主编：《中华民国重要史料初编——对日抗战时期·第三编·战时外交（二）》，"中国国民党中央委员会"党史委员会编印，1981年，第327页。

时，彼缔约国约定在冲突全部期间内，对于第三国不得直接或间接予以任何协助。"① 苏方还口头承诺："不与日本缔结不侵犯条约。"② 8月27日，中国和苏联还达成协议——由苏联向中国提供价值1亿法币的军事物资。1939年6月13日和17日又分别签订借款条约和中苏商约。自此，中国开始从苏联不断获得军事物资。尤其是苏联提供的飞机，每架仅折合3万美元，比当时国际市场的售价要低得多。对此，在莫斯科负责贷款谈判的中方代表孙科很满意。他归国后说，从莫斯科得到的1.6亿卢布的贷款，按国际价格，相当于4亿卢布，因为苏联给中国订货所定的价格特别便宜。③

与此同时，中国还提出希望苏联出兵参加对日作战的要求，但苏联不同意直接出兵。因为苏联当时关注得更多的是法西斯德国在欧洲的行动，其援助中国的目的是遏制日本，使日本没有进攻苏联的余力，而不是主动惹火烧身使苏联处于德日东西夹攻的危险之中。但在拒绝公开参战的同时，苏联也同意以志愿队的名义派出空军作战人员投入中国的抗日战争。1937年11月，第一批苏联空军人员200—300人到达兰州，每六个月调换一批。不仅如此，苏联还帮助中国培训空军人员。同时，苏联还满足蒋介石的要求——派出切列潘诺夫担任军事总顾问，其他苏联顾问也陆续来华。这些顾问均拥有丰富的作战经验和军事理论素养，在中国军队的战术训练、掌握现代化武器等方面都做出了贡献。

（二）求助英、美、法，促其改变"中立"政策

"七七事变"爆发后，蒋介石等人认为，英美等西方列强在中国长江流域、珠江流域以及北方的一些地区拥有重大利益，一定不赞成日本扩大侵华战争。因此，在抗战初期，蒋介石南京国民政府采取的应对策略是：不断向国际社会发出呼吁，期望引起列强对中日战争的关注，请求英、美、法等国的调解，借列强之力迫使日本停止军事进攻。

1937年7月17日，正在美国访问的中国行政院副院长孔祥熙在纽约发表谈话。他说："日军所造成之华北异状，不仅为中日两国政府之烦恼

---

① 中国第二历史档案馆编：《中华民国档案史料汇编》第5辑第2编，江苏古籍出版社1997年版，第199页。
② ［日］古屋奎二：《蒋"总统"秘录——中日关系八十年证言》第11册，台北："中央日报"社1977年版，第74页；［俄］A.M. 杜宾斯基：《苏中关系（1937—1945）》，第1册，莫斯科：思想出版社1980年版，第54号文件，第89页；第2册，第53号文件注释1，第583页。
③ 《顾维钧回忆录》第3分册，中华书局1985年版，第136页。

第三章 抗战防御阶段的国际环境与国共合作形成及"黄金合作"

问题,且亦为世界和平之危机⋯⋯⋯⋯苟不加制止,将蔓延及各国。"① 他呼吁各关系国协力改变此种局势。1937年7月19日中国政府外交部正式声明,中国准备接受国际公法或条约所公证之任何处理国际纠纷之和平方法,如斡旋、调停、仲裁等,甚至同意中日双方直接谈判②。7月21日、24日,蒋连续召见英国驻华大使许阁森,警告日本的举动将酿成战争,并强调日本正在增兵,势必酿成更大的战争。英国政府应与美国政府共同行动,采取防止战争爆发的措施。③ 7月25日,蒋介石又会见了美国驻华大使詹森,请美国政府与英国协商,警告日本,"预阻其再向中国提出任何要求"④。中国对意大利、法国也表达了类似的态度。

英国政府为保护其在华利益,态度一度较积极。英国试图以正在进行的英日谈判为杠杆,迫使日本尽快与中国恢复和平。⑤ 对于中国提出的促成中日间的和解要求,英国表示愿意在中日谈判中提供其力所能及的帮助,决定同时向中日双方提出停止冲突的建议。13日,英国询问美国,是否愿意联合调停中日冲突,并表示法国在原则上已经同意。但由于美国的不合作态度,英国推动的英美法之间的联合行动一开始就遭到了失败⑥。在中国政府的再三请求下,英国决定再次联合美国进行调停。7月28日,艾登会见美国驻英大使宾厄姆,提出华北局势正急剧恶化,英美共同行动时机已经到来,要求美国再次考虑中国和英国的建议,这次美国没有拒绝。然而,对于美英的建议,日本却拒绝了。8月13日,日本侵略上海,不仅中国的主权和领土完整受到严重分割,而且也大大损害了英美在华利益。中国政府认为英国在华利益重大,因此对日本扩大侵华战争特别是向上海等大城市的进攻绝不会袖手旁观。但英美两国仅是提出一个调停计划而已,没有对中国抗日战争采取实质性行动,对日本的挑衅行

---

① 中共中央党校中共党史资料室编:《卢沟桥事变和平津抗战》(资料选编),中共中央党校科研办公室1986年版,第3页。
② 王松:《抗战初期国民政府的求和与英美调停》,《民国档案》2003年第2期,第60页。
③ 《蒋介石与许阁森谈话记录》,1937年7月21日;《蒋介石、许阁森谈话》,1937年7月24日。章伯锋、庄建平主编:《抗日战争》第4卷《抗战时期中国外交》,四川大学出版社1997年版,第33—35页。
④ 《蒋介石与詹森谈话记录》,1937年7月25日。陶文钊:《抗日战争》第4卷《抗战时期中国外交》,四川大学出版社1997年版,第28—29页。
⑤ "The Ambassador in the United Kingdom (Bingham) to the Secretary of State", July 13, 1937. FRUS, Far East. Vol. 3: 154; "The Ambassador in Japan (Grew) to the Secretary of State", July 14, 1937. FRUS, Far East. Vol. 3: 164; "The British Embassy to the Department of State", July 13, 1937. FRUS, The Far East, Vol. 3: 158.
⑥ 陶文钊:《战时美国对华政策》,武汉大学出版社2010年版,第81页。

动，也予以容忍。至此，国民政府求助大国调停以失败而告终。

除此之外，国民政府也展开积极的外交，求助以英、美、法为主的国际组织来压制日本。1937年11月3日在比利时的布鲁塞尔，召开了九国公约签字国及与中日战争有密切关系的共21个国家的会议，德国和日本拒绝出席此次会议。中国政府企图借助与会国出面调停，及早结束战争。中国政府在致中国代表顾维钧的电文中称："我方求在九国公约规定之精神下，谋现状之解决。"① 在谈判方式上，由于战争形势日益严峻，中国政府期望在列强出面斡旋下进行中日间的谈判。英法等国赞成召开这次会议，他们有一个普遍的想法，试图把美国拉到讨论远东问题的前台，而美国则害怕被推到前台，成为未来行动的领导者或倡导者。在会议之初，讨论建立一个由英美比三国组成的小组委员会进行调停，但因遭到了意大利的反对而失败。在会谈中，美英的调停深恐冒犯日本，因此一再压迫中国代表团，逼迫中国代表团做出最大的妥协。但在中国政府做出重大妥协之后，却并没有引起与会英美等国的积极响应。1937年12月14日，侵华日军占领了国民政府的首都南京。中国政府在抗战初期依靠英美的调停活动终于失败，尤其是在1938年6月后。面对德国在欧洲的咄咄逼人，欧美更是避免刺激日本。1938年7月5日，国民政府外交部部长王宠惠说："英、法、苏三国对欧洲顾虑太多，美国反战派在国会之势力尚大，对外用兵，不惟势所不能，且亦法所不许。"②

虽然这一时期国民政府求助以英、美、法为主的大国调停未取得预期的成效，但是国民政府的外交活动引起了各个国家对中国抗战事业的同情，赢得了国际舆论的支持，孤立了日本。因此，这一政策的推行，依然取得了较大的成果，具有重要的意义。

（三）中立德国和意大利不使为敌，并尽力争取德国、意大利的暗中援助

1. 争取和中立德国

抗战爆发之初，虽然日本是德国在远东牵制英美法苏的最重要合作伙伴，但在抗日战争爆发后德国并没有伙同日本共同侵略中国，而是在对华问题上保持了中立，并同中国保持密切联系，这种情况的出现，与这一时期国民政府的外交努力是分不开的。

---

① 顾维钧：《顾维钧回忆录》，第二分册，中华书局1985年版，第592页。
② 《王外长谈国际形势》（1938年7月5日），《中日外交史料丛编》（4），台北："中华民国"外交问题研究会，1966年，第333页。

第三章 抗战防御阶段的国际环境与国共合作形成及"黄金合作"

而对于中国而言，1936年德日之间的《反共产国际协定》，使得中德之间的友好往来能否继续存在着很大的问题，德国能否保持以往的对华政策是国民政府一直担忧的问题，为此，国民政府在抗战初期频频试探德国的对华政策。在看出德国①有意在中日关系上保持中立时，国民政府加大了这一时期在德国的易货。1936—1937年中国从德国订购的海陆空军装备及军火物资种类繁多。截至1937年10月，由德国运抵中国的军火为5000万马克。随后在11月和12月，因中方紧急订货，德方又向中国运送了9700万马克的军火。② 如此看来，在中国抗日战争的最初阶段，至少有1.47亿马克的德国军火物资运抵中国，这对加强中国军队的作战能力无疑起到很大的作用。德国还企图调停中日冲突。早在1937年7月27日，蒋介石就接见德国驻华大使陶德曼和意大利驻华大使柯莱，请德意两国利用与日本的特殊关系调停中日冲突。时任国民政府行政院院长的蒋介石在上午十点接见陶德曼大使说："日本侵华战争，危害远东和平，请转电贵政府，速以德日防共协定签字国之地位，劝告日本在华行动。"陶大使答复，防共协定仅为防止国内第三国际之行动，且自签订该协定后，德、日双方始终未有任何举动，即如该协定内规定之委员会亦未组织，故该项协定实与现在中、日形势无关，但院长所云一节，当转电政府。③ 1937年9月以后，中日战争的形势已经呈现明朗化——中日之战将是一场长期的、耗费巨大的战争。为了中日之间能有个完满的结局，经过多次磋商，应中日两国的要求，在1937年10月至1938年1月，德国驻华大使陶德曼展开了调停工作④。

陶德曼的调停虽然最后还是以失败告终，但我们可以看出在中日战争初期，由于国民政府的努力，德国在中日冲突中保持了中立，并在这一敏感时期内，依然同中国保持着贸易往来。1938年2月针对德国出于其全球战略出发突然宣布承认"伪满洲国"的行为，国民政府为顾全抗战大

---

① 对于德国而言，中日战争并不是它所想看到的，自中德之间确立更为广泛的合作以来，德国就把中国看成其战备原料的主要进口国，因而和中国保持友好关系是其外交政策的主要基调，但是日本发动侵华战争影响了中德之间的经济贸易关系往来，有损德国的国家利益。
② 马振犊、戚如高：《友乎？敌乎？——德国与中国抗战》，广西师范大学出版社1997年版，第316—317页。
③ 中华民国史事纪要编委会：《中华民国史事纪要（初稿）》（1937年7月至12月），中华民国史事纪要编委会1997年，第200页。
④ 胡德坤：《中国抗日战争与日本世界战略的演变》，武汉大学出版社2010年版，第100页。

局，对国内各言论机关的指示为："（1）不对希氏个人做人身攻击；（2）对德国人民在不作伤感情之激烈论调范围内予以指责。"① 2月23日，国防最高会议全体会议讨论欧洲形势与德国承认"伪满洲国"问题，会中发言人也大多主张对德暂不做激烈表示。② 1938年5月，德国决定对华禁运，7月又强行召会德国顾问，孔祥熙等人仍主张对德敷衍③。因此，1938年7月表面上中德军火贸易虽被叫停，但中国和德国的一些人士仍力图尽可能地维系已被大大削弱了的中德关系，签订了中德新易货协定，暗中恢复了物资往来④。原定7月初德交付运华的一批军火，包括榴弹炮炮弹6000发，47厘米炮弹18000发，毛瑟枪5000支，就以芬兰订货的名义秘密运往中国。广州被日军占领后，通过滇越铁路所运往中国的物资中，有很大一部分也是德国军火。

2. 争取和中立意大利

全面抗战爆发后的1937年7月16日，中国驻意大利大使刘文岛奉令将卢沟桥事变真相整理成文，面交意大利外交部，并口头询问意大利政府对中日战争的态度，意大利外交部根据所掌握的消息，认为中日尚有和解希望⑤。7月27日，蒋介石接见意大利驻华大使柯莱，问其对于中日问题之意见。柯莱表示，意大利和中国、日本均有特殊友谊，意大利愿意以第三者身份进行斡旋或调停，并认为中国面对日本的侵略需静待时机，而不是马上与日本开战⑥。29日意大利外交部部长齐亚诺告诉刘文岛大使，列强受困于西班牙问题，不能制止日本，苏俄受德国牵制，不能与日本一战，希望华北的事件能和平解决，并表示愿意担任调停人。⑦ 8月8日，意大利外交部部长再次表示，如果中日开战，意大利严守中立，在华意大

---

① 鹿锡俊：《国民政府对欧战及结盟问题的应对》，《历史研究》2008年第5期，第97页。
② 《王世杰日记（手稿本）》第1册，1938年2月21日、23日，台北："中央研究院"近代史研究所1989年版。
③ 《蒋介石致孔祥熙等电》，1938年11月24日，秦孝仪主编：《中华民国重要史料初编——对日抗战时期·第三编（二）》，中国国民党中央委员会党史委员会编印，1981年，第690页。
④ 吴景平：《太平洋战争爆发前中德军事和经贸合作关系的若干史事述评》，《民国档案》2006年第4期。
⑤ 《1937年7月16日驻意大使馆电外交部》，《中日纠纷——与德意两国商洽情形》，外交部档案（台北"国史馆档案"）。
⑥ 《会晤记录》，《中日纠纷——与德意两国商洽情形》，外交部档案（台北"国史馆档案"）。
⑦ 《1937年7月29日刘文岛电外交部》，《中日纠纷——与德意两国商洽情形》，外交部档案（台北"国史馆档案"）。

利籍顾问继续留华效力①。为了进一步争取意大利,国民政府派遣蒋方震(即蒋百里)赴意大利活动。陪同者包括任职铁道部的薛光前、任显群,以及国立中央图书馆馆长蒋复璁、大公报记者谢贻征,结束在华任务返回意大利的顾问史丹法尼。1937年10月20日,意大利外交部为他们举行盛大欢迎宴会,意大利外交部齐亚诺出席。② 10月25日,蒋百里至威尼斯宫见意大利元首墨索里尼,由薛光前任翻译。蒋百里表示他是受中国国民政府军事委员会委员长蒋介石的特派,为意大利顾问在华协助甚多表示谢意,并呈上蒋介石的函件,并表示中意合办航空事业,给予敌人的侵略有力反抗,下一步可在经济方面加强合作。他还与意大利商务部副部长讨论购买意大利物品器械,布置海防,发展水上交通等问题。与此同时,国民政府还派出当时正担任军事委员会第五部部长的陈公博以蒋介石专使的名义赴欧,主要任务也是争取意大利在中日战争中中立。1937年11月12日到达罗马。15日中午,他与意大利外交部部长齐亚诺进行了谈话。齐亚诺断定中国无法战胜日本,并表示想继续为中国尽力,如果中国愿意,德意可以调停。陈公博希望意大利继续销售武器给中国。③ 19日下午6点,陈公博还到意大利威尼斯宫见墨索里尼。墨索里尼认为英、美、法对于中国的援助,只是口惠而不实至。此时中国应向德、意提出与日本和平谈判,然后由两国居间交涉,谋求和平。陈公博建议由墨索里尼以朋友资格忠告日本,中国士气尚旺,尚能抗战。墨索里尼认为尚有士气时谋取和平,否则将来战事不利,就无法阻止日本加大进攻力度了。陈公博表示,中国绝对尊重意大利中立,但希望一切中立,言论也需中立,并希望意大利继续援助中国。墨索里尼称这些应该都是小事,可以办到。最大最要者,仍使和平。④ 意大利的官方意思是要求中国对日本让步,承认"伪满洲国"和华北当时的状况,寻求与日本妥协。特别是意大利后来承认了"伪满洲国",以换取日本对意大利吞并埃塞俄比亚的承认,对此,国民政府提出了严正抗议。

(四)与日本积极作战的同时,也不放弃与日本的秘密谈判

除了前面所论述的德国驻华大使陶德曼主持的中日秘密谈判外,蒋介

---

① 《1937年8月8日刘文岛电外交部》,《中日纠纷——与德意两国商洽情形》,外交部档案(台北"国史馆档案")。
② 薛光前:《蒋百里的晚年与军事》,台北:传记文学出版社1969年版,第35—44页。
③ 《与齐亚诺第一次谈话记录》,《陈公博访意大利记录》,外交部档案306.2/0001("中研院"近代史所档案馆藏)。
④ 《与墨索里尼谈话纪要》,《陈公博访意大利记录》,外交部档案306.2/0001("中研院"近代史所档案馆藏)。

石也曾派人与日本秘密谈判。1938 年 4 月，中国军队取得台儿庄战役的伟大胜利，歼灭日军万人以上，对一直"战无不胜"骄狂不已的日军沉重打击，蒋介石认为中国有与日本谈判的筹码。5 月下旬，日本内阁改组，近卫首相以陆军老将宇垣一成为外相，企图依靠他抑制陆军。宇垣一成上台后，不断向中国摇晃橄榄枝。8 月，蒋介石派时任第一战区长官部总参议萧振瀛与日本军部特务和知鹰二进行谈判。和知鹰二提出总原则 6 条，其中第 4 条就是"两国谋国防上之联系，在共同防止共产主义目标下，商订军事协定"。在《军事协定基本原则》中规定，中日两国共同防卫，共同作战。① 9 月 26 日，蒋介石又派北平社会局长雷嗣尚到港加强与日本的秘密谈判。由于希特勒多次电请日方与中国谋和共同对苏，以及日本国内困难重重，不堪应付长期战争，加大了对国民政府的诱降力度②。双方经过多次谈判，在一些问题上达成了共识。但日本陆军对此不满，板垣征四郎于 10 月 27 日发表好战谈话。加之日本外相宇垣辞职，日本对华加大侵略的气氛增强。30 日，蒋介石命令何应钦转令萧振瀛，停止和谈，返回重庆③。

二　中共开辟抗日根据地，与英美人士接触，克服苏联"亲国疏共"影响

（一）抗战初期中共应对国际环境嬗变的政策

全面抗战爆发后，面对新的国际环境变化，毛泽东等中央领导人高度重视争取英美法苏等国对中国抗战的支持。毛泽东强调"抗日高于一切"，为此必须"同各和平阵线国家英、美、法等进一步靠拢，利用国际间的矛盾"④。必须"争取英、美、法同情我们抗日，在不丧失领土主权

---

① 《对方特提稿》，1938 年 10 月，《蒋中正总统档案·特交档案·和平酝酿》，台北："国史馆"藏，转引自杨天石《找寻真实的蒋介石》（上），山西人民出版社 2008 年版，第 249 页。

② 《此次谈判经过》，1938 年 9 月 30 日。《蒋中正总统档案·特交档案·和平酝酿》，台北："国史馆"藏，转引自杨天石《找寻真实的蒋介石》（上），山西人民出版社 2008 年版，第 251 页。

③ 《蒋中正总统档案事略稿本》，1938 年 10 月 30 日，台北："国史馆"2011 年版，转引自杨天石《找寻真实的蒋介石》（上），山西人民出版社 2008 年版，第 263 页。

④ 毛泽东：《目前抗战形势与党的任务报告提纲》，《毛泽东文集》第 2 卷，人民出版社 1993 年版，第 52—58 页。

的条件下争取他们的援助"①。他在《论新阶段》一文中更强调指出:"力争国际援助,集中力量反对日本帝国主义,从长期战争与集中反对日本帝国主义的原则出发,组织一切可能的外援是不可忽视的,我们要力争各民主国家与苏联对我国物质援助的增加,同时尽力促成各国实行国联制裁日本的决议……"②

在毛泽东的亲自指导下,中共在抗战初期应对国际环境嬗变的政策初步形成。1937年7月26日,《解放周刊》(中共中央的机关刊物)就完整阐明了中共对英、美、法等国的政策:"对于英美法苏等国,我们应当开展广大的外交活动,以求达到实际的有利于抗战的联合。……英美法等的帮助,可以促进或加速我们抗日战争的胜利。……我们在抗日战争中,须要争取一切可能的,具有自己目标的各种各样的同盟者,英美法等国能够不同情日本而同情中国,不帮助日本而帮助中国。这对于日本侵略将是不小的打击,对于抗日战争将是不小的帮助。我们应当努力争取这种同情,这种帮助。"③

(二) 敌后抗日根据地的开辟及发展

从1938年年初开始,毛泽东即着手研究抗战形势下中共的军事战略理论,5月《抗日游击战争的策略问题》发表。毛泽东指出:"从整个的抗日战争来看,只有将正规战与游击战的战役和战斗进攻集合了许多,才能达到战略防御之目的,最后战胜日本帝国主义。"④ 从1938年4月起,八路军各部逐渐将抗日游击战争由山区推向冀鲁豫平原和察绥广大地区,在华北、华中开辟广阔的敌后战场,创建晋察冀、皖南等抗日根据地,八路军、新四军也迅速发展壮大,从出师抗日前线时的5万余人,发展到18.1万余人,消耗和牵制了大量日军兵力,对日军造成严重威胁。1938年敌后战场抗击日军兵力40万人,占全部侵华日军的58.8%,先后建立了晋察冀、晋西北、苏南、淮南、豫皖苏边等24块根据地,与正面战场在战略上对日军形成夹击之势,迫使日军停止了战略进攻⑤。敌后抗日根据地的迅速建立和扩大,构成了对日军的致命威胁,加快了中国抗日战争

---

① 毛泽东:《反对日本进攻的方针、办法和前途》,《毛泽东选集》第2卷,人民出版社1991年版,第347页。
② 毛泽东:《论新阶段》,《解放周刊》1938年第57期,第23页。
③ 黎平:《日本的进攻与中国所应取的对外政策》,《解放周刊》第13版,1937年8月9日,第4页。
④ 《毛泽东选集》第2卷,人民出版社1991年版,第409页。
⑤ 《中国近现代史纲要》,高等教育出版社2008年版,第137页。

战略相持阶段的提前到来。

（二）全面抗战初期中共对外国来华、在华人士的争取

1. 邀请外国记者访问敌后抗日根据地

抗日战争时期，中共与欧美记者广泛接触和交流，通过这些记者的宣传文章向世界介绍中共的抗日主张、根据地的建设情况，以及其所领导的抗日武装的辉煌抗日战绩。美国记者斯诺的 Red Star Over China（《红星照耀中国》）于 1937 年 10 月在（英国）戈兰茨出版公司正式出版，并被译成俄、法、中、德、日等多种文字，在几个星期内销售量就达 10 万册，供不应求。他在书中关于中国苏维埃区域的相关报道产生了轰动效应，并在一定程度上影响了美国决策者。美国内政部长伊克斯读罢此书后立即推荐给罗斯福总统，罗斯福总统接见斯诺，了解中共及其领导的八路军、新四军和抗日根据地的情况。[①] 斯诺的宣传，在很大程度上纠正了国民党宣传机构对中共、中共领导人、根据地形象的歪曲，为争取美国民众对中国共产党的同情和支持奠定了基础。1938 年 6 月，周恩来又在武昌珞珈山寓所约见斯诺，感谢《红星照耀中国》在中外的影响，希望他继续真实地向全世界介绍中国人民抗日战争的情况，欢迎他到延安和敌后抗日根据地去采访。斯诺很高兴，表示愿意为中国抗战作报道。[②] 1939 年 9 月中旬，斯诺到陕北延安访问。毛泽东与他就中共的性质和任务、中国的民主运动以及当时的国际形势等进行了交谈，并准确地预见到中国未来形势的发展。斯诺的文章发表后，"毛泽东的见解在重庆引起了反响"[③]。

除斯诺外，中国共产党对史沫特莱、斯诺夫人海伦·福斯特·斯诺、安娜·路易斯·斯特朗等外国记者也热情欢迎，并对她们的采访全力支持和帮助，她们的报道也对中共及其领导的军队和抗日根据地加以肯定，并为寻求国际社会对根据地的经济支持做出了努力。比如，史沫特莱在《中国在抗战中》《打回老家去》等文章中，积极宣传中共领导的抗日军队的战绩，并为抗日根据地的伤病员争取国际红十字会的帮助。她还利用其 1938 年初的日记书信，写成了《中国在反击——一个美国妇女在八路军》，反映了华北地区八路军的英勇抗日业绩。她到武汉后，向美国驻华大使詹森和驻华武官介绍了八路军在陕北的活动情况。斯特朗则于 1938 年 1 月访问了八路军总部，写成《人类的五分之一》一书，详细描述了

---

① 武际良：《斯诺与中国》，中国社会出版社 2005 年版，第 234—235 页。
② 童小鹏：《风雨四十年》第一部，中央文献出版社 1994 年版，第 154、221 页。
③ ［美］埃德加·斯诺：《为亚洲而战》，转引自《斯诺文集》，宋久等译，新华出版社 1984 年版，第 238 页。

中国共产党领导的根据地的情况,并写信给罗斯福夫人,吁请美国政府与中国结盟。① 在国统区,周恩来与中共代表团成员也与一些外国记者交往频繁,争取他们对中共的积极宣传。1940 年 12 月 24 日,周恩来在致毛泽东等人的电报中说:"统计抗战以来,英美记者宣传中共及其领导的八路军、新四军的书籍不下二三十种,影响我党信誉极大,并发生一些外交影响。"②

2. 积极支持外国人士访问抗日根据地,以宣传中共领导的敌后战场

拉铁摩尔(Owen Lattimore,《美亚》杂志编委员成员之一,后担任蒋介石的私人政治顾问)、米勒(当时在燕京大学研究历史)、埃文斯·卡尔逊(美国海军陆战队上尉、美国驻华使馆助理海军军官)等都在此时访问过敌后抗日根据地。1938 年 6 月下旬,拉铁摩尔在中共抗日时期的领导中心——延安逗留了 3 天,会见了毛泽东、张闻天等中共领导人,并在延安夫子庙给干部、党员作了有关国际问题的讲演。③ 他写了《中国共产党的根据地:陕北之行》《中国共产党的现在和将来:统一战线的理论》两文,认为:"中国共产党朝气蓬勃,他们既不是'掠夺社会的匪帮',也不是为夺权而夺权的'雇佣部队……战争拖得越久,日本的处境就越糟,而中共就越来越强。战争结束后,中共是中国政治生活中一个永久性的重要因素。"④ 文章由美国驻北平领事罗赫德发给了美国国务院。1938 年春,米勒利用 3 周时间对冀中抗日根据地进行了访问。根据地的"新精神"和"生气勃勃的民族主义"给他留下了深刻印象,并得出结论,"中国人仍然控制着华北","日本人征服华北的企图将遇到不可克服的障碍"。⑤ 在第一次世界大战期间曾经是美国海军一员的美国花旗银行北京分行经理(Martel Hall),珍珠港事件后被日本人抓了起来,在中国共产党的帮助下,他从北京逃了出来,在八路军的帮助下,从五台山到达延安,在延安生活了一段时间,写下了其对延安的两点观感:"First, the people in the Communist area are much more alive intellectually and are filled with an ideal still. Second, Hall finds the people in Chungking are blindly self-

---

① [美]特雷西·斯特朗、海琳·凯萨:《纯正的心灵:安娜·路易斯·斯特朗的一生》,李和协译,世界知识出版社 1996 年版,第 206 页。
② 吴瑞章:《周恩来在建国前的外交思想与实践》,《周恩来研究学术讨论会论文集》,人民出版社 1998 年版,第 340 页。
③ 陶文钊:《战时美国对华政策》,武汉大学出版社 2010 年版,第 215 页。
④ [日]矶野富士子整理,吴心伯译:《美国顾问——欧文·拉铁摩尔回忆录》,复旦大学出版社 1997 年版,第 50—56、59—61 页。
⑤ 陶文钊:《中美关系史(1911—1949)》上册,上海人民出版社 2004 年版,第 189 页。

confident of their ability to mop up the communists when the time comes, just as the Japanese were about mopping up China."① 此段话的意思表明，在 Martel Hall 的眼里，中国共产党领导下的区域与国民党统治下的重庆相比，人们的思想更为活跃，人人都有坚定的信念。

尤其值得一提的是美军中校埃文斯·福代斯·卡尔逊。1937 年 11 月底，卡尔逊以军事观察员的身份到中国西北考察中国军队的作战方式。12 月 15 日，在八路军西安办事处的安排下，卡尔逊到山西省洪洞县的八路军总部见到了朱德司令和政治部主任任弼时，双方共同讨论世界大势、八路军的战略战术和政治工作。朱德还向其介绍了平型关大捷的情况。② 17 日，八路军政治部主任任弼时向卡尔逊介绍了八路军的政治工作，强调政治工作的极端重要性，即"政治工作是八路军的生命线，是抵抗侵略的心脏和灵魂"。他意识到八路军是一支崭新的军队，亲眼看见根据地群众如何被发动起来，学习用简陋而有效的武器以及"游击"战术对付日本侵略者的。翌年 2 月 28 日，卡尔逊回到汉口，马上举行记者招待会。他强调指出："对八路军内幕生活的简短调查，揭示了中国抗日战争中新的潜力。依我看，对日本的现代战争机器的挑战，这里就是答案。"③ 同时，卡尔逊还立即求见蒋介石，试图说服他向八路军提供补给，并用八路军的理念来改造国民党的军队。4 月，他又访问炮火连天的台儿庄，与李宗仁、白崇禧、池峰城等人交谈，了解国军抗战情况。5 月 5 日傍晚，卡尔逊与毛泽东在暗淡的烛光下进行了成功的谈话。毛泽东预言美日难免一战，他们还讨论了卡尔逊已经熟知的中共游击战术。通过交流，毛泽东给卡尔逊留下了深刻的印象。毛泽东还亲自将八路军在战斗中缴获的一件日本军官的皮衣、一个笔记本和一些日军文件，送给卡尔逊作为纪念。后来卡尔逊把这些东西又寄给了罗斯福总统。④ 8 月初，他一回到汉口，就把所看到的华北前线情况告诉美国在华记者们，用最美好的言辞来赞扬中共的政治组织和军事组织，并确信，依靠中国共产党人的力量，新的、更加美好的世界可以建设成功。⑤ 卡尔逊遵照总统的嘱咐经常给白宫写信，描

---

① John King. Fairbank, *Chinabound: A Fifty-year Memoir*, New York: Harper & Row Publishers, 1982, p. 266.
② 丁晓平：《感动中国：与毛泽东接触的国际友人》，中央文献出版社 2005 年版，第 150 页。
③ 同上书，第 155 页。
④ 同上书，第 164 页。
⑤ Americans and Chinese Communists, p. 104; Amerasia, September 1938；王安娜：《中国——我的第二故乡》，生活·读书·新知三联书店 1980 年版，第 219 页。

述其在敌后抗日根据地的见闻。他写道,中共控制的地区没有国民党统治区那种失败主义的腐败现象,中国共产党人并非严格意义上的共产主义者,而是"自由民主党人"①。他的调研报告还认为,八路军已经发展出一套完善的抵抗日本侵略的方法,为此,他建议美国援助中共,因为这有助于战胜日本,并能获得中国最生气勃勃和最进步的政治组织的友谊。罗斯福对这些信极感兴趣,他对伊克斯说,这些信件激起了他的想象力,描绘了一幅展示游击战争价值的激动人心的图景。② 这在一定程度上塑造了中共在美国的形象,推动了中共与美国关系的发展,也促进了美国对八路军、新四军的了解。

积极开展对访华的世界学联代表团成员的统战工作。1938 年 5 月,世界学联代表团一行 4 人,包括世界学联秘书柯乐满(James Klugmann,英国人)、Bernard Floud(傅路德,英国代表)、Molly Yard(莫利·雅德,美国人)、Neil Morrison(雷克难,加拿大代表)③ 来到正在进行艰难抗战的中国,进行了为期 2 个月的考察。5 月 25 日,当时在武汉的中共代表团(中共中央长江局)专门为世界学联代表团举行了欢迎茶会。中共八路军驻汉办事处主要领导王明、周恩来等人到会。会上代表们命笔题词,柯乐满题为"中国共产党和第八路军给我们代表团的招待,是中国人民目前团结的明显证明",雅德女士题词"尤其是王明先生关于中华民族团结、各党各派为中国解放及世界和平而通力合作的报告更加值得欣幸"④。6 月 17—19 日,世界学联代表团在重庆访问;20—24 日,世界学联代表团在成都访问。在成都访问期间,时任"四川省妇女抗敌后援会"负责人、《妇女呼声》月刊的主编朱若华受中共四川省工委负责人罗世文和专门负责统战工作的张曙时派遣,负责接待 Molly Yard⑤(莫利·雅德)。她们在成都东胜街沙利文饭店进行了第一次谈话,双方从国际上的反法西

---

① 陶文钊:《战时美国对华政策》,武汉大学出版社 2010 年版,第 220 页。
② Michael Schaller, *The U. S. Crusade in China, 1938 – 1945*, New York: Columbia University Press, 1979, p. 21.
③ 《世界学生代表团到汉,对本报记者发表谈话》,《新华日报》1938 年 5 月 18 日第 3 版。
④ 《世界学联代表团题词》,《新华日报》1938 年 5 月 26 日第 3 版。
⑤ Molly Yard,美国人,1912 年 7 月 6 日生于四川成都,1933 年毕业于美国 Swarthmore College(史瓦兹摩尔学院,美国著名的文理学院之一),1938 年 5—7 月,26 岁的雅德作为美国学联主席,成为世界学联代表团的美国代表访问中国,先后到香港、武汉、南昌、重庆、成都、西安、陕北等地,回国后为宣传中国抗日、呼吁美国民众援华而努力,新中国成立以后,为改善和促进中美关系的改善和发展做出了巨大的贡献。1987 年当选为美国妇女联盟主席,2005 年 9 月 21 日在美国匹兹堡去世。

斯谈起，逐渐有了共同的语言。朱若华还请雅德出席了在成都少城公园举行的抗日群众大会，参观四川"妇抗"办的抗日训练班和为抗日将士募集寒衣的活动。通过这样的交流和参观，莫利·雅德对成都妇女的抗日活动有了较多的了解。莫利·雅德在其书中写道："面对着日本人的非人道野蛮行径（烧杀奸淫），成都的妇女已经觉醒起来，不仅成立了妇女战地服务团，而且年轻的妇女正在参加游击战争。……同朱若华这样的年轻妇女交谈，使我认识到，一旦妇女完全觉悟起来，中国尽管可以被日本折磨、占领，甚至被蹂躏，但只有莽撞和愚蠢的领袖，才认为中国会投降。"[1]

1938年6月29日代表团又到陕北延安进行访问。7月2日，毛泽东专门接见了代表团，并详细回答了代表团有关中国抗战的5个问题。在回答中国共产党在全国的作用时，毛泽东指出：坚持抗战，坚持统一战线，坚持持久战，这就是目前中共的基本主张，他在全国的作用和意义也就在这里。毛泽东表示共产党愿意联合全国的一切的党派与人民，大家努力建立自由平等的民主国家。同时还强调："建立这样一个国家，不是在把日本赶到鸭绿江之后的第二天才开始的，抗战过程中的各种工作，就都与建立这样的国家有关联。"[2]代表团成员也强调"英美广大的青年已经团结起来援助中国的抗战"[3]。"不是代表一党一派，而是代表全国的青年。"[4]

3. 独立自主，克服苏联和共产国际"重国轻共"的影响

全面抗战期间，苏联共产党和共产国际采取"重视国民党，轻视共产党"的政策，并要中共绝对服从国民党的领导。苏联给中国的军事援助，绝大多数也都拨给了国民党。1937年8月，共产国际执委会书记处召开会议专门讨论了中国抗战形势和中国共产党的任务。总书记季米特洛夫认为，中国共产党要运用法国共产党和西班牙共产党的模式，完全服从于以蒋介石为首的国民政府。提出："不要害怕会被淹没在民族解放斗争的汪洋大海里，可以参照西班牙和法国的经验，提出抗日高于一切，一切经过统一战线，一切服从统一战线的口号，争取国共两党共同负责、共同

---

[1] 《毛勒在中国》，第109—171页；转引自朱若华《抗战初期我党在成都的国际统战工作片段回忆》，中共成都市委党史研究室张鹤鸣等编《抗战风云录——成都8年抗战史料简编》，成都时代出版社2005年版，第55页。

[2] 《毛泽东先生与世界学联代表团柯乐满先生雅德先生傅路德先生雷克难先生之谈话》，《新华日报》1938年7月25日第4版。转引自《毛泽东年谱》中卷，人民出版社、中央文献出版社1993年版，第79—80页。

[3] 云生：《世界学联代表团来延安》，《新华日报》1938年7月16日第4版。

[4] 同上。

领导、共同发展"①。然而，由于国民党在全面抗战初期实行片面抗战路线，所组织和领导的淞沪会战、徐州会战等战役大都以失败告终，国民政府也内撤重庆。为此，毛泽东在1937年11月2日的《上海、太原失陷以后抗日战争的形势和任务》中提出："必须反对共产党内部和无产阶级内部的'投降倾向'，要使这一斗争展开于各方面的工作中"，强调了共产党要成为抗战核心②。共产国际认为毛泽东领导的中共脱离了共产国际的指导方向。为此，季米特洛夫在11月14日派中共驻共产国际代表团的重要成员王明、康生等回国，以使中共中央贯彻共产国际的指示。1937年12月，回国不久的王明在召开的中共中央十二月政治局会议上作了名为《如何继续全国抗战和争取抗战胜利呢？》的报告，反对毛泽东提出的独立自主主张，强调"五个统一"，试图使中共交出军队的指挥权。③ 他强调指出，"没有统一的国防军和统一的正规军是不能战胜日本帝国主义的，游击战不能战胜日本"；"我们要拥护统一指挥，八路军也要统一受蒋指挥"④。1938年3月，王明在延安召开的中共中央三月政治局会议上又作了《目前抗战形势与如何继续抗战和争取抗战胜利》的报告，提出中共所有军队"普遍地以实施运动战为主，配合以阵地战，辅之以游击战"⑤，使中共中央陷于非常被动的地位。1938年4月14日，任弼时代表中共中央向共产国际递交了《中国抗日战争的形势与中国共产党的工作和任务》，强调国民党消灭共产党的企图仍没有变，介绍了八路军、根据地与游击战在抗日战争中的作用，提出必须"巩固党在八路军、新四军中的绝对领导"⑥。莫斯科因此才部分改变了对中国问题的看法。但是王明右倾机会主义在实践中对中国南方地区中共领导的抗日队伍、根据地的发展都造成了很大的影响。为了克服王明的右倾错误，1938年9月29日至11月7日，中共在延安召开了六届六中全会，提出了"马克思主义中国化"的课题。⑦ 毛泽东的独立自主抗日主张、山地游击战、全民抗战等

---

① 周文琪等编著：《特殊而复杂的课题——共产国际、苏联和中国共产党关系编年史》，湖北人民出版社1993年版，第333页。
② 毛泽东：《上海太原失陷以后抗日战争的形势与任务》，《毛泽东选集》（一卷本），人民出版社1964年版，第366页。
③ 汪金国：《战时苏联对华政策》，武汉大学出版社2010年版，第167页。
④ 周国全、郭德宏等：《王明评传》，安徽人民出版社1989年版，第300—303页。
⑤ 《中国共产党历史（1921—1949）》第1卷，下册，中共党史出版社2002年版，第516页。
⑥ 蔡庆新：《抗战时期中共最高决策层中的任弼时》，《党的文献》2011年第2期，第53页。
⑦ 《中国共产党历史（1921—1949）》第1卷，下册，中共党史出版社2002年版，第520页。

抗日观点逐渐成为中国共产党抗日的主要理论。

小 结

在中国的全面抗战爆发到欧战爆发前的一段时间里，苏联是中国抗日战争的主要军事支援者，但采取"重国（民党）轻共（产党）"政策，施压中共与国民党"无间隙"全力合作；英美法对日本的侵华采取了既绥靖又暗中支持中国抗战的两面政策，但主要以绥靖为主；德国曾支持国民党的抗日，后出于全球战略考虑，逐渐偏向日本；日本企图三个月灭亡中国，用其精锐部队发起对中国的全面进攻，但在国共英勇抗战的影响下，进攻势头在1939年遭到了遏制。面对抗战初期的国际环境嬗变，以及日益严重的民族危机，中共主动让步，极力争取国民党共同抗日，努力促进抗日民族统一战线的形成；国民党为了避免中国灭亡和政权丢失，在日本猛烈进攻压力下，加之中共在此时力量相对薄弱，国民党没有感受到共产党发展的威胁，需要求得苏联的支持，正式与中共建立抗日民族统一战线。共产党与国民党在徐州会战、武汉会战、太原会战等战役密切配合，在国民参政会上通力合作，为打败日本帝国主义的侵略而献计献策，此为国共合作"黄金时期"。面对日本帝国主义的疯狂进攻和国际形势的变化，国共双方也花大力气开展对外交往工作，争取国际力量对中国抗战的同情、支持和帮助。国民党作为执政党积极开展外交工作，抓住德国不希望日本全面入侵中国导致日本深陷中国战场并希望日本与德国一起共同对付美英苏的情况，积极采取措施中立德国，同时，也努力争取美、英、苏；中共在此时也积极邀请外国记者、国际友人和外交人员访问敌后抗日根据地，扩大影响，争取国际力量对中国抗战的支持。

第四章　太平洋战争前的国际环境与第二次国共合作

从武汉失陷到太平洋战争爆发前的这段时间里，中国的全面抗战进入艰苦的相持阶段，国际形势更加复杂多变，对中国的国共两党的合作产生了深远的影响。蒋介石利用"有利"的复杂国际形势发动了两次反共高潮，中国共产党也依据国际形势，积极开展对英、美、苏、法的争取工作化解危机，以维持抗日民族统一战线和国共合作抗日。

第一节　武汉失陷到太平洋战争爆发期间欧、美、苏、日、德等大国的对华政策

1938年10月武汉失陷后，日本抢占了中国东部发达地区和富裕的大城市，英、法、美在华利益受到极大的损害。1941年4月，《苏日中立条约》签订，日本明确了其南下进攻东南亚的战略目标，极大地影响了英、法、美在远东地区的中国香港、新加坡、印度、越南和菲律宾。美、英不得不对日本在远东的侵略强硬起来，但由于德国在这段时间里也在欧洲发动了猛烈进攻，英、法不得不对日本让步，只有苏联和美国出于其利益对日本在远东侵略表示了较强硬的态度，对中国的抗战进行了一定的援助。而德国此时正在全身心忙于欧战[①]，需要日本在远东牵制苏联、美国、英

---

① 1939年3月，希特勒出兵占领捷克斯洛伐克全境。9月1日凌晨，德国对英法的盟国波兰发动全面进攻，9月30日，波兰被占领。1940年5月15日，荷兰宣布投降。5月26日，比利时宣布投降。6月22日，法国与德国签订停战协定——德军占领法国北部地区，南部由贝当傀儡政府统治，法军全部解除武装。1940年7月16日，希特勒又发出了准备进攻英国的16号指令，即"海狮计划"。9月7日下午7时50分，声势浩大的德国机群越过英吉利海峡直扑伦敦。1941年6月22日，德国军队分三路"闪电战"突袭苏联。

国和法国，故德国对华政策也发生了极大的逆转。

一 "欧战"爆发与中国政府的应对

1939年9月1日黎明，希特勒在德国最后通牒的限期还没有到的情况下，发起了对波兰的"闪电"突袭战，德国空军对波兰的司令部、飞机场和后方设备进行毁灭性地轰炸和摧毁，然后集中150万德军对波兰进行进攻，9月30日，波兰首都华沙沦陷①，英、法对德国宣战，"欧战"爆发。为了减轻欧洲局势对中日战争的负面影响，在对外工作上，第一，国民政府在继续揭露日本侵害中国对外国在华利益造成损害的同时，更着重宣传日本的侵略对英、美等国在亚洲、远东、东南亚的利益的危害。强调指出：日本将利用欧战南进，侵犯各国在亚洲的殖民地和其他既得利益②。而中国的抗战是对日本南进政策和北进政策的最大牵制，因此只有大力支持中国抗战到底才能阻止日本扩大侵略。1939年3月，德国撕毁慕尼黑协定进攻捷克，欧洲危局更加严重。3月下旬，中国驻英大使郭泰祺和驻法大使顾维钧先后奉命访问英法两国政府，强调欧战爆发后英、法在亚洲的殖民地和交通线必受日本威胁，希望英、法和中国进行军事合作，共同应对日本在远东的进攻。③ 1939年4月4日，王世杰在致蒋介石的签呈中指出：日本将利用欧战爆发英法德无暇顾及远东地区的机会，在亚洲谋渔人之利。日本或将乘机进攻安南，甚或诱降泰国夹攻安南。法在欧已自顾不暇，在远东地区必无充分力量顾及。④ 4月12日，在国防最高委员会外交专门委员会的会议上，国民政府外交部部长王宠惠也强调："……英法等国既须以全力应付欧局，暴日之侵华军事便将加紧，安南缅甸方面之交通及军火之运输亦有被敌截断之虞。"⑤ 4月14日，驻美大使胡适也向美方通报了这一提案⑥。第二，在对苏工作方面，国民政府要求

---

① ［英］阿诺德·汤因比主编：《国际事务·第二次世界大战·3：轴心国的初期胜利》，许步曾等译，上海译文出版社2007年版，第4—5页。
② 鹿锡俊：《欧战应对与国民政府"国际解决"战略的调整——1940年代中国外交的前提》，载中国社会科学院近代史所民国研究室《1940年代的中国》（下卷），社会科学文献出版社2009年版，第672页。
③ Great Britain Foreign Office, *Documents on British Foreign Policy 1919 - 1939*, Third Series, Vol. 9, 1938 - 1939, London: Her Majesty's Stationery Office, 1955, pp. 5 - 7.
④ 《王世杰签呈第101号》，1939年4月4日，中国第二历史档案馆藏档案：761/167。
⑤ 《外交专门委员会第27次会议记录》，1939年4月12日，台北：中国国民党"党史馆"藏国防档案：003/310.3。
⑥ United States Department of State, *Foreign Relations of the United States*, 1939, *the Far East*, Vol. 3, Washington D. C.: U. S. Government Printing office, 1955, pp. 525 - 528.

苏联在和英法的谈判中提出"共同制止远东侵略者，促进中美英法苏在远东的具体合作。"① 第三，基于欧战爆发后美国成为最关键因素的判断，国民政府加强对美国的外交工作。1938年9月，国民政府任命胡适为驻美大使。1938年11月，老牌外交家颜惠庆作为蒋介石的私人特使使美，协助胡适大使加强对美活动。他在胡适的陪同下觐见美国总统罗斯福，呈递蒋介石的亲笔信。通过努力，1939年7月26日，美国宣布半年后废除美日通商航海条约，日本受到沉重打击。② 但是随着欧战的扩大，特别是英、法与德国直接处于交战的情况下，英、法两国对日本在中国的侵略几乎无能为力，给中国抗战造成一定的压力。1939年9月18日，英国外交部在伦敦与中国驻英大使郭泰祺的会见中，婉转拒绝了中方关于中英互助合作的建议，还明言：因环境所迫，英国对华物资援助今后恐难增加，比过去或许减少。③ 英国甚至为了在华利益牺牲中国利益。有田—克莱琪协定就是英国以牺牲中国主权和利益为代价而对日本侵略行为的一种绥靖。该协定规定，英国承认日军有权在中国日本占领区消灭任何敌对行动，英国官员以及侨民不得阻碍日军的上述行动④。在法国巴黎，1939年9月21日中国驻法大使顾维钧被告知来自法国外交部的如下意见：将来日本如在中国组织中央政府，法英两国因为在华利益大多在日军统治区域，恐不得不与其往来；法英于欧战期间对远东问题无能为力。⑤ 这无疑是劝告蒋介石重庆国民政府和日本建立的傀儡政权合流。随后，法国政府还通告中国："因欧战关系，决定召回在华之顾问。"⑥ 这些使中国政府内外对抗日战争前景怀疑的人大大增加，他们认为应该在形势过分恶化以前早日与日本议和。9月28日，在孔祥熙的支持下，王宠惠在对美国记者的谈话中，

---

① 《蒋介石致孙科电》，1939年4月；《张冲致蒋介石函》，1939年4月21日；秦孝仪主编：《中华民国重要史料初编——对日抗战时期·第三编（二）》，中国国民党中央委员会党史委员会编印，1981年，第409—410页。
② 《外交部长对美国废止美日商约发表谈话》，1939年7月29日，《中日外交史料丛编》（4），台北，"中华民国"外交问题研究会1966年版，第226—228页。
③ 《郭泰祺致蒋介石电》，1939年9月18日，秦孝仪主编：《中华民国重要史料初编——对日抗战时期·第三编（二）》，中国国民党中央委员会党史委员会编印，1981年，第34页。
④ 《新中华报》，1939年7月28日。转引自李世安《战时英国对华政策》，武汉大学出版社2010年版，第67页。
⑤ 《顾维钧致外交部电》，1939年9月21日，秦孝仪主编：《中华民国重要史料初编——对日抗战时期·第三编（二）》，中国国民党中央委员会党史委员会编印，1981年，第757—758页。
⑥ 蒋介石致顾维钧电，1939年9月23日。秦孝仪主编：《中华民国重要史料初编——对日抗战时期·第三编（二）》，中国国民党中央委员会党史委员会编印，1981年，第759页。

婉转地提出了请美国总统罗斯福出面调停中日战争的希望。10月18日，孔祥熙对合众社记者发表被视为请美国调停中日战争的谈话。但是，日本却不买账。9月29日，日本驻美大使馆发言人书面宣称：日本政府把中日之间的争端视做纯粹的两个国家间的冲突，而认为不需要由第三者的调停来解决。

二 日本引诱国民党妥协，开始考虑"北上"或者"南进"

　　武汉会战后，全面抗日战争进入相持阶段。日军战线拉得太长，又是一个小国和岛国，兵力、财力、物力不足，资源缺乏，随着日军在中国占领区的扩大和战争的消耗，可以调动的资源已经严重不足，再发动大规模的战略进攻难度很大。首先，也是最基本的问题——粮食方面已经出现严重不足，供不应求，粮价飞涨，出现了黑市。为了抑制粮价的飞涨，1938年12月，日本政府就出台了粮食最高限价政策。日本政府"希望在（1939年）再增产300万石、400万石。但是因为劳力、肥料都不顺利等等各方面的因素，生产扩充是相当困难的"①。其次，从战争费用来说，而日军经过15个月的全面开战，已经耗资100多亿日元。②又据统计：1938年日本军费59亿6千2百万日元；1939年增至61亿5千6百万日元（军费支出在1939年岁出总额中所占比重分别为68.5%）。③加上1939年秋、冬出现严重的粮荒，日本政府更加焦头烂额。日本继续作战的财源只好靠发行公债。截至1939年春，日本"临时军费四十六亿中的三十九亿靠的是发行公债，大体七亿靠的是实际收入"④。最后，钢铁原料严重依赖进口。当1939年4月美国禁止对日军售后，日本的武器和军需物资补给就更加艰难了。从这些最基本的要素来看，日本继续作战都只不过是在硬撑罢了，形象的说法就是已经"骑虎难下"了。从军事上看，日军的全面进攻既没有彻底摧毁中国的抵抗力量，也没有动摇中国民众的抗战意志，其"速战速决"灭亡中国的计划正在破灭。中国军队在徐州、武汉两大会战中最终失利，但抵

---

① 内阁情报部1939年6月编：《议会资料调查（第一辑）——第七十四回帝国议会》第三五二页"增产计划"条，外务省外交史料馆藏，薄册号：B－A－5－2－002。
② 中国国民党五届五中全会原始记录稿，国民政府档案，中国第二历史档案馆藏。
③ 楫西光速等：《日本资本主义的发展》，闫静先译，商务印书馆1963年版，第309页，东京1974年版。宋屋典郎：《日本经济史》，周锡卿译，生活·读书·新知三联书店1963年版，第336页。
④ 内阁情报部1939年6月编：《议会资料调查（第一辑）——第七十四回帝国议会》第四一五页"战争费用的财源问题"条，外务省外交史料馆藏，薄册号：B－A－5－2－002。

抗能力并没有被摧毁，依然保存了战略反击的有生力量。国民党的实际兵力比抗战初期还有所增加。根据国民党五届五中全会提供的数据："我兵力比卢变时增加70万，53个师。"[①] 而日军经过15个月的作战，兵力遭到极大的消耗。虽然占领了大片中国领土，但也付出了几十万人员的伤亡。据中方情报，日军当时共有46个师团（每师团约20000余人），计有92万余人，国内驻有兵力仅20个师团，因此很难再从国内增调兵力到中国参战。[②] 随着日军侵略战线的拉长，日军在华兵力也越来越分散。与此同时，中国共产党领导的八路军、新四军和民兵深入敌后，在敌人占领区广泛开展游击战，开辟抗日根据地，不断袭扰日军的后方补给线，迫使日军分兵把守，穷于应付，被拖住了后腿，失去了组织大规模进攻的能力。日本军队士气低落，军事进攻的锐气大为挫伤。从经济上上看，中国虽然蒙受了巨大的损失，并没有出现日本预料的经济迅速崩溃的局面。在政治方面，国民政府虽然迁往重庆，但并没有如日本所预料成为一个"地方性政权"，仍然保持着中央政府的地位和权威并得到世界主要大国美、英、苏、法等国的正式承认。而日本侵略者在其占领区扶植的各个汉奸傀儡政权，全都缺乏民意拥护与必要的实力基础，日本不得不再从国民党内寻找比较有地位的亲日派，这也为汪精卫成为汉奸埋下了伏笔。

为此，日本帝国主义开始改变对华政策，把对中国"军事进攻为主、政治诱降为辅"的方针，转变为"政治诱降为主、军事打击为辅"的方针。为此，日本加紧了对汪精卫集团的傀儡政权建设工作，以达成结束"支那事变"的初衷——认为，有了汪精卫集团的密切配合，日本开始按照预定计划解决侵华战争了。当1938年11月1日英国驻日大使克莱琪奉英国政府之命前来游说居中调停一事时，近卫几句话就把克莱琪打发走了。1938年11月3日，日本首相近卫文麿发表第二次声明，公开提出了"东亚新秩序"的口号。在声明中近卫首相提出：新秩序的构成主体是"日满支"，实现途径和目标是通过"日满支"相互联合，"以成立政治、经济、文化等各领域之互助连环关系为主干，期待在东亚确立国际正义、达成共同防共、创造新文化以及实现经济联合"。"新秩序"同该秩序之外的列国的关系，是"坚信列国能正确认识帝国之意图，并能适应东亚之新形势"。这种"东亚新秩序"的核心是所谓的"国际正义"。近卫说："作为我们来说，我认为资源获取的自由、

---

① 中国国民党五届五中全会原始记录稿，国民政府档案，中国第二历史档案馆藏。
② 同上。

销路拓展的自由、资源开发所要求的劳动力移动的自由，换言之就是人和物的移动的自由，这些问题至少是可能也是可以摆到国际的台面上作为帝国的主张来要求的。"① 可见近卫所说的"国际正义"是从日本狭隘的民族主义出发，以战争手段强占中国的领土和资源。他为此还说，日本资本主义生产发展面临着外部环境的"不自由"，日本要输出人口、获取产品原料和拓展产品销路。所谓"共同防共"，就是日本、满州、华北华中的伪政府共同对付苏联和中共，以使中国在日苏争战中成为日方的天然屏障。这是日本的如意算盘。而且国防上"共同防共"的结果，必然导致中日两国国民在政治、思想、经济等领域都反对苏联，从而将苏联阻隔于东亚之外，东亚各国的国防、思想和文化都将日本化。声明暗示："如果国民政府抛弃以前的一贯政策，更换人事组织，取得新生的成果，参加新秩序的建设，我方并不拒绝。"但如果国民政府仍"坚持抗日容共政策——就一致打到它崩溃为止"②。实际上暗示国民党内的亲日派汪精卫等人。1938 年 11 月 30 日，日本内阁召开御前会议，正式决定了对国民政府诱降的具体条件——《调整日华新关系的方针》，制定了对华交涉的具体事项和实行经济提携的具体方案。③ 为了维持其占领区的统治，日本把军事打击的主要矛头对准中共领导的敌后抗日根据地。苏联在 1938 年 11 月 28 日宣布不承认"满洲国"，直接否定了"东亚新秩序"关于"日满支"一体化的思想。美国也于 12 月 15 日，允诺援助国民政府 2500 万美元。日本感到来自苏、美的压力增大。当汪精卫 12 月 18 日按照计划出逃时，英国也在 12 月第一次对国民政府提供了有出口信用保证的 50 万英镑借款用以从英国进口机械类产品。蒋介石马上谴责，中共的机关报《新华日报》也在 2 月 19 日登载评论谴责汪精卫出逃，主张应谋求国内统一，克服抗战中途的各种困难。苏联方面，1938 年 12 月 26 日，苏联塔斯社点出了"东亚新秩序论"的实质，说该声明披着"防共"的假面，暴露了把列强势力从中国驱逐出去、让中国屈服其下的计划。④ 1938 年 12 月 26 日，美国驻日大使格鲁就美国在华财产遭受空袭的事件，向日本有田外相提出了再

---

① 《近卫首相演述集》，外务省史料馆藏，薄册号：B-A-1-0-016。
② ［日］外务省编：《日本外交年表及主要文书》（1840—1945）下卷，东京：原书房 1969 年版，第 407 页。
③ 同上书，第 401 页。
④ 内阁情报部编：《各种情报照料·各国要闻论调概要》，"国立"公文书馆藏，复件号 NO. jou009000122。

第四章　太平洋战争前的国际环境与第二次国共合作　133

调查的要求。① 12 月 30 日，美国驻日大使格鲁向日本外务省递交了一封信。该信以"门户开放主义"为理论基础，极尽耐心地以极长的篇幅极力主张美国在华既得利益不应该受到日本的破坏，最后顺理成章地作结说，美国政府决不承认任何一国随意给不在其主权之下的地域规定什么"新秩序"之类的条件。② 1939 年元旦的纽约《时代报》社论指出，美国的这一公文的结论措辞严厉，它表明美国政府决不会从对满州不承认政策这一底线后退一步。③ 1939 年 1 月 14 日发表对日声明，反对"东亚新秩序"。对于日本提出的"东亚新秩序"，1939 年 1 月 14 日，英国驻日大使在给日本有田外相的公函中指出，英国政府对日本自近卫以来在远东所采取的新政策感到不安和深忧。这些不安和忧虑表现为：第一，英国政府认为，"日本政府的意图是由日本、中国和满州组成的三者间的结合或者结成一个'圈'，日本想掌握其最高权力，给支那及满州以从属地位"。1 月 16 日，《马赛·索阿鲁》报和《索雷由》报在第一版以大标题"英国声明：难以承认以兵力在中国进行的变革"，刊登了英国政府的备忘录，"该备忘录被认为是不承认日本提倡的东亚新秩序的"④。1939 年 1 月 27 日，英国《卧塔瓦报》更是刊登了题作《新秩序建设尚需时日》的评论。⑤ 1939 年 1 月 4 日，法国政府发表对日声明，反对"东亚新秩序"。相比较而言，当时的世界大国中，只有德国支持日本的主张。

在这种情况下，国民党召开了五届五中全会，国民党制定了消极抗日、积极反共的方针。但是由于日本在声明中有"更换人事组织，取得新生的成果，参加新秩序的建设，我方并不予以拒绝"作为诱降条件，使得国民党中的亲英美势力以及蒋介石难以接受，这也导致国民党统治集团中亲日派和英美派发生分裂，汪精卫亲日集团公开投敌，亲英美的蒋介石集团则继续留在抗战阵营中。以蒋介石为首的国民政府出于对于中国共

---

① 外务省情报部编：《各种情报照料·各国要闻论调概要》，"国立"公文书馆藏，亚洲历史资料中心：A03024268500。
② 《昭和十三年十二月三十日美方对我方十一月八日的回答的回复》，《对美外交关系主要资料集》，外务省外交史料馆藏，亚洲历史资料中心：B02030597800 第 15 至 21 面。
③ 内阁情报部编：《各种情报照料·各国要闻论调概要》，国立公文书馆藏，亚洲历史资料中心：A03024270500。
④ 内阁情报部编：《各种情报照料·各国要闻论调概要》，国立公文书馆藏，亚洲历史资料中心：A03024269300。
⑤ 内阁情报部编：《各种情报照料·各国要闻论调概要》，国立公文书馆藏，亚洲历史资料中心：A03024284400。

产党领导的抗日军队发展的恐惧、不想过分依赖苏联的支援抗日等诸多因素的影响，对"日蒋和谈"也曾表现得很积极。从1939年下旬直至1941年5月，日、蒋先后进行了"桐工作"（也称"宋子良工作"）、"钱永铭工作""司徒雷登工作"等渠道进行秘密谈判。其实蒋介石不敢真的与日本"和谈"，他只是以此为筹码，迫使英美尽早与日本开战，至少加大援华力度。1939年日本平泽内阁成立后，国民政府机关报《中央日报》于1月7日主张"要建设真正的世界秩序，首先必须确立起太平洋的新秩序"①，这是把美国推到了对日斗争的前台。其次蒋介石想以此尽量分化日汪，破坏或推迟汪伪中央政府的建立，扰乱日本的对华方针。最后，欧战爆发后，日本由于侵华战争陷入无法克服的困境而被迫宣布"帝国不介入，专注于中国事变"。而英、美、法则提出了"先欧后亚"的战略，全力抵挡德国的疯狂进攻，"远东慕尼黑"阴谋时隐时现，西方大国牺牲中国换取日本"北进"。1940年9月27日，德国、意大利、日本三国签订《德意日三国同盟条约》，日本承认德国、意大利在西方"建设欧洲新秩序"，德、意承认日本在东方"建设大东亚新秩序"，当缔约国与其他国家发生战争时，三国彼此以政治、经济、军事之一切手段互相支援。②日本企图通过威吓、分化和欺骗手段阻止西方帝国主义大国援华，以达到独霸中国的目的，但却越来越直接地损害英、美、法在华利益，如果中国沦陷，英、美、苏的处境就更加危险，这迫使英、美等国改变抗战初期"不干涉"的"中立"政策，逐渐对日本强硬并暗中援助中国抗日。对于欧战，日本持中立态度。其原因正如《上海晚报》的分析：日本之所以决定不参与欧战自有其美满打算，那就是以迅速"处理支那事变"为指导方针，然后等到德、意两国对英、法开战，日本就可趁机打劫，把英、法两国的在华权益驱逐出中国，同时日本已经把这一决定通告了德、意两国，请求两国原谅。③如果日本此时与德国进行军事联合，对日本极为不利。因为一旦日本决定参与欧战，则势必与英、法为敌，这样就与美国的欧洲利益冲突，形成不利于日本的局面：北面是敌人（苏联）、西面是敌

---

① 《成都中央通讯社国际放送（七日）》（内阁情报部情报1939年1月11日情报第5号），极密，载《各种情报资料·内阁情报部情报》，"国立"公文书馆藏，薄册号：情00038100。
② 《1940年9月27日 日本加入轴心国 德意日三国同盟条约签订》，人民网（http：www.people.com.cn）2010年9月27日10：25。
③ 《成都中央通讯社国际放送（二十三日）》（东京都市递信局监听记录，极密），载内阁情报部《各种情报资料·情报》，"国立"公文书馆藏，薄册号：情0004100。

人（中国），东面是敌人（美国），而在南面也难免不会受到英国的攻击。然而日军内部的陆军派与海军派有矛盾，陆军派主张加入德意军事同盟参加欧战，而海军派反对。海相米内谨慎地认为，加入德意军事同盟势必把日本拉入欧战，使日本与美英为敌。于是军队内的右翼分子策划暗杀米内海相。7月5日，暗杀计划暴露，日本的内部危机出现。掠夺资源以解决侵华战争，是此时日本政府的首要任务。暗杀海相的计划，显示了海军方面希望南进的强烈愿望，成了推进日本南进的直接契机。1939年7月24日，日本利用欧战局势逼迫英国订立《有田—克莱琪协定》，英国在协定中完全承认了日本在中国造成的"实际局势"。见此情况，美国于1939年7月26日断然宣布，始于1911年的美日通商航海条约到期后不再续订。这意味着日本从1940年1月26日开始，将再也无法从美国获得任何资源补给，这是继美国宣布对日实施武器和军事物资禁运后的又一沉重打击。1939年8月23日，日本的反共盟国德国在不预先通知日本的情况下与苏联签订了互不侵犯条约。日本决定对欧战采取观望态度，并集中军事力量进攻共产党领导的敌后抗日根据地，进行了秋季作战和冬季作战，并发起进攻长沙的战役，但是都以失败告终。

为了对中国的持久战，以及随着德国在欧战中一个又一个胜利的刺激，日本开始把南进政策作为其进攻战略，于是在"东亚新秩序"（主要是"日满支"的关系）的基础上，提出了包括南洋、澳大利亚等在内的"大东亚共荣圈"。尤其是欧洲传统陆军强国法国被德国打败，更坚定了日本灭亡中国、夺取英法荷等国在东南亚的殖民地和称霸亚洲太平洋地区的决心。1940年7月26日，日本外务省讨论了《帝国外交方针案》，第一次在用语上使用了"东亚共荣圈"一词。其主要内容包括：（1）对中国。运用手段让第三国承认汪政权；相机让汪政府否认九国公约。（2）对于美国，"坚持不惜对美一战的态度"。（3）对苏关系。维持目前的关系，并争取订立中立条约，但在国防上要严防之，要把苏军的进军往中东和西方引，还要警惕共产国际的活动；不允许欧美干涉东亚。这直接与英美在远东的利益发生冲突。1940年8月1日，就在日本政府宣布将建立"大东亚共荣圈"时，由于国内粮食供应紧张，东京市政府即下令即日起禁止在东京的食堂和饭馆使用大米，并对贩卖时间也加以限制。这一天，东京市内竖起了1500块写着"浪费就是敌人！"的宣传牌。8月8日，日本公布面粉统制法，20日起施行。[①] 在此背景下，日本本想把中国战场的

---

① 雷国山：《日本侵华决策史（1937—1945）》，学林出版社2006年版，第102页。

形势和现状大致"冻结"起来,以放心南进,但马上遭到了中国方面的军事反击。1940年8月20日起,八路军105个团,开始对以正太路为中心的华北日军交通线实行总破袭,以打破日军对抗日根据地实行的"囚笼政策",配合正面战场的作战。历时三个月之久,毙伤俘和投诚日伪军4.64万人,日本马上对根据地进行了大规模的"扫荡"。与此同时,8月25日,美国宣布对日禁运汽油和废铁,欲图阻止日本南进,这正好捅到了日本的软肋——资源贫乏。这更刺激了急需资源的日本,而东南亚诸国的石油、橡胶等是日本人垂涎已久的东西。面对美国的禁运,日本确立了对荷属东印度公司的政策,力图谈判解决石油问题。1940年9月,日本进驻法属印度支那北部,9月22日,日本与法国签订军事协定,准许日本以不超过6000人的兵力占领印度支那三个据点。① 23日,日军正式进驻法属印度支那北部(现在越南北部),迈出了"南进"的一步。日军"南进"的目的有两个:其一,抢夺南方的丰富资源,攫取美、法、荷在东亚、南亚和太平洋地区的殖民利益;其二,切断英美援华补给线,胁迫中国投降,早日摆脱中日战争的困境。日军"南进"让美国感到吃惊,甚至一向主张对日抱有幻想的格鲁(美国驻日大使)② 也感到失望,他在日记中写道:美国如继续保持耐心和克制,反倒会使美日关系越来越不稳定;除非迫使日本政府和国民相信其终究失败,则重建美日友好关系还是可能的,否则是绝路③。

与此同时,日本还对重庆进行大轰炸,以迫使重庆国民政府屈服,然后一心一意向南洋进军。但是日本对重庆的轰炸并没有使蒋介石国民政府屈服,其政治战略目的失败,不得不调整对蒋政策。1940年9月24日,日本外务省东亚局制订《关于急速展开日支全面和平的工作》,考虑帮助中国收复香港,以及让汪下台而保蒋上台。但蒋迫于当时的国际国内压力,不为所动。此时,美国也对中国的抗战进行大力支持。9月26日,美国国务卿赫尔在同澳大利亚驻美公使的会谈中请求英国重开缅甸到云南的道路。美国还大幅提高援华金额,使得日本解决侵华战争问题的希望渺茫起来。在此情况下,1940年9月27日,日本外相松冈洋右在柏林与德国和意大利的代表会面,签订了《三国同盟条约》,将签字国绑定为军事和经济同盟者,如果任何一方遭受其他某些国家攻击的话,各签字国有以

---

① 中国称《日越协定》,中国社会科学院近代史研究所编:《胡适任驻美大使期间往来电稿》,中华书局1978年版,第71页。
② 格鲁于1932年至1942年出任美国驻日大使,主张对日让步妥协。
③ [美]约瑟夫·格鲁:《使日十年》,蒋相泽译,商务印书馆1983年版,第339页。

第四章　太平洋战争前的国际环境与第二次国共合作　137

政治、经济及军事手段相互支援的义务，企图以此吓阻美国对日本侵入法属印度支那可能采取的任何针锋相对的行动。1940 年 12 月 21 日，日本又与泰国缔结了《泰日同盟条约》，进一步强化了日本的力量①。当然，日本在利用三国同盟和日苏中立条约压迫美国答应其南进（效果很差）的同时，也在进行日美谈判，应该说当时日本南进的条件是"万事俱备，只欠美国了"。因此，1940 年年底到 1941 年年底太平洋战争爆发以前，日本的外交重点就是对美谈判。

日美谈判的第一阶段是德苏战争爆发前。为了给美国压力，1941 年 4 月 13 日，日本外相松冈洋右前往莫斯科，与苏联签订了《日苏中立条约》。1941 年 4 月 16 日以前，日本驻美大使馆三方人士（野村大使、陆军武官、海军武官）共同拟订了《日美两国谅解案》。② 4 月 16 日，野村大使带着《日美两国谅解案》在赫尔国务卿的私人住宅里会谈。在中国问题上，日本政府提出了五条原则，其中主要的有：（1）关于撤军，日本要求美国容忍日本军队按照所谓"日支间应该成立的"协定从中国领土撤军。（2）关于美国在华利益，日本主张，美国提倡的门户开放原则的解释及其运用，应该在将来的某个适当时期由日美两国来共同协商，而不是由美国说了算。关于中国的重新统一，日本主张蒋汪合流的形式来实现。关于"伪满洲国"，日本要求美国承认"伪满洲国"。（3）日美两国在太平洋的平衡协议条件，日美联合主宰太平洋的构想。③ 但是日本的松冈外相极力反对日本与美国谈判。美国在 1941 年 6 月 21 日的回复方案中，就日军的处置提出了两点要求：关于驻军问题，"针对有害的共产运动的共同防卫（包含日本驻军中国问题），今后应当进一步讨论决定"④。苏德战争爆发后，日本对于美国持强硬的态度。1941 年 6 月 22 日，德国进攻苏联，苏德战争爆发。苏德战争爆发后，世界形势进一步发生了变化，世界反法西斯统一战线基本形成。在此情况下，日本国内"北进派"与"南进派"进行了激烈的争论。"北进派"则以海军将领为主，他们意识到日本海军与美国、英国、荷兰等国海军联军的实力差距，认为南进非常冒险，不如趁德国进攻苏联的有利时机，与德国一起东西夹击苏联，打

---

① [美]詹姆斯·L. 麦克莱恩（James L. McClain）：《日本史（1600—2000）》，王翔译，海南出版社 2010 年版，第 396 页。
② 陶文钊：《战时美国对华政策》，武汉大学出版社 2010 年版，第 189 页。
③ "Memorandum by the Secretary of State", April 16, 1941, FRUS, 1931–1941, Vol. 2, Japan：407.
④ 雷国山：《日本侵华决策史》，学林出版社 2006 年版，第 153—154 页。

败苏联抢占苏联的远东地区。日本海相 Matsuoka 就更喜欢对苏联马上迅速的一击。① 这与希特勒的想法一致。但是，日本陆相 Konoe 坚持认为："德国对苏联的侵略使苏联不得不花费更多的精力防御它的西部前线地区，这给日本一个放手向南进军的机会。加之，德国曾经隐瞒过日本——在德国进攻苏联前，德国政府也没有暗中通知日本政府。"② 因此，以陆军为代表的南进派，认为应抓紧时机，向东南亚进军，抢占资源丰富的泰国、新加坡、越南、缅甸、菲律宾等地。1941 年 7 月 2 日，日本御前会议通过了《适应新形势演变帝国国策纲要》，决定"帝国将坚持'大东亚共荣圈'的方针……继续向南方的扩展"③，英、美等国为了依靠中国战场牵制住日军的主力，逐步地改变了对日妥协政策，企图以对日经济制裁来阻止日本侵略东南亚。1941 年 7 月 19 日，美国拉铁摩尔飞抵重庆，任蒋介石的政治顾问。美国还冻结了日本在美资产。7 月 24 日，日本驻美大使野村同罗斯福总统举行了非正式会谈。罗斯福对野村大使说，美国到此为止之所以许可对日供给石油，是为了能避免美国卷入南太平洋的战火，声明称日本侵略法属印度支那的行为已经威胁到美国的安全。④ 7 月 25 日，日本进入荷属东印度，美国宣布冻结日本在美财产。美国为了应对日本南进的威胁，专门组建了远东陆军总司令部，7 月 26 日，麦克阿瑟就任美国远东陆军总司令，并派出数队新式战斗机和远程轰炸机前往美国的太平洋殖民地。然而，适得其反，正由于美国的经济制裁，使资源贫乏的、石油等战略物资短缺的日本法西斯急需向东南亚等地攫取。而到了 8 月，美国因为英国和苏联在德国法西斯的打击下损失惨重的关系，倾向于首先解决欧洲战争问题，所以决定对日缓和一点。8 月 7 日，日本首相近卫也提倡日、美两国政府首脑直接会谈。1941 年 8 月 11 日，美国国务卿赫尔首次对外界将日美谈判正在进行一事加以肯定，这表明美国愿意同日本重开谈判。17 日，罗斯福亲自向野村提出一项更明确的声明。⑤ 不久，美国和日本正式派代表进行谈判。但随着世界大战中德国在欧洲不断取得胜利的影响，日本再也按捺不住了，自认为有德国撑腰的日本，自负

---

① Leonid N. Kutakov, *Japanese Foreign Policy on the Eve of the Pacific War*, A Soviet View, Tallahassee, Florida: The Diplomatic Press, 1972, p. 210.
② Ibid..
③ 日本历史研究会编：《太平洋战争史》第 3 卷，金锋等译，商务印书馆 1962 年版，第 253 页。
④ 雷国山：《日本侵华决策史》，学林出版社 2006 年版，第 153—154 页。
⑤ "Statement Handed by President Roosevelt to the Japanese Ambassador (Nomura) on August 17, 1941", FRUS, Japan, 1931–1941, Vol. 2: 559.

过剩，以强硬制度应对日美谈判。1941年10月，号称"剃刀"的东条英机担任首相。1941年11月，日本政府召开联席会议，决定不顾中日战争尚未结束，以及"南进"将陷于两面作战的困境，酝酿南下，准备冒险作战。

三 美国、英国和法国对华政策的嬗变

（一）美国对华政策的演变

自1938年起，尤其是中国抗战进入相持阶段，由于日本占领了长江流域、珠江流域等英美视为核心利益区的上海、南京、广州、武汉等地，美、英的远东政策开始发生显著改变。尽管此时美、英两国政府由于主要关注点在欧洲的法西斯德国，仍避免与日本直接冲突，但随着日本在中国华南、华中、华东、华北地区的深入侵略，直接危害到英、美等国在华利益，其政策中对日本妥协的倾向在减弱，援助中国制衡日本在远东地区的军事行动的成分在增强。尤其是美国，不仅用经济手段制裁日本，而且还加强对华援助。美国首先对日本实行"道义禁运"。1939年12月2日，罗斯福总统要求："……美国飞机的制造商和出口商，应在签订生产和销售合同时，时刻在心里牢记该法案，认识到把轰炸机卖给那些肆意轰炸平民的国家是不道德的，应受到道德谴责。"[1] 同时，美国政府正式宣布废止1911年2月21日签订的日美商约。1940年7月，美国总统罗斯福颁布禁运令，把一切武器弹药、军事装备，以及"非常时期战略物资"以及飞机零部件、光学仪器和金属加工机械等统统列入颁发出口许可证的范围。自1941年1月，几乎每个星期都有新的物资列入禁运名单[2]。在禁运物资名单中，包含了许多日本亟须又非常短缺的战略物资，间接地支援了中国的抗日斗争。

为了提高中国的抗日能力，美国也开始积极向中国提供援助，并冻结中日在美资产。比如，1940年11月30日，美国总统罗斯福又签署财政支援中国1亿美元的法令：在这1亿美元中，其中的5000万美元用于支持中国政府。[3] 1941年7月，日本出兵占领法属印度支那南部以后，美国

---

[1] Samuel I. Rosenman：*The Public Papers and Addresses of Franklin D. Roosevelt War and Neutrality*，Vol. 8 (1939)，New York：Russell and Russell，1969，p. 589.

[2] ［美］赫伯特·菲斯：《通向珍珠港之路》，周颖如、李家善译，商务印书馆1983年版，第149页。

[3] Samuel I. Rosenman：*The Public Papers and Addresses of Franklin D. Roosevelt War and Neutrality*，Vol. 9 (1940)，New York：Russell and Russell，1969，p. 587.

随即宣布冻结日本在美全部资产，实际上断绝了对日贸易。1941年7月26日，美国白宫发布了第8832号令："总统今天已经签署了冻结日本在美财产的法令，这给包括日本政府控制下涉及其核心利益的财政、进出口贸易造成巨大的影响。该行政法令，是用来阻止日本利用其与美国贸易中所获的财政、金融利益服务于日本的对外作战。"① 当然为了表示"公正"，美国也冻结了中国在美国的资产。这实际上打击了汪伪政府集团在美国的资产，有利于中国的抗日。1941年7月31日，蒋介石在对美国封存中国在美资产的感谢电中谈道："承阁下应鄙人之请封存中国在美资金，此举表明贵国在各方面援助中国，实深铭感。贵国对于日本在美资产的封存实予以侵略者以最大打击。"②

美国还从政治上和军事上援助中国。1940年3月，当汪精卫伪政权宣告成立的时候，美国国务卿赫尔当即发表声明表示，继续承认和支持中国的重庆国民政府。为了进一步加强政治上的联系，1941年7月，罗斯福同意蒋介石的要求，派出美国霍普金斯大学的拉铁摩尔教授来华担任蒋介石的政治顾问。同年8月，由参加过第一次世界大战并在弗吉尼亚州兰黎空军战术学校毕业、有着丰富空战经验的美国人陈纳德（Claire Lee Chennault）将军领导的"中国空军美国志愿大队"成立，很快投入对日空战，取得了显著的成效。

美国的援助对于中国的抗战似乎显得更为重要，也最受国民党政府的重视。比如，美国支援中国的用于维持美元与法币稳定的5000万美元，使中国的中央银行稳定，不仅提高了法币的信誉，而且使法币的外汇交换价值得到了保证。不仅在重庆，在全中国都提高了持久抗击日本侵略者的信心。③ 除了以上因素之外，这里有一个如何判断大的战略格局的问题。当时英国和苏联主要力量都用于对付德国法西斯，唯有美国具备战胜日本的力量。美国的援助还有另外的实际作用，那就是稳定中国的经济、增强中国的抵抗能力和鼓舞军民的抗战斗志。

为什么美国对日政策和对华政策会发生从绥靖日本到援华制日的转变呢？首先是日本的步步进逼，日本南进争夺东南亚的意图逐渐明朗化。其

---

① Samuel I. Rosenman：*The Public Papers and Addresses of Franklin D. Roosevelt War and Neutrality*, Vol. 10 (1941), New York：Russell and Russell, 1969, pp. 281 – 282.
② 中国第二历史档案馆编：《中华民国档案资料汇编》第5辑第2编 外交，江苏古籍出版社1997年版，第321页。
③ Samuel I. Rosenman：*The Public Papers and Addresses of Franklin D. Roosevelt War and Neutrality*, Vol. 9 (1940), New York：Russell and Russell, 1969, p. 587.

次，中国抗战形势朝着有利的方向发展。如果中国表现出抵抗日本侵略的决心，也有能力抵抗，那么美国可以利用中国的力量与日本发生军事对抗而不必冒直接与日本发生军事对抗的风险。而进入抗战相持阶段后，中国的抗日战争形势已经非常清晰：第一，中国有决心抗日到底；第二，中国有能力抵抗日本，至少可以拖住日本，或者延缓日本向东南亚扩大侵略的步伐。这是美国援助中国并利用中国对抗日本的战略的基础。美国国务院亚洲问题专家项白克一针见血地指出，如果日本在中国的侵略不被制止，美国将面临日军向美国本土逼近的局面。① 其意见逐渐受到时任美国总统罗斯福的重视，于是，美国的远东战略开始出现了一些微妙的变化。1937年到1939年，美国向中国提供了1.2亿美元用于购买除武器弹药外的物资，5000万元用于稳定货币。② 对此，陆军部长直言不讳地承认："我们是在购买而不是在借贷，即我们是在购买自己的安全。"③ "在中国近期众多比较危急的情形期间，美国对中国的武器援助对于保护美国民众的生命安全起了重要的作用。也帮助在中国的美国人远离特别危险的地区，并尽可能地使我们的公民、外交和领事机构在该地区保持不间断的相互交流。"④ 1940年法国败降后，美国被推到与德意日对抗的第一线。从世界全局和自身安全出发，美国确定了"先欧后亚"的总战略。根据总战略的需要，美国制定了加强援助中国、利用中国阻止日本南进的远东战略。为了加强中国的抗战，美国积极地促进国共合作。

当然，1941年4月，美国企图以牺牲中国的某些利益，达到分化三国同盟，避免日美战争。罗斯福在写给 Harold Ickes 的信中称："正如你所知，保持太平洋的和平对于美国控制大西洋的局势是非常重要的。我还没有足够多的海军力量来四处出击打击法西斯力量。"⑤ 美国和日本进行了较长时间的谈判，但双方的目标差距较大，没有谈拢。1941年7月，美国获悉日本御前会议决定不惜与英美开战的南进政策，美国的远东战略

---

① ［美］迈克尔·沙勒：《美国十字军在中国 1938—1945 年》，郭济祖译，商务印书馆 1982 年版，第 29 页。
② ［美］威廉·P. 黑德：《美国在中国的历程、美国对外政策及其对中美关系的影响 1942—1948》，美国大学出版社 1983 年版，第 8 页。
③ ［美］小爱德华·R. 斯退丁纽斯：《租借——致胜的武器》，纽约麦克米伦公司 1944 年版，第 80 页。
④ Samuel I. Rosenman：*The Public Papers and Addresses of Franklin D. Roosevelt War and Neutrality*, Vol. 9 (1940), New York: Russell and Russell, 1969, pp. 591 - 592.
⑤ TANG TSOU, *America's Failure in China* (1941 - 1950), the University of Chicago Press, 1963, p. 22.

已经转到支持援助中国以牵制日本。1941 年 5 月 6 日，罗斯福正式宣布中国的防务对美国的防务至关重要，租借法案适用于中国。从此，美国加快了对华援助的步伐。据统计，1941 年年初，美国通过缅甸公路运往中国的物资的吨位为每月 4000 吨，到 10 月，已经增加到 15000 吨，几乎增加 4 倍①。1941 年 8 月下旬，美日虽然恢复了谈判，但双方实际上都以此为烟幕，争取备战时间。在美日谈判期间，当时的中国驻美国大使胡适利用其在美国的人脉和关系，争取英国驻美大使劝阻美国对日妥协。英国首相丘吉尔极富政治远见地向美国总统罗斯福指出："中国如果崩溃，将大大增加英美的危机。"②这使美国在与日本的谈判中态度强硬。并且美国始终认为，日本不会马上发动对美国的进攻。1941 年 11 月的第一周，罗斯福总统还对霍普金斯说，他相信日本会设法尽可能推迟和美国的冲突③。在美国以及在英国，人们都以为日本最初一定是对一个英属殖民地或荷属殖民地发动进攻，或者进攻苏联④。日美一直在进行谈判。11 月 25 日，在华盛顿商定的最后草案，规定日军休战 3 个月。要日本承诺不采取进一步的侵略行动并退出印度支那南部，一方面作为交换条件，将对日本做出一些经济上的让步，包括数量有限的石油供应⑤。英国和中国表示反对。英国首相丘吉尔在 11 月 26 日上午给罗斯福的电报中也强调，这样做恐怕会对中国的继续抗战有不利的影响。⑥受此影响，罗斯福放弃签订暂时协议，只向日本政府提出一些关于太平洋地区全面解决办法的建议，包括日本军队退出中国和印度支那，并暗示日本应放弃和德意的联盟⑦。但日本选择了在 12 月 7 日星期天偷袭美国的珍珠港，美国太平洋舰队损失惨重。12 月 8 日，美国正式对日本宣战，太平洋战争爆发。

---

① ［美］小爱德华·R. 斯退丁纽斯：《租借——致胜的武器》，纽约麦克米伦公司 1944 年版，第 113 页。
② 岳南：《胡适：最后一分钟的争持》，《中老年时报》2013 年 4 月 12 日第 7 版。
③ ［美］舍伍德：《罗斯福与霍普金斯》，第 428 页。转引自［英］阿诺德·汤因比主编《国际事务·第二次世界大战·3：轴心国的初期胜利》，许步曾等译，上海译文出版社 2007 年版，第 719 页。
④ ［英］阿诺德·汤因比主编：《国际事务·第二次世界大战·3：轴心国的初期胜利》，许步曾等译，上海译文出版社 2007 年版，第 719 页。
⑤ 同上书，第 721 页。
⑥ 《丘吉尔》第 3 卷，第 530 页。转引自［英］阿诺德·汤因比主编《国际事务·第二次世界大战·3：轴心国的初期胜利》，许步曾等译，上海译文出版社 2007 年版，第 721 页。
⑦ ［英］阿诺德·汤因比主编：《国际事务·第二次世界大战·3：轴心国的初期胜利》，许步曾等译，上海译文出版社 2007 年版，第 721 页。

（二） 英国继续向日本妥协，同时也暗中援华抗日

欧战爆发以前，英国因其在远东的巨大利益遭到日本的侵害，故在支持中国抗日方面比较积极。1938 年 11 月 16 日，英国副外交大臣巴特勒宣布，英国正在研究对中国提供贷款，并修筑滇缅公路。1939 年 2 月 10 日，日军占领海南岛，对英国的远东利益，包括香港、东南亚的新加坡等造成了巨大的威胁，日本政府 Nichi-Nichi 的声明给英国和法国的以沉重打击[1]，英国和法国一起向日本退出抗议。1939 年 3 月 8 日，英国财政大臣西蒙宣布，将由英国的汇丰、麦加利银行同中国的国家银行共同设立 1000 万英镑的外汇平准基金，促进英国的对华贸易和投资，这对于日本要"设法造成法币的崩溃……在财政上使中国现中央政府自行消灭"的阴谋是个很大的打击。[2]1939 年 1 月 14 日，英国照会日本，表示英国"既不接受，也不承认日本以武力在中国造成的局势"[3]。

1939 年 6 月欧战爆发后，英国的主要力量和精力都在应对德国在欧洲的侵略，因此，英国在远东的防务力量大为削弱，尤其是法国战败后，出于战胜德国和避免两线作战的目的，英国对日本一再谋求妥协。表现在：第一，允许日本通过英国的海上封锁从德国购买战略物资。[4] 第二，英国撤走其中国长江和华北的一些驻军力量。第三，签订协定，在政治、经济上接受日本在华北的独占地位。1939 年 7 月英国驻日大使克莱琪同日本外相有田八郎缔结协定：英国政府默认日军在中国的战争行动，"凡有妨害日军达到上述目的之行为，英国政府均无意加以赞助"。英国实际上默认了日本对中国的侵略。[5] 1940 年 6 月，法国败降，英国远征军损失惨重，与维希法国在法国舰队的处理上的争执也大有演变为一场战争之势；德国对英伦本土的入侵迫在眉睫，不列颠空战激战正酣。1940 年 7 月 16 日，希特勒发布了入侵英国的代号"海狮行动"的军事指令。在 8 月的第一个星期，德国作战的飞机达 2669 架，其中轰炸机 1361 架，1308 架战斗机，而英国皇家空军只有 471 架轰炸机和 714 架战斗机。从 8 月 8 日到 10 月 5 日，德国空军空袭英国，使英国损失惨重。至 11 月底，英国

---

[1] Irving S. Friedman, *British Relations with China* (1931 – 1939), New York：Octagon Books, 1974, p. 187.
[2] ［美］卢埃林·伍德沃德：《第二次世界大战中的英国对外政策》，伦敦 1962 年版，第 96—97 页。
[3] ［英］约翰·科斯特洛：《太平洋战争 1941—1945》上册，王伟、夏海涛等译，东方出版社 1985 年版，第 84 页。
[4] 同上书，第 88 页。
[5] 《中国共产党历史第一卷（1921—1949）》下册，中共党史出版社 2002 年版，第 529 页。

平民在德军飞机的空袭中丧生的近19000人。① 日本利用英国在欧洲的军事困境，为了切断中国外援，要求英国关闭滇缅公路，以阻止中国通过滇缅公路把战争物资和某些其他种类的货物运到中国，否则将对英日关系产生严重影响。新任首相丘吉尔认为："在目前新形势下，我们不应该为了声望而招致日本的敌对。"② 7月17日，英日达成协议，关闭滇缅公路3个月，同时还中断了通过香港的对华物资运输渠道。③

而自中日战争以来，日本封锁了中国的海上交通，外援主要通过滇缅、滇越和中亚到新疆三条路。其中滇缅路承运了从美国输入的武器弹药的38%，从苏联输入的37%。④ 因此，关闭滇缅路意味着切断中国外援。此外，这个协议还附有秘密备忘录，约定在这三个月期间要做出特别的努力以在远东导致和平。⑤ 英国关闭滇缅公路的做法和图谋策划远东慕尼黑的阴谋，引起了中国人民的强烈抗议和世界舆论的关注。中国共产党发表声明，指出：这是英国政府又一次助长日寇侵略中国的举动，这是英国政府又一次对中国邦交采取不友好的态度和牺牲中国利益。我们，并代表中国人民对英国这种无理措施表示严正的抗议。⑥ 英国虽然以封锁滇缅路讨好日本，但日本并不以此为满足。9月23日，日军进占印度支那北部，27日，德意日在柏林正式签订三国同盟。在此背景下，滇缅路于10月18日重新开放。"这就标志着丘吉尔远东绥靖政策的结束。"⑦ 苏德战争爆发以后，7月，日本御前会议制定的《适应世界形势的帝国国策要纲》中决定南进，极大地刺激了英国。1941年7月10日，英国外交大臣艾登在答复议员质问时表示，英国决定继续尽力援华，英报称中国抗战为英好榜样。⑧ 7月24日，日军进入印支南部，英国远东殖民地完全处于日军威胁下。27日，英国宣布废除英日商约，并封存日寇在英资金，英自治领地

---

① ［英］阿诺德·汤因比主编：《国际事务·第二次世界大战·3：轴心国的初期胜利》，许步曾等译，上海译文出版社2007年版，第21—22页。
② B. A. Lee, *Britain and the Sino—Japanese War, 1937 – 1939*, Oxford University, 1973, p. 102.
③ 中共中央党史研究室：《中国共产党历史第一卷（1921—1949）》下册，第529页。
④ 胡德坤：《中日战争》，武汉大学出版社1989年版，第189页。
⑤ 同上书，第194页。
⑥ 《英相丘吉尔在下院狡辩媚日卖华罪行，充分暴露对我诱降阴谋，毒计不遂则将延长禁运》，《新华日报》1940年7月20日。
⑦ 《滇缅路开放，大批卡车由缅驶滇，中港恢复贸易关系》，《新华日报》1940年10月19日。
⑧ 《艾登表示，英继续援华，承认我国政府为合法政府》，《新华日报》1941年7月11日第1版。

第四章　太平洋战争前的国际环境与第二次国共合作　145

及印度封存日资金。①

在美国的影响下，英国也开始援华。1939年春，为了稳定由于日本对华金融战而日趋紧张的中国币制，英国宣布予以中国500万英镑的借款，用于平准基金稳定中国币制②。1940年12月10日，英国宣布给予中国1000万英镑币制借款。③随着太平洋地区和中国抗战形势的不断发展，美英等国对华援助的规模在不断地扩大，援助的形式更加多样。在战争一触即发的形势下，丘吉尔采取措施，积极协调英美对日战略，把美国推上对抗日本的第一线，英美两国达成了"ABC—1参谋协议"。事实上，英国在欧洲大陆惨败之后，美国已经逐渐承担了对付日本的主要任务。1941年，中国政府再次分别从美国获得6000万美元的"金属借款"和5000万美元的平准基金贷款。1941年3月，当美国国会通过在整个反法西斯战争中发挥了重要作用的"租借法案"以后，同年4月，美国政府即批准向中国提供首批价值4510万美元的租借物资并确定了第一批援华物资清单。5月18日，价值110万美元的首批租借物资从纽约启运。

(三) 法国战败及维希政府的对华政策

1940年6月初，德国绕过马其诺防线发动了对法国军队的闪电战，法军损失惨重，6月10日，法国政府从巴黎撤到图尔，6月14日又撤退到波尔多。16日，法国主战派总理雷诺提出辞职，停战派元帅贝当出任政府总理后，于6月22日在北部城镇贡比涅附近的勒通德斯与希特勒签订停战协定。7月初，贝当主持的傀儡政府转移到未被德国占领的城市维希，是为法国现代历史上的"维希政府"④。因日本是德国的盟国，法国维希政府不得不实行对日友好政策。而日本经过多年战争，日本国内经济极其困难，急需越南盛产的橡胶和大米。日本利用与德国的同盟关系，采取拉拢威胁的办法，迫使法国及法越当局与日本签订了一系列经济、军事协定。其一，日本要求法越当局关闭滇越铁路，切断中国的补给线，进而使贫穷的中国崩溃。法国印支总督卡特鲁虽然不赞同维希政府对日妥协的态度，但迫于日本的威胁，"与日本人签订了一个秘密协定，……（1940年）6月末，法国现政府已明确同意全面停止运往中国的一切货物经由印

---

① 《英美封存令宣布后，日寇故持镇静》，《新华日报》1941年7月28日第1版。
② 李世安：《战时英国对华政策》，武汉大学出版社2010年版，第84页。
③ 同上书，第167页。
④ ［英］阿诺德·汤因比主编：《国际事务·第二次世界大战·3：轴心国的初期胜利》，许步曾等译，上海译文出版社2007年版，第19—20页。

度支那的过境运输,并同意日本就地派驻军官"①。其二,法国海军上将德古(Jean Decoux,1884—1963)接替印度支那总督职务并兼任法国维希政府代表后,在 1940 年 8—9 月,他同日本政府签订了一系列有关政治、经济和军事合作方面的协定。② 法属印度支那当局与日本签订的一系列经济协定,使越南变为了日本的战争物资供应地。1941 年 5 月法日签订关于在法属印度支那居留和航海专约,为日本提供最惠国待遇,使日本企业得到了从事企业活动的许可,为其在印度支那的经济扩张开辟了更为广阔的前景。除上述法日普通协定外,还有一系列其他经济性质的协定,其中有关于开办日法锡矿和钨矿合股公司的协定,以及东方汇理银行和横滨正金银行之间的协定……所有这些协定均有利于加强日本在印支的经济扩张及利用其经济资源进行战争。在军事方面,1940 年 9 月 22 日签订的法日协定,允许 6000 名日军在海防登陆,允许日本使用三个机场;1941 年 7 月 29 日法日签订"共同防卫"议定书,向先前入侵的日军提供补给和为新的入侵提供法律依据。到 1941 年下半年,日本在越南的驻军达到 12.5 万人。其三,法属印度支那当局在日本的压力下,还扣留中国政府和商人在越南的物资。1940 年 10 月 23 日,印支在日本要求下全部扣留中国政府和商人的物资。1941 年 1 月中旬,日本向法越当局要求:"(一)越方所拟定征购中国官方存放过境物资,一律不准提取。(二)倘提取时,须以半数交敌方(日本——笔者注)。(三)倘不照此办理,则敌方自行处置。"这对中国的持久抗战是十分不利的。但中国国民政府没采取过激的外交方式,仍然维持与法国的友好关系。只是到 1943 年,维希政权变本加厉,与汪伪傀儡组织建立外交关系,国民政府于 1943 年 8 月宣布与法国维希政权断绝外交关系,承认戴高乐领导的法国民族解放委员会。

四 苏联支持中国抗日,又与日本谈判

进入 1939 年,面对纷繁复杂的国际环境变化,苏联的远东政策也在嬗变之中,为了避免东西两线作战,苏联实行了既支持中国抗战,又与日本谈判的策略。

---

① 顾维钧:《顾维钧回忆录》第四分册,中国社会科学院近代史研究所译,中华书局 1986 年版,第 336—340 页;中国第二历史档案馆编:《中华民国史档案资料汇编》第五辑第二编,江苏古籍出版社 1998 年版,第 605—620 页。
② 如《松冈—亨利协定》(1940 年 8 月 30 日)、《日军进驻北越及使用越境机场协定》(1940 年 9 月 4 日)、《日军海防登陆协定》(1940 年 9 月 22 日),等。

(一) 苏联"援华制日",但避免与日本直接交战

为了避免被德国和日本法西斯力量东西两面夹击,集中力量重点防御欧洲部分,苏联不得不缓和在东方与日本的战略冲突,避免与日作战,依靠已同日军交战数年并已取得一定的成效,来牵制日本侵略势力,阻止其"北进进攻苏联的远东地区"。1938年,随着德、意、日三国法西斯同盟的迅速形成,莫斯科开始把中日战争看作使它免遭来自东方进攻的屏障。[①] 然而,中国是经济、军事都比较落后的半殖民地半封建国家,在与日本帝国主义军队持久作战中倍感军事物资的严重匮乏,需要外国的援助。与此同时,1939年3月德国吞并了捷克,4月意大利占领阿尔巴尼亚,步步逼近苏联的西部安全防线。虽然该年8月23日苏联与德国签订了互不侵犯条约,但它"并不能使苏联摆脱法西斯侵略的威胁"[②]。日本虽然停止了在中国大规模的进攻,但大肆进行诱降活动,且国内"南守北进论"占上风,日军还于1938年、1939年分别挑起了试探性武装进攻苏联的张鼓峰和诺门坎事件。所有这一切,都使苏联不得不积极援华抗日。1940年秋,斯大林派遣瓦西里·伊万诺维奇·崔可夫中将(后任苏联元帅)来华,认为美英苏加强对华援助,中国就能长期拖住日本。斯大林明确指示崔可夫,他和全体驻华苏军顾问的任务,就是要紧紧缚住日本侵略者的手脚,只有当日本侵略者的手脚被捆住的时候,苏联才能在德国侵略者一旦进攻的时候,避免两线作战[③]。

苏联在抗战时期的对华援助主要是三大方面。首先是道义上对中国抗击日本法西斯的支援。苏联的《真理报》《消息报》《莫斯科晚报》等报刊刊发了许多谴责日本侵略、同情并讴歌中国抗战的文章。据不完全统计,仅1937年7月到1940年9月,《真理报》就刊登各类反映中国抗战的稿件达170余篇,主要集中在头两年[④]。其次也是最重要的援助——物资上的援助。苏联政府于1939年6月分3次向中国贷款2.5亿美元,全部用于购买苏联军用物资。苏联还修筑了从萨雷奥泽克至兰州全长1850

---

① [苏] 奥·普·钱尼:《朱可夫》,洪宇译,生活·读书·新知三联书店1976年版,第50页。
② [苏] 朱可夫:《回忆和思考》第1卷,中国人民解放军军事科学院外国军事研究部译,中国对外翻译出版公司1984年版,第253页。
③ [苏] 崔可夫:《在华使命》,万成才译,新华出版社1983年版,第36页。
④ 易新涛:《试论1937—1940年苏联的"援华抗日"政策》,《党史研究与教学》1999年第5期。

公里的公路；……在伊犁、兰州、成都等地援建了一批航校①。最后是在军事人员上的支援。此时，苏联派出了大批军事顾问和志愿人员来华参战。到1941年，先后有700多名苏联飞行员在华征战过。他们在武汉、重庆、成都、广州等地与中国飞行员携手作战，共击毁日机1049架②。先后有200余名苏联飞行员血洒长空，其中有著名轰炸机大队长库里申科和歼击机大队长拉赫曼诺夫。此外，苏联在远东驻扎了大量的军队，牵制了一部分日军，直接或间接地支援了中国抗战。1939年9月22日，蒋介石在致斯大林的电报中说："自抗战以来，日本之未敢以全部兵力加诸中国者，实为贵国在我东北边境牵制之力为多。"③

　　苏联虽然积极援华抗日，但拒绝与日作战。即使后来苏联被迫在张鼓峰和诺门坎与日发生战争，但不久也与日迅速签订了停战协定。苏联之所以拒绝对日作战，其原因是很复杂的。第一，避免东西同时作战。由于苏联的政治经济中心主要集中于西部的欧洲部分，因而它的防御重点一直都放在西线，且这时的欧洲战云密布，德国和意大利逐渐向苏联的西部安全防线靠近，战争随时都有可能发生；而在东边，还有中国这一屏障对日军起着牵制作用。正如当时的苏联外交部部长李维诺夫对曾任中国驻苏大使的蒋廷黻所说："苏联必须西线绝对优先。"④ 当时苏联在欧亚两线的驻军人数为3∶1，也说明了这一点。第二，苏联较多地考虑了英美因素。一是怕无英美的援助而孤立对日。如前所述，英国对日实施"绥靖"政策。罗斯福在"孤立主义"的压力下奉行"中立路线"，谈不上支持苏联出兵。因此，苏联不愿出兵对日作战。二是怕英美有苏联"赤化"中国之嫌。苏联是社会主义国家，又主张国共合作共同抗日。所以，苏联出兵容易给西方国家和国民政府造成中国被"赤化"的印象。第三，对国民党要求苏联参战的动机和国民党抗战的决心也有考虑。蒋介石极力拉苏联参战，其动机在于要求苏联也承担抵抗日本的义务，以此企图把中日战争转嫁为苏日战争。面对有可能东西同时作战的严峻形势，苏联不能不警惕蒋介石要求苏联出兵参战的动机。

---

① 易新涛：《试论1937年—1940年苏联的"援华抗日"政策》，《党史研究与教学》1999年第5期。
② ［苏］杜宾斯基：《日中战争时期的苏中关系》（1937—1945），莫斯科思想出版社1980年版，第102页。
③ 秦孝仪：《中华民国重要史料初编·第三编·战时外交（二）》，中国国民党中央委员会党史委员会编印，1981年，第347页。
④ 蒋廷黻：《蒋廷黻回忆录》，台湾传记文学出版社1984年版，第196页。

(二) 舆论上支持中共，但仍强调中共应"团结"和"服从"国民党

抗战时期，苏联在舆论和道义上给了中国共产党较大的支持。《真理报》先后发表了一些消息和评论，赞誉八路军的抗日业绩，肯定中共的抗日游击战略战术。① 然而，在军事方面，抗战时期苏联并没有给中共较多的援助。其主要原因：第一，为了避免有"赤化"中国之嫌，因为"这种援助看起来像是向一个我们与之保持外交关系的国家输出革命"②。第二，受《中苏互不侵犯条约》的限制。对此，美国记者斯坦因评论道："中苏外交联系和军事联系也似乎只在重庆和莫斯科之间。"③ 第三，对中共实力估计不足。苏联认为，国民党在战前拥有 200 多万军队，控制着所有的工商业和文化中心以及经济发达地区；而中共"依靠最贫穷、受压迫最深和没有文化的农民"，且工人阶级力量不足，争取群众到底需要多长时间也很难说，得不到英美大国的支持④。第四，是蒋介石一贯反对苏联把援助分给中国共产党。早在抗战爆发前中苏关于改善双方关系的谈判中，国民政府就坚决要苏联不给中共以任何军援，得到苏方的承诺⑤。正因如此，中共得到苏联的武器援助较少。曾任红军军事顾问的德国人奥托·布劳恩（中文名李德）在延安目睹的情况是："苏联的物资和技术援助，主要是对南京有利……在延安出现了许多刻薄的讥讽诸如'武器交给了资产阶级，书籍给了无产阶级'。"⑥ 崔可夫也承认，"从国外援助中得到的所有武器都归蒋介石支配"，"共产党在很大程度上是靠从日本那里获得来的武器装备起来的"⑦。而且，在处理国共关系时，苏联和共产国际片面地强调中共对国民党的"团结""服从"，对中共与国民党进行有理、有利、有节的斗争结局缺乏科学的预见和分析，认为斗争会破

---

① 安徽大学苏联问题研究所：《苏联〈真理报〉有关中国革命的资料选编》（三），四川省中共党史研究会编译，四川省社科院出版社 1988 年版，第 236—237、240、304—309 页。
② [苏] 瓦·崔可夫：《在华使命——一个军事顾问的日记》，万成才译，新华出版社 1980 年版，第 35 页。
③ 中共中央党校理论部：《抗日战争在中国民主革命中的历史作用》，中共中央党校出版社 1986 年版，第 388 页。
④ [苏] 瓦·崔可夫：《在华使命——一个军事顾问的日记》，万成才译，新华出版社 1980 年版，第 36 页。
⑤ 同上书，第 64 页。
⑥ [德] 奥托·布劳恩（李德）：《中国纪事（1932—1939）》，李逵六译，东方出版社 2004 年版，第 256 页。
⑦ [苏] 瓦·崔可夫：《在华使命——一个军事顾问的日记》，万成才译，新华出版社 1980 年版，第 35—36 页。

坏国共关系；认为蒋介石抗日的消极性主要是中共采取了以武力反对的立场①。皖南事变爆发后，苏联在谴责蒋介石的同时，也要求中共做出让步。皖南事变爆发后不久，毛泽东表示："只有猛烈坚决的全面反攻，方能打退蒋介石的挑衅与进攻，必须不怕决裂，猛烈反击。"②但季米特洛夫1941年2月5日来电要求中共中央不要主动破坏国共关系，崔可夫还向周恩来转达了斯大林继续团结国民党的政策，并且苏联也并不打算就此停止对国民政府的援助。中共中央只好采取"政治上攻势，军事上暂时还是采取守势"的政策。这使苏联、共产国际与中共之间产生了较大的隔阂，分歧拉大。苏联认为中国共产党差一点破坏了苏联的远东战略，而中共中央认为苏联对中共的支持远远不足，并明显偏袒国民党。

苏联还从狭隘的本国利益出发，要求中共大规模出动攻击日军，以使日本没有精力在北方发动对苏联的突袭。当中共出于当时的形势没有完全按照苏联的意志行事时，强烈地以自我为中心的苏联对中共产生严重的不信任感甚至于颇有微词。苏德战争爆发后，苏联的形势极端严峻。当时，苏联最担心的就是日本从背后向苏联进攻。1941年7月至1942年5月，苏联根据他们关于日军调动的情报，曾两度紧急呼吁中共中央派八路军向靠近中苏、中蒙边境的日军进攻，以保卫苏联东部防线的安全。而1941年到1942年敌后抗日根据地处于最为困难和艰苦的阶段，苏联的这两次要求均未能得到积极反响，最终也未能实现。1941年7月中旬，崔可夫向中共询问中共如何配合苏军行动时，周恩来回答道："八路军已经开始破坏交通线，但尚不能展开大规模的对日战斗。"③ 中国共产党还拒绝了苏联关于八路军向外蒙古边境推进，以便获得苏联武器的建议，并指出"这太危险"。毛泽东的这种态度引起了苏联和共产国际方面的严重不满。1942年5月，苏联再度得到日军向中苏边境集结的消息，因此又一次紧急呼吁中共中央派八路军开赴南满，策应苏军，牵制日军，苏联方面还派出原塔斯社记者彼得·弗拉基米洛夫以共产国际驻中共中央联络员和塔斯社随军记者的双重身份，飞往延安，敦促中共与国民党结束内战，联合行

---

① ［苏］列多夫斯基：《苏联与中国（1937—1945）》，《国外中共党史研究动态》1991年第1期。
② 《毛泽东关于政治上、军事上准备全面反攻致周恩来、叶剑英》，载中央档案馆编《皖南事变（资料选辑）》，中共中央党校出版社1982年版，第147页。
③ ［德］迪特·海茵茨著：《中苏走向联盟的艰难历程》，张文武、李丹琳译，新华出版社2001年版，第61页。

动①。毛泽东明确表示：一旦苏日开战，八路军自然会配合苏军作战，但这种配合须是有计划、有步骤的，而不是孤注一掷的。在目前形势下，八路军的任务只能是"积蓄力量，巩固内部"，"休养兵力，恢复元气"，"对敌伪以政治攻势为主，以游击战争为辅，对国民党以疏通团结为主，以防止反共为辅"。对于毛泽东的态度，季米特洛夫曾致电中共中央，严厉质问：在德国法西斯进攻苏联的情况下，中共究竟准备采取什么措施在中国战场上积极从军事上打击日军，从而使日本不可能进犯苏联？同时，季米特洛夫对中共中央对国民党的态度也提出了批评。显然，他认为国共关系的紧张，势必妨碍中国抗日，从而有利于日本进攻苏联。

但是从当时中国国内的形势上看，中共是不应该大力援苏的。一方面，1940年秋，八路军进行"百团大战"后，损失比较严重，加上日军集中力量用"三光"政策回头对八路军进行报复，使华北敌后根据地陷于严重困难之中；另一方面，共产党面临军事上都比自己强大得多的国民党和日本的两面夹击，既不可能指望国民党放弃"限共""溶共"的反动政策，停止其蚕食和军事摩擦，又不可能以少数兵力和落后装备，去同日军进行大规模作战。

（三）苏联与日本的谈判——《苏日中立条约》的签订

苏联政府十分重视保障苏联远东的安全，害怕德国和日本从东西来夹攻苏联。因此，苏联在积极援助中国抗击日本的同时，也在暗中与日本谈判，缓和矛盾。与此同时，1939年8月在哈勒欣河地区惨遭失败的事实，使日本政府不得不考虑，必须及时消除冲突，并同苏联达成相应的协议，并迫使苏联停止对华军事援助。而苏联也利用日本在塔门坎战役挑衅失败的有利时机，加紧推行对日缓和方针，力求改善和稳定与日本的关系。双方开始就解决有争议的经济问题进行谈判。1940年1月19日，日本外相有田同苏联驻东京全权代表斯密塔宁谈话时，答应促使苏日关系得到进一步改善。1940年7月27日日本通过的《适应国际形势变化的措施纲要》把建立"大东亚共荣圈"作为目标，因而确定当时要"迅速调整日苏关系"，以避免在两条战线上作战。1940年10月30日，新任日本驻苏联大使建川美又同苏联人民委员莫洛托夫会谈，转交了日本外务省制定的《调整日苏邦交纲领草案》。②进入1941年，随着德国法西斯在欧洲的肆

---

① ［苏］彼得·弗拉基米洛夫：《延安日记》（中文版），唐秀兰、石菊英译，东方出版社2004年版，第31、38页。

② 汪金国：《战时苏联对华政策》，武汉大学出版社2010年版，第106页。

意侵略，先后打败法国、波兰，英国也只能龟缩在英伦三岛，德国进攻苏联的危险随时都可能出现。与此同时，日本南进战略也越来越明显，因此苏日都希望进一步通过谈判签订条约改善关系。但日本在1941年2月20日的谈判中要求苏联把北库页群岛卖给日本，① 苏联拒绝了日本的条件。1941年3月23日至24日，日本外相松冈在前往德国访问途中在莫斯科做短暂停留。第二天他在招待会上说，他想在访问柏林、罗马回来之后，立即就改善苏日关系问题开始谈判②。4月7日松冈再次来到莫斯科进行谈判。松冈建议缔结互不侵犯条约，并再次提出条件，要苏联把库页岛卖给日本。苏联断然拒绝讨论这个建议。直到松冈动身离开莫斯科的当天，即4月13日，松冈才终于做了让步，谈判结束，签订了《苏日中立条约》③。本来在当时德国发动对苏战争已是迫在眉睫的特殊情况下，为了全力应付未来的苏德战争，避免两线作战，苏日签订《苏日中立条约》在某种程度上也可以理解，但苏方不应背着中国人民和中国政府以出卖中国领土和主权为代价与日本做交易④。况且这一条约的内容与双方此前签订的《中苏互不侵犯条约》的有关条约内容是相违背的，这无疑反映出苏联对华政策上的民族利己主义倾向。当然，苏联为了自己在远东的利益，也没有彻底放弃暗中援助中国抗日，苏联对华暗中援助持续到苏德战争爆发，但是《苏日互不侵犯条约》签订后苏联给予中国抗战的暗中援助在不断减少，直到苏德战争后几乎全部停止。"1941年4月的《苏日互不侵犯条约》的签订使国民政府非常失望，但是苏联继续向中国提供了两个月的援助——因为两个月后德国希特勒向苏联发起了侵略进攻。"⑤对于《苏日互不侵犯条约》中涉及的关于中国蒙古和东北地区旅途问题的密约，中国外交部于条约签字后第二天发表声明指出：中国政府与人民绝不承认第三国妨害中国领土与行政完整的任何决定，苏日两国公布的共同宣言对于中国绝对无效。《苏日中立条约》的签订，使中国国民党和共产党都遭到了日本巨大的压力，比如《苏日中立条约》对中共及其领导的八路军、新四军、抗日根据地的影响。《苏日中立条约》的签订，使日

---

① 方连庆、王炳元、刘金质：《国际关系史（现代卷）》，北京大学出版社2001年版，第381页。
② 汪金国：《战时苏联对华政策》，武汉大学出版社2010年版，第107页。
③ 同上书，第111页。
④ 条约签订后双方还发表声明："苏联保证尊重伪'满洲国'的领土完整和不可侵犯，日本保证尊重蒙古人民共和国的领土完整和不可侵犯。"这显然是对中国内政的无端干涉。
⑤ Ivo. J. Lederer, *Russian Foreign Policy*, New Haven and London: Yale University Press, 1962, p. 564.

本放弃了苏联将趁中日之战之际进攻日本的忧虑，于是日本从满洲精锐的关东军中抽调6个师团派遣到关内，加强了对各抗日根据地的"扫荡"。从1941年至1942年，日军集中65%的侵华日军和95%的伪军对抗日根据地进行了残酷的"扫荡"，加之此时蒋介石的反共摩擦的影响，抗日根据地处于极端困难的境地。八路军由40万人缩减到30多万人，新四军由13万人缩减到11万人。苏德战争爆发后，苏联开始了伟大的卫国战争，已经无暇东顾。尤其是苏德战争初期，面对德国精锐部队的进攻，苏军损失惨重。1941年6—9月，苏军一共损失2817303人，其中纯减员（指阵亡与失踪）2129677人，这其中阵亡236372人，因伤死亡40680人，因病死亡153526人，失踪1699099人；受伤687626人——其中因战受伤665951人、因病受伤21665人。据不完全统计，装备损失如下：轻武器417.28万件，坦克与自行火炮15601辆，各种火炮70574门，作战飞机7237架。在这种背景下，10月24日，苏联驻华大使潘友新奉命通知重庆政府："由于本国的战争对物资需求的日益增多，苏联已经无法对中国提供物资援助。"[①] 1941年12月，太平洋战争爆发，日本已无北攻苏联的闲暇，苏联更是解除了后顾之忧。此种情况下，苏联对华援助日益减少，1940年大约为2亿美元，到1942年只有600万美元的贷款，中苏关系松弛下去，蒋介石在政治上日趋靠拢美国。对于苏联在《苏日中立条约》中对日本在中国东北侵害给予的认可，中国社会也普遍表示出了对苏联的失望和不满，"各报皆因苏日缔结中立协定，载文严词诋责苏联"[②]。中国外交部部长王世杰也于1941年4月14日发表声明强调："查东北四省及外蒙之为中华民国之一部，而为中华民国之领土，无待赘言。中国政府与人民对第三国间所为妨害中国领土与行政完整之任何决议，决不能承认，并郑重声明：苏日两国公布之共同宣言，对于中国绝对无效。"[③]

五　德国的远东战略（1939—1941）

1939年欧战爆发后，德国从全球战略出发主动向日本提议缔结军事同盟。但日本害怕在欧战情况不太明朗的情况下就与德国结盟，过早得罪英美并招致英美苏在远东支持中国抗日，故日本对与德国结盟兴趣不大。

---

① 王瑜瑾：《抗战时期苏联对华政策的演变及其影响》，《福建党史月刊》2010年第2期，第20页。
② 中国社会科学院近代史研究所中华民国史组：《胡适任驻美大使期间往来电稿》，中华书局1978年版，第79页。
③ 《王外长发表声明，苏日宣言对我无效》，《新华日报》1941年4月15日。

然而，到1940年夏，德国横扫西欧。日本认为欧洲国家已无力在亚洲同日本对抗，为南进提供了良机。因此，第二次近卫内阁建立后，制定了强化日德意合作的政策。此时，德国迅速攻占英国本土的希望已经破灭，而且美国介入战争的倾向愈来愈明显，因而德国也急于同日本结盟。1940年8月23日，德国派特使斯塔玛到日本，与日本就缔结以英美为对象的军事同盟达成了一致意见。9月9日至10日，日本外相松冈洋右同德国特使斯塔玛就三国同盟问题进行会谈。斯塔玛指出，德意承认日本是大东亚地区的"指导者"，德国正在对英作战，希望日本想办法牵制美国。[1] 9月27日，德意日三国在柏林签订了三国同盟条约，三国军事同盟正式成立。[2] 条约规定，三国有从政治、经济及军事手段相互援助的义务。日本同意向德国提供战略物资，把美国牵制在远东。德国则将向日本提供武器装备。但由于中国国土面积大，人力资源丰富，在同盟国和轴心国的对垒中，中国具有举足轻重的位置。因此，德国仍然希望中日互相让步实现和平解决冲突，从而把中国纳入轴心国的阵营。1940年10月6日，德国国防部长戈林自前线返回柏林，密约桂永清谈话。二人对谈约两个半小时。戈林称：日本为我同盟国，中国为我好友。……表示"希望中日和平"。11月11日，德国外长里宾特洛甫又约中国驻德大使陈介谈话，声称日本新内阁成立，急需解决中日问题……如阁下认为有和解可能，则请转告蒋介石及中国政府，"切勿误此最后时机"[3]。蒋介石这时仍然希望维持中德关系，让陈介转告德方："当知日本控制中国后，对德终属无利而且有害；反之，中国之独立与主权仍能维持，则将来德国对华之经济与发展，自属无可限量。"[4] 1940年12月，希特勒已决策攻苏。德国要求日本进攻新加坡，牵制英国，以有利于东进，急于要日本从中国脱身，而德国在经济上又有攫取中国市场的需要。是年底，德国驻华大使陶德曼向重庆国民政府提出"调停中日战争"，劝蒋介石向日本妥协，力图拉重庆国民政府结束中日战争参加法西斯阵营[5]。1941年7月，德国更进一步宣布承认汪精卫伪政权。这无疑是对中华民族及远东地区各国人民利益的粗暴干涉。南京

---

[1] ［日］防卫厅防卫研究所战史室：《战史丛书20·大本营陆军部2》，东京：朝云新闻社1968年版，第112页。

[2] 胡德坤：《中国抗日战争与日本世界战略的演变》，武汉大学出版社2010年版，第216页。

[3] 秦孝仪：《中华民国重要史料——对日抗战时期·第三编·战时外交（三）》，中国国民党中央委员会党史委员会编印，1981年，第699页。

[4] 同上书，第673—674页。

[5] 中共中央党史研究室：《中国共产党历史第一卷（1921—1949）》下册，中共党史出版社2002年版，第572页。

国民政府在忍无可忍的情况下,正式宣告与德国断绝外交关系,此后中德贸易完全中断。1941年12月7日,日本偷袭珍珠港,太平洋战争爆发,9日,中国政府宣布同时对德国、日本、意大利宣战,双方处于战争状态,与德国间的"所有一切条约、协定、合同","一律废止"。

第二节 国共对汪精卫叛逃建立伪南京国民政府危机的因应

在日本的诱降下,1940年,德、意、日法西斯在全世界发动咄咄逼人的进攻并取得显著成效,德国、意大利在欧洲、北非的进攻也取得重大胜利;在亚洲,日本依靠其强大的军事实力侵占了中国东部发达地区,而美国、英国、苏联出于自己的国家利益考量,不敢公开援助中国。在此背景下,一贯对中国抗战持"消极观点"的国民党第二号人物汪精卫于1940年投靠日本,在南京成立伪国民政府,成为协助日本维持中国沦陷区统治的"走狗"。在中国国内和国际上也造成了很坏的影响,国共两党都对汪伪国民政府进行了谴责,并在与伪军做斗争的同时,不断争取伪军。

一 汪精卫出逃及伪南京国民政府的建立

早在抗战前夕的1934年,针对法西斯猖獗、英美法又太关注其本国事务而在国际事务中采取绥靖政策,加之受中国长城抗战失败、国共对立、军阀与国民党中央并不一致、中国军事经济势力弱等原因,汪精卫就主张对日妥协让步。他说:"军事长官有他们的责任,他们不能推脱责任说不作战;政府官员没有责任参加战争,因此他们可以高声呼吁与日作战,除了我以外还有谁愿意告诉民众真相呢?"[1] 汪精卫的对日妥协主张遭到许多爱国青年的反对,这是他在1935年被一个爱国者暗杀的一个重要原因。汪精卫受伤后,不得不暂时离开中国政治舞台到德国治病,但西安事变爆发后,他又回到国内,并在国民党中央担任较高职务。他继续主张对日妥协,并极力反对国共第二次合作谈判。1937年1月18日,在日

---

[1] Chen Kung-po, *Pa-nien Lai-te Hui-I*, Gerald E. Bunker, *The Peace Conspiracy Wang Ching-wei and the China War*, 1937-1941, Cambridge, Massachusetts: Harvard University Press, 1972, p. 13.

本入侵和共产党问题上，汪精卫主张先解决共产党的问题，而不是与共产党谈判合作抗日①。

卢沟桥事变爆发后，面对日本法西斯军队咄咄逼人的进攻，加之美英法实行"绥靖"政策，汪精卫片面认识中日力量的差距，对抗战悲观失望。认为"日本感觉着痒的时候，中国感觉着痛了，等到日本感觉着痛的时候，中国已会因痛而死了"。而抗战时期中共领导的抗日力量的不断发展，也使汪精卫之流更认为只有与日求和才是唯一的出路。他甚至以俄国十月革命以后主动与德国签订有点"丧权辱国"的布列斯特—立陶夫斯克条约②为例，说明在特殊情况下，在中国实力当时与日本有很大差距的情况下，为了使中国不亡，可向日本出让一些权利以"求和"的"理由"。③ 1938年10月，日军攻占武汉、广州等地，抗日战争进入相持阶段。日本对国民党实行"政治诱降为主，军事打击为辅"的政策，并在国民党内部寻找亲日投降派，进行秘密接触和会谈。对于蒋介石内迁重庆继续抗战，并与中共继续合作抗日，继而谋求"国家统一"和抗战建国的主张，汪精卫坚决反对。汪精卫认为："从古到今，对国家负责任的人，只应该为攘外而安内，绝不应该为安内而攘外；对外战争，是何等事？却以之为对内统一之手段！中国是求国家之生存独立而抗战，不是求对内统一而抗战。……如果战争持久延续，必使中国陷入分裂和混乱，战事愈延长，'中国国民愈穷，财愈尽，共产党人愈有凭借'。战必大败——国民党政权垮台，共产党乘机上台。"④

为此，日本提出中日议和的条件以蒋介石下台为前提（They insisted

---

① 高君武：《与 Gerald Bunker 的交谈》，第5页，转引 Gerald E. Bunker, *The Peace Conspiracy Wang Ching-wei and the China War*, 1937-1941, Cambridge, Massachusetts: Harvard University Press, 1972, p. 18。

② 布列斯特—立陶夫斯克条约：第一次世界大战后期，刚刚取得苏维埃革命胜利的苏俄政府，面对十分险恶的国际国内环境，与德意志第二帝国签订的一份和约。从国内情况来看，当时苏联工人武装刚取得革命胜利，但实力弱小，苏联红军还正在组建中，国内反革命势力活动猖獗，经济濒于崩溃，民众希望和平。在国际上，德国也想借此尽快进攻苏俄或迫使苏俄妥协，尽快解决东部战线问题，以全力对付西部战线上的英法军队。按照和约，苏俄割让323万平方公里领土，赔款60亿马克。苏俄成功地退出了第一次世界大战，为刚刚诞生的苏维埃政权争取了喘息的时间。不久，德国战败，苏俄政府废除该条约，收回失地。

③ Gerald E. Bunker, *The Peace Conspiracy* (*Wang Ching-wei and the China War*, 1937-1941, Cambridge, Massachusetts: Harvard University Press, 1972, p. 27。

④ 《对日媾和的关键一年中汪精卫发生了什么变化?》，《澎湃新闻·历史》，2014年11月28日，转引自 http://www.lishi.net/html/minguo/2014-11/12290p4.html。

第四章　太平洋战争前的国际环境与第二次国共合作　157

that Chiang must relinquish power)①，这对于历来与蒋暗中争夺国民党最高领导人地位的汪精卫来说，形成一种攀上大位的吸引。与此同时，面对德国在欧洲地区咄咄逼人的进攻，英、美、法在远东地区实行绥靖政策，德国和意大利对日本在远东的侵略也持支持或中立态度，而中国的发达地区绝大多数已经被日本占领，在这种国际国内背景下，一贯对抗日战争持悲观消极态度的汪精卫被日本当作最佳候选人。因为汪精卫是国民党内老资格的政治家，资历老，地位高，在国民党内地位仅次于蒋，身兼国民党副总裁、国民参政会主席、中央政治会议主席等职。面对日本的诱降，汪精卫积极响应日本的号召，派其亲日派亲信高宗武、梅思平秘密到上海同日方进行谈判，1938年11月20日，与日方秘密签订了《日华协议记录》等文件②。1938年12月22日，日本政府又发表了第三次近卫对华政策，向国民政府公布了上述诱降条件，并且声明："日本只要求中国作出必要的最低限度的保证，为履行建设新秩序而分担部分责任。日本不仅尊重中国的主权，而且对中国为完成独立所必要的治外法权的撤销和租借的归还，也愿进一步予以积极的考虑。"③是年12月29日，汪精卫等人从重庆坐飞机逃往越南首都河内，以"艳（29日）电"公开响应日本提出的"善邻友好""共同防共"和"经济提携"三原则的降日主张④。蒋介石派戴笠组织军统的骨干分子到河内刺杀汪精卫，杀死了汪精卫的秘书曾仲鸣，汪精卫加紧降日步伐，1939年4月，由日本特务秘密护送，从河内到达南京，策划组织伪南京国民政府。1939年8月28日，汪精卫更是打着中国国民党的旗帜，在上海召开伪"国民党第六次全国代表大会"。大会通过了所谓党纲及调整中日关系及"和平建国"等提案。但到1939年10月，世界局势发生了变化，日本内阁制定了《以梳理新中央政府为中心的事变处理最高方针》，设想了"蒋汪合流"的三种模式：一为事前合流模式，即日本与重庆方面停战，汪精卫没有成立南京伪政府以前，蒋汪合作成立新的中央政府。二为事后合流模式。即首先成立汪伪政府，再实行日、渝停战，然后实现"汪蒋合流"。三为打持久战模式，即汪伪南京

---

① Inaba Masao et al, *Road to the Pacific War: A Diplomatic History of the Opening of the War*, Documentary Collection Volume Tokyo: Asahi Shinbunsha, 1988, pp. 263–264.
② 中共中央党史研究室：《中国共产党历史第一卷（1921—1949）》下册，中共党史出版社2002年版，第527页。
③ ［日］外务省编：《日本外交年表及主要文书》（1840—1945）下卷，东京：原书房1978年版，第405—406页。
④ 香港《南华日报》，1938年12月31日。

"中央"政府与蒋介石重庆中央政府对立,逐渐转入打持久战,等待世界形势的变化。为此,日本军界和政界寻找各种途径与政府进行"和谈",但没有谈成。

1940年3月30日,伪南京国民政府成立,汪精卫代国民政府主席,兼行政院院长,陈公博担任立法院院长,周佛海担任财政部长,统治区域包括华北、华中、华南、华东等地的沦陷区,并建立了大规模的军队力量——80万伪军(皇协军),设置军事委员会作为其最高军事指挥机关,汪精卫兼任委员长①。沿用青天白日满地红的旗帜为"国旗",另加三角布片,上书:"和平反共建国"字样,汪伪国民政府正式公布《国民政府政纲》和《还都宣言》,对外强调"与日本共同努力,本着善邻友好、共同防共、经济提携之原则,以扫除过去之纠纷,确立将来之亲善关系";对内则强调以反共为其主要任务,叫嚣对共产党的阶级斗争学说,"必当摧陷廓清,使无遗毒"。同时宣布:"重庆方面如仍对内发布法令,对外缔结条约协定皆当然无效。"②汪精卫发表了对日广播讲话,对日本政府支持他建立伪政权表示感谢,并再次发誓说,他"经过深心反省之后,痛下决心,将过去容共抗日之政策彻底放弃,重新确立和平反共建国之政策"③。在1940年8月31日通过的汪日基本关系条约最后文本(包括正文、附属议定书、附属议定书谅解事项以及附属秘密协约、附属秘密协定共五件)中,排在第一位的就是"对于足以危害两国安宁及福利的一切共产主义破坏活动,共同负防卫之责"。"应各在其领域内铲除共产分子及其组织,并对防共有关的情报、宣传等,紧密配合。"④

汪精卫还提倡伪南京国民政府是以经其篡改的伪"三民主义"为指导,强调所谓"民权主义",就是废除重庆国民党之职权,以汪伪国民党为中心,"联合全国有志之士,不分派别,共同担负收拾时局之责任"。其所谓"民生主义",就是要以"消弭阶级斗争为念","划分民生主义与马克思之共产主义在理论上固根本不同,在方法上更相水火",因而"去马克思之共产主义"⑤。显然,汪精卫集团的"三民主义",只是一种反

---

① 《中华日报》,1940年3月30日。
② 同上。
③ 《中华日报》,1940年3月31日。
④ [日]外务省编:《日本外交年表和主要文书(1840—1945)》下卷,东京:原书房1978年版,第466—474页。
⑤ 罗君强:《汪记国民党第六次全国代表大会》,见黄美真、张云编《汪精卫国民政府成立》,上海人民出版社1984年版,第369页。

共降日、出卖民族利益、侵犯民权、危害民生的伪三民主义。1940年8月31日通过的汪日基本关系条约的最后文本，全面出卖中国沦陷区的主权给日本，使中国成为日本满足日本军事和经济需要、任凭其榨取勒索的殖民地、附属国，造成严重的民族危机。比如，在条约的第二条和第三条规定："关于华北及蒙疆的特定资源，尤其是国防上必要的特定资源，中华民国政府同意两国紧密合作，加以开发，关于其他地区内国防上必要的特定资源的开发，中华民国政府对日本国及日本国臣民应提供必要的便利。""两国紧密合作，筹划开发厦门和海南岛以及附近岛屿的特定资源，特别是国防上必需的资源"；"对驻扎于中华民国领域的日本国军队所驻扎地区和有关地区的铁路、航空、通讯、主要港湾和水路等等，按照两国间另外的协议决定，答允日本国有关军事上必要事项的要求"，"提供军队驻扎所必要的各种便利"；"中华民国政府应补偿日本国臣民自事变发生以来，在中华民国因事变所受的权利、利益的损害"。①

汪伪国民政府成立以后，与日本侵略者狼狈为奸，帮助日本维持沦陷区的"秩序"，利用特务组织实行法西斯统治，并发动对抗日根据地、抗日军队的军事进攻。1941年3月成立清乡委员会，集结大批伪军伙同日军在华中地区实行反共清乡，以沪宁铁路沿线为示范"清乡"区，以苏州为中心向四面展开。从七月开始至次年夏，在吴县、常熟、太仓、昆山、无锡、江阴、武进、镇江、丹阳、扬中等地进行第一期"清乡"，妄图消灭坚持敌后抗战的新四军和游击队。他们在经济上，滥发纸币，圈占土地，"委托经营"某些工矿企业，强征粮棉，实行物资统制，并收取名目繁多的苛捐杂税，还公然开征鸦片捐。在文化教育上，推行"新国民运动"，施行奴化教育。汪精卫投敌也导致了国民党和国民政府一大批的高级文官相继追随，也引发了众多中层文武官员、军官还有士兵投敌，据统计，抗战期间由国军投降日寇成为伪军的数量就有一百多万人，这也严重影响到蒋介石在中国的统治。

二 国民党对汪精卫叛逃投日的谴责

汪精卫出逃及发表"艳电"，等于公开投敌，引起国民党内和全国各界的极大震动。最初，蒋介石担心汪精卫的出走影响人们对国民党的信

---

① ［日］外务省编：《日本外交年表和主要文书（1840—1945）》下卷，东京：原书房1978年版，第466—474页。

心，确曾企图挽救汪精卫，至少要尽量减少汪叛逃的影响。12月22日，国民党中央通讯社发表一则电讯，说："汪精卫先生应龙（云）主席之约，18日由渝飞滇，因途中飞行时间较长，触发旧疾。嗣悉有熟识医生在河内，遂从友之劝，于19日前往该地就诊，一俟健康稍复，即行回渝。"① 26日，蒋介石在国民政府纪念周发表训话，一方面驳斥第三次近卫声明，同时为汪的出逃进行掩盖，说汪此次离渝转赴河内，"实为转地疗养，纯是个人行动，毫无政治用意"，并称赞汪"爱党爱国，终始一贯。外间一切猜测与谣言，国人必不置信"②。与此同时，蒋介石在思考，是否应该派人去河内劝说汪精卫③。与此同时，时任驻英大使郭泰祺就奉蒋介石之令，一再电陈汪精卫，"切劝其勿公开主和，表示与中央异致，免予敌人以可乘之机"，并希望汪精卫早日来欧洲休养，自己愿意辞职当他的随从。国民党元老之一的吴稚晖也写信劝汪精卫。"人有人格，国有国格。人为被诱而死，国有被诱而亡，均为民族之耻。"④ 汪精卫的"艳电"发表，国民党元老左派何香凝在香港发表文章，指出汪精卫的"艳电"，揭露汪精卫以向中央"建议"的形式，破坏整个抗日方针；以挑拨国共两党情感的"方法"，妄想"在业已不成问题之地方行政军队问题上挑拨出弥天大祸之后，便好来给'善邻友邦'开出渔人得利的门径"；对三民主义的歪曲……何香凝勉励全国人民"万不要被这些荒谬论调迷惑"。"万众一心，向着胜利的坦途迈进。"⑤ 蒋介石也激愤地在日记中指斥汪精卫，"通敌卖国之罪已暴露殆尽，此贼不可救药矣，多行不义必自毙也"。汪出逃之初，他担心连锁反应；现在，则觉得是好事。日记云："此后政府内部纯一，精神团结，倭敌对我内部分裂与其利诱屈服之企图，根本消除，吾知倭寇不久必将对我屈服矣。"⑥

1939年元旦，蒋介石在遥祭中山陵之后，召开谈话会，讨论汪精卫的"艳电"。下午，召开国民党临时中常会暨驻重庆中央委员会议。林森、吴敬恒、张继等中央常务委员们愤慨以极，非要求予以制裁不可。讨

---

① 《昨我外交部发言人郑重驳斥近卫狂言，全系饰词欺人图缓和国际空气，倭外务省无颜向外报记者解释》，《新蜀报》1938年12月24日。
② 《蒋委员长昨阐述抗战决心，痛斥敌人离间谣言，汪副总裁赴河内系转地疗养，德国传播和议消息全属无稽》，《新蜀报》1938年12月27日。
③ 《蒋介石日记》（手抄本），1938年12月26日。斯坦福大学胡佛研究院所藏。
④ 吴稚晖：《对汪精卫"举一个例"的进一解》，载罗家伦、黄季陆编《吴稚晖先生全集》，卷9，台北：中国国民党中央委员会党史史料编撰委员会编印，1969年，第1024页。
⑤ 绍武：《汪精卫叛国秘记》，1939年，第21—28页。
⑥ 《蒋介石日记》（手抄本），1938年12月31日。斯坦福大学胡佛研究院所藏。

第四章　太平洋战争前的国际环境与第二次国共合作　161

论到最后，终于通过由吴敬恒起草的决议——"永远开除汪兆铭党籍"。其文如下：汪兆铭值抗战紧急之际，擅离职守，散发违背国策之主张。而其电文内容尤处处为敌人要求曲意文饰，不惜颠倒是非，为敌张目，竟主张以敌相近卫根本灭亡我国之狂悍的声明为根据，而向敌求和……就其行为而言，实为通敌求降；其影响所及，直欲动摇国本。……并动员全国报纸对汪精卫进行无情揭露，下令"严缉惩办汉奸"。作为战时重要民意机关的国民参政会，也于一届四次会议上通过了《声讨汪逆兆铭电》，指出汪精卫叛国集团的"所言所行，悉为无耻罔义之言行，……其所组织之机关，全为敌人所制造之傀儡"，号召"全国国民应洞察奸隐，一致斥伐，以昭大义"。蒋介石在汪精卫发表"艳电"后，立即制订密裁计划，迅速布置，打算抢在汪精卫离开河内至南京筹组伪政府之前将其杀掉。3月18日蒋介石的日记写道："汪通敌卖国之谋益急，而其行益显，奈何！"在越军统人员于3月19日凌晨接到戴笠的"行动"命令。21日夜，军统人员越墙进入汪在河内的住所，开枪射击，但是阴差阳错，误杀了汪的助手曾仲鸣。3月22日，误刺曾氏的第二天，蒋介石日记云："汪未刺中，不幸中之幸也。"

当汪精卫1939年12月30日汪伪集团在上海与日本签订《日支新关系调整要纲》。第五战区长官李宗仁1940年1月27日通电讨汪："汪逆精卫，叛党叛国，逆迹昭彰，自前岁离渝悄遁，发出荒谬绝伦之艳电，一年以来，遂其夸张为幻之谋，肆其巧鼓如簧之舌，以欺骗国人，以求媚敌寇，不惜牺牲国家民族之生活，以遂其狡恶奸险之私图，我全国军民痛恨之余，一致通电申讨"①。1940年3月26日在南京成立伪国民政府，出任伪国民政府主席。当日，重庆国民政府外交部为否认汪伪组织致各国的照会中强调："中国抗战三年，日本军阀已陷于绝境，乃在南京设立伪组织，皆称'中华民国国民政府'。此项组织，实为日本军阀制造与控制之傀儡。所有构成该组织之人员，都是日本之奴隶。中国政府于此愿以极端郑重之态度，重申屡经发布之申明：即任何非法组织，如现在南京成立者，或中国他处之所存在之其他组织，其任何行为，当属完全无效，中国政府与人民绝对不予承认。"② 1940年5月4日，重庆国民政府颁布通缉令，捉拿附逆汉奸官员宋启秀、苏体仁归案严惩③。

---

① 《李长官通电讨汪 举戈向贼》，《新蜀报》1940年1月29日。
② 中国第二历史档案馆编：《中华民国档案史料汇编》第5辑第2编，外交，江苏古籍出版社1997年版，第83页。
③ 《国府下令续缉汉奸》，《新华日报》1940年5月5日第2版。

1940年12月1日，重庆国民政府外交部关于日汪签订伪约的声明中指出："汪兆铭实为中华民国之罪魁，其伪组织全属非法机关，为中外所共知。无论其任何行动，对于中国人民或任何外国完全无效。其所签条约，也属非法，全无拘束，倘有任何国家承认该组织者，我政府及人民当视为最不友谊行为，不得不与该国断绝正常关系。"①同时，重庆国民政府明令通缉参加汪精卫政权的陈公博、温宗尧、梁鸿志等77人。

三 中国共产党对汪精卫投日之谴责

（一）中共中央领导人对汪伪叛逃和建立伪政权的批评

1939年1月2日，中国共产党代表周恩来在重庆接见外国记者，严正指出汪精卫的卖国行为"既不能破坏中国内部之团结，亦不能损害中国抗战之力量"。1月5日，中共中央书记处发出《关于汪精卫出走后时局的指示》，指出汪精卫的逃跑，"表示了中国主战派和主和派的开始分裂"，号召全国人民"用一切方法打击卖国叛党的汉奸汪精卫。批评他的汉奸理论，并指出他的反共主张即为他的汉奸理论的组成部分"②。毛泽东在1939年6月30日写的《反对投降活动》的文章中指出："我们坚决地斥责公开的投日分子汪精卫之流和暗藏的汪精卫之流散布的反共空气和挑拨国共摩擦、企图再来一次内战的图谋。号召全国人民团结起来，坚持抗战和团结，把投降阴谋和分裂阴谋镇压下去。"③ 1940年1月28日的《克服投降危险，争取时局好转》一文中，指出："我们在反汪运动中强调如下几项：拥护抗战到底的国策，反对汪精卫的卖国协定；拥护国共合作，打倒汪精卫的反共政策；反共就是汪精卫分裂统一战线的阴谋，打倒暗藏的汪派汉奸；……保障人民有抗日反汉奸的言论集会自由；巩固抗日根据地，反对汪派汉奸的阴谋破坏；发展抗战文化，保护进步青年，取缔汉奸言论。"并强调各地应发表文章、宣言、传单、演说和小册子，并增加适合地方情况的口号。延安定2月1日召开反对汪精卫卖国协定的民众大会。各地应在2月上旬或中旬，联合各界和国民党抗日派，普遍实行民

---

① 中国第二历史档案馆编：《中华民国档案资料汇编》第5辑第2编，外交，江苏古籍出版社1997年版，第85页。
② 中共中央书记处编：《六大以来》上册，人民出版社1981年版，第1008页。
③ 《反对投降活动》（1939年6月30日），《毛泽东选集》第2卷，人民出版社1991年版，第571—572页。

众大会,掀起全国反汉奸反投降反摩擦的热潮。① 1940 年 2 月 1 日,毛泽东出席延安民众声讨汪精卫大会,并发表题为《相持阶段中的形势与任务》的演说。毛泽东在演说中首先指出,我们延安的各界人民今天在这里开会,为了什么呢?为了声讨卖国贼汪精卫,又是为了团结一切抗日力量,反对反共顽固派。……毛泽东还驳斥了国民党顽固派借统一之名,行取消共产党之实的假统一,提出共产党以抗战、团结、进步为基础的统一论;强调指出在目前形势下共产党的根本方针是,决不悲观失望,力争时局的好转,挽救时局的逆转②。大会还一致通过了毛泽东为大会起草的声讨汪精卫的通电,并把讨汪与谴责国民党顽固派的反共结合起来加以谴责。通电指出:"查汪逆收集党徒,附敌叛国,订立卖国密约",为虎作伥,固国人皆曰可杀。然此乃公开之汪精卫,尚未语于暗藏之汪精卫也。……若无全国讨汪运动,从都市以至乡村,从上级以至下级,动员党、政、军、民、报、学各界,悉起讨汪,则汪党不绝,汪祸长留,外引敌人,内施破坏,其为害有不堪设想者。宜由政府下令,唤起全国人民讨汪。有不奉行者,罪其官吏。务绝汪党,投畀豺虎。此应请采纳实行者一。……提出全国讨汪、加紧团结、厉行宪政、制止摩擦、保护青年、援助前线、取缔特务机关、取缔贪官污吏、实行《总理遗嘱》、实行三民主义等 10 项要求。③ 2 月 7 日,毛泽东在《必须强调团结和进步》的讲话中指出,"为了抗战就要反对投降,反对汪精卫的卖国协定,反对汪精卫的伪政府,反对一切暗藏在抗日阵线中的汉奸和投降派"④。

汪伪国民政府即将成立前夕,朱德、彭德怀、叶挺、项英等人在 1940 年 4 月 15 日联合发出了《讨汪救国通电》,声讨汪精卫投敌叛国的罪行。指出:"国内少数不明大义之徒,或策动投降,或实行反共,而以反共为投降之准备步骤。强调八路军、新四军惟求全国继续团结,不中敌人奸计,消弭摩擦,反对内战,坚持抗战局面,争取最后胜利。"⑤ 国民

---

① 《克服投降危险,争取时局好转》,《毛泽东选集》第 2 卷,人民出版社 1991 年版,第 713—714 页。
② 《团结一切抗日力量,反对反共顽固派》,《毛泽东选集》第 2 卷,人民出版社 1991 年版,第 715—716 页。
③ 《向国民党的十点要求》为题,《毛泽东选集》第 2 卷,人民出版社 1991 年版,第 721—725 页。
④ 毛泽东:《必须强调团结和进步》,《毛泽东选集》第 2 卷,人民出版社 1991 年版,第 729 页。
⑤ 《讨汪救国通电》,《解放日报》1940 年 4 月 15 日。

政府立法院院长孙科致电朱德、彭德怀、叶挺、项英,对通电表示赞赏。

(二)《新华日报》对汪精卫叛逃和建立伪政府的批评和谴责

作为中共在国统区的重要报纸《新华日报》,也充分发挥了中共舆论阵地的战斗作用,站在民族抗战的高度,明确地表明了中共对汪精卫叛国投敌深刻揭露、坚决批判和彻底追究的严正立场,同时也注意到与国民党政府和其他党派及社会团体在斗争策略上的协调和统一,取得了良好的效果。

1. 坚决揭露和批判汪精卫叛国投敌,要求对汪逆下令通缉、绳之以法

作为中共中央在国统区的机关报,《新华日报》积极站在反对妥协投降斗争的最前列,先后发表《揭破敌寇阴谋与巩固内部团结》《汪精卫叛国》《驳斥近卫汪逆的谬论》等文,坚决揭露汪精卫叛国投敌的事实真相,并要求政府严惩汪逆分子。

对于汪精卫、周佛海、陈璧君等汉奸叛逃越南河内的事实,《新华日报》在1938年12月28日发表社论,系统揭露汪精卫一贯动摇妥协、反对抗战,是隐藏在抗战阵营内部最危险的敌人;并严厉警告汪精卫不要公开响应第三次近卫声明,彻底陷入民族罪人的深渊[1]。但汪精卫却置若罔闻,并于31日发表"艳电",公开响应日本近卫首相灭亡中国的声明。1939年1月2日,《新华日报》发表社论,痛斥汪精卫的投敌叛国行为是"靦颜无耻,恬不为羞","自绝于中国民族,自绝于黄帝子孙"。并进而强调指出,我们不应因为汪逆的叛逃而对抗战前途产生动摇,相反,"这种人之淘汰,可以减少了坚持抗战的障碍,可以开展一切有利于抗战的工作,可以减少敌人挑拨谣言的机会"[2]。《新华日报》在1月3日发表社论,要求国民政府按照条例严惩汪贼,指出汪精卫"非仅叛党,实亦叛国,党纪之外,应绳之以国法"[3]。4月6日,《新华日报》再发表社论,强烈要求国民政府顺从民意,立即缉汪归案法办,对附和汪逆之周佛海、褚民谊、陈公博、陶希圣、李圣五、高宗武等一体通缉,以此"促进抗战胜利之信心,粉碎敌寇叛贼之阴谋"[4]。《新华日报》还在1939年4月20日、8月19日、9月5日、1940年1月22日先后发表社论《对寇奸的

---

[1] 社论《揭破敌寇阴谋与巩固内部团》,《新华日报》1938年12月28日。
[2] 社论《汪精卫叛国》,《新华日报》1939年1月2日。
[3] 社论《拥护政府重申惩治汉奸条例的命令》、短评《叛逆的归宿》,《新华日报》1939年1月3日。
[4] 社论《卖国贼不容逍遥法外》,《新华日报》1939年4月6日。

第四章　太平洋战争前的国际环境与第二次国共合作　165

一个严重打击》《反汪斗争的关键》《斥汪逆伪国民党全代大会》《汪派罪大恶极，签订亡国协定》对汪精卫的伪三民主义、伪国民党第六次全国代表大会、汪日卖国条约，都给予了坚决的揭露和声讨。1940年1月23日，《新华日报》又刊发长篇报道"汪派罪行超过袁世凯，'日汪协定'亡国灭种"，并明确宣中外，"我们坚决不承认汪逆及其他投降分子与日寇所签订的任何条约，我们誓死反对任何卖国条约和任何方式的向敌投降！"①

2. 揭露批判南京汪伪政府的傀儡性质和卖国罪行

《新华日报》一直站在批判汪伪政府的最前列，发表了大量的报道、社论、短评和署名文章，揭露批判汪伪政权卖国投降的罪恶，号召人们抗战到底，一直坚持到1945年8月抗日战争胜利。1940年3月30日，汪伪国民政府正式成立。1940年3月31日，《新华日报》发表社论，揭露汪伪政权的卖国傀儡性质。社论指出，汪伪政权是建筑在我国人民血肉之上与日寇刺刀之下的，不过是代表日本军阀与中国最黑暗最反动的势力，其伪组织与其说是汪逆的专政，毋宁说是东京政府的一个支流；这支逆流带给中国人民的绝不是什么"宪政"，什么"民主"，什么"复兴经济"；而是分崩离析，是压迫剥削，是贫困破产，是屠杀恐怖②。4月1日，《新华日报》发表吴克坚的文章，分析日寇和汪精卫对伪政权所寄予的希望，提出我们应当揭露汪伪政权的汉奸本质，加强各抗日民主党派和力量的团结，在敌人后方广泛开展游击战争，肃清敌伪势力，粉碎日寇"以战养战""以华制华"的企图③。5月1日的《新华日报》报道："重庆市几年五一劳动节大会和工界联合会同时在新川大剧院举行，全国劳务总工会、中国劳动协会、市总工会等五十多个团体的代表都来参加开会，会场四壁贴着不少标语，'纪念五一要改善生活'、'纪念五一要消灭汉奸汪精卫及其伪组织'。"④《新华日报》还组织发表了《诗歌讨汪特辑》，邀请艾青、丘琴等人写了《仇恨的歌》《举起我们的投枪》《就是他》《一个骗子》《捉汪》等诗歌，揭露汪精卫及其伪政权的丑恶面目⑤。

《新华日报》《新蜀报》对汪精卫南京伪政权及时地揭露和批判，揭

---

① 社论《全国同胞起来，反对汪派卖国密约》，《新华日报》1940年1月23日。
② 社论《汪逆傀儡登场以后》，《新华日报》1940年3月31日。
③ 吴克坚：《汪逆伪组织成立的阴谋作用》，《新华日报》1940年4月1日。
④ 《全国工人开会庆祝纪念"五一"劳动节，各团体召开代表大会一致通电声讨汪逆伪组织》，《新华日报》1940年5月3日第2版。
⑤ 《文艺之页》第8期《诗歌讨汪特辑》，《新华日报》1940年5月8日第4版。

示了其卖国投降的本质和必将灭亡的命运，极大地打击了投降派的嚣张气焰，成为后方国统区民众坚持抗战到底的重要精神力量。中共中央南方局领导下的川东特委积极动员群众参与反汪运动，工会、农会、教育会、妇女会和各大中学联合会等共同发出通电，声讨汪精卫判国行径，呼吁人民"一心一德，抗战到底，争取最后胜利"。①

第三节　国共第二次合作中的两次危机，中共利用国际环境化解

一　国民党利用国际环境掀起第一次反共高潮，中共成功应对

武汉失守以后，抗战进入相持阶段。而1939年9月，德军进攻波兰，第二次世界大战爆发。面对德国在欧洲的即将进攻，英法开始全身心地准备抗击德国法西斯，在远东不得不放松防御，采取对日妥协，但也希望中国抗击日本以维护其远东利益，蒋介石对英法的重要性在此时凸显。美国此时孤立主义继续盛行，但为了其远东利益，也暗中支持国民党；苏联面对德国在欧洲的进攻，也知道与德国的战争无法避免，正在全心备战，为了防止日本进攻苏联与德国形成夹击苏联的情况，从自身利益出发实行"轻共（产党）重国（民党）"的对华政策全力支持日本，与此同时，也对蒋介石大力支持。日本为了早日结束"中国事变"以称霸亚洲，也开展了对国民党的诱降谈和。这些使蒋介石等国民党顽固派认为此时可以发动限共、防共、反共政策。蒋介石此时可谓左右逢源。

而蒋介石的抗战原本就是被迫的、勉强的，既想妥协又不放弃抗日。不抗日将使其失掉民心，危及其独裁统治；而抗日又害怕损耗自己的军事实力，尤其害怕中国共产党势力、人民组织、八路军、新四军乘机发展，不利于其独裁统治。而中国共产党利用全民抗战的战术，深入敌后站稳脚跟并迅速发展，广泛建立抗日根据地，建立起十几个抗日民主政权，发展了抗日队伍。1938年10月，中国共产党领导的八路军、新四军由5万余人发展到18万余人。其中八路军发展到15.6万余人，新四军发展到2.5万余人，敌后抗日根据地（包括游击区）总人口达5000万以上，共产党

---

① 《新蜀报》1940年1月29日，转引自周勇主编《重庆抗战史》，重庆出版社2013年版，第197页。

第四章　太平洋战争前的国际环境与第二次国共合作　167

员人数由抗战开始的 4 万多发展到 50 余万①。这种发展速度使国民党极为恐慌，对顽固坚持独裁统治的国民党来讲也是难以忍受的。在此背景下，蒋介石开始把注意力转移到中共及其敌后抗日根据地，正如他 1939 年 1 月 6 日日记所述："目前急患不在敌寇，第一在共党之到处发展，其次则在沦陷区游击队之纷乱。"②

1939 年 1 月，国民党在重庆召开了国民党五届五中全会，通过了一系列所谓处理异党活动办法的反共秘密文件，从政治限共发展到军事限共，开始推行消极抗日积极反共的反动政策，标志着它的政策重点由对外抗日转移到对内反共。会议打着"国家至上""抗战第一"的幌子，污蔑中共在敌后建立抗日民主政权是与国民党中央政府争地盘，八路军、新四军"游而不击"。要共产党"将马克思主义暂搁一边"，交出边区政权和军队，以便与国民政府实行"真正彻底的合作"③。并在会上制定了"溶共、防共、限共、反共"的方针，强化舆论统制。之后，国民党五届六中全会则进一步确定了以军事反共为主、政治反共为辅的方针。在这种背景下，蒋介石首先逐步断绝国民政府给中共军队的拨款，并对中共抗日根据地进行军事和军队封锁④，并"仿效中共加强敌后游击军事力量，策应敌后方之游击部队。化敌后方为前方，迫敌局于前线，牵制消耗日军"⑤。指使派往和滞留在敌后的大批国民党"游击"军队不断与八路军、新四军搞摩擦。而蒋介石也认定在日本对中俄的巨大威胁大背景下，苏联出于自身利益是不会干涉蒋发动反共摩擦的。1939 年 6 月，蒋介石在制定《共党问题处置办法》中谈到与苏联外交关系时指出："中俄唇齿相依，邦交之亲睦，势所必然，况日寇之横暴，尤为两国共同敌人。中国现在抗战艰苦，苏俄也不愿袒庇共党，至碍抗日。"⑥ 为此，国民党反动派掀起了第一次反共高潮。1939 年 12 月，国民党胡宗南部侵占了陕甘宁边区的淳化、正宁、宁县等五个县城和边境的十六个区；中国共产党从团结抗战

---

① 中共中央党史研究室编：《中国共产党历史（1919—1949）》第 1 卷下册，中共党史出版社 2002 年版，第 508 页。
② 《顾祝同致蒋介石电》（1941 年 1 月 4 日），台北"国史馆"蒋介石文物档案。
③ 张君劢：《致毛泽东先生一封公开信》，《再生》第 10 期，1938 年 12 月 16 日。
④ Claude A. Buss, *The Far East, A History of Recent and Contemporary International Relations In East Asia*, New York: the Macmillan Company, 1960, p. 510.
⑤ 中国第二历史档案馆编：《抗日正面战场》（上），江苏古籍出版社 1987 年版，第 31—35 页。
⑥ 《共党问题处置办法》（1939 年 6 月），中共中央党校中共党史教研室编：《中国国民党史文献选编》，中央党校出版社 1985 年版，第 289 页。

大局出发，采取了"又团结又斗争，以斗争求团结"的方针和"有理、有利、有节"的策略，一再忍让，在对其谈判未果后，被迫自卫反击，坚决打退了来犯之敌，恢复了陇东大部地区。在山西，阎锡山则发动了十二月事变，进攻抗日决死队（新军），新军和八路军协同作战，击退了来犯之敌，并从抗日大局出发，主动提出停止摩擦，后双方达成了停止武装冲突、划区抗战的协议；1940年2月至3月，国民党石友三、朱怀冰等部配合日伪进攻晋东南太行区的八路军总部，八路军一二九师与晋察冀南下部队相配合，歼灭朱怀冰部主力两个师的大部及反共游杂武装万余人。之后，八路军主动提出休战，双方议定以临（汾）屯（留）公路和长治、平顺、磁县一线为界，该线以北为八路军防区，以南为国民党军队防区。至此，国民党顽固派发动的第一次反共高潮被打退。

在国统区，国民党也制造反共摩擦。比如，1940年3月，国民党顽固派在成都制造"抢米事件"，致使川康地区和川东地区党的组织遭到破坏。1940年3月14日傍晚，国民党特务头子康泽等经过策划，指使暴徒二三百人，装扮成老百姓模样，到成都南门外的重庆银行粮食仓库，捣毁大门，抢走大米，并故意高喊蛊惑人心的口号，伪装成赤色分子，制造了类似希特勒"国会纵火案"式的"抢米事件"。成都行辕主任贺国光诬陷是共产党煽动群众抢米，破坏抗战，逮捕共产党人。国民党反动派先后逮捕了中共四川省委书记、八路军驻成都办事处代表罗世文、川康特委军委委员车耀先等人，并关押在重庆渣滓洞监狱。以周恩来为首的南方局对罗世文被捕事件非常重视，指示川康特委发表《宣言》揭露成都"抢米事件"是"有计划的阴谋行动"，其目的是企图恶化中共与地方关系，破坏国内团结，挑拨国共两党关系，借以作为压迫共产党之口实。并要求国民党中央政府严惩凶手，要求立即释放被捕之共产党员与文化界分子。中共中央南方局还采取一些措施，决定将身份比较暴露的邹凤平、甘棠、张曙时等转移去延安，重建新的川康特委，坚持统一战线工作，并同国民党顽固派的反共活动作斗争，粉碎了国民党顽固派对四川党组织的进攻①。

在外事工作方面，1939年4月，中共中央南方局根据周恩来的指示，为加强国际统一战线工作，成立了南方局对外宣传小组。组长是王炳南，副组长是陈家康。并指示宣传小组的同志：同外国记者保持经常的联系，向他们提供《新华日报》和延安新华社的新闻资料；与在重庆的外国机

---

① 施桂生：《抢米事件》，《党史博采：纪实版》1997年第4期，第39页。

构建立联系，对国民党接待的外国友好人士和进步团体，也要尽可能参加接待；要经常举行记者招待会，宣传中国抗战情况和中国共产党的方针、政策，联络各国友好人士，积极开展国际统一战线。周恩来还积极与外国大使接触，介绍国民党发动的第一次反共高潮的相关情况。1939年12月29日，周恩来在为共产国际撰写的《中国问题备忘录》中指出，"……目前我们遇到一系列困难，主要是国民党的反共、投降活动和腐化表现，加上日本侵略者的诱降、英法的妥协活动，致使投降与分裂成为主要危险。……坚持抗战，反对投降与分裂，争取在中国彻底实现民主共和国。"[1] 由于当时蒋介石的外来志愿主要是苏联的军援。因此苏联在国民党的第一次反共高潮发生前夕曾向蒋介石指出，如果国共冲突能和平解决并不再对中国共产党采取军事行动，苏联才同意继续提供武器，以向蒋介石施压，让其放弃反共高潮。苏联驻华大使潘友新（A.C.帕扭什金）在1940年1月25日同国民党军委会外事局局长张冲、1940年2月3日他又与立法院长孙科就国共摩擦进行会谈。苏联副外交人民委员C.A.洛佐夫斯基也同蒋介石的私人代表贺耀祖就国共摩擦问题进行了会谈[2]。但蒋介石没有听取劝告，还是挑起了大的冲突。有鉴于此，苏联在1940年急剧减少了向中国的物资援助。[3] 这对打退国民党的第一次反共高潮具有重要影响。当然此时蒋介石也尚未下决心与中共彻底决裂。下面关于国民党中央执行委员会的一段档案材料就说明了这一问题："共党虽无和平解决之可能，现在绝非解决之时候，理由有七：（一）敌人大军尚压国境，一旦武力冲突，将给予敌人可乘之际。……（六）苏俄与共虽非一体，……一旦武力对共，苏俄有停止对我供给及与敌人妥协可能。（七）英美虽不愿中国共党势大，但亦不望中国此时内争，一旦武力对共之事发生，足影响国际对我之观感。"[4]

针对国民党以"三民主义"取消共产主义，把国民党和共产党合并成新的国民党的"一个政党"的荒谬理论，毛泽东提出了既不同于英美

---

[1] 中央文献研究室：《周恩来年谱（1898—1949）》，中央文献出版社1989年版，第452页。
[2] 《中华人民共和国改革30年：经验、问题、教训》，第十七届"中国、中国文明与世界——过去，现在和未来"国际学术研讨会（莫斯科，2008年10月22—24日）报告文集（下），第101、103页；转引自杨天石、侯中军编《战时国际关系》，社会科学文献出版社2011年版，第63页。
[3] 汪金国：《战时苏联对华政策》，武汉大学出版社2010年版，第116页。
[4] 《对共方针及政策》，国民党中央执行委员会档案，中国第二历史档案馆藏；转引自陈铁健《简明中国新民主革命通史》，上海人民出版社2011年版，第392页。

的旧民主主义，又有利于抗战且不同于苏联社会主义的新民主主义理论，更有别于具有专制统治的国民党蒋氏三民主义。抗战爆发后，蒋介石为代表的资产阶级顽固派说：好，你们共产党既然把社会主义社会制度推到后一个阶段去了，你们既然又宣称"三民主义为中国今日之必需，本党愿为其彻底实现而奋斗"，那么，就把共产主义暂时收起好了。国民党五届五中全会上，蒋介石攻击共产党，宣传蒋氏三民主义，鼓吹"一个主义（三民主义）""一个政党（国民党）""一个领袖（蒋介石）"。为此，1940年1月9日，毛泽东在陕甘宁边区文化协会第一次代表大会上做了题为《新民主主义的政治与新民主主义的文化》（发表时改为《新民主主义论》）的讲演："这种新民主主义共和国，一方面和旧形式的、欧美式的、资产阶级专政的、资本主义的共和国相区别；另一方面，也和苏联式的、无产阶级专政的、社会主义的共和国相区别。在今天的中国，这种新民主主义的国家形式，就是抗日统一战线的形式。它是抗日的，反对帝国主义的；又是几个革命阶级联合的，统一战线的。"[1] 中国共产党作为共产国际的一个支部，也积极开展国际统战工作，争取共产国际和苏联，对国民党施加压力，反击国民党发动的第一次反共摩擦。因为此时中国的主要外援国是苏联，而英、美、法在远东实行对日"妥协绥靖"政策。当国民党发动反共摩擦时，正在苏联治病的周恩来写了一份《中国问题备忘录》送给共产国际执委会，向苏联和共产国际说明中国统一战线出现的问题和国共之间的冲突，希望共产国际和苏联能够采取一定的措施来帮助维护统一战线。共产国际执委会组织一个专门委员会，研究导致国共之间摩擦的原因，积极为消除国共间的紧张局势做出努力，并将国共摩擦的情况告知斯大林和苏联政府[2]。苏联利用国民党对苏联援助的依赖向国民党施加压力。此时国民党政府特使孙科正在访问苏联，主要谈判苏联向中国提供第三笔贷款的问题。在得知国民党政府的反共行为后，苏联一改最初积极慷慨的态度，在谈判中要求国民党正确处理与共产党的关系，维护统一战线，并一度中止了第三期贷款中的军事项目[3]。这使得蒋介石反共行为不得不有所收敛。

---

[1] 毛泽东：《新民主主义论》，《解放》周刊（延安）第九十八、九十九期合刊，1940年2月20日。
[2] 黄玲：《抗战期间中国共产党利用国际因素化解国共关系的三次严重危机研究》，硕士毕业论文，复旦大学中共党史专业，2013年，第21页。
[3] 同上书，第22页。

二 国民党发动第二次反共高潮，共产党利用国际力量进行遏制

(一) 皖南事变爆发的背景

1941年1月，国民党发动了皖南事变，把第二次反共摩擦推向了高潮。国民党之所以在此时发动皖南事变，是与蒋介石错误估计国际形势有关。那么，1940年的国际政治局势特别是远东国际政治局势是怎样的？日本在挑起"北进"试探的诺门坎军事冲突遭到苏联红军的沉重打击后，日军损失50000余人。从此"日本陆军对苏联如丧家之犬，战争气焰丧失殆尽"。又因《苏德互不侵犯条约》，日本大有被德国盟友出卖的感觉，遂放弃"北进"战略，不介入欧洲战争，以尽快结束中日战争为政策中心，以海军为主力，推行"南进"战略，以获取东南亚资源，以便支持未来以美国为主要对手的太平洋战争。[①] 而实施"南进"战略的前提是尽快结束中日战争，日本政府决定加快促成中国各个傀儡政权的统一。1940年3月，在南京成立了汪伪中央政府，汪精卫为代主席，政府各个部门的首席官职前面均加"代理"二字，通过各种渠道和手段加强对重庆政府的诱降和劝降活动，并抽调大批军队对敌后抗日民主根据地反复实行大"扫荡"。

对苏联而言，1939年夏天与德国签订了《苏德互不侵犯条约》，苏联签订这个协定的目的在于利用帝国主义国家英法和德意两大集团之间的矛盾，使其相互厮杀，同时进一步巩固自己的西部防线。但是，苏联同法西斯德国的这一妥协，在客观上不仅放弃了反法西斯主义的旗帜，而且直接影响到共产国际和各国党的现行政策。根据共产国际的指令，各国共产党一致开始改变共产国际"七大"所确立的反法西斯统一战线的政策，重提下层统一战线策略和"变帝国主义战争为国内战争"的口号[②]。中国共产党毫无疑义地站在苏联社会主义阵营一边，坚决反对两大帝国主义集团，而蒋介石国民党由于其阶级本性，必然趋向帝国主义阵营一边，但在当时，为了取得苏联的援助进行抗战，还不能不暂时靠近苏联，并与共产党联合。1940年夏，苏德关系重新开始恶化，特别是9月27日德、意、日三国军事同盟宣告成立，给了苏联以强烈刺激，德苏战争的阴云重新笼罩在苏联的上空。为了避免两线作战的危险，苏联这时急需东部边界的稳

[①] [日] 法眼晋作：《二战期间日本外交内幕》，袁靖等译，中国文史出版社1993年版，第59页。

[②] [保加利亚] 季米特洛夫：《季米特洛夫文集》，解放社1950年版，第380—386页。

定。因此，苏联对蒋介石政府同苏联关系极为重视，千方百计鼓励蒋介石抗战。斯大林不仅亲自致电蒋介石，大量提供军事物资援助，而且紧急选派崔可夫将军赴华担任军事总顾问，督促国民党军对日作战①。斯大林明白告诉崔可夫：目前只有全力支援蒋介石，才可能"在德国侵略者一旦进攻我国的时候避免两线作战"，并"紧紧束缚日本侵略者的手脚"，"长期拖住它"。而共产党现在"还显得太孱弱"，还无法担负起这样的任务。在这种情况下，中共中央的考虑同苏联的对华政策之间产生了矛盾。苏联绝不相信蒋介石要投降，也绝不认为有刺激蒋的必要。共产国际明确告诉中共中央，不能把蒋介石看成投降派和亲日派，绝不可上亲日派的当，更不可采取过火行动，而应以全力表示共产党爱护蒋、爱护国民党、爱护友军的诚意，切不可骂蒋、骂英美与英美派，要把对于蒋介石斗争的火力正确地转移到亲日派与内战挑拨者何应钦等人身上，对此，中共中央几经申辩，均未能成功。

由于1940年6月法国败降后，战火迅速蔓延到英国本土，英国大多数兵力都投入了欧洲战场。而英国还要承担保卫新加坡、中国香港、马来亚、印度、缅甸等殖民地的义务，而其在远东的军事防御力量严重不足，日本在远东的攻势使英国极为不安，英国在对日本绥靖的同时，也加大了对蒋介石的暗中支持力度。

面对日本越来越咄咄逼人的南进政策，美国为了其远东利益，采取了更加积极的援华措施。因为相比于英国不同的是，美国有太平洋和大西洋两大洋的天然屏障为掩护，本土未遭到德国法西斯的侵略，日本如要对美国发动进攻也非易事。美国在亚太的利益也优于英国，因此，在中国抗战和对日问题上，美国采取了比英国积极与强硬的政策。近卫声明提出了"大东亚新秩序"计划，表示要独霸亚洲太平洋区域，公然向美国的"门户开放"政策挑战，使美国国会中的"不干涉主义"逐步向援华抗日政策转变。1940年9月12日，美国驻日大使 Joseph Grew 在他的著名"green light"报告中，建议美国向日本展示力量以阻止其进……日本的"南进"政策对美国在太平洋地区和英国在远东地区的利益都造成了较大的威胁。美国安全固然依赖于英国的远东舰队的政策应该有所改变的了。……我们必须力争采取尽可能的措施使重庆国民政府在太平洋地区力量的存在，至少直到欧洲战争已经取得胜利或失败前。在我看来……如果

---

① 邵力子：《出使苏联的回忆》；[俄]瓦西里·伊万诺维奇·崔可夫：《在华使命——一个军事顾问的笔记》，万成才译，新华出版社1980年版，第40页。

第四章　太平洋战争前的国际环境与第二次国共合作　173

判断形势，需要美国向日本展示力量，这样付出可以取得有效的效果，以保障我们未来在全球的安全。①

美国加大了对华援助力度。1940年11月30日，美国宣布给中国1亿美元贷款。12月1日，美国又向中国提供1亿美元援助。② 而对苏联而言，面对德国法西斯在欧洲的疯狂侵略和频频得手，苏联意识到苏德战争为时不远，也希望中国把日本拖住，加大了援华力度，且援助的物资都是给予国民党的。为了加强对美国和英国的外交工作，1941年12月23日，蒋介石以国民党总裁身份向五届九中全会提出，调任外交部部长郭泰祺任国防最高委员会外交专门委员会主任委员，由国民政府里的"英美派"代表宋子文继任外交部部长。在"外交部长宋子文未到任以前，特派行政院院长蒋中正兼理外交部部长职务"③。29日，蒋介石致电宋子文称，因孔祥熙患伤寒："故财政、外交皆由中正亲自主持。"④

这些让蒋介石自我感觉良好，既然英美苏日都在争取他，那么在此情况下发动反共军事行动不会招致国际力量的较大反对。而在1940年8月下旬，彭德怀领导的八路军发动向日军主动进攻的胜利之战"百团大战"，也让蒋介石惊慌不已。仅这一次战役八路军参战兵力就达到105个团20余万人，这引起处心积虑削弱与消灭中国共产党的蒋介石忌恨，蒋介石开始寻找各种借口和时机打击中国共产党领导的抗日军队。1940年10月19日，蒋介石指使何应钦、白崇禧向朱德、彭德怀、叶挺、项英发出"皓电"，诬蔑新四军破坏团结和抗战，并强令在华中、华南以及长江以南的八路军、新四军在一个月内撤到指定的黄河以北地区。蒋介石同时密调顾祝同部队7个师约8万人的兵力，准备在华中或江南歼灭转移的新四军。1941年1月6日，奉命北移的新四军军部及其所属皖南部队9000余人，在安徽泾县茂林地区突遭国民党军的包围袭击，除2000余人突出重围外大部壮烈牺牲。

（二）中共打退国民党的第二次反共高潮

皖南事变爆发后，中共在广泛开展国内统战工作争取民主党派、国民

---

① Joseph Grew, Turbulent Era, II (New York: Houghton Mifflin copany, 1952), pp. 1228–1229.
② 李松林等编:《中国国民党大事记》，解放军出版社1988年版，第317页。
③ 《国民政府公报》，渝字第426号，1941年12月27日。
④ 秦孝仪主编:《中华民国重要史料初编——对日抗战时期·第三编·战时外交第1册》，中国国民党中央委员会党史委员会编印，1981年，第325—326页。

党左派等的同时,也通过开展国际统战工作,用美、英、苏三国政府向蒋介石施压,打退其进攻。这段时间,周恩来还巧妙拜会美、英、苏等国大使、特使和记者,说明皖南事变真相,同时通过斯诺、斯特朗等人将皖南事变真相在美国媒体上发表。英国、美国和苏联等国大使和特使等都先后会见蒋介石或国民政府要员,就皖南事变劝导停止冲突或提出质问。

皖南事变爆发之际,斯诺正受聘于美国《先驱论坛报》,正好到了香港。他从廖承志那儿得到了皖南事变发生的消息。斯诺在《复始之旅》一书中写道:"……这件事很可能意味着国共战事全面恢复,中国的抗日力量全面崩溃。新四军事件表明确实是对中国的民族团结的致命打击……"① 几天以后,英国驻重庆的外交官们证实新四军事件是真实的,他们还向伦敦报告说,国民党就要对延安大举进攻。美国政府不愿中国发生内战,以削弱抗日的力量,他们正指望中国战场拖住日军南进的步伐。因此,美国财政部长摩根竟然暗示,如果内战重开,重庆就休想从美国那儿得到更多的财政援助。这清楚地表明,美国对蒋介石的战时支援将取决于蒋能否在联合抗日方面保持某种团结。② 美国政府还派出特使居里来到重庆,宣称在国共问题未解决前,美国政府无法大量援华。居里2月初到达中国。蒋介石立即会见了他,在美国,居里已从媒体上了解到皖南事件不同于国民党宣传的另一面,所以他提出要见一见周恩来。这让蒋介石不知所措。周恩来与居里在卡尔的英国大使馆会面了,居里获得了大量关于皖南事变真相的一手资料。并说蒋介石如不改变反共政策,势将导致中国内战,使抗战停火,而便于日军南进。之后,居里向蒋介石郑重声明:"美国在国共纠纷未解决前,无法大量援华,中美间的经济、财政等各问题不可能有任何进展。"由于国民党此时把争取外援的希望寄托在美国身上,并正在千方百计地密切与美国的关系,因此,美国在皖南事变后的态度是很有分量的。1月25日,蒋听到美国政府因为皖南事变而暂缓拟议的5000万美元贷款的传闻,专门致电驻美代表宋子文询问。③ 美国驻华大使詹森大使在1月30日会见

---

① 王顺:《抗日战争时期国际友人视野中的国共两党》,硕士学位论文,东北师范大学,2006年,第8页。
② 李传玺:《皖南事变的真相是如何大白于天下的?》,《党史纵览》2005年第7期。
③ 《蒋委员长自重庆致驻美代表宋子文嘱请美国政府声明否认曾训令居里来华调查国、共间之争执及请其从速完成五千万美元贷款之交款手续电》,1941年1月25日,中国国民党中央委员会党史委员会编印,秦孝仪主编:《中华民国重要史料初编——对日抗战时期·第三编·战时外交(一)》,中国国民党中央委员会党史委员会编印,1981年,第535页。

蒋介石时提醒说，美国政府对中国及中国保持独立的能力感兴趣。因此，当中国内部出现困难和冲突的消息传来，美国自然关注并且期待这些困难能够被克服。在他看来，共产党问题主要是一个内政问题，而他希望国共双方能够消弭分歧，为中国的福祉继续合作[1]。3月17日，美国国务卿赫尔指示詹森大使，要他寻找适当时机告诫蒋介石和国民政府高级官员，美国非常关注国共冲突的报告，中国的团结是美国多年来对华政策的主要决定因素之一，在当今世界的危急时刻，保持中国团结的重要性无论如何强调都不过分。[2]

周恩来与英、苏两国驻华大使或特使在皖南事变后的交往，也促进了皖南事变的解决。首先是与英国驻华大使阿奇博尔法·克拉克·卡尔爵士的交往。1941年新年刚过，国民党的军队突袭新四军的消息传来，作为英国驻华大使的卡尔，有义务了解这次事件的真相。他与周恩来会面后，急切地问道，"周将军，我肯定你能告诉我，皖南到底发生了什么事?"周恩来详细地讲述了皖南事变的前后经过，并强调国民党当局的反共行为只会削弱中国的抗战力量，对日本有利，对英国在远东利益有很大的损害。结束与周恩来的谈话后，卡尔马上招来报务员，口授了一份致首相丘吉尔的急电，指出中国的内战只对日本有利，请示可否以正式途径向蒋介石表示英国反对中国内战的意见。很快丘吉尔首相亲自致电蒋介石反对中国内战，并让卡尔尽快拜会蒋介石，转达英国政府反对中国内战的意见。[3]

1月11日，周恩来和叶剑英亲赴重庆枇杷山苏联大使馆，约见苏联驻华武官、蒋介石的总军事顾问瓦西里·伊凡诺维奇·崔可夫中将和苏联大使潘友新，告以国民党发动皖南事变的真相。送走周恩来和叶剑英后，崔可夫和潘友新一致认为，应该代表苏联政府出来说话。经过考虑，他们决定，要让蒋介石知道，他进攻共产党，把枪口对准自己的同胞，而不是对准侵略者，这可能影响苏联对他提供的军事援助。同时他们还决定，暂不直接向蒋介石作外交表态，而是通过参谋总长何应钦、参谋副总长白崇禧向他施加影响。连续几天，崔可夫和潘友新频繁会见

---

[1] "The Ambassador in China (Johnson) to the Secretary of state", January 30, 1941, FRUS, 1941. The Far East. vol. 5: 481.

[2] "The Secretary of State to the Ambassador in China (Johnson)," March 13, 1941, FRUS, 1941. The Far East. vol. 5: 490–491.

[3] 中共中央文献研究室：《周恩来年谱（1898—1949）》，中央文献出版社1997年版，第486页。

重庆政府内不同级别的党政军要员,他们反复强调一个内容,内战只有害于反侵略斗争,这可能导致苏联方面停止军事援助,因为苏联人民和红军难于理解,为什么中国军队不抗击共同的敌人,而进行自相残杀。崔可夫强调说,如果蒋介石国民政府想通过内战来消灭共产党,就"意味着大大恶化同苏联的关系"①。1月25日,苏联驻华大使潘友新也直接面见蒋介石,指出"苏联政府对于此次之冲突与斗争,非常关怀,深恐由此引起内战,因而损及贵国抗日之力量"②。须知,到此时为止,苏联是唯一以实际行动援助中国的国家。国民政府此时还不能失去这一援助。1月17日,苏联外长莫洛托夫和外贸部长米高扬拒绝出席中国驻苏联大使邵力子到任后第一次举行的晚宴。副外长洛佐夫斯基要求邵力子转告中国政府,"勿做敌人快心之事"③。《真理报》很快揭露了皖南事变的真相,抨击蒋介石国民政府这种行为系出自"党派偏狭之动机",是"无异于扩大内战,结果唯有削弱中国而已"。④ 当然,共产国际也劝中共与国民党的斗争不要使抗日民族统一战线破裂。1942年1月20日,季米特洛夫来电,要中共严格把握党的政策。2月5日再度来电,提醒中共中央不要使国共关系破裂,不可另起炉灶,而应将斗争矛头指向亲日派。同时,苏联大使潘友新、军事顾问崔可夫再三叮嘱在重庆的周恩来,要中共设法延长而不是中断同国民党的关系,避免因国共对立影响抗日的中心任务。正如克劳丁所说:"斯大林要求中共作出努力——实际上这意味着让步——来加强与国民党的团结。"⑤

中共与美国记者的交往,通过美国记者的报道扩大影响,给蒋介石施加国际压力。1941年1月6日,美国《纽约时报》报道:"朱德将军已经向国民党军事委员会委员长蒋介石传递了一个很强的信息——'要求国民党中央军停止向中共领导的抗日军队的进攻。中共领导的抗日军队在与日本军队作战时遭到了国民党军队的攻击'。"⑥ 在国内外舆论的

---

① [苏]瓦·伊·崔可夫:《在华使命——一个军事顾问的笔记》,万成才译,新华出版社1980年版,第61页。
② 秦孝仪主编:《中华民国重要史料初编——对日抗战时期·第三编·战时外交(二)》,中国国民党中央委员会党史委员会编印,1981年,第386页。
③ 汪金国:《战时苏联对华政策》,武汉大学出版社2010年版,第117页。
④ 中央档案馆编:《皖南事变》,中共中央党校出版社1982年版,第268页。
⑤ [西班牙]费尔南多·克劳丁:《共产国际·斯大林与中国革命》,廖东等译,求实出版社1982年版,第32页。
⑥ Agnes Smedley, *The Great Road—The Life and Times of Chu Teh*, New York: Monthly Review Press, 1956, p. 375.

一片责难声中和英、美、苏三国政府的外交压力下，蒋介石政府在政治上已陷入异常孤立和被动的境地。蒋介石不得不于3月6日在国民参政会表示："今后将绝无剿共的军事行为发生。"然后又于14日、25日两次约见周恩来表示缓和。至此国民党在抗战期间所发动的第二次反共高潮被完全打退。在国民参政会上，国共也进行了博弈。1941年3月1日，是第二届国民参政会开幕的日子。皖南事变爆发后，为了在政治上打退国民党的反共摩擦，共产党决定利用国民参政会向蒋介石施压，因为美国总统罗斯福的私人代表居里表示：留在重庆，专等观光国民参政会。蒋介石不得不极力邀请共产党的参政员出席会议。中国共产党提出了12条要求作为参加会议的条件。1941年2月15日，毛泽东等中共参政员正式向国民参政会提出了包括停止挑衅、惩办皖南事变祸首、恢复叶挺自由并继续当军长等12条。对于中国共产党提出在"12条"下参加国民参政会，中间人士异常高兴，认为只有共产党的"十二条办法"才能解决问题[1]。但虽经双方多次交流和接触，国民党仍拒绝了中共的12条要求。眼看到了3月1日，蒋介石几次派人请在重庆的董必武等中共参政员出席会议，为了表示中共的诚意，中共的参政员代表们又在3月2日提出了做出一定让步的新12条，周恩来以口头方式向张冲提出，以此作为出席参政会的让步条件。[2] 但仍然遭到国民党的拒绝。中共决定不参加此次国民参政会，得到了广大群众、民主党派的同情和支持。蒋介石在国民参政会上不得不强调："以后决无'剿共'的军事"，并仍把董必武选为驻会委员。1941年3月9日的《中央日报》社论也称"即使（中共）七参政员始终不出席参政会，'只要中共不脱离抗战阵线，事件不至扩大，而剿共事实亦不至发生'"[3]。

打退了国民党的反共摩擦后，中共仍然强调与国民党合作抗日。比如，周恩来在1941年7月7日的《新华日报》第2版发表了代论《"七七"四年》、7月20日的《新华日报》发表了《团结起来打敌人！》等文。其中在《"七七"四年》一文中指出："敌人引诱我们，我们坚持抗战到底；敌人分化我们，我们坚持团结统一，共御外侮。……抗战的各党派——国民党、共产党、青年党、国社党、第三党、救国会以及一切其他的政治集团，成为全中国人民所仰望的团结中心；抗战的后方——中国的

---

[1] 安徽省文物局新四军文史征集组编：《皖南事变资料选》，安徽人民出版社1981年版，第363页。
[2] 中央档案馆编：《皖南事变》，中共中央党校出版社1982年版，第221—223页。
[3] 社论《七参政员事件》，《中央日报》1941年3月9日。

整个西部和各战区的后方,成为全中国人民所重视的国防生产和战争动员的根据地。"① 当然,面对国民党对中国共产党领导的八路军在 1941 年 6 月"擅自行动"的污蔑,八路军驻重庆办事处也进行了澄清和解释。1941 年 7 月 23 日的《新华日报》首先阐明了批评国民党谎言的原因:"自 19 日起接连 3 日,中央社发布关于第 18 集团军'擅自行动'的消息多则,在第一日该军驻渝代表曾经发表谈话说明真相,不意竟奉令免登,致社会上是非莫辩,而中央社仍得继续发表一方面电报,殊为遗憾。记者再走访该军(第 18 集团军)驻渝代表。"②接着,《新华日报》还发表了八路军驻重庆办事处代表的谈话内容:"一、若谓'军委会据报后当电令朱德总司令制止'之电,系指感歌两电,则不能谓为'尚未据呈复',因鱼电即系呈复;二、若谓'据报'系指本月 19 日各报所登之孟津、郑州及山东某地之本月 18 日四电,则确实不仅朱德总司令不及呈复,本人在重庆亦未奉到任何电令。……"③《新华日报》还附朱德总司令鱼电全文加以证明:"部长需钧鉴:歌午一之代电敬悉。顷据彭副司令德怀来电称,查职部某团南下与友军时生误会,一则与事实不合,职属 129 师第 386 旅原驻武(乡)襄(垣)一带,为配合友军作战,像白晋路分段破击,现已回原地整训。"④

小　结

太平洋战争爆发以前,苏联为了避免两面作战的危险,继续在军事上大力支持国民党抗日。而在与中共的关系上,因为苏联担心日本在德国进攻苏联的同时发动对苏联的进攻,故斯大林要求八路军在北方大规模主动出击,以牵制日军,减轻苏联的压力。中共暗中反对,加之由于中共六届六中全会毛泽东提出"马克思主义中国化",苏联对中国共产党有所疏远;苏联还秘密与日本谈判,这些对第二次国共合作有较大的影响。日本在继续对中国侵略的同时,先是试探向苏联远东地区进攻但遭到失败,为了解决持久作战所需要的资源和经济问题,逐渐转变为"南进"政策,

---

① 周恩来:代论《"七七"四年》,《新华日报》1941 年 7 月 7 日第 1 版。
② 《关于十八集团军行动真相　该军驻渝代表昨再发表谈话》,《新华日报》1941 年 7 月 23 日第 4 版。
③ 同上。
④ 同上。

第四章　太平洋战争前的国际环境与第二次国共合作

与美英法的矛盾加深。美国、英国和法国（败降德国以前）为了其远东利益，虽然有时也采取绥靖政策，但是当日本"南进"意图比较明显时，它们加大了对中国抗战的援助，希望国共合作抗击日本，减缓日本南进的步伐和减轻英美的压力，同时也积极准备应对日本在东南亚和太平洋上对美国、英国的挑战。德国继续与国民党秘密谈判，妄图把中国纳入轴心国阵营。在这种国际形势下，共产党积极抗日，开辟了抗日根据地，力量也有了大发展；国民党受到日本进攻的压力减小，对于中共领导的抗日力量发展感到"忧虑"，国民党内的汪精卫集团投敌建立汪伪南京国民政府，遭到国共的联合谴责和反击；蒋介石顽固派则先后发动第一次反共高潮和第二次反共高潮，中国共产党利用美、苏、英等国向蒋介石施压，并在国内争取多方力量和争取华侨，迫使蒋介石尴尬退却，打退了国民党发动的反共摩擦，维护了抗日民族统一战线。

第五章　太平洋战争时期的国际环境嬗变与国共合作

1941年12月8日，日本偷袭了美军在太平洋上的重要海军基地珍珠港，太平洋战争爆发，整个世界卷入了历史上的战争浩劫之中。英国和苏联全力对付德国的疯狂侵略，无力援助中国。美国出于远东战略考虑，成为中国抗战的主要援助国。这让蒋介石高兴不已，以为没有了后台支持的中国共产党的日子会不好过，但令蒋介石没有想到的是，此时毛泽东、周恩来等中共中央领导人抓住美国在战时有加强与中共接触甚至合作抗日的要求，成功开展了国际统战工作，使中共与美英两国政府的关系有了比较大的好转。这对于维持国共合作抗日也具有十分重要的意义。抗战进入1945年后，随着法西斯德国、意大利的投降，日本的战败也是不可避免的，美苏开始从双方在战后世界格局出发，谋略在中国的势力范围，但都支持蒋介石政府，都不主张国共内战。

第一节　太平洋战争爆发至1945年8月大国的对华政策

一　太平洋战争的爆发

太平洋战争前夕，日本与中国的全面作战进行到了第4年，国内经济更加困难，但当时美国、英国、荷兰等欧美国家都对日本实行封锁，加之德国和意大利法西斯在欧洲和非洲侵略的屡屡得手，使日本加大了对外侵略的力度。正如毛泽东曾指出的："日本地主资产阶级的野心很大，为了南攻南洋群岛，北攻西伯利亚起见，采取中间突破的方针，先打中国。"[①]也即日军的战略是占领中国部分或全部领土，以中国为跳板进攻美英或苏

[①] 中共中央文献编辑委员会编：《毛泽东选集》第2卷，人民出版社1991年版，第509页。

第五章 太平洋战争时期的国际环境嬗变与国共合作

联。本来在对外侵略方向方面，有陆权派"北进"（进攻苏联）和海权派"南进"（进攻东南亚，与英美一战）的争论。但由于当时苏联的强大，日本之前的屡次对苏联远东地区的试探进攻都失败了，东南亚地区丰富的资源和富足的经济也与苏联远东地区经济落后贫乏形成了鲜明的对比。还有就是从本质上讲，日本是一个岛国，历来更加注重"海权"。日本在近现代是马汉海权理论的最忠实追随者。马汉在其回忆录中提到，没有人比日本人"对这一课题给予更密切、更兴趣十足的关注"，这一点从"其制备和他们在日俄战争中的成就"上表露无遗。马汉还说"就我所知，同类作品中再没有比我的著作更多地被翻译成日文。"① 以至于1902年，日本山本兵卫（Yamamoto Gombei）将军为马汉在日本海军学院提供了一个待遇丰厚的讲习职位②。在马汉理论的指导下，日本试图建立一个自给自足的经济区（所谓的大东亚共荣圈），沿着第二岛链建立防御外围，建立了一支强大的舰队③。其次，自中国抗战以来，日本的陆军在与中国军队的作战中损失较大，而且从中国战场抽调陆军进攻苏联，对日本的对华侵略将造成重大影响。日本派遣军总司令畑俊六在给日军参谋总长的意见书中指出，"此时突然减少中国派遣军的战力，会引起各方面的不可预期的波动，给（中国）事变的处理产生重大影响"④。而长期受到日本政府扶持的日本海军却在第二次世界大战中损失较少，贡献不大。以至于日本陆相东条英机认为，"陆军在中国事变中损耗了四成，而海军的损耗还不到一成"，"现在必须考虑使用海军兵力"。⑤ 日本开始把侵略的矛头指向东南亚地区以抢占东南亚国家丰富的战略资源，这势必与当时在东南亚经营多年的英美荷发生矛盾。为了达到效果，日本发动了对美国太平洋舰队的偷袭。1941年12月8日（美国时间是12月7日，星期天），早上7点55分，在太平洋海军基地的美国官兵依旧放假休息。日本海军中将南云率领

---

① Alfred Thayer Mahan, *From Sail to Steam: Recollections of Naval Life* (1907), Reprint, New York: Da Capo Press, 1968, p. 303.
② David C. Evans and Mark R. Peattie, Kaigun: *Strategy, Tactics, and Technology in the Imperial Japanese Navy* (1887–1941), Annapolis, Md: Naval Institute Press, 1997, pp. 67–71.
③ Sadao, From Mahan to Pearl Harbor, 转引自［美］吉原恒淑·詹姆斯·霍姆斯《红星照耀太平洋：中国崛起与美国海上战略》，钟飞腾等译，社会科学文献出版社2014年版，第44页。
④ ［日］伊藤隆、照泽康孝：《现代史资料续4·陆军·畑俊六日记》，东京：美玲书房1983年版，第308页。
⑤ ［日］防卫厅防卫所战史室：《战史丛书20·大本营陆军部2》，东京：朝云新闻社1968年版，第371页。

他的航空母舰部队悄悄开到离珍珠港不到 300 英里的洋面上，触动大批飞机，对美国太平洋重要海军基地珍珠港进行两轮狂轰滥炸。美军损失惨重，不到 2 个小时，美国损失了 8 艘战列舰、3 艘巡洋舰、4 艘其他舰船、188 架飞机被炸毁，若干座海边重要的军事设施也被毁坏，2000 多名士兵和水手丧生，1000 多名士兵受伤。[①] 日本在偷袭了珍珠港后才正式向美国宣战。按照既定作战方针，12 月 8 日，日本飞机还从中国台湾起飞，袭击并摧毁了在菲律宾的停在地面上的大部分美国空军。同日，日本军队在马来西亚北部的哥打巴鲁登陆，1942 年 2 月 15 日占领英属殖民地新加坡和马来西亚。1941 年 12 月 18 日，日本占领中国香港九龙租借地，12 月 25 日，中国香港沦陷。1942 年 3 月 9 日，日军占领东印度群岛。珍珠港事变爆发的第二天，美英正式向日本宣战，此后，加拿大、澳大利亚、新西兰等二十多个国家先后向日本宣战。与此同时，中国国民党中央委员会召开紧急会议，决议中国正式对日、德、意宣战。蒋介石在会上讲：过去，英美"视中国为无足轻重，徒利用我以消耗日本之实力，今日本闪击英美"，使得中国抗战的危险"已过大半"，他认为太平洋战争的爆发，使得美国利用中国抵挡日本、自己置身事外的时期已经过去，日本的大部分兵力将被美国吸引过去，抗战前途一片光明。[②] 中国的抗日战争从此与世界反法西斯战争融为一体，并成为其中的重要组成部分。在这个时候，美国的全球政策的重点关注的首先是全力打败德国。在太平洋战争期间，美国政府实行了把中国保持在反日本法西斯战争中的策略，以利用中国的军队和有利地理位置来打击日本，为此美国政府尽力支持中国为世界强国之一[③]。

在欧洲，德国法西斯在打败法国、轰炸英国后，发起了对苏联的"闪电战"进攻，很快侵占了苏联的大量土地，打败和打溃苏联的大量军队，连莫斯科、斯大林格勒、列宁格勒也处于危险之中。在北非，德意法西斯联合军队对英国的军队发起了猛烈的进攻，英军和其雇佣军损失惨重。但是进入 1942 年年底和 1943 年年初，世界反法西斯战争的局势有所好转，反法西斯盟国在苏德战场、北非地中海战场、太平洋战争中先后完成了从战略相持到战略反攻的转折。在欧洲，德国进攻莫斯科遭到了失败，曾经具有神话般英勇战斗力的德国法西斯军队死伤严重，并出现了一

---

① [美] Alan Brinkley：《美国史（1492—1997）》，邵旭东译，海南出版社 2009 年版，第 771 页。
② 张其昀：《党史概要》（第 3 册），（台北）"中央文物供应社" 1979 年版，第 1194 页。
③ Tang Tsou, *America's Failure in China*（1941 – 1950），Chicago University Press, 1963, p. 33.

些俘虏。与此同时，在亚太战场，中国远征军和英美军队一起，共同对日英勇作战，消灭了大量的日军，使日本在东南亚的猛烈侵略态势有所缓和，日军逐渐由进攻进入相持阶段，这对于以"进攻"见长的日本非常不利。在北非，德意军队也遭到了打击。

二 日本"两个拳头"打人——对中国侵略，与英美争夺东南亚

自1941年12月8日太平洋战争爆发开始至1942年春夏之际，由于法国已经被德国打败无法顾及其远东利益，英国正面临德国轰炸和围困，并在北非进行殊死作战，美国则因长期孤立主义的影响，放松对日本侵略南洋地区的警惕，加之日本是以偷袭和先发制人的作战方式，横扫东南亚和西南太平洋地区，先后攻占了西起缅甸、马来西亚，东至中部太平洋的吉尔伯特群岛，北达阿留申群岛，南迄新几内亚、所罗门群岛的广大区域，加上原先占领的中国领土，总面积达3200万平方公里，占地球总面积的1/6，可谓战果赫赫，同德国迅速击溃英、法一样，也取得了一场戏剧性胜利。此时，日本当局及时利用初战胜利扩大战果：西取印度洋与德意会师中东，南攻澳大利亚，中取中国结束中日战争，以建立"大东亚共荣圈"。其中解决中国问题仍是日本战略中的重点。中国抗日战场的作战极大地牵制了日本在太平洋战场的作战。

太平洋战争爆发后，12月10日，日本大本营、政府联席会议决定将太平洋战争和中日战争合称为"大东亚战争"，以示该战争为世界战争之一环之意。但实际上，中国仍是独立于太平洋战场之外的战场。在总体战略上日本企图以太平洋战线为主，以中国战线为辅，不愿在两条战线上平均使用兵力，但事实上却难以实施，日军在中国战线上的兵力，尤其是陆军兵力占了大多数。太平洋战争爆发后，日军陆军总兵力51个师团，其中本土2个师团，朝鲜2个师团，中国东北13个师团，中国本部22个师团（另有20个旅团），南方10个师团，用于太平洋战场的兵力不及中国战场的1/3。[①] 这就构成了日本在中国战场是陆主海从，在太平洋战场上则是海主陆从，两条战线平分秋色的局面。这一局面对日本在太平洋战场上的作战产生了巨大的影响。为发动太平洋战争，日本大本营决定从中国战场抽调了5个师团的兵力，但由于中国抗战，特别是八路军、新四军的积极抗日，日本不得不又从国内补充了兵力，在中国战场的总兵力没有大的变化，但日军在中国战场战斗力因新补充的预备役军队军事素质较差，

---

① ［日］服部卓四郎：《大东亚战争全史》，东京：原书房1982年版，第194—195页。

而导致其战斗力下降。太平洋战争爆发时,日军参谋总长杉山元向日本中国派遣军传达了大本营陆军部的对华战争指导意向,他说:"中国事变爆发已历时四年,在此期间,由于派遣军的极大努力和众多英灵的忠诚,重庆政权今已衰落,其斗志、战斗力都很低下,加上经济压力,其抗战态势濒于崩溃……若能与南方作战全盘战果相配合,完全切断援蒋各国同重庆的联系,捕捉解决中国事变的良机,我认为并非无此可能。……因此,大本营决定将恰当的政治谋略相结合,竭尽全力营造、捕捉解决中国事变的良机,为最终使蒋介石屈服而迈进。"[①]

由于太平洋战争的爆发,日本同时在太平洋战场和中国战场进行两线作战,所攻占区域与其国力极不相称。即是说,日本野心勃勃,企图吞下其不能吞下的猎物,处于将被撑死、胀死的状态,初战胜利后,再无余力继续扩大战果,并被中、美、英等盟国左右夹攻,腹背受敌,导致战局急转直下。1941年12月10日,日本参谋本部便着手研究"对重庆工作",提出了加强对重庆方面的谍报工作,这显然不是解决中国问题的措施。12月18日,日本参谋本部部长会议,研讨南方作战告一段落后,如何使重庆方面屈服的施策,将"对重庆工作"改名为"使重庆屈服工作",但也未提出实现这一目标的有力措施。1942年2月中旬开始,日本大本营、政府联席会议连续举行会议,商讨下一步的作战计划。2月25日至26日,日本大本营、政府联席会议在《世界形势判断》(3月9日通过)中提出,美英苏等国合作击败德意,控制地中海、中东、印度洋和澳洲,切断日本与德意通过印度洋、中东取得联系。关于中国的动向,该文件指出:"重庆政权抗战力逐渐低下,且其财政经济状况亦很紧迫。但有着党军威力的背景,尚能坚持坚韧的抗战意识,又由于期待反轴心阵营的最后胜利,故未放弃抗战意志。最近与苏联合作愈益强化,并与印度接近,谋求抗日阵营的统一。""由于美英援蒋道路被切断、轴心国成果的扩大,难以依赖美英苏生存,加上我国力递增,终将导致其抗战体制的崩溃。"[②]

1942年3月19日,日本参谋本部在给天皇上奏的《关于今后的作战指导》中提出:"利用南方作战的成果,只要形势许可,以政略、谋略并用,努力迅速解决中国事变。"该文件"关于对重庆作战"部分写道:"在全盘形势特别是对苏形势许可的形势下,利用大东亚战争的成果,断

---

① [日]防卫厅防卫研究所战史室:《战史丛书35·大本营陆军部3》,东京:朝云新闻社1969年版,第55页。

② 同上书,第501—503页。

第五章　太平洋战争时期的国际环境嬗变与国共合作　185

然为处理中国事变而迈进,企图迅速予以解决。""切断滇缅公路的效果,预计于切断数月内,其影响将迅速波及全中国。""从其他方面转用若干兵团,与在华日军一起共同进行稍大规模的作战。作战目的是歼灭敌中央军,或攻占对重庆政权能构成直接威胁的战略要地,或如果能使重庆政权丧失统制能力,则策动中国各军队分崩离析。""通过扩大清乡工作,力图彻底整肃提高占领区的治安,把握民心,安定民生。""对占领地区内部,努力确保治安和加强经济建设,同时,对外部进行彻底封锁切断,政略、谋略兼施,促使重庆政权衰亡或分裂。"① 4月9日,日本参谋总长杉山视察南方战线回国向天皇上奏并提出建议:"今后对英美作战以海军为主担任,陆军则致力于对苏准备,特别是要针对中国事变的解决,回到陆军原来的大陆国防的立场。"② 杉山的意见很清楚,在南方作战告一段落后,陆军的第一位的战略目标是解决中国问题。为此,日本在华新设6个师团,以填补调到太平洋战场的6个师团之缺。并积极研究四川作战、西安作战和"治安战"。③ 但是由于日本在华战斗同时面临正面战场和敌后战场的两线作战,因此,日本中国派遣军总司令官担心集中兵力进行西安作战和四川作战,会以牺牲占领区的治安为代价,并使中共领导的抗日根据地和抗日队伍很快发展,甚至导致中共控制中国,从而成为日军在其"占领区"的长期"祸害",日军的处境就更困难了。1942年6月,日本在与美国的中途岛海战中失利,预感在太平洋战场好境不长。同样由于中国持久抗战的拖累,日本在太平洋战场的陆军兵力吃紧,使日军在1943年初的瓜岛争夺战中又遭到惨败,日本在太平洋战场迅速地转入了战略防御。但是日本仍以用强力进攻迫使蒋介石政权的崩溃为目的。1943年2月27日,日本大本营向日本中国派遣军下达《大陆命第757号》命令,要求日本中国派遣军"努力挫败敌人继续抗战的企图并使其衰亡,同时,抑制在华空军的活动",规定日本中国派遣军的任务是:在占领区进行"治安战"、抑制中美空军的活动、为确保岳阳以下的长江交通而进行小规模的进攻作战。④ 面对美国即将在太平洋发起的进攻,日本后来不得不从中国调遣军队。那么,由谁来补充因从中国战场抽调兵力支援太平洋战

---

① ［日］防卫厅防卫研究所战史室:《战史丛书35·大本营陆军部3》,东京:朝云新闻社1969年版,第523—527页。
② 同上书,第539—540页。
③ 同上。
④ ［日］臼井胜美、稻叶正夫:《现代史资料38·太平洋战争4》,东京:美铃书房1977年版,第101—102页。

场所导致的帮助国战场兵力空缺呢？日本决定采取措施加强汪伪政权的力量，利用汪伪政府的参战来取代部分日军的作用。到了1943年9月，局势对日本越来越不利。9月25日，日本大本营在研讨如何遏制美国反攻问题上，制定了《世界形势判断》。指出，"美国以其物资方面的优越性，作战气势将以数倍增加；英国国民团结一致，相信最后胜利；重庆方面继续作战的意志高涨，蒋介石地位比较巩固，人力资源丰富，在华美军空军力量逐渐增强；苏联国民凝聚力强，生产能力已恢复七八成，并对德国进行冬季攻势，美英也将开辟第二战场。在东亚，美英将在南方发动大规模返工，切断日本海上交通线，对日本本土进行空袭"。世界战局对日愈益不利。为此，日本制定了退守"绝对国防圈"计划。为了确保"绝对国防圈"方针的实施，日本大本营决定从中国战场抽调兵力支援太平洋战场。但仍不能抵抗美军的进攻。到1944年后，美军兵分两路向太平洋战场进行"双叉冲击"，日军节节败退，日军"绝对国防圈"开始崩溃。在这种形势下，日本决定在中国战场发动大规模攻势，打通经中国贯通日本与南方地区联系的交通线，以便同美国进行长期作战，以扭转太平洋战局。1944年4月下旬，日本中国派遣军制定了"一号作战计划"，到12月10日，日本打通了中越交通线，历时8个月，这削弱了日本用于太平洋战场上的兵力。虽然国民党军队在日军的猛烈进攻下，有豫湘桂大溃败，但是日军在中国战场延长了战线，兵力更加吃紧，处于中国正面战场与敌后战场的夹攻之中。无力同美国决战。1945年1月，美军攻占了菲律宾吕宋岛，日本的"绝对国防圈"全面崩溃。2月22日，日本最高战争指导会议在《世界形势判断》中指出，在欧洲，预计本年中期的国会出现"最坏的事态"；在亚太地区，预计美国对日攻势将更加猛烈，至八九月完成对日本的包围进攻态势；在北方，苏联可能会对日作战；在中国，中国政府努力利用与印度支那陆地交通重开之机，恢复与增强战力，随着军队装备美式化，策应美军作战，实施对日反攻；在中国的日本占领区，延安方面的反攻行动将愈演愈烈。① 为此，加强日本本土和中国大陆的防御，建立阻止美军进攻的不败态势。为了牵制和威胁美军对帝国本土的进攻，以及封杀其到达中国沿海的企图，日本决定迅速强化中国沿海要地的作战准备。② 以上说明，日本决定对美作战重点放在中国沿海地区。

---

① ［日］防卫厅防卫研究所战史室：《战史丛书35·大本营陆军部10》，东京：朝云新闻社1975年版，第24—26页。

② 同上书，第12页。

4月18日，日本大本营决定从华中、华南地区抽调4个师团到东部沿海地区。4月27日，日军从广西撤军。5月28日，日本大本营发布《大陆命第1335号》命令，要求日本中国派遣军从湖南、广西、江西地区的湘桂线、粤汉线撤军。① 中国正面战场军队对日军的撤退进行尾追作战，中国共产党领导的敌后战场则在日军后方发动全面反攻作战，日军在中国战场进入全面溃退阶段，直至最后投降。

三 美、英加大对中国的援助，并开辟亚洲反法西斯战场

中国抗战对于太平洋战争爆发后的英、美两国抗击法西斯有着十分重要的作用，因为美、英两国的"先欧后亚"战略，需要中国抗击日本在远东的侵略。而抗战时期中国通过做出巨大的牺牲也确实拉住了日本陆军的绝大部分、空军和海军的一部分。根据 History of the Sino-Japanese War（1937—1945）一书的描述：中国对日作战包括23次大的战役，1117次大的战斗，38931次小的作战行动，花费法币14633亿元，有3237916名将士和5787352名平民为取得抗战胜利而英勇献身。同时把230万日军吸引在中国战场，极大地支持了盟军，并为盟军的反法西斯战争的胜利做出了显著的贡献。②

关于中国抗战的作用，1942年1月6日，美国总统罗斯福在致国会的国情咨文中说，"千百万中国人民在漫长的4年半里顶住了轰炸和饥荒，在日本武装和装备占优势的情况下仍然一次又一次地打击了侵略者。……我为我的国家与阁下（蒋介石）和阁下所领导的伟大的国家联手而感到自豪，并深信中、美并肩将巩固两国的传统友谊，将法西斯消灭干净。"③《纽约时报》一篇社论指出：尽管美国遭受了损失，但它并不孤立。中国人口众多、人民勤劳勇敢，对美国怀有感恩之心，拥有中国这样忠诚的盟友，美国就能找到太平洋战略的钥匙。④ 1944年6月20日，美国副总统华莱士访华抵渝，罗斯福总统特地委托他携带一幅精美卷轴赠与重庆人民，内书颂词，对重庆人民在大轰炸中表现出的坚毅精神极尽赞誉

---

① ［日］臼井胜美、稻叶正夫：《现代史资料38·太平洋战争4》，东京：美铃书房1977年版，第163页。

② Hsu Long-hsuen and Chang Ming-kai, *History of the Sino-Japanese War*（1937—1945），Taipei：Chung Wu Publishing Corporation, 1971, Preface p. 1.

③ "The Secretary of State to the Ambassador in China（Gauss）", December 9, FRUS, 1941, Vol. 4：739.

④ Michael Schaller, *The U. S. Crusade in China*, New York：Columbia University Press, p. 87.

之辞：在空袭的恐怖中，甚至在这种恐怖尚未为全世界所知悉的日子里，重庆市及其人民一直表现出沉着和不可征服的气概。为此，美国加大了对中国抗战的援助力度。1942年2月6日，美国的第103次国会通过决议："不仅从心理角度来看，而且在军事意义上，通过我们的贷款并在其后采取各种措施大力支持他们，以确保中国继续抗日，这是一个非常明确的救援中国，帮助其解决中国的金融问题，使其稳定货币，进而使其大量的军队能够得到更多的东西……"①

1943年12月，英国报纸对中国军队所取得的常德胜利进行了高度评价。"伦敦两大著名日报今日刊载常德胜利消息，并特别强调我军英勇作战使日军直驱长沙之企图，终被遏阻。"《新闻纪事报》以首页全版篇幅登载该报特派记者描写的常德会战情形，称常德之战为"中国饭碗之战"，该报用长达四百字的篇幅叙述了常德战役的始末，在结语中说："外国观察家咸视常德之役为中国重要之胜利。"《泰晤士报》在社评中赞美中国守军："常德之胜利，殊令人兴奋……常德除为粮仓外，且具战略上之重要性，故无怪日军之猛攻及中国军队之英勇抵抗，又谓：日军进攻常德，不仅企图独占此粮食仓库，且欲囊括长沙……"②

1942年2月3日，英国再次提供援华借款5000万英镑，约合2亿美元。③ 1943年1月11日，英国又宣布给国民政府5000万英镑的贷款，以供作战和稳定货币之用。1942年，1亿美元；1943年，4900万美元；1944年，5300万美元；1945年11.07亿美元（其中抗战结束前阶段为5.5亿美元）。④ 对华租借援助物资中，兵器、飞机、坦克及其他车辆、船只、各种军用装备等约占5.2亿美元。除2000万美元须偿还外，其余一概无偿赠与。

飞越"驼峰"运送物资的任务主要由美国空军运输司令部"印度——中国联队"和中国航空公司共同承担。1942年5月至1945年8月，中美飞行员先后动用飞机1100余架次，将70多万吨军需和民用物资从印度的汀江、苏克尔、加尔各答等机场运到中国的重庆、昆明、成都、宜宾和汉中等地的机场。往返于"驼峰"运输线上的美国飞行员为中国的抗日战争做出了重要贡献，不少人为此献出了宝贵的生命。

---

① Samuel I. Rosenman: *The Public Papers and Addresses of Franklin D. Roosevelt War and Neutrality*, Vol. 11 (1942), New York: Russell and Russell, 1969, p. 82.
② 《常德之战，英伦各报备极赞扬》，《扫荡报》1943年12月15日第2版。
③ 李世安：《战时英国对华政策》，武汉大学出版社2010年版，第174页。
④ Arthur N. Young, *China and the Helping Hand*, 1937–1945, Harvard University Press, 2013, p. 350.

第五章 太平洋战争时期的国际环境嬗变与国共合作 189

中、美、英在中印缅战区的军事合作。1941年12月太平洋战争爆发后，中、美、英等国结成了同盟。当时中国沿海城市均被日军占领，中国政府唯一的国际通道是从仰光到昆明的滇缅公路。为了保卫这条生命线，1942年中国组织了10万人的远征军入缅配合英军作战。但由于英方轻敌，不让远征军进入缅甸，英军很快溃败，中国军队掩护其撤退，英军不配合并万般刁难中国军队的行动，并且不援助中国军队，导致缅甸保卫战失败。中国远征军一部分退入云南，另一部分分路退入印度①。在印缅边界雷多，史迪威将各路退入印度的中国远征军集结起来，经与英国协议，在印度中部的兰姆伽成立了中美训练营地，英国为中、美部队提供训练营房和作战基地，以及中国部队的粮食及军饷（印度币卢比）。经过训练、整顿，设立了中国驻印军，总兵力约10万人，由史迪威任总指挥。中国部队所需要的武器弹药及后勤供应、医疗救护由美方负责。

中美共同修筑中印公路，打通中国抗战物资的"输血线"。中印公路的勘察设计、施工用的现代筑路机械和油管器材，由美方负责供应。施工方面由中国与美国的正规工兵部队承担，当时美国的一个工兵团参与了中印公路的修建②。史迪威指挥下的中国驻印军1943年冬从印度雷多出发入缅北执行打通中印公路的任务。在原始森林和崇山峻岭之中，中美两国战士并肩奋战，终于在1944年8月攻占了缅北日军重兵防守的中心城市密芝那，为打通中印公路奠定了基础，也为美国向中国空运抗战物资开辟了捷径。从这条线路上进入中国境内的车辆，平均每天有80—100辆，在日本投降前的4个月中运输到境内的物资达50000余吨、10000车次。在抗日的困难时刻，这条补给线真正成了一条"输血线"。因为当时中国大陆的抗战形势极其严峻。沿海港口城市均被日本军侵占，对外联系完全断绝，仅靠美国飞机飞越驼峰带来小量接济，这时中国抗战急需的军火，特别是重型武器，只有靠中国驻印军打通中印公路了。

在收复缅甸的战役中，1943年12月18日，在印度经过训练、装备精良的中国驻英军新22师、新30师、新38师和部分美军在战场上初战告捷，攻下敌军重要据点于邦。③ 1944年3月上旬，侵缅日军向6万名英印军发起攻击，并包围在英帕尔平原的圆形地带，中国政府1944年4月5日命令滇西远征军攻入缅北，发起反攻缅甸的战役。中国军队的指挥官

---

① 萨本仁、潘兴明：《20世纪的中英关系》，上海人民出版社1996年版，第238页。
② 沈庆林：《中国抗战时期的国际援助》，上海人民出版社2000年版，第64页。
③ 陶文钊：《战时美国对华政策》，武汉大学出版社2010年版，第278页。

有副总指挥郑洞国、军长孙立人、廖耀湘。美方派出了一个步兵团①作为特别突击队参战，指挥为梅利尔准将，简称麦支队，空军由美方负责，它包揽了缅北上空的制空权和飞越驼峰的空运大队。中国亦派出小量空军战士参与美国空军大队，与美轰炸大队混合编组，并肩作战。英方也派出部分地方部队参战。1945年5月，在中美英共同打击下，日军被迫从缅甸撤退，缅甸战役胜利结束。②

以上军事支援，对于大后方乃至整个中国的抗日战争都起了非常重要的作用。它不仅在一定程度上提高了中国军队的作战能力，尤其是美苏对中国空军的大力支持，使在抗战初期被日本空军摧残得十分虚弱的中国空军重新恢复了战斗力，这对于中国空军反抗日机对大后方的轰炸、保护大后方民众的生命财产起到了比较重要的作用。当然值得指出的是，美英苏对华军事援助都是从其国家根本利益出发的。苏联之所以在抗战前期大力支援中国，是因为抗战前期，苏联面对德日两国法西斯在东西方苏联的附近大举进攻，并签订了《反共产国际协定》，在此背景下，苏联为了避免腹背受敌，迫切需要中国的持久抗日把日本法西斯军队牵制在中国战场上，因此它给予了中国大力的支持。而总的来看，美国给中国支援最多的时候是在太平洋战争爆发后，且受制于美国"先欧后亚"总体战略的影响，这导致美国在军事援华与军事援英发生冲突时，它总是牺牲中国的利益而援助英国。最明显的例子就是在第二次世界大战美国对外租借物资援助的国家中，对英国的租借物资援助占到总数的60%，而对中国的租借物资的援助只占到3%。更为甚者，在中国抗日十分困难的情况下，罗斯福还抽调原来支援中国抗战的美国第十航空队到中东支援英国。

四 苏联忙于自救，抗战胜利前夕为自己利益出兵东北

1941年12月，太平洋战争爆发，日本已无北攻苏联的闲暇，苏联更是解除了后顾之忧。此种情况下，苏联对华援助日益减少，苏联全身心地对付德国法西斯。

1942年11月中旬至1943年2月初，经过艰苦卓绝的战争，苏军取得了斯大林格勒战役的伟大胜利，使德军损失80多万人，成为苏德战争的转折点，也是世界反法西斯战争的转折点。但美国在太平洋战场却屡遭惨败，因此，美国迫切希望苏联能尽早参与对日作战，以减少美国的国力损

---

① 沈庆林：《中国抗战时期的国际援助》，上海人民出版社2000年版，第64页。
② 关培凤：《中国与世界反法西斯联盟》，武汉大学出版社2010年版，第172页。

第五章　太平洋战争时期的国际环境嬗变与国共合作　191

失。此时，苏联开始考虑其战后全球战略问题，认为控制远东尤其是中国，是个战略性的重要问题。1943年3月，苏联依据所谓"苏蒙协定"用飞机轰炸扫射进剿哈萨克叛匪的中国部队，要中国赔偿其遗留在新疆的财产，甚至以苛刻条件要中国支付抗日初期援华军火款项。苏联外交部部长莫洛托夫公开声明苏中关系已完全恶化，苏联"对于中国政府事件不再打算有任何的关心"①。

　　1943年10月，在莫斯科举行的为德黑兰会议做准备的英美苏三国外长会议上，斯大林提出只要欧战一结束，苏联立即对日宣战，但没有提出在中国获得的条件。蒋介石获悉后表示：中国不希望苏联参战。因为蒋介石深知，斯大林参战绝非是无条件的。早在1943年7月31日，蒋介石就在其日记中写道："如果苏联不参加对日作战，中国的牺牲将会更大些，但我们仍愿如此。不幸的是，这不大可能。"②但美国出于其全球战略和自身利益的考虑，在苏中两国频频斡旋，甚至施压，迫使蒋介石不得不做出一些姿态对苏联表示友好以谋求两国关系的改善。1944年，欧洲战局进一步发展，盟军登陆诺曼底，德国的崩溃已成定局。随着局势的发展，远东问题也就日显突出，此时，斯大林的远东战略目标也日益清晰起来。抗战后期，美苏开始协调对华政策，即如何确定和协调双方在中国的利益以及如何协调双方在中国内部政治问题上的立场。1945年春，欧洲战场大局已定，当盟国领导人将注意力转向远东时，目光中有忧郁。对于美国来说，战争后期中国的军事形势和政治形势使其感到有必要调整以往的有太多理想化的源于太平洋战争需要的政策。基于对国共斗争和中苏关系的担忧，美国领导人在雅尔塔秘密协议中用对苏让步来换取苏联对日作战。1945年1月23日，美国总统罗斯福坐军舰到克里米亚与斯大林会见。鉴于美国海军在太平洋战争中越接近日本本土，日军的抵抗越顽强，日军自杀式抵抗，使美军不得不付出越来越惨重的代价，需要苏联尽快对日作战。1945年2月的雅尔塔会议上，罗斯福、丘吉尔和斯大林三巨头齐聚克里米亚半岛的雅尔塔，中国没有参加。在雅尔塔会议上，斯大林正式提出"苏联必须租借中国的旅顺、大连两港及其周围地区，租借中东铁路；外蒙古现状必须予以承认；千岛群岛和库页岛南部必须归还俄国"等一系列条件，美国基本赞同。在延安，中共六届七中全会主席团会议也在次

---

① 《中美关系资料汇编》，世界知识出版社1957年版，第140页。
② John W. Garver：*Chinese-soviet Relations* 1937–1945. *The Diplomacy of Chinese Nationalism*. Oxford University Press, 1988, p. 191.

日召开。毛泽东在会上有一个重要的发言，其中提出了中共在什么条件下可以接受三大国为中国战后政治做出的安排。毛泽东给正在重庆的周恩来发了一封电报，认为三巨头会议的结果至少对中共不利，并让周恩来干脆把中共的条件直截了当地告诉国民党①。毛泽东的意思是中共为大局，可能要忍耐一点，即不要提出更激进的政治改革方案，如提出改组国民政府②。2月11日，苏美英三国背着中国正式签署了《关于远东的协定》，即《雅尔塔秘密协定》。英美苏三国在牺牲中国利益上达成了共识，严重损害了中国的主权利益，《协定》内容包括"外蒙古之现状必须维持；大连商港需国际化，苏联在该港的优先权必须保证，苏联之租用旅顺港为海军基地须给予恢复"等等。③从1945年2月起，苏联秘密从欧洲战场抽调大量军队，增兵远东。同时，苏军储备作战物资，改善交通，准备与日本一战。4月，苏联宣布废除《苏日中立条约》。但具体什么时候对日宣战还没有确定。此时，美国在日本投下新式大规模杀伤武器刺激了苏联。1945年8月6日和8日，美国在日本广岛和长崎分别投下了两颗原子弹。8月8日苏联对日宣战。8月9日零点10分，苏联红军从东、西、北三个方向，在4000多公里的战线上，越过中苏、中蒙边境，向日本关东军发动突然袭击。在极短的时间内，苏军击毙、击伤及俘虏日军即达68万余人，日军面临灭顶之灾，日本陷入绝望，8月15日宣布无条件投降。

五　维希法国与戴高乐领导的"自由法国"的对华政策

法国维希政府一直与日本勾结，做有损中国抗战的事情，国民政府出于减少敌人的考虑出发，仍保持与维希政府的关系。但是到了1943年，面对法国维希政府对日本和汪伪政府合作侵犯中国主权的行为，国民政府在提出严重抗议无效后，断绝了与维希政府的关系。1943年2月17日，法属越南当局准许日军进占广州湾，维希政府还与汪精卫政府交涉，并于2月23日声明决定放弃在华治外法权，放弃在华租界行政管理权。5月18又日同汪精卫政府签订归还租界协定。对此，国民政府忍无可忍。5月

---

① 逄先知主编：《毛泽东年谱1893—1949》，中卷，人民出版社、中央文献出版社1993年版，第576—577页。
② 《中央关于提出改组国民政府的主张及实施方案给林伯渠、董必武、王若飞的指示》，1944年9月4日，《中共中央文件选集》第14册，第323—324页。另参阅中共中央党史研究室《中国共产党历史（1921—1949）》第1卷下册，中共党史出版社2011年版，第642页。
③ ［英］阿诺德·汤因比主编：《国际事务概览·第二次世界大战：1942—1946年的远东·附录》，郑玉质、关仪等译，上海译文出版社2007年版，第641页。

19 日，中国外交部向维希法国驻华使馆发出抗议照会，内称：……现查贵国代表，竟与伪组织签订关于归还北平使馆界、上海公共租界、厦门公共租界行政权及各处法租界等协定，显属违背国际公法之行为。兹特提出最严重之抗议。①但法国维希政府对国民政府的抗议置若罔闻。7 月 22 日，维希政府又同汪精卫政府签订了《关于交收上海法国专管租界行政权协定》。维希政府的这些做法，自然引起国民政府的强烈不满。7 月 26 日，国民党中央常务委员会第 234 次会议根据外交部报告，决议与维希政府断绝邦交，并由国民政府宣布。②8 月 1 日，国民政府发表断交宣言。

与此同时，蒋介石加强了与戴高乐领导的"自由法国"力量的接触、交流。1940 年 6 月 18 日晚 6 时，戴高乐假 BBC 广播电台发表《告法国人民书》，呼吁法国人民继续抵抗法西斯，并先后在英国及北非组建了"自由法国""战斗法国"和"法兰西共和国临时政府"。1942 年 1 月，戴高乐的私人代表爱斯嘉拉（Jean Escarra，1885—1955）抵达重庆，与国民政府谈判。国民政府就法兰西民族委员会派遣军事代表团驻扎重庆之事，于 1 月 22 日同爱斯嘉拉签订了一项秘密协议③，同意戴高乐派一个军事代表团驻扎重庆。1943 年 8 月 1 日，国民政府与维希政府断交后，28 日，贝志高（Zinovi Pechkoff，1884—1968）被戴高乐任命为该民族解放委员会驻中国（大使衔）外交代表。

由于蒋介石把相当大的一部分精力都集中在争取外国军援，并积蓄力量铲除共产党方面了④，因此，对于战后印度支那的前途命运，蒋介石不想花费时间、消耗兵力，因为，诸如战后"收回""托管"越南等，都需要他在军事、经济等方面付出相当大的代价，这对他发动并打赢内战十分不利。到了 1944 年下半年，随着美国在政治、军事方面对蒋介石的控制不断加强，以及史迪威（Joseph Warren Stilwell，1883—1946）与蒋介石之间矛盾的逐步加深（即"史迪威事件"），蒋介石与罗斯福之间的关系也变得日趋紧张。蒋介石考虑利用战后印度支那的前途命运，同戴高乐的法国建立正常关系并开展军事、技术等领域的合作。1944 年 10 月 10 日

---

① 1943 年 5 月 19 日重庆政府外交部致法国驻华代办照会，见《中华民国史档案资料汇编》第五辑第二编，"外交卷"，江苏古籍出版社 1998 年版，第 644 页。
② 《国民党中常会决议由国民政府宣布与法国维希政府断交案》（1943 年 7 月），见《中华民国史档案资料汇编》第五辑第二编，"外交卷"，江苏古籍出版社 1998 年版，第 646—647 页。
③ 葛夫平：《抗战时期法国对于废除中法不平等条约的态度》，《抗日战争研究》2003 年第 3 期，第 34 页。
④ 严如平、郑则民：《蒋介石传稿》，中华书局 1992 年版，第 403 页。

蒋介石秘密召见戴高乐驻重庆的代表贝志高,并指出:中国政府不拟按照中、美、英、苏四国先后在开罗及德黑兰会议期间达成的共识,"收回"或"托管"印度支那。这对想重建大法兰西帝国的戴高乐来说,似乎显得十分重要。贝志高随即向共和国临时政府做了如下汇报:10月10日3点,蒋介石元帅会见了我。他对我声明:"我再次向您肯定,我们对印度支那及其领土没有任何企图。在这个问题上,我从来没有改变态度。如果我们能帮助你们恢复法国在该殖民地的权力,我们会乐意为之。"① 蒋介石与贝志高的这次会谈之后,重庆国民政府与法兰西共和国临时政府之间的联系也越来越频繁,两国在政治、军事、技术等领域的合作,也很快取得了实质性,甚至是突破性的进展。贝志高在从法国返回重庆后接受记者采访并回答有关提问时表示:"至于治外法权问题,当与中国政府谈判,务须达到使双方满意之结果。"② 1945年春夏之交,戴高乐指示驻重庆代表根据两国于1945年3月13日达成的《解决两国悬案之换文协定》,与国民政府谈判交收广州湾租借地问题。双方代表经过反复磋商之后,议定《交收广州湾租借地专约》七条并"附件"两款③;8月18日,由法国使馆代办戴立堂(Jean Daridan)与国民政府外交部政务次长吴国桢在重庆签订。

六 德国虽与中国断交,但仍企图拉拢蒋介石进入轴心国阵营

由于德国1941年7月1日承认汪伪政权,加之对日本侵略的支持,蒋介石宣布中德断交,关闭驻德使馆。太平洋战争爆发后的1941年12月9日,中国对德、意宣战。但因德国和意大利的侵略主要在欧洲和非洲,实际上中国与德国和意大利并没有直接处于战争之中,双方并没有太大的直接利益冲突。因此,双方的秘密外交也没有停止过。尤其是德国,更是在对美国宣战后,面对美国、英国、苏联的强大实力,非常希望把中国争取到轴心国的阵营。1942年年初,德国企图引诱中国签署《中德军事密约》,双方进行了秘密的谈判。德国方面的谈判代表是戈林的亲信洋克,

---

① (30) AMAE: Série Asie-Océanie 1944 – 1955, Sous-série Chine, Dossier général, Vol. 207. folios 35 – 37: Télégramme de Pechkoff, No. 371, Tchong-King, le 11 octobre 1944. 贝志高这份电报的内容,与戴高乐的《战争回忆录》(第3卷第311—312页)中所记略有不同。
② 《促进中法邦交》,《中央日报》1944年12月19日第二版。
③ 王铁崖编:《中外旧约章汇编》第三册,生活·读书·新知三联书店1962年版,第1341—1343页。

中方代表是桂永清。桂永清与洋克曾经在1941年5月接触过。当时洋克曾向桂永清建议，中国方面出资100万美金，他的"现成机构"可以破坏经由葡萄牙等地运送军火、汽油、钢铁的日本船舶，但旋被德方所阻。因此，1942年1月，洋克到中立国瑞士与桂永清进行秘密谈判。在谈判中洋克认为，中国和德国无论是在地理还是在政治方面，即使数百年以后也不可能有冲突。他还进而分析：如中德订立军事密约成功，德国可以居间促成中日签订停战协定，共同制俄。同时，德国在取得直达中国的航空线后，即能以实力援助中国从事建设，牵制日本。2月16日，洋克在谈判中强调：来此以前，曾得希特勒主要干部同意，如中德能开始军事密约谈判，当由希特勒亲自派一名将官来瑞士。6月9日，洋克与桂永清再次会谈3小时，洋克说："日本在太平洋军事进展，对德毫无裨益。德国所需要者为日本攻俄，但日俄关系日臻亲密。"德国如此频繁地要求与中国谈判订立秘密军事条约，使蒋介石有所疑惑。最后，洋克在桂永清的谈判中终于提出了其要求中国"突攻印度，与德合作"的核心内容，而当时蒋介石即将访问印度，争取印度国大党与英国殖民当局合作抗日。这样，蒋介石就警醒了，他让桂永清停止与洋克的谈判。

第二节　国际环境对国共合作关系的影响

太平洋战争爆发至抗战结束期间的国际环境是复杂多变的，对于第二次国共合作有着十分重要的影响。

一　英、美对国共的新认识：援蒋的同时加大与中共的接触和交流

此时，中国共产党领导的抗日力量已经发展成为抗日的主力，是中国抗战的中流砥柱，而此时，正如前面所述，日本在东南亚和西南太平洋的侵略直接危害英美远东利益，英美也与日本处于直接战争中。出于让中共及其领导的抗日力量积极抗日，从而把日本陆军主力牵制在中国战场，以减少日本军队"南进"对英美的影响，英、美两国加强了与中共的接触和交往，促进了双方关系的改善。

（一）美国加强与中共的接触与交流

太平洋战争爆发后，美国对中国共产党的关注大大加强，这主要出于军事上抗日的考虑，尤其是在中国共产党领导的八路军、新四军的发展壮大和取得的抗战成效日益凸显之后。比如，抗战时期美国重庆战时新闻处

处长费正清教授,在 1943 年后期也加大了与中国共产党交往和接触的力度。费正清教授在其著述中写道"……1943 年 6 月,一个名叫龚澎①的有魅力的年轻女知识分子来看我。……龚澎带着一个手提包,包里有延安刚出版的最新有关中国共产党和抗日根据地的材料,沿着街道到了国民政府宣传部新闻发布中心的旅馆(战时外国记者住的地方)。此时,西方在重庆的记者们,正在同国民政府日益严厉的新闻封锁做坚决的斗争,……周恩来的人格魅力马上深深地打动了我。"②

美国对中国共产党及其领导的抗日根据地、抗日军队感兴趣,是有多种军事目的考虑的。其一,增强中共的抗战潜力,利用中共的力量打击日本。美国将军史迪威从 1942 年 3 月开始任中国战区参谋长,在与蒋介石打交道的过程中,对国民党军队的腐败、混乱和缺乏战斗力有深刻的认识,而之前的外国记者在中共领导的抗日根据地的采访报告,则使史迪威耳目一新,他对一直在敌后领导着中国军民进行积极抗战的中国共产党及其领导下的抗日武装非常感兴趣。以至于为了美国在远东抗击日本的利益,主张拿美国给予中国的租借物资装备战斗力更强的中共军队。其二,抗战后期,美国军方考虑在中国沿海登陆,消灭在中国大陆的日本陆军主力,并以中国大陆作为对日本本土实施包围和打击的基地。而国民党已退至大后方,即将登陆地是中共领导的敌后抗日根据地,必须与中国共产党合作。其三,美国需要大量关于驻华日军的情报。中共武装在敌后大片地区频繁活动,可为美军提供更有价值的情报。③ 除此之外,美国也十分关注战时国共关系。因为战时国共关系不仅会影响中国的抗战能力,而且在战后会影响美国在中国的政治安排。美国驻华外交官很早就开始关注中国共产党的力量,了解中共对抗战及国共关系的看法。史迪威特意挑选了美国驻华使馆的两位秘书戴维斯和谢伟思做他的政治顾问,组织情报综合所,加强与中共常驻重庆代表周恩来、董必武等人的接触。比如,1942 年夏,美国驻华大使馆三秘戴维斯三次拜访在重庆负责中共外事工作的周恩来。④ 对于美方的主动接触,周恩来等人根据中共中央确立的争取建立国际反法西斯统一战线的原则给予积极的回应,表示如能得到蒋介石的许

---

① 中共中央南方局外事组重要成员龚澎,当时是中共中央南方局书记周恩来的外事发言人,中华人民共和国成立以后曾经担任中华人民共和国外交部亚洲司司长。
② John King Fairbank, *Chinabound: A Fifty-year Memoir*, New York: Harper & Row Publishers, 1982, pp. 266 - 272.
③ 陶文钊:《战时美国对华政策》,武汉大学出版社 2010 年版,第 373 页。
④ 同上书,第 374 页。

可，愿在中缅印战区美军司令史迪威将军的指挥下，率领八路军参加缅甸作战，建议美国派遣一个军事小组在陕西和山西建立观察站，以便进行情报交流，以借助美国的影响力，制止蒋介石的内战政策。① 同时，周恩来还一再表示，欢迎美国政府派代表访问延安和敌后解放区。1943 年 6 月 24 日，戴维斯向美国白宫呈上了一份长达 10 页纸的报告，主张向中共控制区派驻美军观察员②。1944 年 1 月 15 日，戴维斯再次向白宫呈上了一份建议向中共控制区派驻观察员的报告。这次，罗斯福采纳了戴维斯的意见。3 月 20 日，罗斯福要求蒋介石批准美国向延安派观察组。③

美国中缅印战区司令部接到罗斯福的命令后，经过挑选确定了包括包瑞德、卢登、谢伟思等人在内的 18 人，这些人中的多数曾长期在中国生活和工作过，曾经担任过航空兵、信号兵、步兵和军医。美军观察组组长为包瑞德上校，被命名为"迪克西"使团。观察组被赋予的使命是：了解共产党军队的作战情况和物资装备供应情况，搜集共产党军队获取的日军作战情报，协助延安和敌后根据地建立气象站，为陈纳德的美军航空队提供气象情报；协调中共的抗日军队对迫降在敌占区的美军飞行员进行援救，探索双方军事合作的可能性等。军事工作由包瑞德负责，政治工作由谢伟思和卢登负责。④ 7 月 22 日，谢伟思与周恩来进行了 3 小时的会谈，会谈内容涉及正在进行的国共谈判、中日战争形势以及中共与美国间的军事合作。8 月 23 日，谢伟思与毛泽东进行了长达 6 小时的谈话，会谈主要就如何避免国共内战进行。毛泽东说，中国共产党不愿意打内战，而蒋介石却在为发动内战找借口。防止中国内战很大程度上依赖于外国施加影响，希望美国利用蒋有求于美国这个优势向蒋介石施加压力，促使国民党实行政府改组，引导国民党实行改革。关于中共与美国关系，毛泽东表示，中共需要与美国合作，战时中共也需要美国的援助。战后中国要实现现代化，美国也非常重要。美国无须担心中国共产党不给予合作，中共与美国应当合作。⑤

为帮助美军观察组成员了解敌后抗日根据地的情况，中国共产党专门

---

① 《美国对外关系文件集，1942 年，中国》，美国国务院 1956 年版，第 101、102、207—211 页。
② "Memorandum by the Second Secretary of Embassy in China (Davies), Temporarily in the United States", June 24, 1943, FRUS, 1943, China: 258–260.
③ George M. Elsey, The President and U. S. Aid to China. Map Room Files Box 165, Franklin D. Roosevelt Library.
④ 陶文钊：《战时美国对华政策》，武汉大学出版社 2010 年版，第 377 页。
⑤ 同上书，第 380 页。

组织军队和根据地政府的负责人,介绍共产党的各项政策和根据地的政治、经济、军事等方面的建设及作战情况。朱德在给包瑞德的回信中表示,中共军队愿意帮助观察组收集情报和展开空军救援,并配合观察组的各项调查和研究工作。① 八路军参谋长叶剑英全面介绍了共产党军队在敌后抗日根据地的斗争情况,副总司令彭德怀介绍了华北战场日伪、国民党军、共产党的抗日军队的情况,政治部主任罗瑞卿介绍了军队中的政治工作情况,晋察冀军区司令员兼政委聂荣臻、115 师师长林彪、120 师师长贺龙、新四军代军长陈毅也介绍了各自部队的抗日军事斗争和根据地情况②。为加强情报搜集工作,中央军委决定在各战略单位的军区司令部中增设联络处,专门负责向盟军提供战略情报的工作。1944 年 8 月 20 日,毛泽东专门致电八路军山东军区、新四军军部,希望他们以尽可能快的速度,收集日本海军在青岛、烟台、连云港常泊军舰数目及类型,每日进出船舶数目等材料,以便提供给盟军③。为帮助美方人员搞好气象观测,中共方面从延安科学院调来 4 位年轻同志,以配合其工作。美军观察组还帮助中共举办气象测报人员训练班,美方不仅派人员协助训练,而且提供所需的气象观测仪器及无线电通信器材④。

观察组成员还深入抗日根据地进行访问。科林、约翰和希契 3 人到晋绥抗日根据地参观访问、包瑞德去绥德考察了抗日军政大学第二分校、军医卡斯伯格与 3 名西方记者前往晋绥抗日根据地考察八路军前线部队的医疗情况、观察组成员卢登、彼得金、多姆克等 5 人深入晋察冀抗日根据地进行考察,了解八路军的作战能力及中共政权的能力及影响。1945 年 1 月,观察组组员惠特塞在太行山区一个村庄考察时,不幸遭遇日军光荣牺牲。朱德闻讯后亲自到观察组驻地表示慰问,并将观察组使用的餐厅命名为"惠特塞纪念堂"。

观察组成员结合以上考察经历所写的报告,向史迪威及美国政府提供大量有关延安党政军民的客观报告,对美国军界产生了重大影响。包瑞德在其军事报告中说,共产党的军队"是一支年轻的、经受战斗锻炼、受过良好训练、伙食和服装都不错的志愿军,建议立即决定向中共军队提供

---

① David Barrett, "General Report on U. S. Army Observer Section for Period July 22, 1944, to July 27, 1944", Report No. 7. papers of Dixie Mission, Box 4187. U. S. Army Observer Section.
② 陶文钊:《战时美国对华政策》,武汉大学出版社 2010 年版,第 381 页。
③ 潘泽庆:《美军观察组进驻延安的前前后后》,《湘潮》2006 年第 12 期,第 48 页。
④ 同上。

援助。这对于抗战后期维护抗日民族统一战线，遏制蒋介石的内战野心有一定的作用，使国民党在抗战后期一直不敢对中共根据地采取军事行动。"① Harrison Forman 在其所著的《红色中国的报告》一书中写道："当一支配备有 5 辆坦克和 55 辆卡车，人数达到 1000 多人的日本军队进入八路军的埋伏圈时，王震率领八路军 259 旅对进犯的日军进行了沉重的打击……在这场战斗中。日军死伤 700 多人，而八路军仅伤亡 360 人。"② 美军观察组成员在陕甘宁边区和敌后抗日根据地广泛深入地考察，用实地考察、访问的真实见闻戳穿了国民党对中共、抗日根据地军民的诬蔑，促进了美国政府和人民更加真实地了解中国共产党及其领导的抗日军队，进而对美国对华政策产生积极影响，使其对华政策更加务实灵活。

1943 年 12 月至 1944 年 1 月，董必武作为中国代表团的中共代表参加联合国成立大会期间，也积极与美国人士交流，争取英美支持八路军和新四军的抗日。1943 年 12 月 21 日据报：董必武最近积极联络在野各党派参政员，以国民参政员名义，致电英美会议员，谓开罗会议，贵国协助我国成为自由平等的远东唯一强大国家，致感赞佩。但重庆政府现在仍系法西斯政权，将来成为世界强国的过程中，仍不免遭受革命或演变的痛苦，请考虑现在正在蓬勃兴起的八路军、新四军，请加以同情和援助。③ 1944 年 1 月 13 日，据报美国参议院外委会主席康利那（G. H. Connielu）氏，近致渝市曾家岩五十号函一件，内称"自贵国蒋主席宣布实行宪政后，美国同情贵国人士，平素因重庆政府为世界上极端独裁政府之一，而抱窘态者，今则希望贵国民主之接近，然千毫亿关切人士，均知中国民主政府之建立，希望尚远，而民治之机关，实不值分文，如各项法令，均经各派代表所联合同意公布，而非出于独裁之时机，颇为需要，因贵国战时较战后为团结。"④

---

① 陶文钊：《战时美国对华政策》，武汉大学出版社 2010 年版，第 392 页。
② Harrison Forman, *Report from Red China*, New York: Henry Holt and Company, 1945, p. 37.
③ 《外交部长宋子文致驻英大使顾维钧、驻美大使魏道明据报中共董必武以参政员名义致电英美国会议员诬指我政府仍系法西斯政权并请考虑给予第八路军新四军以同情及援助电》，1944 年 1 月 7 日，《中华民国重要史料初编——对日抗战时期·第五编·中共活动真相（四）》，中国国民党中央委员会党史委员会编印，1981 年，第 96 页。
④ 《参谋总长何应钦致外交部长宋子文抄送最近董必武与美国参议院外委员会主席康利那往来文件一份以供参考并请商酌予设法纠正函》，秦孝仪主编：《中华民国重要史料初编——对日抗战时期·第五编·中共活动真相（四）》，中国国民党中央委员会党史委员会编印，1981 年，第 97 页。

中共与美国关于用美国租借物资武装中共抗日、中共与美军军事合作的交流，使蒋介石十分不满，并极力制止。在"迪克西使团"访问敌后抗日根据地问题上，蒋介石就极力阻挠。1944 年 2 月 9 日，罗斯福总统给蒋介石发电报，其中说，华北是中国抗日的主要地区，但关于这一地区及东北的信息却极为贫乏。立即向山西和陕西北部及中国北方其他地区派一个美国观察组不失为一明智之举。2 月 22 日，蒋介石在给罗斯福的答复中虽然也表示，将尽量为观察组提供方便，但强调观察组将被允许在国民政府政治和军事控制下的所有地区通行。第二天，蒋介石就美军观察组的行动范围，又特别对史迪威强调，被授权的地区不包括共产党所控制的地区。① 史迪威等美国在华军事人员和美国驻华大使馆谢伟思等人主张：美国给予中国的租借物资也应该分配一些给中国共产党领导的抗日军队以更好地抗击日军；美军应与中共领导的新四军合作，以便于以后通过中国浙江、福建攻击日本时，能得到新四军和游击队的协助。蒋介石极力反对这种想法，这也是史迪威事件爆发的原因之一。史迪威对国民党消极抗日以及国民党官场腐败利用职权将援华贷款、物资中饱私囊的现象十分痛恨和不满，对中共领导的八路军、新四军敌后抗日有生力量在艰苦的环境中英勇抗战十分欣赏，并主张装备和使用中共军队联共抗日。史迪威曾对蒋介石说："你不要把我们美国人给你的军火都藏起来，预备打内战。我是美国人，我们只希望你们建立一个民主国家，人人都享幸福，那是我们全美国人的希望。"对此，蒋介石极力反对史迪威，两人关系很僵，最后两人的矛盾发展到不可调和的地步，蒋介石耍多种手段最终迫使史迪威离开中国。1944 年 6 月，蒋介石在与美国副总统华莱士交谈时，对共产党大加诽谤，诬称中共是苏联的傀儡，并劝美国远离中共。②

太平洋战争爆发后，美国总统罗斯福希望国共合作在抗日中做出更大的贡献，用和平方法成为一个民主统一的政府，使中国成为世界强国③，成为其在远东地区的重要盟友，以让其在英国首相丘吉尔、苏联领导人斯大林面前好说话，因为斯大林和丘吉尔是不太认可中国在抗战时期的世界大国地位的。除此之外，美国总统罗斯福希望在第二次世界大战结束后与苏联进行合作，共同主宰世界事务，也希望国共合作建立一个民主的联合

---

① George M. Elsey, *The President and U. S. Aid to China. Map Room Files*, Box 165, Franklin D. Roosevelt Library.

② 陶文钊:《战时美国对华政策》，武汉大学出版社 2010 年版，第 377 页。

③ Tang Tsou, *America's Failure in China* (1941 – 1950), the University of Chicago Press, 1963, p. 34.

政府。"华盛顿考虑给中国一个大国地位；……并使中国国民党和共产党联合起来建立一个联合政府，不仅可以减少苏联对中国事务的干预，使苏联能够对中国友善，确保美苏在第二次世界大战结束后在远东的继续合作。"[1]如果国共两党不合作抗日，甚至如果发生内战，会削弱中国抗日的力量，使日本完全占领中国后，利用中国丰富的自然资源和人力资源，作为进攻盟国的基地，这是美国不愿意看到的，美国也需要强调国共应合作共同抗日。正如马歇尔指出的：假如蒋介石的军队和政府被日本打败，即使当美国和英国已经完成在欧洲对德国法西斯和意大利法西斯军队的作战并开展对日本本土的进攻，日本极有可能会大量搜刮中国丰富的人力、财力资源。日本政府也会逃到中国继续用中国丰富的资源和国土与美国作战。[2]

（二）英国与中共接触并在香港合作抗日，对国共争端持"不干涉"政策

太平洋战争爆发后，英国与中国是反法西斯战争的盟友，中国共产党作为中国抗日的主要力量，得到迅猛发展，使英国认识到加强暗中接触的必要性。中国共产党也采取了对英国积极的国际统战工作[3]，英国政府对中共的认识逐渐由以前的"敌视"向"中立"转变，并曾在香港与中共领导的游击队合作抗日。

太平洋战争爆发后，中共特别注重同英国驻华大使薛穆的交往，再通过薛穆间接影响中共—英国政府的关系。1942年2月卡尔离华后，英国驻华大使换为霍勒斯·薛穆。其次，通过几次接触，薛穆对中共的抗日立场和主张有了较多的了解。1942年12月，英国议会代表团访问中国的战时首都——重庆时，在薛穆大使的极力劝说和安排下，在英国驻华大使馆，原本不打算与中共接触的英国议会代表团与周恩来进行了一次成功的会谈。通过会谈，许多代表团成员改变了以前对中共的偏见。代表团向英

---

[1] Tang Tsou, *America's Failure in China* (1941 – 1950), the University of Chicago Press, 1963, p. 34.

[2] General George C. Marshall, *The War Records of General George C. Marshall*, New York: J. B. Lippincott Company, 1947, p. 209.

[3] 相关成果主要有：李世安：《英国对华政策与中国共产党（1942—1946）：薛穆大使的作用》，转引自中国社会科学院近代史研究所《中国近代史研究》编辑部，《国外中国近代史研究》（25），中国社会科学出版社1992年版；杜俊华：《论抗战时期周恩来"求同存异"国际统战策略与实践——以周恩来对英统战为例》，《四川省委党校学报》2002年第4期；杜俊华：《抗战时期周恩来对英国驻华大使的统战工作》，《中国统一战线》2005年第1期；杜俊华：《周恩来与抗战时期中共—英国关系的嬗变》，《中共党史研究》2008年第1期；等等。

国政府汇报说，他们相信中国共产党至少有一个忠实、能干的领导人，共产党在抗战中的作用值得重视。① 对于薛穆大使的这些"亲共"行动，蒋介石十分恼怒，竟然派特务监视或跟踪英国驻华大使馆工作人员，使英国驻华大使馆的人受到生命威胁。② 1944 年 3 月，薛穆写信给英国外长艾登，认为："在随着日本的投降而形成的混乱情况下，我个人倾向于支持共产党。"③

在合作抗日方面，1941 年，随着日军"南进"迹象越来越明显，英日在香港一战已在所难免。港英政府对廖承志领导的"八办"在香港开展的抗日活动持暗中支持的态度，并寻求共同抗日。1941 年 10 月，英远东军司令部曾主动派人与负责香港"八办"的廖承志谈判。廖在发给中央的三次电报（1941 年 10 月 25 日、11 月 14 日、12 月 7 日）中，详细地谈了他与远东英军谈判合作抗日的情况。英要求冯白驹部去炸日军在海南的飞机场，炸药由英军提供；为便利冯部发展游击战争，英提供驳壳枪 1500 支，50 架轻机枪；允许冯部在香港设立办事处，但希望中共不要利用它来进行一般的活动。④ 1941 年 12 月 8 日太平洋战争爆发后，英国与日本成为公开的敌对方，英国对改善与中共的关系也更加积极，港英政府努力寻求加强与中共抗日力量的军事合作。1941 年 12 月 13 日，中共代表廖承志等人与香港总督杨慕琦的代表辅政司金逊（Fran-kilin, Charles, Gimson）等人会面。廖承志表示：广东人民抗日游击队可以协同驻港英军、加拿大兵保卫港九，但港英当局得供应必要的武器弹药。金逊当面表示：立即向港督报告，尽可能满足中国游击队的要求。但因日军进攻猛烈，港英当局很快投降而没有具体实施。⑤

太平洋战争爆发后，英国对国共矛盾采取了不干涉政策。因为英国首先考虑的是如何保住和扩大英国在华利益。而抗战后期，美国大力扶持蒋介石成为四强领袖，并成为美国在亚洲的得力盟友，这加大了蒋介石在国际上的筹码，十分不利于英国在远东的利益。一方面，在美国的支持下，蒋介石与英国在香港问题、印度独立问题、东南亚殖民地独立问题上格格

---

① 李时安：《英国对华政策与中国共产党（1942—1946）：薛穆大使的作用》，转引自中国社会科学院近代史研究所《中国近代史研究》编辑部《国外中国近代史研究》（25），中国社会科学出版社 1992 年版，第 120 页。
② 同上。
③ 同上。
④ 廖承志：《与远东英军谈判合作抗日给中共中央的电报》，转引自廖承志文集、传记编辑办公室编《廖承志文集》（上），人民出版社 1990 年版，第 96—99 页。
⑤ 李宏编著：《香港大事记》，人民日报出版社 1988 年版，第 80 页。

不入，双方矛盾较大，英国不想在这种情况下在国共争端中向美国一样支持蒋介石。其次，英国经过第二次世界大战国力大为削弱，面对德国的疯狂，也无力干涉国共争端。再次，英国同时与国民党和共产党接触，有利于英国在与蒋介石谈判解决香港等问题时利用中共牌来增加筹码。确实，英国在与蒋介石谈判中曾多次利用中共问题迫使蒋让步。比如在印度独立问题上，英国政府决定用中国共产党这张牌迫使蒋让步。丘吉尔 1942 年 8 月 26 日强调：" 英国一直尽力尊重中国政府处理内政的权利。当国共斗争最为激烈时，英国能够自我克制，对国共间的分歧不予评论。"[1] 蒋介石为了取得英国对他的支持以进行他的反共事业，于 9 月 23 日告诉薛穆，他决心不再管印度独立与否的事情。最后，英国认为，一个分裂的中国更有利于英国在远东的利益。英国也看到，中国共产党不可能在近期推翻国民党的统治，而国民党也不可能很快消灭共产党。因此，英国在承认和支持中国中央政府的同时，又与中国共产党领导的抗日根据地政权进行交往。如果将来中国共产党实际上控制中国政治权力时，英国就会与中国共产党政权交往，这对其远东利益非常重要。

与此同时，英国则对国民党产生反感并经常批评。抗战后期，英国对国民党大体持反感、批评态度。该时期，英国大使的意见往往直接影响着英国对华决策。[2] 而当时的英国驻华大使薛穆通过仔细观察、分析后对国民党相当反感。1943 年 8 月，薛穆以国民党新闻检查制度为例向英国外交部汇报："新闻检查制度是国民党限制人民言论和出版自由的典型一例。这种制度是由秘密警察配合执行。如果国民党目前的这一倾向持续发展下去，可能会在战后形成法西斯主义。"[3] 薛穆还指出了参政会作为蒋介石玩弄政治手段的实质。"国民政府可以利用参政会作为最有用的喉舌来宣传自己的观点，通过有利于自己的政策。"[4]

英国政府大体认同薛穆对国民党及其政府的评判，并对国民党产生了反感，在许多问题上与蒋介石进行了较量。但是，鉴于第二次世界大战中中国与英国是反法西斯的盟友的现实利益，抗战期间英国政府在制定具体

---

[1] F0371/31672, F6122/54/10, Message to Generalissimo Chiang Kaishek from Prime Minister, 26 August 1942.

[2] Shian Li, Britain's China Policy and the Communists, 1942 to 1946: The Role of Ambassador Sir Horace Seymour, *Modern Asian Studies*, Vol. 26, No. 1 (Feb. 1992), pp. 49 – 63.

[3] Seymour to Eden, 5th Aug. 1943, F. O. 371/35689, F 4480/10/10, PRO.

[4] Seymour to Eden, 4th Oct. 1943, F 5540/74/10, BDFA, Part III, Series E, Asia, Vol. 7, p. 124.

二 苏联与中共的嫌隙及中共的独立自主

苏德战争的爆发,使苏联在战争初期遭受巨大损失,疲于应付国内危机,无暇顾及国外的国际共运形势,使苏联和共产国际对各国共产党的控制能力明显减弱。而中共早在1938年六届六中全会上就强调独立自主和"马克思主义中国化",与苏联共产党和共产国际有所隔阂。苏德战争爆发的前夕,崔可夫对周恩来和董必武提出,要求中共军队配合国民党驻山西的部队从后方和侧翼向日本军队发动进攻,以便使日本难以发动对苏联的进攻。① 但此举会使中共放弃大量根据地,进而蒙受巨大损失,所以中共当然不能接受。崔可夫对中共迟钝的反应大为恼火,他甚至向国民党提议,对所有不愿意合作的部队(显然是针对中国共产党领导的抗日武装进行"惩罚",跟着国民党指责共产党"游而不击"),令中国共产党感到愤慨。毛泽东指示周恩来警告崔可夫"不要乱说"。② 同时周恩来和董必武拒绝同崔可夫讨论中国共产党的军事计划。苏联对中国共产党的影响也因崔可夫一系列偏袒国民党、削弱共产党的行为而再次降低。③ 1941年10月底,中国共产党在没有向共产国际请示的情况下召开了有10个东亚和东南亚国家代表出席的"反法西斯代表大会",号召建立以中国共产党为中心的"东方各民族反法西斯大同盟"④,进一步表明中国共产党独立的、不从属于任何其他组织的姿态。

从1942年开始的延安整风运动,中共在党内开展了反对主观主义、宗派主义和党八股的活动,最主要内容是整顿主观主义,以端正学风,而主观主义中的核心就是教条主义。教条主义,顾名思义就是把马克思列宁主义教条化,特别是把苏联和共产国际的指示教条化。最容易犯教条主义错误的就是在苏联莫斯科中山大学学习的年轻学生,他们回到中国以后盲目照搬苏联革命道路,对中国革命造成了巨大的危害。整风运动在全党范围内从思想上彻底清算了王明和支持他的苏联、共产国际在中国革命中所

---

① [苏]瓦·伊·崔可夫:《在华使命——一个军事顾问的笔记》,万成才译,新华出版社1980年版,第146—147页。
② 杨云若、杨奎松:《共产国际与中国革命》,上海人民出版社1988年版,第534页。
③ 汪金国:《战时苏联对华政策》,武汉大学出版社2010年版,第173页。
④ 周文琪等编著:《特殊而复杂的课题——共产国际、苏联和中国共产党关系编年史》,湖北人民出版社1993年版,第390页。

犯的错误，进一步确立了以毛泽东为核心的党中央在中国革命中的领导地位。但在苏联和共产国际的一些人看来，延安整风运动是中共"闹独立"的一种行为，是专整"苏俄国际派"。1944年，毛泽东对谢伟思详细解释，中国共产党首先是中国人。中共寻求友好关系，但不听从任何人的指挥。要自己解决自己的事，要按中国的实际情况应用马克思主义。① 在延安整风期间，新疆军阀盛世才大肆捕杀中国共产党员，进一步切断了苏共与中共的联系。苏联为讨好蒋介石没有对在新疆工作的中共党员提供有效的帮助，更加剧了中苏两党的不信任。② 在此期间，中共通过外交活动，与美国和英国的关系也较之前大为改善，使苏联也在某种程度上"不舒服"。苏共和中共的"不合"成为国民党发动第三次反共高潮的原因之一。而1943年共产国际的解散，更有利于中共的独立自主政策。

三　国际环境与林彪、蒋介石重庆谈判

（一）林彪、蒋介石重庆谈判的国际国内背景

抗日战争期间，1942年10月至1943年6月，国共两党在重庆举行过一次秘密的谈判，代表毛泽东从延安来参加谈判的是林彪，这次谈判有着深厚的国际国内背景。

从国际背景来看，首先，是苏联的卫国战争取得了较大的胜利。1941年9月30日至1942年4月20日，苏联打败了德军对莫斯科的进攻，德军损失50余万人（其中冻死冻伤10万余人），1300辆坦克，2500门火炮，1.5万余辆汽车，以及许多其他技术装备③。卫国战争使反法西斯同盟更加巩固，法西斯国家集团更加削弱。接着，在第二次世界大战的主要转折点斯大林格勒战役中，德军又遭到极大的打击，损失惨重。从1942年7月17日到1943年2月2日的200天里，德军在会战中伤亡约150万人，占其在苏德战场作战总兵力的1/4。④ 其次，在美国与日本的太平洋海战方面，1942年5月4日至8日在珊瑚岛首次发生战斗，日军损失惨重。6月，日本中途岛又败北，损失4艘主力航母，战争转折，美军在太平洋战场转入全面进攻。在这种国际背景下，美英苏都主张国共合作抗日，以减少它们与德国和日本法西斯作战的压力。6月16日季米特洛夫

---

① 谢伟思：《他目光远大》，《党史通讯》1983年第20期，第23页。
② 汪金国：《战时苏联对华政策》，武汉大学出版社2010年版，第176页。
③ 《德国党卫军第2装甲师"帝国"师战记》，凤凰网军事栏目2011-06-16。
④ 高兵强：《经典战役：斯大林格勒战役》，人民网国际专题·纪念世界反法西斯战争胜利60周年相关材料，2005年5月8日。

给毛泽东发电:"目前局势迫切要求中国共产党作出一切努力,改善同蒋介石的相互关系,巩固中国的抗日统一战线。……请认真对待这一情况,采取紧急措施,……改善共产党和蒋介石及国民党的相互关系,……对于有争议的问题必须同蒋介石一起澄清解决……"① 毛泽东6月25日回电表示完全同意季米特洛夫的意见。而此时中国共产党与美国、英国的关系有了显著的改善。最后,苏德战争爆发后,美、英、苏作为世界反法西斯战争的重要力量,也逐渐呈现合作抗日的迹象,美英苏也希望中国的两大抗日力量中国国民党和共产党暂时放弃争论,合作抗日。

再从国内形势来看,1941年12月太平洋战争爆发是国共关系呈现和缓趋势的外在因素。然而,自皖南事变后,国共关系基本处于僵持状态,这种局面极不利于抗战,也使蒋介石及其政府形象、声誉受到损害。对此,国共双方领导人都认为有必要改善双方紧张的关系,尤其是到了1942年。中共在1941年遭受严重困难,正在采取精兵简政、大生产运动、"三三制"政权等十大政策克服困难,并在党内开展整风运动,与此同时,进行积极的抗日斗争——反日军的扫荡和"三光"政策,需要改善与国民党的关系。而国民党军队在1942年,与日军进行了第三次长沙会战等战役,并派10万远征军到缅甸与英美一起抗日。对此,国共都想缓和紧张的关系。1942年7月10日,周恩来(中国共产党在抗战时期派往重庆的重要代表、国民党中央军事委员会政治部副部长)的父亲周懋臣在重庆病逝。因此,7月17日,张治中代表蒋介石前去吊唁时,周恩来向张治中提出希望同蒋介石面谈,并于当天电告在延安的毛泽东,主张同蒋谈些"解决问题的意见"②。8月14日,蒋介石接见周恩来时提出,他一星期后将去西安,想在那里同毛泽东会晤,请周恩来电告延安。③ 周恩来将情况电告延安中共中央,并提出以林彪代替毛泽东去见蒋介石,进行国共谈判。因为林有三个有利条件:第一,林是蒋黄埔军校的学生;第二,他是举世闻名的平型关大捷的指挥官;第三,他才从苏联回来,有国际、苏联背景。④ 8月22日,中共中央政治局会议决定先派林彪去西安见

---

① 《格奥尔基·季米特洛夫日记》(Георги Димиитров ДНЕВНИК, 9 маарт 1933 – 6 февруари 1949),保加利亚"克利门特·奥赫里茨基"大学出版社1997年版(София, 1997);马细普、杨燕杰、葛志强:《季米特洛夫日记选编》,广西师范大学出版社2002年版。
② 何蜀:《周恩来、林彪与蒋介石重庆谈判》,《文史精华》2006年第11期,第32页。
③ 《周恩来关于蒋欲约毛在陕晤谈事致毛泽东电》(1942年8月14日),何蜀:《周恩来、林彪与蒋介石重庆谈判》,《文史精华》2006年第11期,第33页。
④ 何蜀:《周恩来、林彪与蒋介石重庆谈判》,《文史精华》2006年第11期,第34页见

蒋，看情况后再确定毛泽东是否与蒋介石会谈。

（二）林彪与蒋介石等人在重庆的会谈

9月初，共产党方面得到国民党正式通知，林彪可于近期赴西安见正在西安的蒋介石。但由于山洪冲坏公路，林彪9月14日才得以从延安乘车出发，17日才到达西安。而蒋已不及等待——离开西安返回重庆，并留话要林彪到重庆面谈。① 林彪10月7日晚风尘仆仆抵达重庆，先后与蒋介石进行了三次会谈。1942年10月13日，林彪由张治中陪同会见了蒋介石。互相问候以后，蒋介石向林彪问道："汝此次来渝，毛润之先生有何意见转告余否？"林彪开门见山地说："接校长电报后，毛先生即约我数次谈话。他强调要我转达中共对于抗战建国之观察、国内统一团结及对校长之期望等问题。"② 谈到国共团结问题，林彪特别转告蒋介石，为了赢得抗战的胜利，国共两党应彼此接近，彼此相容，彼此打成一片。这是中共普遍共识、中共所一致遵从的、不可动摇的行动准则。林彪又说："国共两党的分歧问题，外传主要有两点：一是主义，二是党的问题。实际上，这两点皆可趋于一致，因为共产主义、三民主义均具有一个共同理想：天下为公，世界大同。"③ 蒋介石马上打断说："共产主义不适合中国国情，它与三民主义完全是两码事，怎么能趋于一致呢？共产主义可说是幻想。"林彪反驳说："不是幻想。我认为共产主义与三民主义没有大的不同。如果国共真正做到彼此接近、相容、打成一片，也许将来两党可以合二为一。""你们共产党喜欢搞阶级斗争，国民党怎么能与你们合二为一呢？"林彪反驳说："共产党强调的阶级斗争，是维护大多数人民的利益。在目前，共产党就是团结一切爱国政党、团体和广大人民，反对、打击日本帝国主义。"双方话不投机半句多，蒋介石很不高兴。周恩来看出气氛不好，示意林彪不要再讲了。④

林彪于12月16日再次同蒋介石见面，进行第二次会谈。蒋说，统一团结问题，国民党是有诚意的，声称只要他蒋介石活一天，决不让中共吃亏。他承认中共是爱国的，是有思想、有头脑、有主张的。⑤ 林彪表示拥

---

① 杨奎松：《国民党的"联共"与"反共"》，广西师范大学出版社2006年版，第470页。
② 杨奎松：《失去的机会？抗战前后国共谈判实录》，新星出版社2010年版，第170页。
③ 同上。
④ 《周恩来关于林彪见蒋经过的报告》（1942年10月27日）；《蒋委员长召见第一一五师师长林彪谈话记录》（1942年10月13日），《中华民国重要史料初编——对日抗战时期·第五编（四）》，第236—242页。
⑤ 杨奎松：《失去的机会？抗战前后国共谈判实录》，新星出版社2010年版，第173页。

护国民党五届十中全会的宣言和决议，接着要求蒋"三停、三发、两编"，即停止全国军事进攻、停止全国政治压迫、停止对《新华日报》的压迫，发还新四军被俘人员，发饷、发弹，中共军队编为两个集团军等①。林彪还向蒋介石提出了第十八集团军的编制、人数、驻地、军队干部的使用等问题。蒋介石没有马上表态，而是对林彪说："这些问题，涉及到全局，待我通盘考虑后，再答复你们。"随后，林彪提出了恢复新四军番号的问题。蒋介石十分恼火："新四军一不抗日，二系叛军，我已下令取消了番号，还谈它干什么？"②林彪说："新四军既要抗日，就必须有合法的名分。因此，请委员长允许恢复新四军的番号。"蒋介石余怒未消："你们既然一再表示拥护政府和我，现在又来提被取消了番号的新四军，在报纸上、文章中皆是新四军，承认新四军等于不承认政府；要恢复新四军，就不是真正拥护我。今后切勿再提新四军！"③

林彪、周恩来将第二次与蒋会谈的情况电告毛泽东。为了显示中国共产党的诚意，中共中央以退为进，再做进一步的让步，最后形成四条意见：中国共产党在抗战建国纲领下获得合法的地位，国民党中央也可在共产党领导的地区办党和办报；共产党掌握的军队希望编4军12师，享受国军待遇；陕北边区改为行政区，其他各区另行改组，实行中央法令；共产党部队对日作战的区域，原则上接受中央开往黄河以北的规定，但现在只做准备，战事完毕再保证立即实施。④ 1943年1月9日，张治中约见周恩来、林彪，认为共产党所提四项条件与中央的希望差距很大，与何应钦、白崇禧的《中央提示案》精神也相距甚远。1943年3月，蒋介石已看出日本不可能灭亡中国，不断壮大的共产党势力对他是主要威胁，于是发表了《中国之命运》一书，污蔑共产党、八路军、新四军为"新式军阀""新式割据"，暗示两年内一定要解决共产党⑤。1943年5月，国际上发生了一件对国共都有影响的大事——共产国际宣告解散。蒋介石的态度更加强硬。在这种情况下，林彪在重庆秘密谈判不能取得很大的成果，

---

① 江幸福：《林彪代表毛泽东到重庆谈判的前前后后》，《党史博览》2004年第3期，第35页。
② 杨奎松：《失去的机会？抗战前后国共谈判实录》，新星出版社2010年版，第174页。
③ 《林彪关于与蒋介石谈话经过给中共中央的报告》（1942年12月16日），江幸福《林彪代表毛泽东到重庆谈判的前前后后》，《党史博览》2004年第3期，第34页。
④ 《林彪、周恩来与张部长谈话后所提要求四项》（1942年12月26日），中华民国重要史料初编委员会主编、秦孝仪《中华民国重要史料初编——对日抗战时期·第五编（四）》，中国国民党中央委员会党史委员会编印，1985年，第248页。
⑤ 《中国共产党历史第一卷（1921—1949）》，中共党史出版社2002年版，第634页。

林彪和周恩来要求回延安。经过与国民党的交涉，6月28日，林彪与周恩来及邓颖超、方方、孔原、伍云甫等百余人，分乘5辆大卡车，从重庆八路军办事处出发，踏上了回延安的征途①。

四 1943年上半年的国际环境与国民党第三次反共高潮被打退

1943年上半年，世界反法西斯战争取得了转折性的胜利，但共产国际宣布解散，蒋介石以为是其发动反共高潮的有利时机，发动了第三次反共高潮，中国共产党利用国际国内条件，打退了国民党的第三次反共高潮。

蒋介石在1943年7月打算发动第三次反共高潮，首先认为日本将与德国夹攻苏联，苏联无暇顾及中国国共冲突②。1943年4月，斯大林格勒战役结束之后，蒋认为，日本、德国为生存计，必使俄国不能有休息整补之时间，若果发动对俄攻势，东西响应，双方夹击，是为其今日唯一之上策。③在此情况下，他认为苏联对国民党发动反共高潮鞭长莫及。毛泽东当年就指出："蒋介石估计欧洲第二战场不易开辟，德再攻莫斯科，日必攻苏，因此调兵遣将准备向我进攻。"④

其次，共产国际的解散。1942年底，罗斯福派人到苏联驻美使馆，明确建议莫斯科解散共产国际。⑤苏联出于其与美英更好合作抗击法西斯的考虑，要求共产国际解散。在斯大林的压力下，1943年5月15日，共产国际执委主席团根据新的形势，做出了关于提议解散共产国际的决定⑥。5月26日，中国共产党中央委员会做出关于共产国际执委主席团提议解散共产国际的决定。决定宣布，自5月15日起，"中国共产党解除对于共产国际的章程和历次大会决议所规定的各种义务"。蒋介石认为，共产国际的解散是他反对共产党的一个借口和机会。

在上述情况之下，蒋介石集团加紧进行反共高潮的准备。在国民党宣

---

① 何蜀：《周恩来、林彪与蒋介石重庆谈判》，《文史精华》2006年第11期，第35页。
② 邓野：《日苏关系与国共的战略利益——1943年蒋介石制裁中共的策划与取消》，《近代史研究》2007年第6期，第1页。
③ 秦孝仪：《总统蒋公大事长编初稿》卷5（上），台北：中正文教基金会1978年版，第299—300页。
④ 中共中央文献研究室编：《毛泽东年谱》中卷，人民出版社、中央文献出版社1993年版，第457页。
⑤ 转引自沈志华主编《一个大国的崛起与崩溃（苏联历史专题研究1917—1991）》中册，社会科学文献出版社2009年版，第520页。
⑥ 《中国共产党历史第一卷（1921—1949）》，中共党史出版社2002年版，第635页。

传情报部门的鼓动下,"皖省临时参议会""四川爱国协会""桂林新闻记者公会"等社会团体也都致电毛泽东,提出:为加强中国团结,要求中共应同共产国际一起解散,取消陕北特区,将军令和政令统一到国民政府之下。①

在此舆论宣传的基础上,蒋介石密电胡宗南:"奸党连年整风,内争激烈,共产国际解散对奸党是沉重打击,你等应乘此良机,闪击延安,一举攻占陕甘宁边区,限6月底完成部署,行动绝对保密。"② 6月18日,胡宗南在洛川召开部署进攻陕甘宁边区的军事会议,从对付日军的黄河河防主力撤出两个军,向西调动到陕甘宁边区外围,加上原封锁陕甘宁边区的数十万军队,听候蒋的手令即行进攻。③

7月3日,在胡宗南身边工作的中共地下党员熊向晖将胡宗南军队部署进攻陕甘宁边区的情报紧急秘密报告给延安④,中共采取了多重措施成功应对。首先,中共大力开展政治宣传战,公开揭露国民党顽固派破坏团结抗战、制造内战的阴谋。7月9日召开3万人的群众大会,动员边区军民积极备战,为保卫抗日根据地而斗争,同时致电蒋介石,呼吁团结抗日。7月4日,朱德致电胡宗南,指责胡宗南的密谋:"当此抗战艰虞之际,力谋团结,犹恐不及,若遂发动内战……使日寇坐收渔利,极大地妨碍英美苏各邦之作战任务。"⑤ 12日,毛泽东为《解放日报》撰写社论《质问国民党》,揭露国民党制造内战、破坏抗战的罪行。其次,在军事上,在华北粉碎了李仙洲部对冀鲁豫边区和鲁南根据地的进犯,在华中全歼了进犯淮北根据地的韩德勤部。从华北抽调部分兵力增强陕甘宁边区的防御力量。

在争取国际力量方面,在中共中央南方局领导的指示下,南方局外事组的成员王炳南、龚澎等人积极行动起来,与英、美、苏驻华大使馆工作人员及外国记者交流,揭露国民党发动第三次反共高潮的真相。美国的《纽约时报》《纽约论坛报》都曾批评国民党抗战不力和挑起内战之非。苏联报刊也尖锐地指责国民党的反共行为,认为国民党政府"挑拨各种冲突与事变,一直到武装的冲突,极力地破坏国民党与共产党的军事合

---

① 李新总编:《中华民国大事记》(1937—1943),中国文史出版社1997年版,第1054页。
② 李勇、张仲田:《蒋介石年谱》,中共党史出版社1995年版,第300页。
③ 中共中央文献研究室编:《毛泽东年谱》中卷,人民出版社、中央文献出版社1993年版,第454页。
④ 熊向晖:《我的情报与外交生涯》,中共党史出版社1999年版,第15—16页。
⑤ 中共中央文献研究室编:《朱德年谱》,人民出版社1986年版,第258页。

作，煽动迫害与取消八路军与新四军的行动"，是帮助日寇征服中国。在媒体的影响下，国共的紧张关系已引起苏、美驻渝大使馆的关注。苏联报刊也开始以明确的语言指责中国正在出现针对共产党八路军的内战危险，并含沙射影地把攻击矛头对准国民党中的某种顽固分子。[①] 美、英、苏各大使紧急开会，警告蒋不得发动内战，否则停止援助。[②] 史迪威更是表示："如中国内战，必将飞机带走。随后史迪威还让中共在重庆的领导人董必武等人提供其所牵制日军的番号、数量及将领姓名等信息。"[③] 8月6日，苏联塔斯社中国分社社长罗果夫在莫斯科发表《中国内部发生严重问题》一文，宣称重庆政府中的投降与失败主义者要求解散中共军队，对日进行光荣议和，其结果可能促成内战或日本之胜利[④]。

由于中共措施有力，加之国内外的舆论压力，蒋介石被迫停止对陕甘宁边区的进犯，第三次反共高潮遂被粉碎。1943年7月10日，蒋介石果然令胡宗南停止行动，11日蒋、胡复电朱德，声明无进攻之意。关于这一点，1945年4月周恩来在中共七大发言中也说："我们揭露了他，全国人民都同情我们。在国际舆论上，不管苏联也好，英美也好，都反对中国的内战。所以就把蒋介石的第三次反共高潮压下去了。"

在国民党企图采取军事手段进犯陕甘宁边区的同时，国共两党还就蒋介石发表的《中国之命运》进行了政治笔战。1943年3月10日，国民党领导人蒋介石的《中国之命运》一书（国民党著名御用文人陶希圣"捉刀"）在重庆正中书局出版。该书专门用第7章诬蔑中国共产党及其领导的抗日军队和抗日根据地；也专门用第3章来讲帝国主义侵略与中国近代社会。此时国共正在重庆举行林彪和蒋介石的谈判（前面已经论述），故双方当时并没有进行激烈的论战。两个多月后的大事——共产国际宣布解散，刺激了国民党右派分子、右翼报纸和团体的神经，他们开始大肆吹捧《中国之命运》，反对共产主义和自由主义，鼓吹一党独裁。隐喻中国共产党领导的武装力量和敌后抗日根据地是"新式封建与变相军阀"。为此，中共以及民主进步人士进行了有力的反驳和回击。6月16日，毛泽东在中共中央政治局会议的报告中强调指出，《中国之命运》一书的实质

---

① 《解放日报》1943年9月11日。
② 张培林：《第三次反共高潮的策动与夭折》，《中共党史资料》第42辑，中共党史出版社1992年版，第182页。
③ 聂菊荪、吴大羽主编：《董必武年谱》，中央文献出版社2007年版，第182—184页。
④ 《徐永昌日记》1943年8月7日。转引自杨天石《找寻真实的蒋介石》（下），山西人民出版社2008年版，第416页。

就是让中共交出军队和政权①，提出应大力批判《中国之命运》一书。7月13日，中共中央召开政治局会议，刘少奇提出应在宣传工作上对《中国之命运》痛批。会后，刘少奇受中央委托，部署理论工作者对该书的批判②。陈伯达、艾思奇、范文澜、何思敬、吕振羽等人在《解放日报》上发表文章，全方位、多角度进行批驳。其中，吕振羽写的《国共两党和中国之命运》一文，在论述了国共两党的历史后强调："中国的命运是寄托在共产党身上的。"③ 陈伯达的《评〈中国之命运〉》指出："该书的中心内容是谈内政，一言蔽之，就是反对共产主义和自由主义，实际上主张买办的法西斯主义或新专制主义。"④ 艾思奇写的《〈中国之命运〉——极端唯心论的愚民哲学》一文从哲学理论上进行了深入的分析批判，并强调指出："铁的事实已经证明，只有毛泽东同志根据中国的实际情况发展了和具体化了的辩证法唯物论与历史唯物论，才是能够把中国之命运引到光明前途上去的科学的哲学。"⑤ 民主人士闻一多等人也撰文批驳蒋的《中国之命运》一书。国际上一些进步的外国学者也批判蒋介石的《中国之命运》。比如，美国《每日工人报》总编辑路易斯·F. 布登兹指出："《中国之命运》具有'民族的尊严'，但发扬民族主义带有法西斯色彩。……中国国民政府已变为法西斯主义。"⑥ 在国际国内进步人士的批判下，国共两党关于《中国之命运》的论战以中共的胜利收尾。

第三节　抗战胜利前夕的国际环境与赫尔利主持的国共谈判

1944年9月至1945年2月的国共谈判是在美国总统罗斯福的私人代表赫尔利参与"调解"下进行的，因而交织着中美国共之间错综复杂的关系。此时，赫尔利一方面打算争取中共继续抗日，另一方面又奉行抗战胜利前夕美国对华政策的基本政策"扶蒋反共"，实现战后美国控制中国和整个亚

---

① 中共中央文献研究室：《毛泽东年谱（1893—1949）》，中央文献出版社1993年版，第446页。
② 中共中央文献研究室：《刘少奇年谱（1896—1969）》，中央文献出版社1996年版，第427页。
③ 吕振羽：《国共两党和中国之命运》，《解放日报》1943年8月7日。
④ 陈伯达：《评〈中国之命运〉》，《解放日报》1943年7月21日。
⑤ 艾思奇：《〈中国之命运〉——极端唯心论的愚民哲学》，《解放日报》1943年8月11日。
⑥ 陶希圣：《潮流与点滴》，（台北）传记文学出版社1979年版，第212页。

太地区的远东战略设想。但是国共谈判最终没有成果,赫尔利一方面把"调处"失败的原因归咎于中国共产党的"不民主";另一方面企图从美国驻华官员对共产党态度的分歧中寻找替国民党开脱罪责的借口。

一 抗战后期的国际环境

抗战后期,美国为了结束对日作战,实现在远东的各项权益,不断调整对华政策,美国总统特使赫尔利肩负重大的使命,多次主导国共和谈,他分别采取了"促蒋联共""扶蒋压共"的调处政策,但最后均以失败而告终。

首先是促蒋联共。抗战后期,面对日本在太平洋战场的负隅顽抗,以及日军"神风敢死队"自杀式袭击,美国需要中国抗战拖住日本,并有一个令中共期望、国民党阻挠、苏联人担忧的美军"中国沿海登陆计划",打算从中国沿海,攻击日军和轰炸日本东京,而国民党主力此时在大后方,需要战斗在敌后的中国共产党及其领导的新四军的配合。1944年6月10日美国《星期六晚报》刊登了斯诺的《六千万被遗忘的同盟者》一文,对于中国各个敌后抗日根据地和八路军、新四军的战略意义颇有见解:"……只有在更北面的中国地方,才是最接近日本,因此,在那里的中国游击队对我们有很大的潜在重要性。"[1] 为此,1944年春,美国政府企图说服蒋介石同意其向中共控制地区派遣观察员,以便从事华北地区军事情报的搜集工作。为此,罗斯福总统专门派遣副总统华莱士到中国了解和协调战时国共矛盾。1941年5月20日,罗斯福总统宣布美国副总统华莱士将访华:"副总统华莱士,因为其重要的职位以及在经济和工业管理方面卓越的才能,适合代表美国人民和我,到中国获得最有价值的第一手调研报告。"[2] 1944年6月21日,美国副总统华莱士在与蒋介石的谈话中说明,美国对国共问题非常关切,并最终促使蒋介石同意美军向延安派出观察组。蒋在7月6日的日记中叹曰:"呜呼,二十年来共匪与俄国合以谋我,已不胜其痛苦,而今复即英美亦与共匪沆瀣一气,是世界帝国主义皆向余一人围攻矣。"[3] 7月3日美国驻华使馆参赞艾切森(George Acheson)与国民党要员孙科的谈话中,提出建议,期望在蒋的领导下,

---

[1] 胡越英:《"中国沿海登陆计划"与美军观察组》,《百年潮》2008年第1期,第37页。
[2] Samuel I. Rosenman, *The Public Papers and Addresses of Franklin D. Roosevelt War and Neutrality*, Vol. 13 (1944–1945), New York: Russell Press, 1969, p. 132.
[3] 《蒋介石日记》,1944年7月6日。美国斯坦福大学胡佛研究院档案馆藏《蒋介石日记》手抄本。

联合各党派，成立军事委员会或类似机构，共同承担领导军事行动的责任，以拯救国家。艾切森认为，蒋如果这样做，其作为中国领导人的声望在国内和国外都将得到加强，孙科对此表示赞同。美国还积极扮演了中国民主促进者的角色。1944年9月9日，美国国务院指示驻华大使克拉伦斯·E. 高斯（Clarence Gauss），要求他向蒋介石转告美国总统和国务卿的如下看法："我们十分希望中国人民在一个强有力的并具有广泛代表性和宽容精神的政府领导下，开发和利用他们所有的物质和精神资源，以继续进行战争并建立持久的民主和平。"① 9月15日，即在中共代表正式提出建立联合政府主张的当天，高斯拜访了蒋介石，谈论建立联合军事委员会或类似机构的问题。蒋介石显然不愿讨论这类问题，很快把话题转到国民参政会上。高斯告诉蒋介石，国民参政会只是一个咨询机构，中国应该成立由国民党、共产党等党派和集团的军政领导人参加的，既有职权又担责任的联合军事委员会。② 1944年12月27日，包瑞德飞赴延安，就美军一个空降师可能在中共控制的山东沿海登陆并建立滩头阵地一事，与中共方面商讨该空降师的后勤保障问题。美军在中共区域登陆，必将形成两军联合作战，不仅将壮大中共实力，并且事实上将造成美国承认中共的局面。

其次，美国从德日法西斯即将失败、远东将出现美苏争霸的情况这一长远战略出发，开始"扶蒋"，让其成为美国在远东的一个得力助手。况且在美国看来，抗战结束后美国在远东不得不依靠中国来制衡苏联。1944年7月10日，华莱士在白宫向罗斯福汇报时指出：（虽然）蒋介石的政府是一个由地主、军阀和银行家支持的落后无知的政府，根本得不到广大人民的信任。"现在，除了支持蒋介石外，似乎没有其他选择……与此同时，我们的态度应当具有足够的灵活性，以便使我们能在更有希望的领导人或集团出现时利用他们。"③ 因此，当中国战区参谋长、美国人史迪威将军与蒋介石矛盾激化时，面对蒋的强硬态度，美国总统罗斯福于1944年10月迅速撤换了史迪威，改派魏德迈接任中国战区参谋长，这对美蒋关系也有一定影响。王世杰在当天日记中写道："一星期来，美国与英苏协议，先后宣告承认法国临时政府与意大利政府，事前均未与我接洽，亦

---

① The Secretary of State to the Ambassador in China, Sept. 9, 1944, FRUS, 1944, Vol. 6, 1967, p. 568.
② The Ambassador in China to the Secretary of State, Sept. 16, 1944, FRUS, 1944, Vol. 6, pp. 573–574.
③ [美] 伊·卡恩：《中国通，美国一代外交官的悲剧》，陈亮等译，新华出版社1980年版，第139—140页。

第五章　太平洋战争时期的国际环境嬗变与国共合作　215

未通知我政府。蒋先生对此甚愤慨。"蒋介石的"四强"地位再次被边缘化。11月2日，王世杰又记载："美国报纸群起批评中国，其引火线为史迪威被撤换而起，在批评言论中，多以我政府之不民主、贪污为言，甚至谓蒋先生不肯用全力抗日，重视对内作战之准备。"1944年9月6日，帕特里克·J.赫尔利被任命为罗斯福的私人代表访华。几乎从赫尔利到达中国的那一刻起，他就认为他的使命是把中国所有的军事和政治集团统一到蒋介石的领导之下，保存现有的国民党政权。① 访华期间，赫尔利宣称他的主要目标是"防止（国民党）政府的垮台并使中国军队继续战争"②。当然，赫尔利的对华主张遭到了美国驻华大使馆一些人员的反对。1945年2月28日，美国驻华使馆人员联名给国务卿发了一份电报，指责赫尔利损害中国实现和平统一的任何机会。并特别申明，避免中国内战的唯一希望，在于美国和中共的合作，并迫使蒋和中共分享权力。其中爱德乐曾给财政部长摩根索和怀特的信中特别指出：中国的前途"不应让赫尔利这种成事不足、败事有余的家伙去决定"③。

苏联在1945年初面对法西斯德国的即将失败，开始谋划其在战后全球的利益，在远东主要涉及朝鲜和中国。而在中国，又主要是苏联在中国东北的特殊权利问题以及中国新疆、外蒙古问题。本来对于斯大林来说，苏联对于其宿敌日本出兵是迟早之事，"日本是俄国历史上的敌人，俄国必须最终击败它"。这是斯大林对美国驻苏大使哈里曼以及在访的英国首相丘吉尔说的由衷之言。④ 但斯大林抓住罗斯福单靠美国击败日本将牺牲许多美国士兵的心理，藏有参加对日作战的条件，但在1945年以前没有透露。直到1945年年初，欧洲战场胜利在望，斯大林胜券在握，于是在雅尔塔会议上，拥有十足筹码的斯大林终于抓住时机插上一脚，亮出对日作战底牌。1945年2月，在雅尔塔会议上，苏联的国家领袖斯大林在与英国首相丘吉尔、美国总统罗斯福的交谈中，表示在击败德国90天内参加对日作战，美国表示欢迎，并达成了与中国有关的密约。经谅解，有关

---

① [美] 迈克尔·沙勒：《美国十字军在中国，1938—1945》，郭济祖译，商务印书馆1982年版，第190页。
② 《美国与中国的关系（白皮书）》，《中美关系资料汇编》第一辑，世界知识出版社1957年版，第604页；转引自吴东之主编《中国外交史，中华民国时期1911—1949》，河南人民出版社1990年版，第585页。
③ 爱德乐致怀特函，1945年2月25日，见摩根索《摩根索日记》第2卷，New York：Da Capo Press，1974，第1419—1420页。
④ [苏] 马克斯·贝诺夫：《苏联的远东政策（1944—1945）》，参见王淇主编《从中立到结盟——抗战时期美国对华政策》，广西师范大学出版社1996年版，第459页。

外蒙古及上述港口铁路的协定尚须征得蒋介石委员长的同意。苏联本身表示准备和中国国民政府签订一项苏中友好同盟协定,俾以其武力协助中国达成自日枷锁下解放中国之目的。对于雅尔塔协定的密约,蒋介石的最初反应是震惊和痛愤。蒋介石也采取了比较强硬的态度和立场,但在美国的压力下以及面对苏联的承诺(苏方将帮助中国实现统一,蒋介石是唯一使中国统一的领导人等①),蒋介石见斯大林一再声明"蒋介石为中国唯一领袖",苏联不支持中共,最后终于让了步,并派宋子文到莫斯科与苏联谈判,签订了《中苏友好同盟条约》。

二 中共"联合政府"主张的提出

1943年9月,蒋介石做出批示,中共问题"为一个政治问题,应用政治方法解决"②,1943年10月上旬,鉴于国民党五届十一中全会表示国共仍要"政治解决",毛泽东明确表示:在蒋先生和国民党愿意的条件下,我们愿意随时恢复两党的谈判③。而在此期间,美国总统罗斯福最早提出了联合政府的想法。1943年11月开罗会议期间,罗斯福向蒋介石建议:国民党"应该在战争还在继续的时候,同延安的共产党建立一个联合政府。"④ 蒋介石之说可以考虑,但实际上不加理睬。因为开罗会议使蒋介石的国际威望很高,成为美英苏重点争取的对象。1943年11月22—26日,蒋介石作为抗战时期中国的国民政府首脑出席了在埃及首都开罗举行的有美国、中国、英国三国政府首脑参加的盟国会议,讨论如何处理日本等政治问题。蒋介石作为中国政府领袖,首次参加世界反法西斯国家的"三巨头"会议。会议发表的公报指出,战争结束后,日本必须将东北三省、台湾和澎湖列岛归还给中国,使朝鲜独立⑤。这在国际上造成了巨大的影响,提高了中国的国际威望,奠定了中国世界大国地位的基础,蒋介石的个人威望也达到一定的高度,蒋介石踌躇满志,春风得意。但是两天后的德黑兰会议让蒋介石忧心忡忡,为什么呢?我们先看德黑兰会议的内容。1943年11月28日至12月1日,苏、美、英三大国在伊朗的首

---

① 1945年5月下旬,斯大林对美国特使霍普金斯的谅解说明,参见罗元铮《中华民国实录》第3卷(下)(抗战烽火),吉林人民出版社1997年版,第3276—3277页。
② 陈铁健:《简明中国新民主革命通史》,上海人民出版社2011年版,第421页。
③ 《毛泽东选集》第3卷,人民出版社1991年版,第926页。
④ [美]埃利奥特·罗斯福:《耳闻目睹》,世界知识出版社编译,世界知识出版社1996年版,第249—250页。
⑤ 《开罗宣言》,(桂林)《大公报》1943年12月3日。

都德黑兰召开会议，共同商量对德作战等军事问题，主题是讨论美英开辟第二战场的问题，即最后达成盟军西线实施进攻西欧的"霸王"战役和进攻法国南部的战役。这让蒋介石产生了担忧，因为美、英、苏把主要精力明确集中在欧洲战场，这将使日本减轻压力，日本会趁机攻击国民党的军队。确实，日军在1944年对国民党军队的猛烈进攻，导致了国民党军队的豫湘桂大溃败，这为中国共产党争取民主、提出"联合政府"主张埋下伏笔。而德黑兰会议中，苏联向英、美承诺在结束对德国作战后加入对日作战，也使罗斯福认识到中国战场没有原来想象中的重要。本来，罗斯福等美国官员考虑的是在中国建立空军基地，轰炸日本本土迫使日本投降，而苏联参加对日作战，可对日本关东军沉重一击，美国也可以由阿拉斯加使用苏联滨海现成的基地，轰炸日本本土的工业中心[1]。

为了促进国共合作，1944年4月29日，中共代表、陕甘宁边区主席林伯渠偕王若飞从延安出发经西安赴渝与国民党进行谈判[2]。5月17日，两人抵达重庆与国民党进行谈判，中断一年的国共谈判重新开始。针对此次国共谈判，蒋介石对即将参加谈判的国民党代表强调指出："此次谈判'我方应首先提出之最重要者，为军令政令必须统一，中共方面必须遵守'。"[3] 而中共的条件正如7月13日林伯渠在重庆与美国驻华大使馆二等秘书范华德就国共谈判交换看法时所说的：中共的最低要求——中共军队获得认可以及国民政府进行民主化改造。双方条件差异太大，没有谈成，但都承诺继续谈判。

而此时，在侵华日军发动的豫湘桂战役中，国民党军丧师失地，国统区的经济社会生活因层层盘剥、物价飞涨，处于经济凋敝、民不聊生、民变蜂起的困境；社会各阶层对国民党统治的腐败表示失望、愤怒和不满，大后方抗日民主运动不断高涨，国民党顽固派的一党专政面临空前危机。与此同时，中国共产党领导的解放区则已度过1941年以来的艰难时期，已有了9000万人口、50多万军队、230多万民兵、几百万自卫军，处在全面恢复发展和局部反攻之中。因此，中共中央和毛泽东敏锐地意识到："情况已经在开始改变"的"新阶段"到来了[4]，中共中央顺势提出要求

---

[1] Robert E. Sherwood, Roosevelt and Hopkins, An Intimate History, New York: Harper, 1950, p. 800.
[2] 杨奎松：《失去的机会：抗战前后国共谈判实录》，新星出版社2010年版，第182页。
[3] 《1944年5月—1945年1月国共谈判史料》，《民国档案》1994年第2期，第44—53页。
[4] 中共中央文献研究室：《毛泽东年谱（1893—1949）》中卷，中央文献出版社2013年版，第546—547、535—536页。

国民党改弦更张，实行民主，废除一党专政，改组国民党政府、建立民主联合政府。

当然，中共"联合政府"主张的提出有一个不断完善的过程。1944年8月16日，南方局根据在重庆对国统区形势的长期观察、对统一战线工作的长期实践，致电中共中央，就党的统一战线工作，提出了许多政策和工作建议。如坚持抗战与民主，尽力促使国民党政府政治进步，尽力推进大后方的民主运动。[①] 8月17日，毛泽东在南方局关于参政会问题的请示电上批示："应与张、左商各党派联合政府。"这是迄今所见中国共产党对于"联合政府"概念的首次提出；清晰地凸显了中共中央和毛泽东近来对新阶段的政治主张和战略思考，那就是以参政会为讲坛，共产党与以张澜为代表的民盟一起，要求将国民党政府改组为国、共、民盟三方组成的联合政府。8月18日，周恩来按照毛泽东的意思起草了给董必武、林伯渠的复电，要求南方局考虑党目前提出召集各党派及各团体代表会议，改组政府，然后由此政府召开真正民选的国民大会，讨论反攻，实行民主，能否引起大后方（尤其是各党派）的响应和各地方实力派的同情？因而要求南方局就此先向有关方面试探。[②] 9月5日的《时事新报》刊出了左舜生和张君劢的谈话，表示"各党各派联合政权应实现""将来的政治，必须以各党各派共谋的民主政治"。[③] 9月15日上午，林伯渠在向参政会三届三次会议报告国共4个多月谈判经过时，代表中国共产党强调指出挽救目前抗战危局准备反攻所应采取的急救办法是"国民党立即结束一党统治的局面，由国民政府召集各党各派、各抗日部队、各地方政府、各人民团体的代表，开国是会议，组织各抗日党派联合政府"，正式公开提出了成立民主联合政府的主张和步骤。对此，与会"听者咸感满意"[④]。9月16日，南方局冲破国民党中宣部不准报道联合政府主张的禁令，将这一主张在《新华日报》做了摘要透露，17日更是将它全部发表，以至于那两天的《新华日报》销量剧增。19日，国统区各主要城市的中间势力报纸同时发表社论，赞同共产党的主张，要求民主。其中《新中国日

---

① 南方局就外交工作致中共中央电，1944年8月16日。美国军事代表团，即1944年七八月间到达延安的美军观察组。
② 中央文献研究室：《周恩来年谱（1898—1949）》（修订本），中央文献出版社2006年版，第593页。
③ 彭明主编：《中国现代史资料选辑（1937—1945）》第5册下，中国人民大学出版社1989年版，第607页。
④ 黄炎培：《国民参政会日记》，重庆市政协、重庆市委党校等《国民参政会纪实》续编，重庆出版社1987年版，第564页。

报》的社论强调"民主宪政不仅是中共的需要,而且是中共以外其他政党一致的主张"。9月24日,重庆各界各党派500余人在迁川大厦集会。张澜、冯玉祥、董必武、黄炎培、沈钧儒等人及一些青年相继发言,强烈呼吁立即结束一党专政、召开国是会议、成立联合政府以挽救危亡。9月25日的宪政座谈会上,董必武着重介绍了中共中央关于召开国是会议、改组政府、建立联合政府的主张。10月10日,民盟发表政治主张,呼吁立即结束一党专政,建立各党派联合政权,实行民主政治①。中共民主联合政府主张的提出,引起了深切关注中国局势的苏联人和美国人的注意。出于共同打败日本侵略者的目的,美国希望中国政府保持充足的活力,希望蒋介石政府做出一些民主让步。1944年8月底,美国驻华大使克拉伦斯·E.高斯在与蒋介石会见后,向美国政府报告,希望"求得一个有限度的解决方法,使若干特殊的集团或政党中干练的代表参加政府"②。9月9日,美国国务卿赫尔复电对高斯提出的建立联合委员会的设想予以肯定③。虽然高斯避免改组政府一类的说法,但其意见中的联合政府主张还是呼之欲出。苏联也高度重视中共关于在中国建立联合政府的主张。1945年2月14日,苏联驻中国临时代办T.斯克沃尔佐夫(T. Скворцов)与周恩来就中国建立联合政府问题在苏联驻华大使馆进行会谈,会谈大约进行了50分钟。在会谈中,周恩来说:"我代表中国共产党中央委员会,多次向国民政府提出关于组建联合政府的计划。……建议国民政府、国民党和中国民主同盟,以政府的名义召开各政党代表参加的大会,正式讨论和决定关于以何种方式取消国内一党制的管理、如何将目前的政府改组为民主联合政府的问题,同时制定共同的纲领,以便使国民政府利用类似的措施实现成立民主联合政府的计划。"④ 斯克沃尔佐夫向周恩来询问了中共与中国民主同盟的关系,以及中国共产党今后将如何开展民主化管理运动。周恩来回答说,民盟拥护中国共产党,并与共产党协商他们的工作。在民主化管理运动方面,周恩来强调有3个因素能够把政府推向民主化,

---

① 《中国民主同盟对抗战最后阶段的政治主张》(1944年10月10日),载中国民主同盟中央文史资料委员会编《中国民主同盟历史文献(1941—1949)》,文史资料出版社1983年版,第32页。
② 《中美关系资料汇编》第1辑,世界知识出版社1957年版,第585页。
③ 同上书,第586页。
④ 俄罗斯国家档案馆档案,档案名:斯克沃尔佐夫就建立联合政府谈判事宜与周恩来的会谈备忘录;档号:SD11971;АВПРФ, ф.0100, оп.33, п.244, д.13, л.66 - 70. Русско-китайские отношения вXX веке, Т. IV, К.2, с.17 - 19。

即中国共产党及其武装力量的存在、人民的要求、国际局势。①

三 抗战后期中共对美军军事观察组的国际统战工作

抗战后期,中共对美国际统战工作最有成效的是让美军军事观察组成功访问延安,打破了国民党的全面封锁,进一步促进了中共与美国政府关系的改善。在周恩来等人的努力下,1944 年 7 月 22 日和 8 月 7 日,以美军上校包瑞德为团长的美军观察组分批抵达延安。这是美方向解放区派出的第一个正式代表机构。观察组的履职,应从 1942 年追溯起。当时在重庆的周恩来开始与美国外交官范宣德、约翰·谢伟思、戴维斯等人积极接触,并建议美国一些较务实的驻华人员去延安看一看。5 月下旬,周恩来会见斯诺,明确表示希望美国军事代表团和记者去延安参观。居里第二次访华期间,周恩来托人转交了一封邀请信,内容是欢迎一位或几位美国官员到共产党控制的地区访问。1943 年 1 月 23 日,谢伟思在回国的述职报告中向美国政府提出"中共军队的价值不容忽视","应当派代表访问中共根据地",看看中国共产党人控制的地区到底是什么样子。3 月,在与戴维斯的一次长谈中,周恩来建议美国派一批军官作为观察员到陕西、山西的抗日根据地去,并希望"这个观察组是常驻的"。与此同时,美军正在谋划在即将到来的对日决战中在中国华北地区实施登陆作战,罗斯福认为这一行动的成功有赖于在此坚持敌后抗战的八路军和新四军的支援。第二年,罗斯福致函蒋介石,向其提出了向抗日根据地派遣观察组的要求。因为美军有一个"沿海登陆计划",需要中国共产党领导的游击队的配合。美国人给这个观察组起了个绰号,叫"迪克西使团"(The Dixie Division)②。美军观察组的到来,受到中共中央、十八集团军总部和陕甘宁边区政府的热烈欢迎。毛泽东亲自修改的 8 月 15 日的《解放日报》社论指出:美军观察组的到来"是抗战以来最令人兴奋的一件大事"。美国军事代表团在 1944 年 7 月访问延安一事,对于中国共产党具有非同寻常的意义。第一,这有利于打破国民党对陕甘宁边区政治、经济、新闻各方面的封锁和隔离;第二,有美军观察组在延安,就大大减少了国民党顽固派冒险对陕甘宁边区发动军事进攻的可能性;第三,这意味着美国在某种意义上对中国共产党作为一个政治军事实体的承认,两者建立了准官方的关

---

① 俄罗斯国家档案馆档案,档案名:斯克沃尔佐夫就建立联合政府谈判事宜与周恩来的会谈备忘录;档 号:SD11971;АВПРФ, ф. 0100, оп. 33, п. 244, д. 13, л. 66 – 70. Русско-китайские отношения вXX веке, Т. IV, К. 2, с. 17 – 19。

② "迪克西"意指美国内战时期叛乱的南方诸州,在这里则暗指陕甘宁边区。

系，几年来中国共产党一直谋求的同美英建立"一定程度的外交关系"的目标，得以实现，中共的国际地位提高。当然，美军观察组的代表成员们还有一个非常重要的任务是考察美军与共产党领导的游击队合作，在中国东部沿海地区登陆，利用这些地方距离日本本土较近的优势，对日本进行空中轰炸，迫使日本投降，减轻美军进攻日本本土的士兵伤亡。1944年8月18日的《新华日报》也报道："美军海军上将尼米兹称，打败日本不能只靠海军，中国基地也很重要。"①

美军观察组实地考察延安、抗日根据地，以及与中共领袖的交流，扩大了中共的影响。美国驻华大使馆二等秘书赖斯（Rice）在给美国国务卿的电文中指出，根据在延安的外国记者发回的报道，中共虽受到国民政府严厉封锁，但仍表示希望和平解决双方分歧，促成民主政府②。美军观察组成员谢伟思在与中共领袖毛泽东、朱德等人交谈后，在写给史迪威的报告中指出，美国对华政策应基于两点："一是不应寄希望于蒋介石政府；二是在不考虑以中国共产党为代表的反对力量情况下，不能解决中国当下的问题，确切地说是美国的问题。"③

四 史迪威事件与第二次国共合作

1942年3月，美国将领约瑟夫·W. 史迪威受罗斯福总统的派遣，到中国战区担任参谋长。时任中国驻美大使和蒋介石特使的宋子文认为，"史迪威是美国陆军中最优秀的人物之一，挑选史担任此项任务最合适"。1942年3月8日，宋致电蒋介石，称："史迪威为马歇尔部下最得力之将才，本拟出任远征军总司令，惟中国事务紧要，故派其赴华，望蒙委员长重用。"④ 他同时还兼任远东战场美军代表与援华租借物资督导人，其任务是"指挥分派给他的中国军队"，"帮助提高中国军队的战斗力，提高美国对中国政府援助的效用，以把战争打下去"。⑤ 关于其职权问题，1942年7月22日，美陆军部为罗斯福专门起草了一份支持史迪威的电文。宋子文向蒋转告了罗斯福对史迪威职权的解释："史迪威作为中国战

---

① 《中国的基地很重要》，《新华日报》1944年8月18日。
② Foreign Relations of the United States, 1944, p. 483.
③ Ibid., pp. 709-710.
④ 秦孝仪主编：《中华民国重要史料汇编——对日抗战时期·第三编·战时外交（三）》，中国国民党中央委员会党史委员会编印，1981年，第567页。
⑤ ［美］巴巴·拉塔奇曼：《史迪威与美国在华经验》，陆增平译，商务印书馆1984年版，第347页。

区之参谋长，当然听命于蒋公；同时，作为美国驻渝租借法案代表及国际军事会议之美国代表，当然听命于美方。"① 但蒋介石则希望的是美国派一个完全听命于他的"听话"的助手。《史迪威日记》这样写道："1944年9月16日下午6点，宋子文告诉我，蒋要的是一个全面助手，在中国军队里担任一个副司令。"② 美国政府给史迪威的职权定位，以及史迪威将军倔强直率的性格，考虑问题也主要从战时美国利益出发，这些都为史迪威事件的爆发埋下了伏笔。经过一段时期的观察，史迪威在日记中写道："我是根据看到的情况来评判国民党和共产党的。国民党腐败、懈怠、混乱、经济动荡、苛捐杂税、废话连篇、囤积居奇、黑市交易、与敌通商。而共产党地区，减租减息减税、发展生产、提高生活水平，积极参与政府建设，说到做到。"③ 特别使他感兴趣的是，中国共产党在实行明显的改革措施，他们的军事组织和对待士兵的态度与中国的旧习惯完全不同。正是基于这些认识，抗战后期，史迪威积极主张向共产党部队提供租借物资并适用中共军队打击日本。他对马歇尔说："我们总得想办法将武器交给共产党，他们是要打仗的。"④ 1943年9月6日，他向蒋介石提出了一个军事上合理但在政治上很敏感的建议："第十八集团军（共产党的军队）、第二十二军和第三十五军处于深入华北日军侧翼的地位，这支军力可以被有力地加以使用，以威胁平汉路及归化、张家口地区，这一行动对于日本人任何企图从宜昌溯长江而上，或从武汉进犯长沙的计划，都是一种很有分量的以攻为守。"⑤ 因此，国民党应解除对陕甘宁边区的军事封锁，把这些用于封锁的国民党精锐部队用来打击日本军队；应允许中国共产党领导的第十八集团军与国民党军队一起对日作战，进而提出美国给予中国的援助物资中，应划拨一些给中共领导的抗日军队，国民政府也要给中共军队提供给养⑥。1944年5月16日，延安《解放日报》第一次公

---

① 秦孝仪主编：《中华民国重要史料汇编——对日抗战时期·第三编·战时外交（三）》，中国国民党中央委员会党史委员会编印，1981年，第612页。
② ［美］约瑟夫·W. 史迪威：《史迪威日记》，黄加林等译，世界知识出版社1992年版，第287页。
③ ［美］约瑟夫·W. 史迪威：《史迪威文件》(The Stilwell Papers)，纽约1948年版，第316页。
④ 瞿同祖编：《史迪威资料》，中华书局1978年版，第118页。
⑤ Charles F. Romanus, Riley Sunderland, China-Burma-India Theater: Stilwell's Mission to China, Washington D. C.: Department of the Army, 1953, p. 121.
⑥ Ibid., p. 368.

第五章　太平洋战争时期的国际环境嬗变与国共合作

开要求美军配给中共援华武器的 1/2①。史迪威向蒋介石当面要求向共产党提供 5 个师的装备。蒋回答：君若此，余将取消君参谋长职务②。他为什么要提出给中共领导的抗日军队提供给养呢？除了其从美国国家利益出发以外，还有就是他对中共领导的抗日队伍有比较深刻的认识。早在抗战初期，针对国民党节节败退而八路军却取得平型关大捷的胜利，他与史沫特莱分析了平型关大捷，认为胜利虽小，但令人鼓舞③。1938 年，史迪威在汉口有幸结识了周恩来和叶剑英，史迪威发现他们"襟怀坦白，彬彬有礼，态度和蔼，为人直率"④。史迪威在接待了两名共产党的使者之后，给马歇尔的报告中说："他们和我已经联系过了，他们愿意在我的指挥下进行战斗……，我们必须让共产党得到援助，因为他们愿意抗日。"⑤ 史迪威的建议引起了蒋介石的不满。因为蒋对于中国共产党及其领导的八路军、新四军、游击队在抗战中的迅猛发展早已心存恐惧，溶共、限共、反共是抗战进入相持阶段后国民党顽固派的主要政策。蒋介石在给宋子文的电报中指出："史迪威不知共党十年来经过之历史，更不明了最近共党之内容及其阴谋之所在，徒听共党之煽惑，助长共党之气焰，殊为可叹。"⑥ 开罗会议期间，史迪威面见美国总统罗斯福，称："蒋只是在积蓄力量，以便在战后对付共产党。"⑦ 在缅甸反攻战役指挥方面，蒋介石与史迪威也有很大的矛盾。史迪威一心想收复缅甸，认为这是开辟一条通道以便有效援助中国的最好办法。他想把拉姆加尔的中国军队同他希望得到的美国增援部队，一起用来发动一场从阿萨姆进入缅甸北部的进攻，并且希望中国在云南的部队发起的横跨萨尔温江的攻势结合起来。而蒋介石坚决反对史迪威的计划。蒋希望保存实力以应付日本可能在中国发动的大攻势；蒋也认为，如果把精锐部队投入对日军作战中将损失惨重，在共产党面前或他自己阵营的任何有野心的将领面前，必将处于不利地位。蒋介石的计划

---

① Peter Vladimirov, *China's Special Area*, 1943 – 1945, Bombay: *Allied Publishers*, 1974, p. 238.
② 熊式辉：《海桑集》，1944 年 9 月 28 日，第 545 页。转引自吕迅《大棋局下的国共关系（1944—1950）》，社会科学文献出版社 2015 年版，第 59 页。
③ 秦爱民、李增辉：《对比和接近的岁月：史迪威与中国共产党》，《党史纵横》1999 年第 1 期，第 18 页。
④ ［美］麦克米伦出版公司：《蒋介石的外国高级参谋长——史迪威》，姚凡立等译，黑龙江人民出版社 1988 年版，第 262 页。
⑤ 同上书，第 708 页。
⑥ 秦孝仪主编：《中华民国重要史料初编——对日抗战时期·第三编·战时外交（三）》，中国国民党中央委员会党史委员会编印，1981 年，第 632 页。
⑦ Roosevelt, *As He Saw It*, New York: Duell, Sloan and Pearce, 1946, p. 207.

得到了美国陈纳德将军的支持。陈纳德认为在中国东南部仍由国民党部队控制的路途上建立空军基地,美军从这些基地出发可以袭击在中国海面上的日本运输船只,甚至可以袭击日本本土。在美国总统罗斯福、美国三军参谋长马歇尔在史迪威的支持压力下,蒋介石在1943年12月18日,不得不同意由在拉姆加尔受过训练的中国军队在史迪威亲自指挥下发动一次对日军的进攻,也不得不同意使用在云南的中国部队参加缅甸反攻战役[1]。在日军发起的1944年总攻(又称"一号作战",中国大陆学界称为豫湘桂战役)面前,史迪威和蒋介石在相关问题上再次发生了非常激烈的争吵。史迪威重新提出了利用中共军队打击日军的建议,蒋介石予以顽固拒绝[2]。这次日军的进攻不仅导致中国的一些国土沦陷,而且此前供美军B-29轰炸机用作轰炸日本的飞机场也沦陷了,对重庆也造成了威胁。因为这直接触犯了蒋的核心利益。而随着日军的进攻迫近重庆,美国政府对于中国局势非常焦虑,美国参谋长联席会主席马歇尔打电报咨询史迪威。史迪威说:"当前唯一补救的办法是:调动当时在陕北围困中共军队的胡宗南军队以及鄂西的军队,并在陕北中共军队的参与下,向洛阳、郑州、武汉方向发起进攻。史迪威认为在当前危急的情况下,蒋介石是有可能接受美国要求的。"[3] 在史迪威的劝说下,美国参谋长联席会议通过了请求罗斯福总统要求蒋把包括中共武装在内的所有中国军队之指挥权交给史迪威[4]。罗斯福也从抗战后期美国对日反攻时减少牺牲美军士兵的利益出发,建议蒋介石从缅甸招回史迪威,授予其在蒋介石的名义下指挥所有中、美军队,协调和指挥对日军事行动的指挥权。[5] 向一个主权国家索要军队指挥权,是违背国际关系准则的。这让民族主义意识比较强的蒋介石感到极大的耻辱。史迪威对于如何分配美国给中国的援助,也常常在蒋面前"指手画脚",强调应由美方支配美国援华物资,这也有"干涉中国内

---

[1] [英]琼斯(Jones, F.C.)等:《国际事务·第二次世界大战·8:1942—1946年的远东》,复旦大学外文系英语教研组译,上海译文出版社2007年版,第221—222页。

[2] 徐中约:《中国近代史:1600—2000 中国的奋斗》,世界图书出版公司2013年版,第462页。

[3] Charles F. Romans, Riley Sunderland, *Stilwell's Command Problems*, Washington D.C.: Office of the Military History, Department of the Army, 1956, pp. 379–381.

[4] 徐中约:《中国近代史:1600—2000 中国的奋斗》,世界图书出版公司2013年版,第462页。

[5] Grace Person Hayes, The History of the Joint Chiefs of Staff in World War II, Maryland: Naval Institute Press, 1982, p. 646.

政"的嫌疑,没有充分考虑蒋介石的面子和感受。蒋作为中国的领袖,从地位上是与美国总统同级的,而史迪威仅仅是美国派往中国战区的参谋长,战区领导人是蒋,从这个意义上讲,史迪威是蒋的下级,史迪威却经常与蒋就许多问题争论,让蒋十分恼火。在蒋看来,下级更多的是绝对服从上级,为上级排忧解难,而不是"拆台"。1944年7月,在史迪威的建议和劝说下,美国政府授权史迪威组建蒋介石非常反感的美军军事观察组,前往中共领导的抗日根据地进行考察。7月21日,组建工作完成。史迪威的顾问、美国驻华大使馆武官包瑞德被任命为观察组组长,了解中共各方面的情况,探索与中共合作以及国共和解的可能性①。与此同时,八路军总司令朱德给他发了一个电报,"竭诚欢迎"他前往考察,并说:"此间军队若能获得种种必需装备之供应,则对于今后之对日反共,必能在同盟国合作中肩负重要任务。"② 为此,史迪威在1944年9月23日把一份建议书交给美国总统特使赫尔利,主要内容为:史迪威亲赴延安,建议中共承认委员长的最高权力并接受指挥,在此条件下为中共5个师提供武器……在史迪威和蒋介石的争端中,赫尔利支持蒋。赫尔利在其给罗斯福的报告中指出:"如果委派另外一位美国将军接替史迪威,蒋将与他合作并规划出制止日军推进的方案。"③ 罗斯福总统为了安抚蒋介石,出于战后远东利益的考虑,做了让步。他对美军参谋长联席会议称:"蒋委员长的话相当有理。"④ 美国政府以态度温和、为人圆滑的美国将领魏德迈接替史迪威。史迪威被撤职回美国,标志着美国对中国的政策开始发生转变——由维护战时美国远东利益向战后美国在远东的布局转变。当然,史迪威将军被撤职,也加剧了美国政界和新闻界对中国国内政治认识的分歧,美国新闻界的许多媒体反复评论一个主题——中国不会团结战斗而宁愿打内战。英国首相丘吉尔1944年9月指出:"美国对中国的幻想正在消散。因为中国内部不和以及'军事上荒唐的失败'(豫湘桂战役的失败),尽管美国已经做出努力。"⑤ 当然,史迪威事件中的史蒋矛盾也与中美两国

---

① [美]卡罗尔·卡特:《延安使命》,陈发兵译,世界知识出版社2004年版,第40—41页。
② 秦孝仪主编:《中华民国重要史料初编——对日抗战时期·第三编·战时外交(三)》,中国国民党中央委员会党史委员会编印,1981年,第672页。
③ 徐中约:《中国近代史:1600—2000 中国的奋斗》,世界图书出版公司2013年版,第463页。
④ Hebert Feis, The China Tangle, Princeton, 1953, 153, 172.
⑤ PREM4, 30/11, 首相文件。转引自[美]费正清、费维恺《剑桥中华民国史(1912—1949年)》下卷,杨品泉译,中国社会科学出版社1994年版,2007年12月重印,第534页。

政治和文化有关。在政治制度上，民主党执政的白宫迫于 4 年一届的竞选压力，希望国共合作打击日本，并在美日在太平洋的海战中与美国配合，尽快打败日本帝国主义，以辉煌"政绩"争取更多美国选民对民主党的支持。而国民党在中国实行的一党专政，无选举压力，更加关注不断发展壮大并对国民党执政有威胁的中国共产党及其领导的抗日力量；美国坚持欧洲第一的原则以及蒋介石希望美国在太平洋战场上投入更多的力量。

五　赫尔利与抗战前夕的国共谈判

抗战进入 1944 年 10 月，美国在太平洋的进攻进行得比较顺利。1944 年 6 月中旬，一支规模宏大的美国舰队袭击日军重兵防守的马里亚纳群岛，几场战役过后，美军占领了离日本东京 1350 英里外的关岛、蒂尼安岛和塞班岛，9 月，美军在加罗琳西部登陆。[1] 美国的对华政策发生微妙的变化——由原来主要团结中国抗日逐步朝扶持蒋介石成为其战后在远东的坚实盟友，以制衡苏联转变。因此，美国政府在史迪威与蒋介石的矛盾冲突中召回了史迪威。赫尔利也因在撤换史迪威事件中的表现，被蒋介石认为"特别富有人情味"，蒋也专门致电罗斯福总统，表示希望派赫尔利为罗斯福总统长时期之个人代表，并参与国共谈判。蒋强调他完全信任赫尔利将军，赫尔利通晓人情，似亦能与共产党的领袖周旋。[2]

在此背景下，美国总统特使赫尔利积极介入国共谈判。1944 年 10 月 17 日、18 日，赫尔利两次约见董必武与林伯渠。赫尔利说："……中共军队组织、训练都好，力量强大，是决定中国命运的一种因素；蒋介石为抗日的领袖，是全国公认的事实。……蒋同意后，他便到延安来和毛泽东谈，求得双方合作的基础。最后蒋、毛见面，发出宣言，两党便合作起来了。"[3] 10 月 19 日，赫尔利与王世杰磋商。10 月 28 日，赫尔利拟定了一个"五条建议"的草案。这五条建议包括：一、中国政府与中国共产党共同合作，求得国内军队之统一，以迅速打败日本和解放中国；二、中共承认蒋介石为中华民国的领袖和军队的统帅；三、拥护孙中山之主义，在中国建立民有、民治、民享之政府，发展民主政治；四、中国政府承认中共为合法政党，所有国内政党均予以平等、自由及合法地位；五、中国只

---

[1] [美]艾伦·布林克利：《美国史》（1492—1997），邵旭东译，海南出版社 2009 年版，第 793 页。
[2] 《蒋"总统"事略稿本》1944 年 10 月 9 日条，台北"国史馆"藏蒋中正档案。
[3] 中共中央文献研究室：《毛泽东年谱（1893—1949）》，中卷，人民出版社、中央文献出版社 1993 年版，第 551—553 页。

有一个中央政府和一个军队,所有官兵不论属于中共还是政府,均根据其等级得到同等的待遇。① 后经过蒋介石的修改②,在征得罗斯福同意后,11月7日下午,赫尔利以美国总统私人代表、国共谈判特使身份与中共谈判代表林伯渠同机飞抵延安。11月8日上午,毛泽东、周恩来与赫尔利举行第一次会谈。赫尔利向中共递交了那份由王世杰修正后的五条方案,并希望能够"很自由、公开、坦白地"就此进行讨论③。但该条款显然针对联合政府与联合统帅部。毛泽东当即反问:这五条代表了何人的思想。11月8日下午,双方举行第二次会谈,以毛泽东的发言为主。毛强调:中国需要在民主的基础上团结全国抗日力量。因此必须改组现在的国民党政府,建立包含一切抗日党派和无党派人士的联合国民政府。关于改组军队,赫尔利说:委员长打算在军事委员会给中共一个席位。赫尔利鼓励中共参加,认为:这样至少能够让共产党人的一条腿迈进大门之内。毛泽东反驳道:如果一个人双手被缚,即使他的一条腿迈进了大门也无济于事。④ 由于赫尔利带来的方案不被中共接受,于是赫尔利转而请中共方面提出方案。11月9日下午,双方举行第三次会议,主要是讨论中共的方案。会谈进展顺利,赫尔利说:在我看来,这些建议完全是合理的,但它们还远远不够。如果毛主席不反对的话,我愿意仔细加以研究,并于明日上午提出我的建议。赫尔利的特别之处在于:他既接受了国民党对他的原方案的修正,又接受了中共的再修正。面对两种不同性质的方案,赫尔利不仅一概接受下来,并且,两个对立的修正案他都提出了意见。11月10日上午,毛泽东、赫尔利在新的五点协议上签字。这项协议最为主要的是第二项和第五项。第二项的主要内容是:"现在的国民政府应改组为包含所有抗日党派和无党无派政治人物的代表的联合国民政府,同时军事委员会应改组为由所有抗日军队代表所组成的联合军事委员会。"第五项为:

---

① FRUS, 1944, China, p. 659.
② 蒋在对赫尔利"五条建议"的修改案中,把"解放中国"改为"重建中国";把"双方承认蒋介石为中华民国的总统及所有中国军队的统帅",改成单方面要求中共"应服从中央政府及其军事委员会之命令",把"促进和发展民主政治"改为"促进和发展民主政治之程序";取消赫尔利"五条建议"中的给予各民主党派"平等、自由"的规定。这些修改肯定国民党的法统地位,否认中共与国民党具有平等地位,并欲借此控制中共军队指挥权。参见《美国赫尔利将军携呈蒋委员长有关国共协议之基本条件之建议》(1944年11月7日),秦孝仪主编:《中华民国重要史料初编·第五编(四)》,国民党中央委员会党史委员会编印,1985年,第289页。
③ 《赫尔利与毛泽东、朱德、周恩来谈话记录》(1944年11月8—10日),转引自牛军《从赫尔利到马歇尔——美国调处国共矛盾始末》,东方出版社2009年版,第52页。
④ 牛军:《从赫尔利到马歇尔——美国调处国共矛盾始末》,东方出版社2009年版,第53页。

"中国联合国民政府承认中国国民党、中国共产党及所有抗日党派的合法地位。"①这新的五项提案其实美国总统罗斯福也比较满意，因为充满着美国权利法案精神，罗斯福在获知蒋介石将其彻底推翻的时候，表示出"十分失望"和反感，他不知道这个人到底在想什么。②

当日，周恩来与赫尔利、包瑞德等同机飞抵重庆。新的五点协议遭到蒋介石的坚决反对。因为协定明确肯定国民党与共产党的平等地位，根本上否认了国民党的一党独裁。此时由于美、苏两国战后对抗的冰山渐渐浮现，中国作为对抗苏联的桥头堡作用愈益明显，赫尔利倾向于支持蒋介石。11月13日，王世杰与赫尔利磋商修改协议问题，王提出一项基本原则：新协议中"联合国民政府及联合军事委员会等名称必须删改"。21日，王世杰、张治中将该修正案交赫尔利，并做最后的商讨。此次国民党方面提出的修正案共为三条：一、国民政府……允将中国共产党军队加以整编，列为正规国军，其军队饷项军械及其他补给，与其他部队受同等待遇，国民政府并承认中国共产党为合法政党；二、中国共产党将其一切军队移交国民政府军事委员会统辖，国民政府并指派中共将领以委员资格参加军事委员会；三、国民政府之目标——实现孙总理之三民主义，建立民有、民治、民享之国家本为中国共产党所赞同。③国民党的修正案否定了赫尔利从延安带回的中国共产党的联合政府主张。21日下午，周恩来、董必武拜会赫尔利，表示中共明确拒绝国民党的修改方案。周恩来提出了几个问题：赫尔利将军是否仍同意我们为实现中国团结必须以组织联合政府为前提的主张？赫尔利答：我不能使用同意的字眼，因为我不是谈判的当事人，我只是见证人。我认为联合政府的主张是适当的。周恩来又告诉赫尔利：国民党只允许中共参加军事委员会而不参加政府，结果仍然不能参加决策。因为军事委员会的委员都是挂名的。随后，周恩来将当天会谈情况上报延安，毛泽东批示："党治不动，请几个客，限制我军。"④在国民党"党治不动"的前提下参加政府，实际上就是国民党以主人的地位

---

① 《外交部抄呈蒋委员长关于赫尔利将军送来〈国共协定〉译文》（1944年11月10日），参见《美国赫尔利将军携呈蒋委员长有关国共协议之基本条件之建议》（1944年11月7日），中华民国重要史料初编委会、秦孝仪主编：《中华民国重要史料初编·第五编（四）》，国民党中央委员会党史委员会编印，1985年，第291页。
② Snow, Journey to the Beginning, p. 347. 转引自吕迅《大棋局下的国共关系（1944—1950）》，社会科学文献出版社2015年版，第68页。
③ 牛军：《从赫尔利到马歇尔——美国调处国共矛盾始末》，东方出版社2009年版，第56页。
④ 中央文献研究室：《毛泽东年谱（1893—1949）》中卷，中央文献出版社2013年版，第560页。

"请几个客"。联合政府的核心则是废除党治,只有废除党治,各党派在政府中的地位才能平等。此时,国民党军的战场态势再度发生重大失利。日军的一号作战攻占广西之后继续向西,向贵州发起攻击,并于12月2日攻占贵州独山,重庆震动。在这种局面下的国共谈判中,中共的政治攻势继续展开。12月7日,周恩来返延当日,毛泽东主持召开六届七中全会全体会议,听取周恩来关于国共谈判的汇报。会议认为:国民党所提三条明显地不同意成立联合政府和联合统帅部,无法求得双方提案的基本共同点。准备公开与赫尔利在延安达成的五点协议,决定周恩来、董必武不再去重庆谈判。由于双方意见根本无法接近,赫尔利斡旋下的国共谈判第一回合,以失败而告结束。

12月25日,国民党在国际国内压力下,不得不又重新让步,拟在赫尔利的主持下继续进行国共谈判。1945年1月5日晚,宋子文、王世杰、赫尔利三人,一同研讨中共问题,当经商定由赫氏电复毛泽东,并建议请子文给予(王世杰 引者)与张文伯赴延安一行。该方案随后获蒋批准。1月11日,赫尔利收到毛泽东的复函,毛泽东提出:"在重庆召开国是会议之预备会议,此种预备会议应有国民党、共产党、民主政团同盟三方代表参加,并保证会议公开举行。"① 毛泽东表示如国民党同意这一提议,周恩来可到重庆磋商。提出民盟参加谈判,是中共政策上的一个重大举措。谈判的方式由国共两方变为多方,从而在实际上促进了政治的多元化,同时民盟的加入也极大地改善了中共孤军作战的局面,中共获得了同盟军。1月20日,赫尔利再度致函毛泽东,说他相信国民政府准备做出重要让步,再次提议周恩来到重庆谈判。1月22日,毛泽东复电赫尔利,同意派周恩来赴渝谈判。1945年1月24日,周恩来飞抵重庆。当晚周恩来在宋子文住宅与国民党方面作初步会谈。周恩来明确拒绝了参加国民党战时内阁,并重申联合政府。由于国民党顽固坚持一党专政,不同意建立包括共产党、民盟在内的联合政府,致使谈判没有取得成果。蒋介石也不信任中共,并批评中共和防范中共。比如,1945年1月25日,蒋介石在《日记》中写道:"中共周恩来此来要求召开国是会议与改组联合政府立即废除党治为其号召口号,绝无妥协之意见,余告哈雷(即赫尔利)吾人抗战革命全为遵奉遗教实现(三民)主义,如一日不死则余必贯彻此昔对于破坏我国法规与革命制度者,余对此基本问题之最低限度决不能再有迁就。"② 2月13日11时,蒋

---

① 牛军:《从赫尔利到马歇尔——美国调处国共矛盾始末》,东方出版社2009年版,第62页。
② 《蒋介石日记》,1945年1月25日,斯坦福大学胡佛研究所藏手抄本。

介石见周恩来指出："余对其共党所主张之党派会议与联合政府以及余根本方针恳切明示，并对其提及总理北上为变更革命制度之言，余严加斥责，彼自不乐，然余严正训之以慰我心。"① 这些都充分说明了蒋介石继续顽固坚持国民党一党独裁、拒绝中共"联合政府"的主张。1945 年 3 月 9 日，周恩来通知已经回国述职的赫尔利，由于国民党已经表明对民主改革毫无诚意，中共认为已无必要答复国民党 2 月 3 日的提案②。赫尔利 4 个月的调停失败。1945 年 4 月 2 日，已经担任美国驻华大使的赫尔利完全偏向国民党，他在华盛顿公开发表演说支持蒋介石，并含沙射影地把中国共产党说成是统一中国的障碍。对此，毛泽东领导的中共中央军委专门在 1945 年 7 月 7 日发表了《军委关于美国对华反动政策及我之对策的指示》，指出："从美大使赫尔利公开发表全力扶蒋不与中共合作以后，我党对美国的态度是反对现在美国对华政策的错误政策（扶蒋、反共、防苏），反对美国政府中的帝国主义分子（赫尔利等人），支持其中进步对中共同情和支持的分子，批评美国政府的扶蒋反共政策。"③ 毛泽东在 1945 年 7 月 10 日、7 月 12 日写的《赫尔利和蒋介石的双簧政策已经破产》和《评赫尔利政策的危险》两文中，对美国在抗战即将结束时的对华政策进行了批评："以美国驻华大使赫尔利为代表的美国对华政策，越来越明显地造成了中国内战的危机。……赫尔利背叛了他在延安所说的话。这样一种变卦，露骨地表现在其 4 月 2 日在华盛顿所发表的声明。他率直地宣称，美国只与国民党合作，不与共产党合作。"④ 虽然这样，但是国共双方始终都没有完全关上谈判的大门，这就为 1945 年 8—10 月的国共重庆谈判敞开了一丝门户。

小　结

由于战时经济、国际地缘政治格局、海权与陆权竞争等原因，日本

---

① 《蒋介石日记》，1945 年 2 月 13 日，斯坦福大学胡佛研究所藏手抄本。
② 世界知识出版社编：《中美关系资料汇编》第一辑，世界知识出版社 1957 年版，第 151 页。
③ 中央档案馆：《中共中央文件选集》（1945 年）第 15 册，中共中央党校出版社 1991 年版，第 179 页。
④ 毛泽东：《评赫尔利政策的危险性》，《毛泽东选集》第 3 卷，人民出版社 1991 年版，第 1114—1115 页。

发动了突袭美国珍珠港军事基地，使美国损失惨重，太平洋战争爆发。美国、英国、中国对日本宣战，日本也向美国、英国宣战，并正式向中国宣战。太平洋战争爆发后，美英大力支持国民政府抗击日本，同时极力与中共加强接触和了解，并派出美军观察组进驻延安，美国派往中国战区的将领史迪威将军、美英驻华大使馆人员、英国议会访华代表团、美、英记者和友好人士也积极与中共进行交流和接触，这些都使美国和英国政府与中共关系有了很大的改善。但1944年后，美国总统特使赫尔利在调解国共矛盾时明显地偏袒国民党，中共同美国的关系又逐渐冷淡下来。对于英国来说，由于英国与蒋介石在印度、香港等问题上有矛盾，加之中共此时期发展很快，英国出于战后远东利益考虑，对国共争端采取"不干涉"政策。苏联因为与德国生死之战，曾经无暇顾及中国。1944年后，苏联开始把眼光转向远东地区，提出以中国东北享有特权为条件参加对日作战。在罗斯福的压力下，国民党与苏联谈判签订了《中苏友好同盟条约》，苏联出兵东北并占领东北。在此期间，中共及其领导的抗日队伍得到了很快发展，成为可与国民党争雄的一支重要力量。中共通过与美、英驻华大使、来华官员的接触和交往，成功地与美国、英国建立了低水平的官方联系。国民党极力寻求美、英对中国抗战的支持，并派远征军到东南亚与美、英联合对日作战，在美国支持下，参与多个国际会议，废除了一些不平等条约，提升了中国的国际地位，蒋介石威望达到顶峰。此时又值共产国际宣布解散，蒋介石错判形势发动第三次反共高潮，很快被中共利用国际和国内因素打退。在此阶段的后期，在国际压力下，共产党的代表林彪与蒋介石进行了重庆谈判，抗战前夕国共还进行了有关联合政府的谈判；史迪威事件是美国对国共关系认识的新转折点，美国赫尔利也在抗战胜利前夕调停国共争端，但因多种因素影响没有成功。

第六章 抗战胜利后的国际环境与国共合作的破裂

抗战胜利之初,在"四国五方"(美、英、苏、中四国,美、英、苏、中共、国民党)政治格局中,美、苏居于主导地位,英国处于"中立不干涉"地位,国民党政府居中。在美、苏的影响下,国、共两党在 1945 年 9 月进行了重庆谈判、1946 年年初召开了国共、民盟等参加的政治协商会议、停战谈判、南京谈判。中共成功地应对国际环境,变被动为主动。国民党则坚持顽固态度,国共合作关系最终彻底破裂,国民党向解放区发动进攻,人民解放军奋起自卫。

第一节 抗战胜利初期的国际环境与重庆谈判

一 重庆谈判的背景:抗战胜利初期的国际环境

抗战胜利初期,世界反法西斯战争的胜利使国际力量的对比发生了深刻的变化。苏联进一步巩固和强大,亚洲、东欧等地区的一些国家也建立了人民民主制度和社会主义制度。作为世界头号经济和军事强国的美国,也积极向全球扩张,实行扶蒋反共的美国对华基本政策。但因第二次世界大战刚结束,无论是苏联,还是美国都不愿意中国内战而引爆第三次世界大战,同时中国国内反对内战的呼声也很高,加之在美国人眼里,蒋介石是一个狭隘的民主主义者,"在当时许多中国知识分子和民主派官员看来,蒋介石所写的《中国之命运》一书的观点都是反西方的。而这本《中国之命运》,好像是被国民政府当作教育政府官员和民众的政治教科书。在书中,蒋把中国现代的贫弱都归咎于西方列强"[①]。因此,战后美

[①] Chiang Kai-shek, *China's Destiny*, translated with notes and commentary by Philip Jaffe, London: Dennis Dobson Limited Company, 1947, particularly charp Ⅲ.

国希望蒋介石改革国内政治，通过民主和平谈判，解决与中国共产党的争端。在此情况下，国、共两党在美、苏两国的压力下进行了重庆谈判。

（一）抗战胜利初期的美国、苏联和英国对华政策

战后初期，美国采取有限地支持国民党的对华政策，这样既未放弃中国，还能以中间人面目干涉中国事务。本来，控制中国、扶蒋反共，是战后美国对华的基本政策。在美国以蒋介石政府作为侵略控制中国的工具的同时，蒋政权也要以美国的援助作为靠山。因此，战后美国在中国追求的长期目标"是在中国建立一个统一的、强大的亲美政府"[1]；其短期目标是支持国民党，维护其在中国的统治。[2] 1945年8月13日，在华美军司令L. 魏德迈，以及美国驻华大使赫尔利都向华盛顿报告，要求美国用空运或其他手段快速地把国民党的军队运到中国北部，以阻止中国共产党领导的军队占领因日军投降所退出的地方。[3] 但鉴于第二次世界大战刚结束，和平民主是世界主要潮流，慑于中国人民力量的强大，美国人民和世界人民的反对，在世界大战刚刚结束的时候，美国还不敢直接出兵进行大规模的武装干涉。美国设想，让中共参加一个以蒋介石为首的、经过改组的"联合政府"。因此，8月17日，远东盟军最高统帅麦克阿瑟就迅速发布第一号命令，授权蒋介石为除东北外中国境内、北纬16度以北法属印度支那境内受降代表，并声明："日军只能向各该司令官或其代表投降。"[4] 蒋介石依此证据，将中共部队排除在对日受降之外。当然，美国这样做的目的，首先是避免在敌后抗战的中共迅速夺取中国的战略要地，而不是让中国进入内战。当时的美国总统杜鲁门回忆说："蒋介石的权力只及于西南一隅，……我们就必须采取异乎寻常的步骤，命令日本人守着他们的岗位和维持秩序。等到蒋介石的军队一到，日本军队便向他们投降。……这种利用日本军队阻止共产党人的办法是国防部和国务院联合决定而经我批准的。"[5] 8月27日，美国出动飞机、舰艇把新六军由湖南芷江空运到南京，9月6日，将九十四军由柳州空运到南京上海。此后又将

---

[1] 陈铁健主编：《简明中国新民主革命通史》，上海人民出版社2011年版，第462页。
[2] Tang Tsou, *America's Failure in China* (1941–1950), the University of Chicago Press, 1963, p. 351.
[3] Philip Jaffee, *Amer-Asia 1945*, Vol. 9, New York：Greenwood Press Corporation, 1968, p. 260.
[4] [英] 琼斯（Jones, F. C.）等：《1942—1946年的远东》下册，复旦大学外文系英语教研组译，上海译文出版社1979年版，第741—742页。
[5] [美] 哈里·杜鲁门：《杜鲁门回忆录》第2卷，李石译，生活·读书·新知三联书店1974年版，第71—72页。

七十四军、九十二军、八军、五十四军、五十二军、青年军二〇六师等从空海两途运至京、沪、青岛、北平等地，使蒋军抢占了大城市和战略要地。美国军队还打着帮助"受降""遣俘"的招牌直接在中国港口登陆，替蒋军抢占和守护战略要点及交通线，还配合蒋军骚扰、进攻解放区。9月30日，美国海军陆战队第一师在塘沽登陆。10月初，第三师、第六师先后在秦皇岛、青岛登陆。10月4日，大批美舰侵入早为中国人民军队解放的烟台港海面，企图登陆。由于中国人民军队严阵以待和强烈抗议，美舰才离去。1945年11月15日，美国政府宣布继续以租借物资援助国民党政府。1945年11月27日，美国国务会议做出决定："美国陆军和海军保持驻扎在中国北部及东部，以保证国民政府'荣归接收'。"① 魏德迈将军（General Wedemyer）被要求马上安排运输国民党的军队到中国北方地区去。②

  抗战胜利后，苏联不愿意中国成为受美国控制的附庸国，但又害怕因支持中共而卷入美苏战争，因此尽力寻求同美国妥协。其实在斯大林看来，在抗战胜利初期，中国共产党领导的军队无论在数量、武器装备等方面均无法与国民党领导的军队抗衡，而且国民党作为执政党，在国际影响力方面也占有明显优势，因此，斯大林认为此时中国共产党如果"武力革命"，很有可能被蒋介石的优势军队"消灭"。因此，苏联从维护自身的安全出发，力图防止战后中美联盟的出现，并企图在中苏接壤地区建立一条缓冲带。而在中苏关系中，国共关系是苏联政府不能回避的难题。苏联认为最理想的解决办法是国共通过政治而非军事方式订立协议，使中国共产党人参加蒋介石领导下的政府。在此期间，苏联希望中共按战后法国和意大利两国共产党参加资产阶级政府的方式，逐步把主要工作转移到争取群众方面来，来处理与国民党的关系。即要中共准备放弃对军队的领导权参加到由资产阶级领导的政府中去，放弃武装斗争，去走议会道路。1945年6月的《布尔什维克》杂志发表评论员文章指出：战后中国必须有一个"由战时所有民主党派、团体和组织所加强的国家民主阵线；……中国才能成为一支强大的、独立的和民主的力量"③。这个公开发表的言论实际上反

---

① U. S. Department of State, *United States Relations with China*, Washington D. C., 1949, p. 608.
② Memorandum from Secretary Byrnes to the War Department, December 8, 1945, *United States Relations with China*, p. 601.
③ Chares Mclane, *Soviet Policy and the Chinese Communists, 1931－1946*, New York: Columbia University Press, 1958, p. 182.

映了斯大林在战后提倡的"联合政府"政策。斯大林在1945年4—5月两次与美国驻华大使赫尔利的谈话中都称蒋介石是"无私的",但应在政治上对中共让步,以求得军令的统一。同美国一样,莫斯科也希望看到一个在蒋介石统治下的民主和统一的中国①。在抗战结束前的中苏谈判过程中,中共问题始终为双方讨论的焦点内容。斯大林表示了三点意见:第一,"中国只能有一个政府,由国民党领导",但应容纳共产党和其他人士参加;第二,"中国政府要求军令、政令统一,极为允当",国民党不愿建立联合政府是"正当之愿望";第三,……如果中国与苏联同盟,将无任何人可推翻中国政府。② 中苏谈判及其成果《中苏友好同盟条约》最终确立了这样的战后中国政治框架:美苏都支持蒋介石的国民党政府,以政治的和平的方式解决国共冲突,最终建立由蒋介石主导的、中国共产党和中间势力参加的多党政府。对苏联来说,这样既可避免出现国共内战的局面,同时还因中国共产党人在政府内牵制,制约蒋介石政府与美国走得过近。与此同时,斯大林此时最主要的精力是确保苏联在东欧的权益,其主要关注欧洲事务。他不希望中国问题影响到其在欧洲的苏联国家利益和安全。③ 斯大林认为:"只要东北基本能够控制在苏联手中,中国不应该爆发革命。否则会引起美国的武装干涉,影响苏联的长远利益。毛泽东完全可以向法国共产党学习——参加到资产阶级政党主导的政府中去,而没有必要向希腊共产党那样自讨苦吃。"④ 因此,当8月14日、20日、23日蒋介石接连邀请毛泽东到重庆谈判后,中共中央接到斯大林以苏联中央政府名义发来的电报,斯大林的电报支持毛泽东去重庆谈判,"寻求维持国内和平的协议","走和平发展的道路",并称:中国不能再打内战,再打内战,就可能把民族引向灭亡的危险地步。⑤ 斯大林还说,中共的武装斗争是没有前途的,应该同蒋介石达成协议,解散军队,加入国民政府。两三天后,斯大林发来第二封电报,表示:世界要和平,中国也要和平,……蒋介石再三地邀请你去重庆协商国是,在此情况下,如果一味拒绝,国内、国

---

① 牛军:《从赫尔利到马歇尔——美国调处国共矛盾始末》,东方出版社2009年版,第48页。
② 秦孝仪主编:《中华民国重要史料初编——对日抗战时期·第三编·战时外交(二)》,中国国民党中央委员会党史委员会编印,1981年,第587—588页。
③ S. C. M. Paine (U. S. Naval War College), *The Wars for Asia*, (1911–1949), Cambridge University Press 2012, p. 238.
④ 杨奎松主编:《冷战时期的中国对外关系》,北京大学出版社2006年版,第17页。
⑤ 师哲、李海文:《在历史巨人身边——师哲回忆录》(修订本),中共中央党校出版社1991年版,第308页。

际各方面就不能理解了。如果打起内战，战争的责任由谁承担？①

战后，英国对国共争端采取"不干涉"政策。英国的"不干涉"政策形成于1944年年底至1945年年初，1945年新任英国外相的贝文在议会发表宣言，表示英国政府不干涉国共斗争。英国政府外交次官也于1945年5月3日议审这一政策时，表示了同样的意见。② 1945年9月，英国重申了其对华政策，特别是执行不干涉国共谈判的原则③。这主要有四方面的原因。

其一，英国认为，中国共产党不是寻常意义的共产党，更不是通常所指的政党。它们有自己的军队和政权，控制着以延安为中心的中国西北部地区。英国政府认为抗战后期国民党已经腐败不堪，不相信国民党能够在战后迅速打败有苏联"暗中支持"的中国共产党。1945年9月，英国总参谋部则怀疑，如果国民政府不进行改革，那么它是否能继续存在下去都是个问题。④ 1946年英国外交部宣称："来源于地主和富商阶层的国民党，以财富、势力及武力（主要是通过秘密警察）来维持现状，他们将会不可避免地走向反动和滞后。"⑤ 而英国在中国当时的巨额投资也迫使英国政府在战后初期对待国共关系时不得不采取谨慎的态度，采取不干涉的政策。1946年英国在华投资总额为8.0730亿美元，占同期外国在华投资总数的比例高达63.2%，是美国的3倍多。⑥ 巨大的在华经济利益，成为奉行"没有永久的朋友，也没有永久的敌人，只有永久利益"实利主义政策的英国政府对华采取谨慎务实政策的重要原因之一。

其二，国共在战后内战导致中国出现分裂或动乱，更有利于英国在远东的利益（包括在中国、中国香港、新加坡、印度、东南亚等的利益），况且当时英国正在应对日益高涨的印度民族解放运动——印度独立运动的压力，被搞得焦头烂额，没有太多时间、精力和能力介入中国国内的国共冲突问题。确实，如果蒋介石建立一个强势并投靠美国的政权，会使英国

---

① 师哲、李海文：《在历史巨人身边——师哲回忆录》（修订本），中共中央党校出版社1991年版，第308页。
② 英国政府出版署：《议会会议记录系列》1943年第416卷，第1360页。英国国家档案馆藏档案资料，转引自李世安《战时英国对国共斗争的政策》，武汉大学出版社2010年版，第323页。
③ 李世安：《战时英国对国共斗争的政策》，武汉大学出版社2010年版，第323页。
④ *Memo. by the Chiefs of Staff Committee*, 10th Nov. 1945, F. O. 371/46215, F 10436/186/10, PRO.
⑤ *Memo by Kitson*, 23rd May. 1946, F. O. 371/53564, F 7701/25/10, PRO.
⑥ 魏子初：《英国在华企业及其利润》，人民出版社1951年版，第16—17页。

在远东的利益受损。而如果由中国共产党通过革命建立了一个社会主义性质的政权，对英国的远东利益和全球利益都会有所影响。

其三，英国干预国共争端，会变成美、英、苏三强之间的斗争。对于在第二次世界大战中元气大伤的英国来说，战后主要的任务是恢复和发展经济，解决国内的主要问题，如果公开支持国民党，害怕演变成美、英、苏三强的缠斗。第二次世界大战结束后初期，刚刚执政的工党政府依然希望能够与苏联维系战时同盟关系，希望中国能够在国民党的领导下成立联合政府，建立类似法国和意大利式的联合政府（即法国共产党和共产党参加由资产阶级政党建立的内阁，并担任部长），而不是建立国民党独霸的政权，这与美国、苏联和中共在战后初期的想法有共同之处。

其四，英国在二次世界大战后面对全球此起彼伏的民族独立运动和第二次世界大战对英国国力的严重损害，只好在中国国共争端中采取"不干涉政策"。因此，英国政府认为，中国国内的争端，应该由中国自己解决。[1] 英国驻华大使薛穆在1945年2月与英国外交部远东司新任司长贝纳特的电报交流中指出，即使英国参加美国的调解活动，也不可能影响国共谈判的结局。[2] 英国在战后初期的对华"不干涉政策"，最终导致战后中国国共争端的主角只能是国共和美国、苏联。

（二）第二次世界大战结束后欧洲共产党参与各国政权的模式

从欧洲共产党在第二次世界大战结束后的政权情况来看，主要有两种，一种是南斯拉夫共产党夺取政权建立社会主义国家的东欧模式；另外一种就是法国共产党、意大利共产党和希腊共产党参加资产阶级政府的模式。这两种模式的最大区别在于南斯拉夫共产党在政权中处于领导地位，而法国共产党和意大利共产党在法意资产阶级民主共和政府中是处于被领导地位。在反对法西斯侵略者、争取自由解放的斗争中，南斯拉夫共产党领导人铁托领导南斯拉夫人民进行了英勇不屈的斗争。1941年12月，在抗击德军的进攻中，铁托创建了第一支正规军——"第一无产阶级旅"。1944年，已发展到近百万人的南斯拉夫人民解放军与苏联红军配合，解放了贝尔格莱德。1945年11月29日，南斯拉夫联邦人民共和国宣告成立，铁托任联邦政府主席、最高统帅[3]。第二次世界大战时期，法共领导组织二三十万人的游击队在敌占区开展地下斗争，有7.5万名党员在斗争

---

[1] 李世安：《战时英国对国共斗争的政策》，武汉大学出版社2010年版，第324页。
[2] F0371/46209，F1805/186/10，From Foreign Office to Chung King, 16 February 1945.
[3] 王艳：《塞族青年的南斯拉夫记忆》，《中国新闻周刊》2006年5月15日。

中牺牲。在 1944 年夏法国光复后，法共总书记多列士下令法共领导的内地军服从政府命令，分散编入法国陆军。同时许多领导解放委员会的法共党员，也把权力交给了戴高乐委派的地方官员①，并参加戴高乐主义者领导的临时政府，先后有 8 名领导人分别任副总理和部长。1943 年年底，意大利共产党开始组织武装斗争，到 1944 年 6 月，意大利共产党直接领导的"加里波第游击队"达 25 万人之众，并在各解放区建立人民政权，初步实行了各项民主改革措施。② 但是莫斯科强迫意大利共产党采取与法国共产党一样的策略——意共参加巴多利奥资产阶级联合政府。当时的意大利共产党总书记陶里亚蒂一再向盟国咨询委员会的美国代表墨菲表示，"共产党的目标"是"要消灭法西斯主义，要建立一个真正的民主共和国"③。1944 年 7 月 6 日，应英国外交大臣艾登的要求，苏联外交部部长莫洛托夫派代表到希腊解放区，劝说希腊共产党领导的民族解放阵线参加流亡在开罗的帕潘德里欧政府。9 月初，民族解放委员会自行宣布解散，交出了在解放区已经掌握的政权。④ 就当时的形势来看，中国的情形更多的是与法国相似。因为中国的抗日战争是国共两党共同的抗战，且蒋介石在第二次世界大战结束时达到了其威望的最高峰——世界四大国领袖之一、五大常任理事国领袖之一，与斯大林、丘吉尔、罗斯福并列。当时苏联也主张中共走法共的道路——参加政府，美国、英国在一定程度上也同意在保障蒋介石领导的国民党在政权中占领导地位的基础上，吸收中国共产党到国民政府中，以增加中国政府的民主性，这些都注定了中国共产党在战后选择与国民党谈判，走联合政府的道路。

（三）战后初期（1945—1946）亚洲民族解放运动的影响

第二次世界大战后，以民族独立为政治目标的民族解放运动在亚非拉地区轰轰烈烈地开展起来。这首先是因为反法西斯战争的胜利为世界被压迫民族挣脱殖民主义枷锁开辟了道路，做好了政治上、思想上、组织上的准备——大战增强了殖民地半殖民地人民的民族意识，促进了民族解放力量的成长。在第二次世界大战中，成千上万的殖民地人民远涉重洋，奔赴欧、亚、非作战，他们在战场上、在与其他民族的广泛接触

---

① 《战后世界历史长编》编委会：《战后世界历史长编（1945）》第一分册，上海人民出版社 1975 年版，第 313—315 页。
② 同上书，第 324—325 页。
③ 陆人译：《意大利共产党简史》，人民出版社 1953 年版，第 90 页。
④ ［美］哈里曼、艾贝尔：《特使：与丘吉尔、斯大林周旋记（1941—1946）》，南京大学历史系英美对外关系研究室译，生活·读书·新知三联书店 1978 年版，第 368 页。

中，积累了政治经验，提高了政治觉悟和斗争水平。大战对殖民地经济和社会结构的变化也产生了巨大的影响，促进了殖民地国家工业的进步和阶级关系的变化。由于战争的原因，宗主国不得不放松对殖民地的经济和政治控制，所以，殖民地的工商业获得了发展机遇，民族资产阶级与民族知识分子随之壮大，民族主义政党大量涌现，这些政党利用战争机会发展了力量，扩大了在群众中的影响，从而掌握了独立运动的领导权。战后初期欧、亚社会主义国家的建立和东西方两大阵营的对峙有利于民族独立运动获得社会主义阵营一边的国际支持，为建立国际反帝统一战线，苏联和社会主义各国曾给予亚非拉的民族独立运动积极支持和大力援助。

第二次世界大战大大地削弱了帝国主义势力。法西斯强国德、意、日三国失败了，丧失了众多的殖民地；英、法、比、荷等老殖民主义者损失惨重，无力阻止殖民地半殖民地人民争取自由、独立的斗争，为殖民地的民族独立也提供了有利条件。1945—1946 年，民族独立浪潮在亚洲兴起。这些民族独立运动绝大多数是由资产阶级民族主义政党领导的民族民主运动，政治目标是建立独立的资产阶级共和国。1945 年 9 月至 1946 中 11 月，印度尼西亚反对英荷武装干涉的战争，沉重打击了英国和荷兰殖民者。1945 年 8 月日本投降，印尼人民举行"八月革命"，建立了以苏加诺为总统的印度尼西亚共和国[1]。9 月 29 日，英国以解除日本武装为名，派遣军队进占印度尼西亚。英国议会下院更是在 10 月 17 日明确声明，英国政府只承认荷兰政府在东印度群岛拥有主权，盟军司令部 10 月 20 日在巴达维重申肯定荷兰人为合法的统治者，不承认印度尼西亚共和国[2]。荷兰政府也以盟军名义从欧洲派兵在雅加达登陆，以恢复它对印尼的殖民统治。印尼共和国军队和人民，面对英、荷军队的入侵，进行了坚决的抵抗，并于 11 月取得了泗水保卫战的重大胜利。英军损失惨重，有 563 人被杀，1441 人受伤，315 人失踪。在印尼军民的英勇抵抗面前，英国为集中恢复它对马来西亚和缅甸的殖民统治，遂将其占领区交给荷兰。经过印尼人民的持续斗争，最终独立。

北越独立后建立的准社会主义共和国，更是有利于中国共产党，沉重打击了法国殖民者。1945 年 8 月 16 日印度支那共产党在得知日本无条件

---

[1] David Wehl, *The Birth of Indonsia*, London: George Allen and Unwin LTD, pp. 3 – 7.
[2] ［英］琼斯（Jones, F. C.）等：《国际事务·第二次世界大战·8：1942—1946 年的远东》，复旦大学外文系英语教研组译，上海译文出版社 2007 年版，第 324 页。

投降的消息后，成立以胡志明为首的民族解放委员会（实际上是越南临时政府）。8月19日胡志明的军队解放河内，23日解放顺化，25日解放西贡，夺取了政权。27日越南民主共和国临时政府组成。30日日本保大傀儡政府退位。9月2日越南民主共和国正式在Hanoi's Ba-Binh square成立，50万民众参加了成立仪式，胡志明任临时政府主席，宣布越南独立，废除与法国签订的旧约。① 政府要职的人员绝大多数是越南共产党员。比如，政府主席和外交部部长是胡志明，内政部长是Vo Nguyen Giap，财政部长是Pham Van Dong，国防部部长Chu Van Tan。当然，越南新政府也吸收了一些民主党派和无党派人士参加政府。比如，教育部长Vu Dinh Hoe是越南民主党员，卫生部部长是无党派人士的Pham Ngoc Thach。② 在朝鲜，美苏划定以北纬38度为分界线，南部由美国军队接收，成立李承晚为首的"驻朝美军军政府"，秘书处有5名军官，日常的工作由9个局负责进行。朝鲜北部由苏联军队接收，1945年8月25日，成立"朝鲜人民执行委员会"，接管了政府的职权。6个月以后的1946年2月9日，被"北朝鲜临时人民委员会"所取代，金日成任全朝鲜内阁首相。③ 印度在第二次世界大战结束后，建立了印度国大党和回民联盟共同参加的临时联合政府，对中国民众建立"联合政府"拒绝内战也起了一定的作用。当时的《中华时报》社论专门论印度联合政府的建立："这次印度临时政府的成立，实在有极重大的影响。印回两党携手合作（回盟阁员五人，已接手财、商、交、司法和卫生五部），从此印度可以走上和平建设的途径；其次，解放印度，是印度国民大会党和回教联盟的最高目的，现在英国人既决心还政于民，印回两党是应该推诚合作了；相忍为国的精神，也从这次印回合作中充分表现了出来，现在回盟在内阁中占五席，印度国大党占六席……这次两党的互让精神，真是值得我们钦佩的。"④

以上这些国家在进行独立运动斗争时，帝国主义因受第二次世界大战削弱的影响以及战后民主潮流的影响，实际上对这些相对比较弱小的被殖

---

① King C. Chen, *Vietnam and China*（1938—1945），N. J：Princeton University Press，1969, p. 111.
② Ibid., p. 112.
③ ［英］琼斯（Jones, F. C.）等：《国际事务·第二次世界大战·8：1942—1946年的远东》，复旦大学外文系英语教研组译，上海译文出版社2007年版，第567—568页。
④ 社论《印度联合政府的成立》，《中华时报》1946年10月28日；转引自时论选辑《印度联合政府的成立》，《改造杂志》1946年创刊号，第103—104页。

民国家采取了比较温和的政策，而不是利用强大的军事力量进行残酷镇压。这也为英法等国在抗战胜利初期的国共争端中采取相对"中立"的政策打下了基础。

二　重庆谈判前夕国共两党对国际环境的应对

（一）国民党依附美国和"联苏"向中国共产党施压

抗战胜利初期，蒋介石国民政府同美国不仅延续了战时的同盟关系，并逐渐演变成为依附关系。抗日战争胜利之时，国民党军队绝大多数在以重庆为中心的大后方的广大地区，日本占领的东部、中部发达地区被中共领导的抗日根据地和抗日力量所包围。为了抢占抗战胜利果实，其一，蒋介石命令中共领导的第十八集团军原地驻防待命："本委员长经电令各部队一律听候本会命令，根据盟邦协议，执行受降之一切协定。所有该集团军所属部队，应就原地驻防待命，其在各战区作战境地之部队并应接受该战区司令长官之管辖。"[1] 其二，勾结美军和日伪军阻挠中共军队收复日本和汪伪占领地区。1945年10月23日，国民党派往第十一战区司令长官接收代表杜建时向中央党部秘书长吴铁城报告了与美军、日伪军合作阻挠八路军接收天津市区的情况[2]。其三，请求美国支援，利用美国的飞机、军舰运送国民党军队抢占东部发达地区。战后，美国的实力和地位进一步上升，蒋介石为了抢占东部沿海地区，迅速统一中国，需要国际支持，特别是美国的支持，蒋介石国民政府和美国的关系逐渐由战时的盟友关系演变为一种依附性的关系，美国在经济上和军事上扶植国民党政府，比如，1945年8月28日，美国政府租借给蒋介石和国民政府所用的海军舰艇8艘，当日由国民党海军接舰军官在美国迈阿密海军基地正式接收；同年9月22日，美国海军部再次宣布赠予国民政府海军驱逐舰20艘，主要用于国民党海军在国内沿海及内河防卫防护、与中共军队作战使用。美国还支持蒋介石垄断对日的受降权，调派飞机和军舰，将远在西南、西北地区的国民党军队，快速运往华南、华东和华北各地，帮助国民党抢占战略要地，为以后争夺东北创造条件。例如，抗战胜利不久，美国空军就把国民政府的三支军队运送到中国东部和北部的关键地方，包括3个最重要的城市：上海、南京和北京，40万—50万名国民党军被运送到新的地方。

---

[1] 中国第二历史档案馆：《中华民国档案资料汇编》第5辑第3编政治（1），江苏古籍出版社1999年版，第62页。

[2] 同上书，第67页。

美国海军陆战队甚至占领北平、天津①。当然，由于世界大战刚结束，世界人民尤其是中国人民渴望和平民主，美国在抗战胜利初期，主张国共进行谈判，政治协商，让渡一些政权，迫使中共交出军队和解放区，以实现中国在蒋介石领导下的"统一"，而不是用武力消灭中国共产党。而当时中国国内人民也迫切要求和平民主，希望有一个和平安定的环境，恢复创伤，发展经济；蒋介石内战的准备还没有完成；国民党实行一党专政，专制独裁，引起人民的强烈不满。

在对苏关系方面，蒋介石采取向苏联做一些让步，以联合苏联施压中共的政策。1945年8月9日，在日本接受投降的前一天，苏联对日宣战，苏联红军迅速击溃日军并占据满蒙。蒋介石忧喜交加。喜的是苏联红军出兵中国东北和蒙古，加快了日本帝国主义走向失败的步伐，忧的是苏联红军对中国东北和蒙古的占领，可能对其不利。蒋介石说："今日接俄国已对日宣战之消息，忧虑丛集，而对国家存亡之前途，与外蒙今后祸福之关系，以及东方民族之盛衰强弱，皆系于一身，能不战栗恐惧乎哉。"② 因此，在中苏谈判前商讨对苏谈判要点时，蒋介石明确要求苏联："为希望中国之统一起见，对于今日犹在武力割据妨碍中国统一之中国共产党，不作任何国际舆论上、政治上及物质上之支持，并愿设法劝告中共将武力交还政府，统一指挥，以利对日作战。"③ 在《中苏友好同盟条约》及其相关文件中，虽只字未提中共问题，但与中共问题相关的条款并不少见，如"苏联政府同意予以中国道义上与军需品及其他物资之援助，此项援助当完全供给中国中央政府，即国民政府"④。如上条款表明《中苏友好同盟条约》中，苏联无论在道义、军事还是经济上，均表示完全支持国民党政府，而不支持中共。为了争取苏联，蒋介石在外蒙古独立问题上，也采取了"让步"。据《新华日报》的报道：1945年8月24日上午9点，蒋介石在出席国防最高委员会与国民党中央常务委员会临时联席会议时，承认了外蒙古独立。⑤ 在获得美苏支持其执政的承诺后，国民党政府采取种

---

① U. S. Department of State, *United States Relations with China*, (With Special Reference to the Period 1944 - 1949), Washington D. C., 1949, pp. 311 - 312.
② 《蒋中正"总统"档案：事略稿本》，1945年8月9日，台北："国史馆"出版2011年版，第六十二册，第61页。
③ 秦孝仪主编：《"总统"蒋公大事长编初稿》卷5（下），台北：中国国民党中央委员会党史委员会编印，1978年，第734—738页。
④ 王铁崖编：《中外旧约章汇编》第3册，生活·读书·新知三联书店1982年版，第1329—1330页。
⑤ 《蒋主席昨天演讲，承认外蒙古独立》，《新华日报》1945年8月25日第2版。

第六章 抗战胜利后的国际环境与国共合作的破裂 243

种手段迫使中国共产党签订"城下之盟"。因为蒋介石一向认为，没有苏联的支持，中国共产党将无所作为。

在以上国际国内背景下，蒋介石为了争取时间从大后方向华东、华南、华北调兵，自1945年8月14日至8月23日，"故作姿态"地接连三封急电邀请毛泽东到重庆谈判。8月14日（当时正是《中苏友好同盟条约》签订之日）的电报如下："万急，延安。毛泽东先生勋鉴：倭寇投降，世界永久和平局面，可期实现，举凡国际国内各种重要问题，亟待解决，特请先生克日惠临陪都，共同商讨，事关国家大计，幸勿吝驾，临电不胜迫切悬盼之至。"① 8月20日，蒋介石又电毛泽东："来电诵悉，期待正殷，而行旌迟迟未发，不无歉然。朱总司令电称一节，似于现受降程序未尽明了。……朱总司令如为一爱国爱民之将领，只有严守纪律，恪遵军令，完成我抗战建国之使命。……如何以建国之功收抗战之果，甚有赖于先生之惠然一行，其定大计，则受益拜惠，岂仅个人而已哉！特再驰电奉邀，务恳惠诺为感。"② 8月23日，蒋介石再电毛泽东："……唯目前各种重要问题，均待与先生面商，时机迫切，仍盼先生能与恩来先生惠然偕临，则重要问题，方得迅速解决，国家前途实利赖之。兹已准备飞机迎迓，特再电速驾！"③

从以上三电报可以看出两点，首先，蒋介石在电报中强调紧迫、重要，每次均在报刊、广播中大肆宣传，给国际国内民众造成一个假象，国民党是很愿意为了中国的"和平、民众"与共产党进行谈判的。如果毛泽东不去，就可把发动内战之罪责推卸到中共身上。尤其是国民党的媒体分析毛泽东是不轻易答应参加重庆谈判的。8月15日深夜，（重庆）《中央日报》社社长胡健中、总主笔陶希圣商谈时均认为："毛泽东决不会来重庆与国民党谈判，我们可以借此发动宣传攻势，说共产党蓄意制造内乱，不愿和谈。"④ 其次，在此前的8月11日，蒋介石也发电报给朱德，命令八路军原地待命，等待国民党的军队到沦陷区去接受日军投降，收缴日军的武器，朱德回电表示谴责，蒋介石在电报中借重"盟军"向中共施加压力，这也明显有借重庆谈判为掩护，麻痹国内民众和混淆国际视线，争取从大后方向东部地区运兵和抢占"地盘"的时间。

---

① 四川大学马列主义教研室：《重庆谈判资料》，四川人民出版社1980年版，第4—8页。
② 《重庆谈判资料》，四川人民出版社1980年版，第4—8页。
③ 同上。
④ 林甬法、田玄等：《国共内战》，载张宪文、张玉法主编《中华民国专题史》第16卷，南京大学出版社2015年版，第47页。

(二) 抗战胜利初期中共对国际形势的应对

抗战后期的苏联远东军对日作战后，中国共产党认为"苏联的参战，决定了日本的投降，中国的时局发展到了一个新的时期"①，并打算"猛力扩大解放区，占领一切可能与必须占领的大小城市与交通要道"②。8月10日，中共中央指示各中央局和中央分局："……须准备于日本投降时，我们能迅速占领所有被我包围和力所能及的大小城市、交通要道，以正规部队占领大城及要道，以游击队民兵占小城。"③ 同时，要求华中局派部队夺取南京、上海、武汉、徐州等城市，宣布江苏、安徽、浙江、湖北省主席和上海、南京市长人选名单。11日，延安总部命令八路军华北、西北部队向热河、察哈尔、辽宁、吉林等地进发。但中国共产党很快发现，局势的发展并非如自己所料。8月14日，日本正式投降。8月17日，美国远东盟军最高统帅麦克阿瑟就发布第一号命令，授权蒋介石为除东北外中国境内、北纬16度以北法属印度支那境内受降代表，并声明："日军只能向各该司令官或其代表投降。"④ 蒋介石据此将中共部队排除在对日受降之外。美国在受降权问题上公然对蒋介石的支持给中共夺取大城要道战略带来困难。对此，毛泽东曾明确指出："中国有两种可能进入和平情况，一种是我们可以得到一部分大城市，一种得不到。现在是得不到，原因有二：一是苏联为了国际和平和受中苏条约的限制，不可能帮助我们；二是蒋利用其合法地位，使日本完全投降他。我们只能承认这个事实。"⑤ 为此，中共中央改变了抢占大城市的策略，形成了占领小城市和乡村，扩大解放区，以抵抗国民党可能发生的进攻。1945年8月23日下午，中共中央政治局在枣园召开扩大会议，毛泽东从国际政治的角度解释说，美苏需要实现国际和平，中国不在苏联的势力范围内，"在全国范围内大体要走法国的路，即资产阶级领导而有无产阶级参加的政府"。而在中国，联合政府的形式"现在是独裁加若干民主，并将占相当长的时期"。目前"我们还是钻进去给蒋介石洗脸，而不要砍头"，将来再"实现新民主主义的中国"⑥。8月24日，中共中央关于时局的指示指出："抗日阶段结

---

① 《毛泽东选集》第4卷，人民出版社1991年版，第1134页。
② 《毛泽东军事文集》第3卷，军事科学出版社、中央文献出版社1993年版，第1页。
③ 沈志华：《一个大国的崛起与崩溃（苏联历史专题研究1917—1991）》中册，社会科学文献出版社2009年版，第801页。
④ ［英］琼斯等：《1942—1946年的远东》下册，上海译文出版社1979年版，第741—742页。
⑤ 中央文献研究室：《毛泽东年谱（1893—1949）》下卷，人民出版社、中央文献出版社1993年版，第10页。
⑥ 《毛泽东文集》第4卷，人民出版社1996年版，第2页。

束,和平建设阶段开始,我党口号是和平、民主、团结"①;"力争占领小城市及乡村";"一切作持久打算,依靠人民"。毛泽东在发言中总结了美苏两国的对华政策及其影响。毛泽东指出,现在,苏联为了中苏条约和国际和平,不可能也不适于帮助我们。美国不公开帮助蒋介石,决定苏联也不能公开帮助我们。在亚洲,中国则为美国所必争。主要是由于美国的势力使我们的发展受到了限制,我们如果占领南京、上海等大城市,美国一定要干涉。对于美国特种部队将在天津登陆,帮助国民党接收天津,1945年9月30日的新华社记者评论:"美国当局曾经宣布中国战区解除日本武装事,完全由中国方面负责,故此次在天津登陆,殊难索解。……则美军此举,不管其主观意愿如何,实际上必然干涉到中国的内政,必然会帮助到国民党反对中国共产党及一万万解放区的人民。这种干涉显然不但不能帮助中国走向民主和和平,反而会加深中国内部的分裂。这种分裂,不但对中国人民不利,也对美国人民不利。……美国政府帮助中国和平,不应该是帮助中国这一党反对那一党,而应该以公平合理的态度促进中国国内各党派的团结。"② 当然,对于苏军管制下的东北,中共还是寄予很大希望,先派干部去那里发动群众,建立地方政权和地方武装,是否派军队占领,还要视情况而定。

对于蒋介石借"国际国内形势"假意邀请毛泽东到重庆进行谈判的三次电报,中共也进行了回复,并为到重庆谈判做了充分的准备。8月14日,蒋介石发出了第一封邀请毛泽东参加重庆谈判的邀请电。美国代表赫尔利也向蒋建议:"邀请毛泽东来重庆谈判,若毛接受邀请,则国共之间的冲突将变为政治上的不和,而不是武装冲突。您也有机会向中国民众展示在战后和平时期仍像战时那样的领导能力。"③ 为此,蒋介石再在8月22日、24日发电邀请毛泽东参加重庆谈判。针对蒋介石8月14日的邀请电,毛泽东在8月16日回电蒋介石:"重庆蒋委员长勋鉴:未寒电悉。朱德总司令本日午有一电给你,陈述敝方意见④,待表示意见后,我将考虑

---

① 陈铁健:《中国新民主革命通史》,上海人民出版社2011年版,第465页。
② 《新华社记者评美军将在天津登陆事》,《解放日报》1945年9月30日,转引自中国人民解放军国防大学党史党建政工教研室《中共党史教学参考资料》第18册(内部参考资料),1986年3月,第23页。
③ United States Department of State, Foreign Relations of the United States: Diplomatic Papers, The Far East China, Vol. Ⅶ, p. 446.
④ 朱德的电报批驳了蒋介石8月11日命令八路军"就原地驻防待命",不许向未放下武器的日军进攻受降的错误,提出了中共关于制止内战的六项要求。

和你会见的问题。毛泽东未铣八月十六日。"① 针对蒋介石 8 月 20 日的邀请电，毛泽东 8 月 22 日在延安复电蒋介石："兹为团结大计，特先派周恩来同志进谒，希予接洽，为恳。"② 对于毛泽东的回应，美国代表赫尔利通过当时的美国在华将军魏德迈向延安表示："愿继续在国共之间进行调解并愿意履行以前的承诺。"毛泽东回电魏德迈，愿意到重庆谈判③。对于蒋介石 8 月 23 日的第三次邀请电，8 月 24 日，毛泽东复电蒋介石："梗电诵悉。甚感盛意。鄙人极愿与先生会见，共商和平建国之大计，俟飞机到，恩来同志立即赴渝进谒，弟亦准备随即赴渝。晤教有期，特此奉复。"④ 25 日，中共中央发表对时局宣言：巩固国内团结、保证国内和平、要求政府立即实行民主措施⑤。同日，美国当时在华的魏德迈将军也发电邀请毛泽东到重庆参加与国民党蒋介石的谈判。毛泽东回电魏德迈："承蒙蒋委员长三次邀请，赫尔利大使也两次表示愿意赴延，此种诚意，极为心感。"并明确表示欢迎赫尔利到延安面谈，与周恩来会同赫尔利一起赴渝谈判。⑥

8 月 28 日下午，毛泽东、周恩来、王若飞乘坐赫尔利、张治中迎接中共和谈代表的专机抵达重庆与国民党进行谈判，这出乎蒋介石的预料。也正如《中央日报》总主笔陶希圣所透露的："我们明知共产党不会来渝谈判，我们要假戏真做，制造空气。"⑦ 因此国民党没有为谈判做更多的准备，以至于重庆谈判期间，国民党谈判代表张群在会谈桌上尴尬地说："我方事前党内并未有任何讨论，也未准备任何方案与中共谈判。"⑧ 当时国民党关于国共谈判的方案有四个方面：（1）不得讨论改组政府问题；（2）必须解决所有的问题；（3）政令统一、军令统一；（4）准中共军队编为 12 个师、给予一个省主席，并委派中共两人参与中央政治事务。⑨这

---

① 《中共力谋团结：毛主席电蒋委员长　派周恩来来渝》，（重庆）《新华日报》1945 年 8 月 24 日第 2 版。
② 四川大学马列教研室：《重庆谈判资料》，四川人民出版社 1980 年版，第 4—8 页。
③ 中共重庆市委党史研究室：《重庆谈判纪实》（增订本），重庆出版社 1993 年版，第 797 页。
④ 《重庆谈判资料》，四川人民出版社 1980 年版，第 4—8 页。
⑤ 《中国共产党中央委员会发表对时局宣言　巩固国内团结　保证国内和平　要求政府立即实行民主措施》，（重庆）《新华日报》1945 年 8 月 28 日第 2 版。
⑥ 中共中央文献研究室：《毛泽东年谱》（下卷），中央文献出版社 1993 年版，第 13 页。
⑦ 中共重庆市委党史研究室、重庆市政协文史资料委员会、红岩革命纪念馆编：《重庆谈判纪实》，重庆出版社 1993 年版，第 419 页。
⑧ 同上书，第 208 页。
⑨ 秦孝仪：《中华民国重要史料初编——对日抗战时期·第七编·战后中国（二）》，中国国民党中央委员会党史委员会编印，1981 年，第 34 页。

些都是大的原则。而中国共产党的方案则包括毛泽东所提的八项原则及其代表团提的11项要点。比如：和平建国、民主统一，实行三民主义；拥护蒋主席的领导地位；承认各党派之合法平等地位；承认解放区证券及抗日军队；中共应参与受降工作，停止武装冲突，各部队暂留原地待命；政治民主化：举行国民大会、政治会议、地方普选；要求解放区给予5个省主席、6个副省主席、4个副市长；军队国家化：要求改编中共军队为48个师；释放政治犯、保障各项自由、取消特务机关。①

三　美、苏对重庆谈判结果的影响

首先，在重庆谈判中，中共与国民党在先军队国家化还是先政治民主化、军队缩编比例问题、东北问题、抗日根据地政权问题等方面都有严重的分歧，尤其是军队改编和根据地政权问题，更是成为双方的焦点。蒋介石称国民党在重庆谈判中的方针是：对中共"政治与军事应整个解决，但对政治之要求予以极度之宽容，而对军事则严格之统一不稍迁就。"②在重庆谈判期间，中共代表警告国民党代表，在国共划分接收地区问题未解决前，国民党若要利用铁路运输北上接收，中共决不能同意，自不能坐视。③ 为了调解双方的分歧和矛盾，美国驻华大使赫尔利和苏联当时的驻华大使彼得罗夫发挥了一定的作用。1945年9月6日，彼得罗夫拜访赫尔利，双方就国共谈判以及美苏对华政策进行了会谈。彼得罗夫向赫尔利询问国共谈判的前景。赫尔利回答："希望谈判有一个良好的结局。"但国民党的代表没有能力与共产党人进行谈判，因为张群完全是个新人，而张治中总是被一些琐事所吸引，从而把整个事情搞复杂了。宋子文和王世杰避开参加谈判，到国外去了。因此，谈判的优势落到了具有巨大智慧的毛泽东和周恩来一边。为此，赫尔利再一次重申，如果谈判陷入僵局的话，那么，苏联政府和美国政府应该公开声明自己支持国民政府。彼得罗夫强调：中国人应该自己进行相互协商，并达成双方都能够接受的协定。④ 为了推动国

---

① 《中华民国重要史料初编——对日抗战时期·第七编·战后中国（二）》，中国国民党中央委员会党史委员会编印，1981年，第31—41页；转引自丘鸿达、任孝琦主编《中共谈判策略研究》，台湾联合报社联经出版事业公司1987年版，第27页。
② 秦孝仪主编：《"总统"蒋公大事长编初稿》卷5（下），台北：中国国民党中央委员会党史委员会编印，1978年，第815—816页。
③ 中共中央文献研究室编：《刘少奇年谱》上卷，中央文献出版社1996年版，第501页。
④ 俄罗斯国家档案馆档案，档案名：彼得罗夫与赫尔利关于国共谈判及美苏对华政策的会谈备忘录（1945年9月6日），档案号：АВПРФ, ф. 0100, оп. 33, п. 244, д. 12, л. 218–219. Русско-китайские отношения вXX веке, Т. IV, К. 2, с. 229–230。

共谈判取得成效，赫尔利原定于9月18日与魏德迈一起返回华盛顿述职。17日与国共双方会谈之后，他决定将行期推迟。他在致美国国务卿的电报中说："国共谈判显示出良好的发展，稍微推迟我的行程可能有助于形势。"① 在谈判内容方面，赫尔利也对重庆谈判的国共双方加以影响。他告诉国共参与谈判的人员，不要试图解决太多过于细碎的问题，而应当在政府改组、军队改编等重大问题上达成框架性协议，并建议双方应首先在基本条款上达成协议。② 但由于在19日和21日两轮国共谈判中并未出现他所期望的进展，于是赫尔利决定直接向双方施加压力，以便促成国共之间就实质问题达成某种协议。21日，他从上海、南京视察后返回重庆，先与蒋介石会谈。22日又约见国共双方的谈判代表，并向中共施加压力。赫尔利向周恩来和王若飞提出，蒋介石可同意中共军队的数目增至20个师，但中共必须同意立即缩编至此数，不能按国军数目比例缩编，也不能拖延；同时，中共必须放弃请求任命省主席和省副主席等要求。从赫尔利的这番话来看，赫尔利是说服蒋介石以再增加4个师的数额来换取中共交出解放区政权，并答应蒋介石为此向中共施加压力。与此同时，1945年9月13日，在华美军司令Wedemeyer强调指出："在国际形势'完全稳定下来'以前，美国军队可以被国民党用来占领大量的中国城市，以维持重庆国民政府的统治秩序。"③ 国共双方代表原已准备在军队数目达成协议之后发表会谈公报，但赫尔利这时却提出，如果解放区问题谈不出结果就不能发公报，并蛮横地要求周恩来、王若飞马上请示毛泽东做最后决定。接到周恩来的报告，毛泽东决定立即与赫尔利会面。尽管毛泽东对赫尔利的卑劣做法十分愤怒，但会谈时他坚持以大局为重，他告诉赫尔利：中共的态度是"不承认，也不破裂，问题复杂，还要讨论"；"虽然目前有很多困难，但总可以想出合理的办法解决，不会向分裂的方向走"。他还表示，中共不拒绝蒋介石关于中共部队编为20个师的提议，但还要做进一步的考虑。面对声色俱厉的赫尔利，毛泽东接受了蒋介石给中共增加4个师编制的建议，但在解放区问题上抛回去的却是一根软钉子④。赫尔利在向美国国务卿汇报重庆谈判的结果时指出："双方将共同合作防止内战，组建民主政府；双方表示支持蒋介石为中国最

---

① 章百家：《对重庆谈判一些问题的探讨》，《近代史研究》1993年第5期，第28页。
② Foreign Relations of United States, 1944, pp. 467 – 468.
③ Philip Jaffee, *Amer-Asia* (1945), Vol. 9, New York: Greenwood Reprint Corporation, 1968, p. 280.
④ 章百家：《对重庆谈判一些问题的探讨》，《近代史研究》1993年第5期，第28页。

高领导人，努力恪守孙中山三民主义原则，建立一个强大、统一、民主的中国政府；关于释放政治犯、言论、出版、结社、信仰自由等问题双方亦达成共识。国共仍有两点未达成共识，其中一点是，共产党要求在某些省份有任命、挑选或选举共产党省主席或市长的权力。而国民政府则认为，直至通过宪法和民主政府建立时为止，任命省主席和官员的特权是属于民国总统的。"①

其次，在重庆谈判中并未登场的苏联这个时期的动向对国共双方都产生了极其重要的影响。重庆谈判期间，苏联在东北问题上给予中国共产党一定的支持。1945年9月17日，苏联共产党中央政治局打电报给毛泽东，要求中国共产党执行"向南防御，向北扩展"的战略。②9月中旬，苏联远东司令部派出的一架飞机抵达延安。经过一天的谈判，苏军代表与中共中央达成一项默契，苏军允许中共部队在使用共产党、八路军名义的情况下进入东北地区。主持中央工作的刘少奇立即调兵遣将，赶赴东北开展工作，并明确提出："我们全国战略必须确定向北推进，向南防御的方针。"1945年9月底10月初，美国海军陆战队1.9万余人在塘沽、秦皇岛登陆③。苏联立即做出反应。一位刚到沈阳的苏联军委会委员转达斯大林的指示，要求中共在山海关及沈阳地区部署重兵，阻止蒋军进入东北。苏方愿将缴获的日本关东军武器，充分供给共军④。此后，东北苏军又要求中共军队迅速接防，以全力控制内蒙古及东北地区。中共方面迅速进兵东北，最先进入东北之李运昌部，已由5000人扩充至8万人。正规军入满者约为5万人，在途中尚有5万人，11月中旬可到，约计10万人。另外，约11万人将于12月下半月可到热河、辽宁、冀东地区。任命林彪为东北人民自治军总司林，彭真、罗荣桓为第一、第二政委。……苏军一撤退，即宣布东北人民自治⑤。东北形势的发展使中共在谈判中顶住美蒋压力的信心大增。同时，苏方警告重庆方面运兵船舶不准由大连登陆。蒋介石在其《日记》中写道："此或为美军近日在秦皇岛、天津登陆之故，使

---

① 中共重庆市委党史研究室、重庆市政协文史资料委员会、红岩革命纪念馆编：《重庆谈判纪实》，重庆出版社1983年版，第818页。
② S. C. M. Paine（U. S. Naval War College），The Wars for Asia，（1911 - 1949），Cambridge University Press 2012，p. 239.
③ 《毛泽东年谱》下卷，1945年9月30日，中央文献出版社2002年版，第31页。
④ 刘维开、蒋永敬：《蒋介石与国共和战（1945—1949）》，山西人民出版社2013年版，第86页。
⑤ 《中央关于增调兵力控制东北的指示》，1945年11月4日。中共中央档案馆编：《中共中央文件选集》第15卷，中央党校出版社1991年版，第401—402页。

之疑忌嫉妒而有此举。"①

当然，苏联不愿意看到中国共产党与国民党打内战影响美苏在亚洲的关系的策略，也使中共在重庆谈判中采取了一些让步措施。毛泽东也拜访了苏联大使。毛泽东介绍说，谈判表明，蒋介石极力要"继续实行一党专政"，并用武力封锁共产党的地区和军队。为此，毛和周恩来、王若飞一再追问，苏联对此持有什么立场，"如果美国将帮助国民党军队消灭共产党军队，苏联将会采取何种步骤"。彼得罗夫只是一味强调："苏联非常希望看到中国在政治上统一，两党的谈判应该继续下去，并通过相互的让步达成一致意见。"② 10月5日，周恩来问苏联驻华大使：如果美军试图在张家口、长春和东北的内陆地区登陆，苏联将采取什么措施？苏联大使回答：现在很难预见这种形势发展的所有具体细节③。1945年10月10日，毛泽东与苏联驻华大使彼得罗夫会谈。彼得罗夫问毛泽东对重庆谈判结果的评价，以及国民党在谈判中的表现。毛泽东说："不能说结果非常好，但也不能说结果很糟。结果要比伦敦部长会议好一些。……国民党代表对谈判没有准备，他们没有自己预先准备好的方案，提倡议和唱主角的基本上是共产党，他们提出了经过斟酌和认真研究的建议。国民党扮演的角色归结起来就是千方百计地竭力推翻中国共产党的建议。"④ 毛泽东问彼得罗夫：如果美国开始出兵共产党占领的地区，在这种情况下怎么办。彼得罗夫回答说，在这种情况下必须通过和平的途径妥善调解局面，尽量避免和美国人发生武装冲突。与此同时，必须在报刊上报道这些事实，进行反对美国公开干涉中国事务的宣传。⑤

最后，美、苏两国特别是苏联通过《中苏条约》在"党派会议"和"联合政府"问题上对国民党的理解和支持，迫使中共在重庆谈判中对此做出让步。抗战的胜利使国民党在国民心目中的威信空前提高，淡化了人们对国民党一党专政的不满情绪，国际上美苏的一致支持更使其一时显得踌躇满志，增加了共产党与国民党斗争的难度。因此，重庆谈判开始后，中共及时审时度势，就"党派会议"和"联合政府"问题向国民党主动

---

① 《蒋介石日记》，民国34年10月6日，转引自刘维开、蒋永敬主编《蒋介石与国共和战（1945—1949）》，山西人民出版社2013年版，第87页。
② 许文鸿：《中共"一边倒"政策的形成》，知识产权出版社2012年版，第82页。
③ 同上。
④ 俄罗斯国家档案馆档案，档案名：彼得罗夫关于国共谈判等问题与毛泽东的会谈备忘录，档案号：АВПРФ，ф.0100，оп.40，п.248，д.7，л.39-44。
⑤ 同上。

第六章　抗战胜利后的国际环境与国共合作的破裂　251

做出了让步："第一，认为联合政府既不能做到，故此次并不提出，只要求各党派参加政府；第二，召开党派会议产生联合政府之方式，国民党既认为有推翻政府之顾虑，故我等此次根本未提党派会议。"① 此外，中共还接受了国民党谈判代表王世杰的提议，同意将会议定名为"政治协商会议"。苏联出于其全球格局利益，当9月6日美国大使赫尔利与苏联驻华大使彼得罗夫交谈，建议苏联和美国共同发表一个支持国民政府的声明时，彼得罗夫对此没有响应。②

在国际国内因素影响下，经过国共两党长达43天12次的谈判（其中蒋毛谈话有6次），终于在10月10日，双方会谈代表签署《双十协定》（全称为《国民政府与中共代表会谈纪要》），其内容如下："一、一致认为以和平、民主、团结、统一为基础，并在蒋主席领导之下，长期合作，避免内战，彻底实行三民主义；二、迅速召开政治协商会议，邀集各党派代表及社会贤达，协商国事；……三、地方自治与普选，释放政治犯，严禁司法和警察以外机构有拘捕和审罚之权；四、要保障人民自由（信仰、言论、出版、集会、结社、自由）；五、承认一切党派的合法地位……"③ 但在以下问题上还有争议："一、关于军队国家化问题。中共坚持缩编为24个师；国民党坚持缩编为20个师。中共人员参加军委会，并建立三人小组整编军队。二、关于解放区地方政府问题。中共坚持维持现状，等政协会议召开后，监督各解放区实行民选省政府。国民党认为应由中央委任省政府。三、关于奸伪问题，中共提出严惩汉奸、解散伪军。政府认为应当按法办事，解散伪军宜慎重……"④《新华日报》发表社论认为国民政府与中共代表会谈的结果，成为和平团结民主统一的基础。⑤ 英美报纸也对《双十协定》进行了好评。《新华日报》在1945年10月13日、14日，分别以《国共商谈成就，英报著文赞扬》《国共和谈纪要发表，美报都有好评》的标题进行了报道。比如，意见保守的纽约《太阳报》说："就是有详细的事项仍待商讨解决，适时感到宽慰也不为过，因为蒋主席和毛泽东已经宣布会

---

① 秦孝仪主编：《中华民国重要史料初编——对日抗战时期·第七编（三）》，中国国民党中央委员会党史委员会编印，1981年，第44页。
② 沈志华：《斯大林与中国内战的起源（1945—1946）》，《社会科学战线》2008年第10期，第117页。
③ 《国共商谈初步协议，会谈纪要全文发表》，重庆《新华日报》1945年10月12日第2版。
④ 《国民政府与中共代表会谈纪要》，重庆《新华日报》1945年10月12日。
⑤ 《和平团结、民主统一的基础——国民政府与中国共产党代表会议的结果》，重庆《新华日报》1945年10月12日。

谈已经得到基本的协议了。"《纽约时报》和《纽约前锋论坛报》都用第一页的重要醒目位置刊载这一问题：中国共产党和中国政府同意避免内战，在蒋主席领导下建设统一繁荣的国家。①

当毛泽东在重庆谈判时，尽可能地与美、英、苏等国在华人士交流。例如，1945年9月，John Leighton Stuart（司徒雷登）从北京乘坐飞机到了重庆。当毛泽东看到在人群中的司徒雷登时，他特别欢迎司徒雷登，并称赞司徒雷登所创办的燕京大学为延安培养了大量的优秀人才。几天后，毛泽东在周恩来的陪同下，邀请司徒雷登共同吃午餐。② 1945年9月3日下午，毛泽东在重庆俄国使馆与英国驻华大使薛穆见面。7日下午，毛泽东在周恩来的陪同下拜访了薛穆，双方交谈了一个小时。③ 同日下午，毛泽东、周恩来、王若飞等到法国驻华大使馆与法国驻华大使贝志高会谈一小时，在加拿大驻华大使馆与加拿大驻华大使欧德伦畅谈2小时④。

毛泽东到重庆谈判，出乎国民党的意料，打破了国民党污蔑共产党战后不要和平、不要团结的谣言。毛泽东在《关于重庆谈判》一文中指出，"……这一次我们去得好，击破了国民党说共产党不要和平、不要团结的谣言"⑤，并争取了民主党派人士，在全国人民心中，尤其是大后方民众心里树立了中国共产党为了和平不怕困难和牺牲的决心与信心。

第二节　国际环境嬗变视域下的重庆政协会议、国共停战协定和整军谈判

进入1946年，美国以更加积极的姿态介入国共谈判，并派马歇尔上将（General George C. Marshall）作为美国总统特使到中国专门从事国共调停工作，对重庆政协会议进行积极的影响，通过了其支持的民盟的主张——"政协五决议"，与此同时，苏联也关注重庆政协会议，并间接施加一定的影响。

---

① 《国共会谈纪要发表，美报都有好评》，《新华日报》1945年10月15日。
② John Leighton Stuart, *Fifty Years in China*, New York: Random House Incorporation, 1954, p. 155.
③ 中共中央文献研究室：《毛泽东年谱（1893—1949）》下卷，中央文献出版社2002年版，第22页。
④ 《毛泽东周恩来同志等昨访问英法大使》，《新华日报》1945年9月8日第2版。
⑤ 《毛泽东选集》第4卷，人民出版社1991年版，第1159页。

第六章 抗战胜利后的国际环境与国共合作的破裂

一 国际环境与 1946 年 1 月的重庆政协会议

（一）政协会议前的美苏对华政策

1. 美国对华政策的调整

1946 年，美国调整了对华政策——在美国调停下，成立包括各主要政党代表的政府。因为美国通过各种情报渠道了解到，通货膨胀、损坏的交通、国民党内部的争斗、缺乏农民拥护，以及中国社会其他阶层支持的狭隘的基础，使国民党政治处于不稳定状态；而共产党拥有训练有素的人员、组织能力和政治上的长处、经济上自给自足等，使国共双方都不可能消灭对方，为此共产党要求在国共和谈中政治上的平等权利、加入联合政府、继续维持华北（根据地）的政权、保留军队[①]。为此，1945 年 12 月 15 日，美国总统哈里·S.杜鲁门（Harry S. Truman）在马歇尔来华调停前给马歇尔的信中，提到马歇尔作为总统特使和驻华大使使华的基本原则："我特别希望你竭力说服中国政府召开包括各主要政党代表的国民会议，以实现中国的统一，同时实现停止敌对行动，尤其是在华北停止敌对行动。"[②] 并提示，"由中国各政党（包括中国共产党）组成的政治协商会在重庆的召开，应能为马歇尔提供一个与各政治领袖会谈的机会。……一个不统一和被内政所分裂的中国，事实上不能认为是美国贷款、在经济方面实行技术援助以及军事援助的适当地区——军事援助又特别涉及美国军事顾问团"[③]。战后美国的政策改变原因有三：首先，美国国内民主人士的批评。日本投降前后，美国政府在赫尔利大使的影响下，对国民党的力量估计太高，企图全力支持国民党政权，逼迫共产党就范。但到 1945 年 11 月，美国认识到，国民党政府独裁专制腐败成风，再加上竭泽而渔的经济政策，虽有几百万武器精良的军队，但一旦中国的内战打起来，失掉政权的很可能是国民党。其次，调处国共纠纷，使国共关系按照美国的愿望发展，实际上是试图用资产阶级民主政治去争取蒋介石靠武力得不到的东西。既然苏联承认美国在中国居于主导地位，欧洲的经验使美国领导

[①] 《国务院关于中国政治军事局势的评估报告》（1945 年 12 月 11 日），机密，档案号：R&A 3451，OSS China and India，Reel-2-29，pp.1-13；转引杨奎松主编《美国对华情报解密档案（1948—1976）》（壹），第 2 编《中国内战》，东方出版社中心 2009 年版，第 205、207—208 页。

[②] 中国社会科学院近代史研究所翻译室：《国共内战与中美关系——马歇尔使华秘密报告》，华文出版社 2012 年版，第 21 页。

[③] 同上。

人确信，在民主政治的环境里，"没有理由认为"国民党在夺权斗争中不能"取得胜利"。最后，美苏关系。美国及时在战后调整对华政策也是基于其在远东地区争取对苏联战略优势的考量。

美国调整后的对华政策，在 1945 年 12 月 15 日杜鲁门声明中得到充分体现。声明概括了对华政策的基本精神，着重强调中国统一的重要性，希望国共两党停止敌对。主要有两点：一是继续支持国民党政府，巩固其在中国的统治地位。但美国政府为国力和民心所限，以及为了维持同苏联之间在中国问题上达成的妥协，它也不希望蒋介石在战后不久即发动大规模内战。二是通过和谈改组政府来解决国共冲突，避免内战。声明指出："美国深知，目前中国的国民政府是一个'一党政府'，并相信，如果扩大这个政府的基础以容纳国内其他政党，将会促进中国的和平、统一与民主改革。"① 并强调"中国国父孙逸仙博士所以培养在中国走向民主过程中建立一个一党训政之暂时施策，必须加以修改。"② "中国必须停止内战，国民党一党政府应扩大基础，中国各政治力量的代表的全国会议，商得和平团结的有效办法。"③ 在这一政策主导下，1945 年年底，美国总统杜鲁门派马歇尔作为其特使赴华"调处"国共争端，企图用政治手段在中国建立一个统一的亲美政府。1945 年 12 月 21 日，马歇尔首次见蒋介石就强调指出，美国人民现在十分希望看到中国结束敌对行动，而总统的行动权力、他提供援助的权力在很大程度上是受到公众情绪即公众对国共两党做出的真诚让步的反应制约的。除非他们看到确实的证据，证明目前进行的或致和平解决中国内部争论的努力取得成功，他们将不允许总统对中国提供军事和经济援助。④ 蒋介石当时不知马歇尔使华的底里，加之马歇尔来华前夕，杜鲁门命令财政部、商业部、进出口银行等几个部门，暂停一切对华财经联络，暂停各种援助（包括进出口银行正在商谈的 5 亿美元贷款），所有对国民党政府的援助均随马歇尔使命的进展情况而定。⑤

---

① 中国社会科学院近代史研究所翻译室：《国共内战与中美关系——马歇尔使华秘密报告》，华文出版社 2012 年版，第 23 页。
② 《大公报》1945 年 12 月 17 日。
③ 《杜鲁门总统发表声明　阐明美国对华政策》，《新华日报》1945 年 12 月 17 日第 2 版。
④ FRUS, 1946, Vol. 9, pp. 759 – 796；《马歇尔使华》，中国社会科学院近代史研究所翻译室译，中华书局 1981 年版，第 29—30 页。
⑤ Harry S. Truman Papers, POF, Box 632, Harry S. Truman Library. 当时，财政部已经准备拨付国民党政府要求的 5 亿美元贷款，马歇尔的属下根据总统的这一命令加以制止了。见 ［美］福雷斯特·C. 波格（Forrest C. Pogue）《马歇尔传》，施旅译，世界知识出版社 1991 年版，第 80 页。这项贷款以后一直没有实现。

马歇尔的表态与美国政府的措施结合起来,对于若干年来须臾离不开美国援助的蒋介石无疑是有分量的压力,国民党被迫收剑其内战的锋芒,在一些问题上做出妥协,中国局势也出现了一些转机。1946年1月10日,国共双方签署了停战协定,持续了近4个月的国共武装冲突暂告结束。1月31日,反映人民意愿的政协会议胜利闭幕。

从美国方面来说,对蒋介石的扶持和援助更多地希望用和平的方式来捞取蒋在战场上得不到的东西。但蒋介石却并不以为然,他对于解决共产党问题的唯一选择是武力,和谈只是策略性的,一方面,要避免承担破坏和平的恶名,另一方面要应付一下美国对和平的热情。蒋介石早已摸透了美国的底牌,只有国民党政权才能保证美国在华利益,所以即使"和谈"不能让美方满意,美援也不会停止或减弱。正因为如此,蒋介石在政协会议结束后公然撕毁政协决议就变得更加有恃无恐、无所顾忌。

2. 政协会议前苏联的对华政策——东北问题的反复

虽然抗战胜利初期的1945年8—12月,苏联迫不得已支持蒋介石的领袖地位,并强迫中共采取法国共产党参加法国资产阶级政府的道路,而不是南斯拉夫共产党建立社会主义政权的道路。1945年12月底,美国、苏联、英国在莫斯科讨论中国局势,三国外长都达成协议:"必须在国民政府之下建立一个团结而民主的中国,必须由民主分子广泛参加国民政府的所有一切部门,而且必须停止内争。"① 美、苏两国外长还达成了都从中国撤军的协议。② 但在接下来的几个月的时间里,美国都没有完全撤军。因此,无论是从意识形态出发,还是着眼于地缘政治,斯大林对蒋介石及其支持者美国,既不放心,也不信任,故苏联借助中共的力量来控制国民党行政当局对东北的接管进程和实际结果。1945年8月9日,苏联元帅马林科夫斯基(Rodion Malinovsky)率领100万名精锐的远东红军分四路,从中苏、中蒙边境对在中国东北的日本关东军发起了猛烈的进攻,打败日本关东军,占领东北,并深深渗入热河和察哈尔腹地。蒋介石在抗战胜利初期对收回东北很有决心,但对苏联是否按时从东北撤退有疑问。在其9月8日的日记中写道:"晚与哈(赫尔利)、魏(魏德迈)谈俄机轰炸新疆事实及商讨方针,彼以全力接收东北、华中、华北为第一要务。"③ 一周后,蒋介石在9月18日的日记中写道:"东北被俄接收后,

---

① Department of State, *A Decade of American Foreign Policy*, Washington, 1950, p. 64.
② Henry Wei PH. D., *China and Soviet Russia*, Greenwood Press, 1974, p. 211.
③ 《蒋介石日记》,1945年9月8日。斯坦福大学胡佛研究所藏档案馆《蒋介石日记》手抄本。

到处宣传，感动人心，组织民众，以为其卵翼共匪、制造傀儡之张本；而且至今犹未许我政府派员前往东北，准备接收国土，俄国是否践约守信，谁亦不能保证。"① 与此同时，苏联人把投降日军的部分武器——30万支步枪、13.8万挺机枪和2700门火炮交给了中共军队②。冀热辽军区曾克林部进攻山海关时，得到苏军炮火支援，于8月31日下午攻下山海关，八路军接收了当地伪政权及建立卫戍司令部。9月14日苏联元帅华西列夫斯基派代表飞到延安，传达斯大林的指示，并与刘少奇等中国共产党的领导人进行商谈。苏联代表表示：苏军不久就要撤退，不干涉中国内政。但私下应允……锦州、热河两省则可以完全交给中共接管。在重庆的苏联大使也向毛泽东、周恩来提出：中共当前的战略重心，应当是集中兵力，"确保张家口、古北口、山海关之线，防蒋进攻"。而9月底、10月初，美国海军陆战队1.9万余人在塘沽、秦皇岛登陆③，并协助国民党军队向前推进，对此，中国人民解放军总司令和参谋长叶剑英进行了抗议。叶剑英参谋长在代表朱德总司令为秦皇岛美军向解放军阵地推进事致美军电中指出："叶顿上校阁下：兹有下述信函，致送中国战区美军总司令，请阁下转达为荷。1945年10月20日，秦皇岛一带美军向冀热辽解放区我军阵地内推进，虽经我军劝其停止，然该美军部队置之不理，仍强行推进，并强行修建秦皇岛至山海关的铁路。余受朱德总司令之命，特向中国战区美军总司令提出严重抗议：一、秦皇岛美军对中国解放区之此种行为，若非蓄意干涉中国内政，协助中国国民党向中国解放区尤其是向驻山海关我军实行军事压迫，即殊难理解。二、请贵司令立即采取有效步骤，制止秦皇岛一带美军此类行为，以符合贵国不干涉中国内政之历次声明。"④

到1945年11月初，国民政府要求苏联开始考虑撤军问题，而中国政府的第一批军队将在数日内乘坐美国军舰抵达大连。这让斯大林认定国民党是美国人的傀儡，而要遏制美国势力进入东北，只能依靠共产党。为了增强中共方面的信心，10月4日，苏方通知中共东北局说，苏军准备把缴获的所有保存在沈阳、本溪、四平街、吉林、长春、安东、哈尔滨和齐齐哈尔日本关东军的武器弹药和军事装备，如数转交给中共。这使中国共

---

① 《蒋介石日记》，1945年9月18日。斯坦福大学胡佛研究所藏档案馆《蒋介石日记》手抄本。
② 《毛泽东选集》第4卷，人民出版社1991年版，第1134页；Tang Tsou, American's Failure in China, 1941–1950 (Chicago, 1963), pp. 315–316。
③ 《毛泽东年谱》下卷，1945年9月30日，中央文献出版社2002年版，第31页。
④ 中国人民解放军国防大学党史党建政工教研室：《中共党史教学参考资料》第18册（内部参考资料），1986年3月，第60页。

产党在东北的军事实力大增。"在 10 月初,只有 100000 多名中国共产党的军队在满洲南部。……到了 11 月底,中国共产党在满洲的军队数量达到了 200000 人,包括中国共产党领导的民兵。"① 而自 10 月上旬开始,苏联一再拒绝国民政府关于国军在大连登陆的请求,即使蒋介石亲自出面也无济于事。10 月中旬,迫于压力,苏联对中共的态度又有所改变。本来极力反对美舰运送国民党军队从海路进入东北的苏军将领,这时又接到命令,表示同意让国民党从营口、葫芦岛登陆了②。但 10 月 25 日,苏联接到中方正式通知,政府军将于 29 日起自营口、葫芦岛登陆。苏联又改变态度,苏军借口国方有反苏之行动与宣传,乃限制国民党东北行营活动,并以中共党员张庆和接任长春警察局局长,意在阻止国民党接收东北。与此同时,苏军催促中共军队迅速接防中心城市和工业,逐步接收政权,并建议中共把领导中心移至沈阳。这是因为美国军舰运输国民党军队进东北,使苏联担忧美国势力在中国东北的发展。到 11 月中旬,苏联又突然改变对中共在东北的支持态度。这与苏联领导人对中共实力的看法有密切关系。就连苏军将领都认为,以中共目前在东北及热河的兵力,远不足以阻挡有美国帮助和装备的源源而来的国民党军队。1945 年 12 月 25 日,蒋经国以蒋介石私人代表身份赴莫斯科。行前向苏联驻重庆官员透露一个重要信息:"中方在全盘解决方案中,预备做一重大让步,将来不准美国到东北做资本投资,美国在中国若享有任何经济权利,苏联一样适用,一样不少。"③ 斯大林在 12 月底再次提出了"联合政府"政策。在 12 月 30 日与蒋经国会谈时斯大林说:"苏联政府已经从延安召回了所有的代表,因为他们不同意中国共产党人的举动",苏联政府仍然"承认蒋介石政府是中国的合法政府",并认为中国"不能有两个政府,两支军队",尽管"中国共产党人不同意这一点"。1946 年 1 月,苏联使馆告诫中共在重庆的谈判代表,目前提出东北问题还"为时过早"。为此,中共又开始寻求重开国共谈判,试探通过政治协商会议解决国共问题的可能性,并于 12 月初主动向国民党表示愿意"再开谈判之门,并开政治协商会议"④。30 日,中共公开呼吁:"立即全面无条件的停止内战"。和平解决东北问题,

---

① Henry Wei PH. D, *China and Soviet Russia*, New York:Greenwood Press, 1974, p. 197.
② 《中华民国重要史料初编——对日抗战时期·第七编(四)》,中国国民党中央委员会党史委员会编印,1981 年,第 121、125 页。
③ 茅家琦:《蒋经国的一生和他的思想演变》,台北:商务印书馆 2003 年版,第 125 页。
④ 中央统战部、中央档案馆编:《中共中央解放战争时期统一战线文件选编》,中国档案出版社 1988 年版,第 33 页。

并希望苏联"居间折冲"。与此同时,中共也向美国表示已确实决定参加政治协商会议。

（二）国民党和共产党的应对

1. 国民党借美国和苏联因素施压中共

1945年年底,重庆谈判结束后,国民党对美苏的举动的反应可谓是喜忧参半。喜的是苏联为维护在华既得利益,在东北放弃了对中共的支持;忧的是,美国政府突然宣布任命与史迪威关系比较密切的马歇尔将军取代赫尔利准备出使中国,担心美国对华政策会发生不利于自己的变动。为此,蒋介石一面公开宣称:"美总统杜鲁门任命马歇尔元帅继赫尔利将军为驻华特使一事,对美国支持国民政府谋求统一之对华政策,将不致有任何剧烈变动。"① 1945年12月15日,即马歇尔使华之日,美国政府发布《杜鲁门总统关于对华政策的声明》,"声明"打着"发誓不干涉中国内政"、"协助中国人民争取国家和平和经济的复兴"的幌子,在承认"国民政府为中国唯一合法政府"、"美国与中国国民政府继续其过去为战争而建立之密切合作"的前提下,提出：第一,"立即遣送日军,消除残留于中国的日本影响"、"并保证满洲归还中国管制";第二,"国民政府与中国共产党武装部队之间应协商停止敌对行动"、"召开全国主要政党代表的国民会议",以建立"广泛代议制政府";第三,"共产党那样军队的存在,乃与中国政治团结不相符合,且实际上使政治团结不能实现,广泛的代议制政府一经成立,应有效地结合成为中国国民军";第四,当上述方针进行的同时,"美国准备对中国提供信用借款及贷款"、"俾有助于中国健全经济之发展"。首先承认"国民政府为中国唯一合法政府"②。显然,杜鲁门声明是从美国利益出发,想以国民党的"政治民主化"换取共产党的"军队国家化",进而确立起以国民党为主,同时容纳共产党和中间势力的统一的亲美的中国政权。12月16日,美、苏、英三国外长会议在莫斯科开幕,其重要议题之一就是讨论中国内争问题。12月27日,会议结束时发表了关于中国问题的声明,美、苏公开宣布了两国对华政策的一致性,特别是"苏联政府承认蒋介石政府为中国合法政府",认为中国"不能有两个政府、两支军队"、"中共与中国政府的代表需要再次聚会"③。

---

① 《美总统和国务卿马歇尔两次会商》,《新华日报》1945年11月30日。
② 世界知识出版社编：《中美关系资料汇编》第1辑,世界知识出版社1957年版,第628—629页。
③ 陈春华译：《斯大林与蒋经国会谈记录》(1945.12—1946.1),载《中共党史资料》第61辑,第196—197页。

第六章　抗战胜利后的国际环境与国共合作的破裂　259

蒋介石对杜鲁门声明和三国外长声明反应冷淡，甚至表现出不满。杜鲁门声明发表后，蒋介石曾私下埋怨美国对华政策"迷失了方向"，他私下向马歇尔指出，这是"对中华民族尊严和主权的污辱"①。国民党中宣部特别向各省市发出密电，解释杜氏声明的目的是为马歇尔使华之后盾，并协调各大国之关系；要求国民党的各级机构在此期间，不论对于军事政治均须充分提高警觉性；对于中共组织联合政府一项宣传攻势幸勿轻信谣言，一切镇静应付听候中央指示为要②。这些反应体现在政治协商会议问题上，国民党的态度迅速变得消极起来，但由于国际上美苏一致压力和中共的政治攻势，国民党在政协会议问题上已无路可退。1945年12月31日，蒋介石不得不宣布政治协商会议定于翌年1月10日在重庆召开。

2. 美、苏对华政策调整，中共及时调整策略

重庆谈判结束后，国民党在东北问题上拉美国下水、压苏联让步的反苏反共外交引起了苏联对华政策的重大调整。一方面，斯大林开始超出了中苏条约的限制，或明或暗、或多或少地给中共提供一些援助。但是，在1945年年底，苏联态度又发生了变化，保证空运到长春和陆运到沈阳的国民党军队的安全，并尽快解除非国民党的武装，同意在1946年2月初将苏军从东北完全撤出，限期中共东北局所属的机关和军队撤离，将沈阳交给国民党。几乎与此同时，斯大林直言不讳地对来访的蒋经国说："只要国民党政府能保证今后美国不在东北得到利益，我们苏联一定可以作必要的让步。"③对苏联来说，只要能保证其在东北的利益，由共产党还是由国民党控制东北实际上都是无所谓的。1946年1月，苏军甚至协助国民党军先后接管了长春、沈阳、哈尔滨等大城市及辽北、松江和嫩江各省的行政。为什么苏联突然在1945年12月底改变对国共的态度呢？这有以下原因：其一，中苏经济合作谈判进展缓慢和对美国插手中国事务的担忧。其二，苏军以对中国东北的事实占领相要挟，撤军不见迹象，引起了中国民众和国际舆论的强烈不安。其三，担心真的因东北问题与国民党搞僵不仅会导致美苏之间的对抗（在第二次世界大战结束初期美强苏弱的

---

① [苏]沃龙佐夫：《蒋介石之命运》，董友忱等译，中共中央党校出版社1992年版，第252页。
② 《中宣部致各省市密电》（1945年12月22日），中国第二历史档案馆藏档，档号1(8)—178。
③ 胡礼忠：《从尼布楚条约到叶利钦访华——中俄中苏关系300年》，福建人民出版社1994年版，第267—268页。

情况下，苏联还不愿过早与美国关系破裂），而且会危及自己在东北的利益。其四，苏联认为，用美式装备武装起来的国民党军在美军军舰的护送下，已经达到东北，中共军队肯定不是对手，因此苏联不愿同时冒与国民党和美国关系搞僵导致的远东利益受损。①

在此期间，中共对美国还是比较客气的。1945年10月29日中共中央在《关于对待在华美军的方针和应注意事项的指示》中又提出，在美军尊重我方权益的条件下，欢迎其与我合作；但当美军行动有损于我之权益时，则必须在反对干涉中国内政的理由下，加以拒绝，或经交涉，加以制止；在一般外交场合应向美方人员解释，中共一贯主张与美方友好合作。② 在实际上，虽然在10月中、下旬美国海军陆战队在秦皇岛山海关地区登陆时与中共军队发生了冲突，但总的来说中共的政策是相当忍让的，即避免冲突，不打第一枪，避免扩大事态，不给美国反共势力干涉的借口。中共在1945年11月28日的指示中指出："……我们目前在以对蒋为中心时，一方面固应表示与苏联无关，另一方面有时（甚至只是形式上的）也可中立美国，以减少我们一时或某种程度的困难。"③

1945年12月15日杜鲁门声明发表后，中共公开表示欢迎杜鲁门声明关于"停止敌对行动，召开各党派代表会议，结束国民党一党专政，改组国民政府为各党派获有公开而有效的代表权的广泛代议制政府"等内容，中共认识到"美国已决定不直接参加中国内战，不援助蒋介石武力统一中国，而援助中国的和平统一，对中国人民要求和平民主的当前斗争，是有利的"④。并要求各解放区决定"对于在华美军及美方人员应采取友善态度，避免冲突，以免反动派作为挑拨的借口。对于美军飞行员之降落我区者，应加救护，给予热情接待和宣传后送其回队。对于美方人员之进入我区者，应给以善意的招待。对于美国记者及其他外国记者之来我区者，应帮助其自由采访及报道我区的真实情况。使美国人员对我获得友好的印象，是能给美国对华政策以较进步的影响。"⑤ 12月19日，刘少奇

---

① 许文鸿：《中共"一边倒"政策的形成》，知识产权出版社2012年版，第88页。
② 《中共中央文件选集》第15册，中央党校出版社1991年版，第304、390—392页。
③ 中共中央统战部编：《中共中央解放战争时期的统一战线文件选编》，档案出版社1988年版，第32页。
④ 《中共中央关于美国对中国政策变动和我党对策的指示》，1945年12月19日，中央档案馆编《中共中央文件选集》第15册，中央党校出版社1991年版，第494页。
⑤ 《中共中央关于美国对中国政策变动和我党对策的指示》，1945年12月19日，中央档案馆编《中共中央文件选集》第15册，中央党校出版社1991年版，第495页。

第六章　抗战胜利后的国际环境与国共合作的破裂　261

以中央名义致电中共各中央分局："……我们准备利用杜鲁门的声明，在政治协商会议上向国民党展开和平政治攻势。"① 1945年12月29日苏、美、英三国莫斯科外长会议发表的公报，都体现了这一精神。②三国外长声明发表后，中共认为"政协解决某些问题的可能性增加了"，再次向国民党呼吁"迅速召开政治协商会议来结束一党专政，改组国民政府，吸收一切民主分子参加国民政府的一切（各级）机构"③。由此可见，中共在杜鲁门声明和三国外长声明发表后，不仅主张立即召开政治协商会议，而且高度重视政治协商的作用。对于马歇尔来华调停国共矛盾，《新华日报》在马歇尔即将到重庆前就发表《欢迎马歇尔特使》的社论④。1945年12月23日，中共代表周恩来、叶剑英、董必武与马歇尔会谈，欢迎马歇尔到中国，并表示中国共产党对他出使任务的重视和赞许。12月24日，《新华日报》再发社论《对马歇尔特使的希望》。1946年1月3日的 *AmerAsia* 杂志报道："Chinese Communists accept the Center Government's Proposal that General Mashall, U. S. Ambassador to China, act as mediator in peace negotiations between Kuomintang and Communist representatives."⑤（中国共产党接受中央政府的建议，同意马歇尔将军和美国驻华大使来中国，作为国共两党和平谈判的中间人和调停人。）尤其是在周恩来与马歇尔的交谈中，周恩来阐述了我党的主张和立场，并坦诚地表示：中国人民对日本抗战整整8年，如果从"九一八"算起，已经14年了，牺牲重大，中国不能再有内战。中共主张立即停止冲突；用民主的方法解决国内一切问题，建立一个联合政府，有基本原则他们认为应在即将召开的政治协商会议上加以确立。⑥中共所说的建国道路就是要提倡民主和科学，以建立一个独立、自由和富强的中国。马歇尔提到美国有值得中国学习的地方。博学多才而又谦逊的周恩来马上谈起华盛顿时代的民族独立精神，林肯的民有、民治、民享和罗斯福的四大自由，乃至美国的农业改革与国家工业

---

① 中共中央文献研究室编：《刘少奇年谱》上卷，中央文献出版社1996年版，第542页。
② 项立岭：《转折的一年——赫尔利使华与美国对华政策》，重庆出版社1988年版，第180—181页。
③ 中央档案馆编：《中共中央文件选集》第15册，中央党校出版社1991年版，第529页。
④ 社论《欢迎马歇尔特使》，《新华日报》1945年12月21日第1版。
⑤ Philip Jaffee, *Amer-Asia* (1946-1947), Vol. 10-11, New York: Greenwood Press Corporation, 1968, p. 72.
⑥ [美]乔治·卡特莱特·马歇尔：《国共内战与中美关系——马歇尔使华秘密报告》，中国社会科学院近代史研究所翻译室译，华文出版社2012年版，第26页。

化①。马歇尔认为周恩来所讲有理有据，态度诚恳。12月27日，国共正式恢复谈判。马歇尔的介入，在两个对立者之间起到了一定的缓冲作用，同时也使国共谈判考虑的不仅是双边问题，也争取马歇尔及其所代表的美国势力。

1946年1月初，针对马歇尔来华后中共中央的基本政策，刘少奇根据毛泽东的意见在给重庆谈判代表团的一份电文中指出："中国从来就是依靠几个国家相互牵制来保持独立的，所谓以夷制夷政策，如果中国只被一个强国把持则早已灭亡。"②其政策性内涵主要是：第一，利用美苏对华政策的变动扩大中共活动的国际政治空间，"竭力避免把一切希望寄托在苏联的援助上，以苏联对我援助一时增减而发生盲目的乐观或悲观失望的情绪"③。第二，通过美、苏在中国的利益妥协来制约国民党的内战政策。1946年1月，毛泽东指出，"现在在全国范围内可能成立资产阶级领导的而有无产阶级参加的政府⋯⋯我们还是要参加进去，进去是给蒋介石'洗脸'，而不是'砍头'"。蒋介石是共产党的敌人，但不得不和他搭伙。④中共所要争取的政治目标是先建立联合政府，然后通过努力实现新民主主义。第三，在这种国际形势下，面对国民党的军事进攻，共产党"必须坚持又团结又斗争，以斗争之手段达到团结之目的这一方针，毫不动摇地争取目前斗争的胜利，以便有利地转到和平发展的新阶段"⑤。1946年2月1日，中共中央指出，英、美、苏三国"对中国实行干涉（以马歇尔为代表）保证了中国继续走上民主化的前途"⑥。

（三）美国因素对国共政协会议决议的影响

美国总统杜鲁门1945年12月15日所发表的对华政策声明，对于中共争取和平民主，以实现建立联合政府的主张有一定的作用。因此，1946年1月周恩来等人到重庆参加政协会议，"准备利用杜鲁门的声明，在政

---

① 中央文献研究室：《周恩来年谱（1898—1949）》，中央文献出版社1998年版，第632页。
② 胡乔木：《胡乔木回忆毛泽东》，人民出版社2003年版，第422页。
③ 陈云：《对满洲工作的几点意见》，中共中央文献研究室编《陈云文选》（1926—1949），人民出版社1984年版，第223页。
④ 毛泽东：《抗日战争胜利后的新形势和新任务》，中共中央文献研究室编《毛泽东文集》第4卷，人民出版社1991年版，第45页。
⑤ 毛泽东：《目前时局及今后六个月的任务》，中共中央文献研究室编《毛泽东文集》第4卷，人民出版社1996年版，第41页。
⑥ 《中央关于目前形势和任务的指示》，《中共中央文件选集》第16册，中共中央党校出版社1992年版，第63页。

治协商会议上向国民党展开和平政治攻势,以配合解放区的自卫斗争"①。又如美国国务院关于中国政治协商会议的评估报告(1945年12月27日)所述,"国共两党正在争相使马歇尔相信他们愿意做出妥协……国民党,多半也包括共产党,是否会在某一问题上做出妥协,很大程度上取决于美国通过马歇尔将军表明何种让步是合理和可行的"②。

对于国民党在抗战胜利初期在接收沦陷区中的腐败、镇压学生爱国运动等,许多美国政府官员也对国民党右翼力量不满。当时重庆派遣到南京、上海、武汉、广州等地的接收官员,以权谋私成为一个鲜明的特点。根据一般的说法,接收官员最关心的是五件事:金子、车子、房子、日本女子、面子③。9月26日,《大公报》这样评论官员的腐败:"在南京和上海,政府只用了短短20来天就失去了民心。"④ 在继续实行专制统治方面,国民党特务们对学生爱国运动进行了镇压。比如,昆明西南联大发生的"一二·一"运动。1945年11月24日,几千名学生聚集在一起,听4名著名教授关于反内战以及建立允许所有党派参与的联合政府的演讲。第一位演讲者开始做演讲不久,大学围墙外就听到了枪声,然后电路被切断。11月30日,学生们走出校门来到昆明的街道,以小分队的形式宣传,受到便衣警察和警方的阻挠。12月1日早上10点后,一大群陌生人到西南联大,一队人马攻击宿舍,另外一队强行闯入西南联大师范学院,用手榴弹攻击学生,造成学生和老师伤亡⑤。为了促进中国的民主政治和维护美国的长期在华利益,美国还采取措施支持中国以民盟为代表的第三方势力。为了解决国共双方在政治议题上的分歧,马歇尔将军希望小党和无党派人士的影响力增加,希望小党和无党派人士成为平衡政治的重要力量。⑥ 在政协会议期间,马歇尔密切注视着会议的讨论,马歇尔积极地与蒋介石以及中共在重庆的代表周恩来交涉沟通。1946年1月5日上午

---

① 《中共中央关于美国对中国政策变动的指示》,1945年12月19日,中央档案馆编《中共中央文件选集》第15册,中共中央党校出版社1991年版,第494页。
② 《国务院关于中国政治协商会议的评估报告》(1945年12月27日),OSS China and India, Reel-2-30, pp.1-21。转引自杨奎松主编《美国对华情报解密档案(1948—1976)》(壹)第二编《中国内战》,东方出版中心2009年版,第219页。
③ 王健民:《中国共产党史稿》第3册,台北:正中出版社1966年版,第544页。
④ [美] Suzanne Pepper:《中国的内战(1945—1949年的政治斗争)》,启蒙编译所译,当代中国出版社2014年版,第16页。
⑤ 同上书,第44页。
⑥ Tang Tsou, *America's Failure in China* (1941-1950), the University of Chicago Press, 1963, p.375.

11：30，马歇尔会见蒋介石，并同他进行午餐；下午4：30，中共代表周恩来拜访马歇尔，会谈一小时①。1月7日上午10点，政府代表张群、中共代表周恩来与马歇尔特使在怡园会谈，就有关停止冲突、恢复交通、受降等问题会谈交换意见②。1月8日，马歇尔和国共代表继续商谈，商谈国民党代表提出若干国共会谈纪要中没有包含的问题③。国民党在改组政府问题上的顽固态度引起他的不满与不安。"当蒋介石要求马歇尔劝说中国共产党接受国民党关于政府组成议案时，马歇尔用美国总统杜鲁门的话拒绝了蒋介石的要求。'把国民政府从国民党的一党执政，变为国民党主导下的多党联合执政。'"④ 为了推动会议的进展，马歇尔于1月22日向蒋介石提出了一份由他亲自拟定的《中华民国临时政府组织法》（草稿），主要内容是：建议撤销国防最高委员会，成立临时国务委员会，国务委员会由20人组成，其中国民党9人、中共6人、民盟和青年党各1人，无党派人士3人。蒋可指定各院院长、各部会首长，但其中50%为国民党派人士，30%为中共人士、其余20%为其他党派和无党派人士。各省主席和特别市市长，由主席根据委员会下设立之特别委员会提名任命，该特别委员会由国民党和中共各两人组成⑤。马歇尔在同蒋介石讨论这一方案时强调："有两个因素使他必须与共产党尽快达成关于联合政府和联合的军队的协定。第一，在现今的形势下，中国十分容易受到俄国下层的渗透，与俄国接壤的中国西北与满洲的共产党政权将因此得到加强，国民政府在那里的地位则将不断削弱；第二，美国的陆海军力量显然不能长久待在中国。"⑥蒋介石对马歇尔的这一方案十分不满，但马歇尔手中握有对华经援和军援的大权，蒋不但不好发作，还必须敷衍一番，并要求马歇尔对这一方案严守秘密。而蒋介石却屡屡在日记中发泄对马歇尔的不满。马歇尔1月22日提出《中华民国临时政府组织法》后，蒋介石即在日记中写道："此为共党不敢提者，要知客卿对他国政治之隔阂，若本身无定见，

---

① 《马歇尔特使两日活动》，《新华日报》1945年1月7日第2版。
② 《国共代表和马歇尔特使昨举行初次会谈，商讨立即停止内战等事宜》，《新华日报》1945年1月8日第2版。
③ 《马歇尔和国共代表昨继续商谈，已商定大部分问题》，《新华日报》1945年1月9日。
④ Tang Tsou, *America's Failure in China* (1941 – 1950), the University of Chicago Press, 1963, p. 409.
⑤ FRUS, 1946, Vol. 9, pp. 139 – 141；转引刘维开、蒋永敬《蒋介石与国共和战（1945—1949）》，山西人民出版社2013年版，第28页。
⑥ FRUS, Vol. 9, pp. 139 – 141, 转引自杨奎松《"中间地带"的革命》，山西人民出版社2010年版，第490页。

第六章 抗战胜利后的国际环境与国共合作的破裂　265

不仅误事，且足以招亡国之祸也。"① 由于政协会议上中共和第三方面代表的据理力争，也由于马歇尔的压力，国民党被迫让步：承认国民政府委员会为最高国务机关；放弃委员选任须经国民党中执行通过和主席有紧急处置权的要求；委员中国民党人士只占半数；委员的3/5即可否决主席之否决；一般议案以出席委员之过半数通过之，主要议案须有2/3以上委员赞成始得议决。在国民党做出让步的同时，中共方面也在政府中多数党席位、国民大会旧代表的资格及整军原则等重大问题上做出了让步。② 1月24日，马歇尔约中共代表周恩来商谈政协会议成功办法。马歇尔询问了政协会议焦点后，问周恩来有无另行改变方法，以使政治协商取得成功。周恩来回答说中共已经做最大让步，如果再要改变基本方针，需要请示中共中央，并欢迎马歇尔访问延安。谈话转至军事冲突。周恩来告诉马歇尔，此纯乃因国民党不准共产党军队受降所致。中共军队对日作战8年，竟不能代表解放区受降。只要国民党军队不干涉中共受降，冲突自再不会发生。③ 1月31日，政协会议就政府组织、国民大会、和平建国纲领、军事问题、宪法草案等项达成书面协议。其中关于军事问题案规定，中国实行军党分立的原则，改党军为国军；严禁军队干涉政治④。对于政协决议的达成，当时作为国共争端调停人的马歇尔是比较满意的，认为是成功的："马歇尔将军对政协决议非常满意。在其三月份回到华盛顿向罗斯福总统述职期间，他向国会汇报了中国国共双方领导人签订了协议，正在努力把它们各自政党掌握的军队国家化，国共双方的领导和美军代表已经在北平签署了相关协议，为了完成双方达成的协议。三人停战小组（一个美国人、一个国民党代表、一个中共方面的代表组成）正在多个方面组织实施协议的内容。"⑤ 1946年2月6日，周恩来在与苏联驻华大使彼得罗夫会谈时，也指出政协会议取得胜利的原因："之所以可能获得成功，因为来自外部对蒋介石的很大的压力；三国外长莫斯科会议确定，中国应

---

① 秦孝仪：《中华民国重要史料初编——对日抗战时期·第七编·战后中国（以下简称《战后中国》）（三）》，中国国民党中央委员会党史委员会编印，1981年，第70—71页。
② 四川大学马列主义教研室中共党史科研组编：《政治协商会议资料》，四川人民出版社1981年版，第270—272、355页。
③ 《中统局关于马歇尔约周恩来商谈政协获得成功办法》，转引自中国第二历史档案馆《中华民国档案资料汇编》第5辑第3编政治（2），江苏古籍出版社1999年版，第101页。
④ 吕迅：《大棋局下的国共关系（1944—1950）》，社会科学文献出版社2015年版，第160页。
⑤ Henry Wei PH. D., *China and Soviet Russia*, Greenwood Press, 1974, p. 212.

该成为什么样的国家和她应该做什么;马歇尔将军在重庆,口袋里装着20亿美元借债支票和发放5个师装备,以及提供中国若干数量的飞机和船只的命令,这也给蒋介石很强大的压力。"① 2月9日,毛泽东接见美联社记者,盛赞政协会议的成就,他在谈话中两次提到马歇尔:"综观中国内部及世界大势,各种情形实利于转趋民主的新方面。推动的力量,最初出于美总统杜鲁门,继之以莫斯科美英苏三国外长会议,最后则是马歇尔特使及国内民主分子","马歇尔特使促成中国停止内战,推进团结、和平与民主,其功殊不可没"。②

美国总统特使马歇尔还与政协会议上的民盟合作,共同促使政协会议通过政协决议。民盟领导人就不同问题向马歇尔将军阐述他们的观点,并随后公开表达了对他的真诚和良好愿望的感激③。

停战令的发布和政协会议的胜利闭幕是两桩有重大意义的事件。政协会议刚结束,中共中央马上在2月1日向全党发出《关于目前形势与任务的指示》,强调"由于这些决议的成立及其实施,国民党一党独裁专制即开始破坏……中国革命的主要斗争形式,目前已由武装斗争转变到非武装的群众的与议会的斗争,党的全部工作必须适应这一新形势"。当然,中共也没有陷入对和平民主的幻想。该指示也强调,"中国民主化的道路依然是曲折的长期的,练兵、减租与生产是目前解放区三件中心工作"④。

同时,在马歇尔的努力下,国共停战协议的发布,对中共也有很大的好处。周恩来说:"蒋在被逼下把战争暂时停下来了,在当时的协议中,不允许双方军队移动,他(蒋)的大部分军队还在西南,华北不多,的确打不起大仗。所以当时我们签了字。……我党在当时也需要停战整顿,特别是在东北——所以当时党签署停战协定是对的。"⑤ 毛泽东也说:"中

---

① 俄罗斯国家档案馆档案,档案名:彼得罗夫关于政治协商会议和国内形势与周恩来的会谈备忘录(1946年2月6日),档案号:SD16081;АВПРФ, ф. 0100, оп. 34, п. 253, д. 20, л. 16-22 Русско-китайские отношения вXX веке, Т. V, К. 1, с. 54-58。
② 《毛泽东盛赞政协成就,各党当前任务是履行决议,深信各种障碍都可以扫除》,《新华日报》1946年2月13日。
③ 《国务院情报研究所关于中国民盟当前立场的报告》(1946年2月7日),OSS China and India, Reel-3-4, pp.1-28. 转引自杨奎松主编《美国对华情报解密档案(1948—1976)》(壹)第二编《中国内战》,东方出版中心2009年版,第227页。
④ 中央文献研究室:《周恩来年谱(1898—1949)》,中央文献出版社1998年版,第642页;《中国共产党历史(1921—1949)》上卷,人民出版社2002年版,第698页。
⑤ 周恩来:《一年来的谈判及前途》,1946年12月18日,中共中央文献研究室、中共南京市委编《周恩来1946年谈判文选》,中央文献出版社1996年版,第705页。

国走上民主舞台的步骤,马歇尔特使促成中国停止内战,推进团结、和平与民主,其功殊不可没。"① 后来国民党不遵守政协协定,破坏政协决议。对于政协决议之建立联合政府,国民党要员何应钦召开黄埔军官会议,欲以力量威胁当局,反对政协决议中让中国共产党等党派参加政府的主张,并打算联合进剿共产党②。1946年3月1日,国民党内右派"国民党党员护党大同盟"向国民党六届二中全会提出对抗政协会议意见传单:本党领导革命五十余载,抗战八载,尤为中流砥柱。乃日寇投降以来,各党派百端挑衅,向本党集中放矢,政治协商一幕,实已图穷匕见,四面楚歌,咄咄逼人,节节退让。③

对于国民党破坏政协决议的行径,马歇尔进行了批评。马歇尔告诉军令部长徐永昌:"谈判以来,我方(指蒋介石一方)每不遵守协商条件,予共方以口实,因之以小失大;……结果招致今日东北之不利形势。"④

对于在重庆召开的有国共及民盟等党派参加的旧政协会议,苏联也高度关注,并与国共及其他民主党派的代表交流、接触,施加一定的影响。比如,1946年1月1日,苏联在重庆的军事官员列多夫斯基与中共代表叶剑英、王若飞会谈,谈论停止中国内战的问题。1月2日,苏联驻华大使彼得罗夫与第三党领袖章伯钧等人会谈国共关系问题;2月12日,彼得罗夫又与周恩来会谈国民党的政策等问题⑤。

二 马歇尔主持下的国共停战协定和整军方案谈判

1946年1月至1946年6月,美国总统特使马歇尔还主持了国共停战协定和整军方案的谈判。

---

① 中共中央文献研究室编:《毛泽东年谱(1893—1949)》(1946年2月9日),人民出版社1993年版,下卷,第56页。
② 中统局档案:《中统局关于何应钦拟以武力反对政协决议中国国民党容纳中国共产党参政情报》,中国第二历史档案馆编《中华民国档案资料汇编》第5辑第3编政治(二),江苏古籍出版社1997年版,第10页。
③ 中国第二历史档案馆编:《中华民国档案资料汇编》第5辑第3编政治(二),江苏古籍出版社1997年版,第22页。
④ 《徐永昌日记》第八册,1946年4月23日,台北:"中研院近代史所"复印件1991年版,第265页。
⑤ 《列多夫斯基与叶剑英、王若飞会谈纪要》(1946年1月1日)、《彼得罗夫与章伯钧等人会谈纪要》(1946年1月2日)、《彼得罗夫与周恩来会谈纪要》(1946年2月12日),转引自沈志华主编《俄罗斯解密档案选编——中苏关系》第一卷(1945.1—1949.2),中国出版集团、东方出版中心2014年版,第111、112、134页。

(一) 三人军事小组的成立

重庆谈判国共签订的《双十协定》中第九项关于军队国家化的问题规定："为具体计划本项所述各问题起见，双方同意组织三人小组（军令部、军政部、十八集团军各派一人）进行之。"但杜鲁门总统指派其总参谋长、盟军欧洲统帅马歇尔将军来华参与调停国共两党的争端后，三人小组的成员以后有了变化。1945年12月30日，国民党方面提议由马歇尔和国共双方代表各一人组成三人军事小组，商谈停战等问题。开始时中共颇感担心，害怕美国与国民党一起向中共施加压力，因此中共希望苏联、英国也参加国共调处，以便在莫斯科会议关于中国的协议基础上一起参与解决中国问题，但被英、苏拒绝。在此情况下，中共遂下决心接受美国代表的单方面调处。1946年1月5日，国、共、美国三方都派了上将级的代表，组成新的最高三人军事小组。这是由于旧政协开过后，双方认为：军事问题重大，由部一级派人参加解决不了。同时，美方马歇尔是元帅级的五星上将，国共两党的级别也要对称。小组采取三人一致协议的原则，每方面都有否决权，职责是处理有关停战、恢复交通和受降事宜。

(二) 停战协定和整军谈判

小组的活动可分为三个阶段：第一阶段从1946年1月7日至13日，此时期最大的成效是签订了《停战命令和声明》，设立了北平军事调处执行部。在关于停战问题的讨论中，国共双方最关注的事是：国民党军队开入东北接收主权问题。首先也是极为重要的是，马歇尔在支持国民党地位方面扮演决定性的作用。他告诉周恩来，美国承诺帮助国民党把军队运进东北。[①] 周恩来承认东北问题的特殊性，允许国民政府为接收东北主权运兵去东北，国民政府直接与苏联办理交接，中共不参与其事。但强调："政府应该认可并吸收东北地方的一些民主政府（中国共产党在东北的地方政府）人员参加东北民主联合政权建设，并且国民党政府进入东北的军队数量应该限定和相对固定。"[②] 其次，马歇尔在一些问题上又支持中国共产党。1月9日，国民党提出无理要求——赤峰和多伦不在停战范围内，作为签署停战协定的附加条件。周恩来拒绝接受国民党的无理要求，周恩来强调，自抗战胜利以来，赤峰和多伦就一直在中国共产党的控制中。马歇尔支持了中国共产党的要求。[③] 最后，国共双方各自做了让步。

---

① Henry Wei PH. D., *China and Soviet Russia*, Greenwood Press, 1974, p. 405.
② Ibid., p. 212.
③ Carsun Chang, *Third Force in China*, New York: Bookman Associates, 1952, p. 147.

第六章 抗战胜利后的国际环境与国共合作的破裂 269

1月10日，通过四天的正式会议，达成《停战命令和声明》。停战令规定立即停止冲突，但鉴于命令传达至广阔的部队有困难，三人小组正式会议同意有三天的缓冲时期（13号为止）。① 为了监督停战令的执行，张群、周恩来还签署了《建立军事调处执行部的协议》。协议规定由国民党、中共与美国三方各派一人，在北平成立军事调处执行部。中共代表为叶剑英，国民党政府代表为郑介民，美方代表为罗伯逊（饶伯森）②。

第二阶段从2月14日至4月6日，三方签订了《全国军队整编方案》和《东北停战协定》，并到各地进行视察，军调部派出的三人小组亦不断出动。

第一是整编后中共军队数字问题。在讨论军队整编统编协议前，马歇尔曾向蒋介石提出一个方案，建议在整编后60个师的作战部队中，20个师由共产党领导，占1/3；在海、空军中共产党领导的部队至少各占30%。③蒋介石对这一提议大为震惊，坚决不同意。国民党提出共产党的军队整编为10个师，12个师为可以考虑的最高限度。理由为：……整编后中央政府军队只保留90个师，而中共却占24个师或20个师，比例不相称。中共方面则做了针对性的驳斥：你们假抗日，真剿共，还要保留90个师，劳苦功高的中共军队为什么不能保持20至24个师？即使你们号称拥有200多个师，我们现也有100多万正规军，200万以上的民兵，比例有什么不相称？④ 在马歇尔的干预下，蒋介石被迫做了一些让步。2月25日，张治中、周恩来、马歇尔达成《军队整编及统编中共部队为国军之基本方案》，方案规定，从协定签字至12个月终了时，全国陆军应为108个师，其中国民党军90个师，中共军队18个师。在这此后6个月中，国民党军缩编为50个师，中共军队缩编为10个师，每师兵力不超过1.4万人。其中，东北，政府军14个师，中共1个师；西北，政府军9个师；华北，政府军11个师，中共7个师；华中，政府军10个师，中共两个师；华南，政府军6个师。⑤ 整军方案签订后，马歇尔和国共双方代表到东北、华东、华中各地巡视检查停战令执行情况。张治中回忆，当时

---

① 中国社会科学院近代史研究所翻译室：《国共内战与中美关系——马歇尔使华秘密报告》，华文出版社2012年版，第30页。
② 同上书，第37页。
③ 张治中：《张治中回忆录》，文史资料出版社1985年版，第739—740页。
④ 《张治中秘书回忆国共整军谈判》，《晶报》（深圳）2008年3月3日。
⑤ 《美中关系》，第140—143页。转引自［英］琼斯（Jones, F. C.）等《国际事务·第二次世界大战·8：1942—1946年的远东》，复旦大学外文系英语教研组译，上海译文出版社2007年版，第271页。

"全国各地除东北外算是大体完全停止冲突了","有时国共双方将领都在一起开会聚餐"。① 中共对马歇尔的调处努力曾给予高度评价。周恩来一再向马歇尔转达毛泽东对他的致意,感谢他为促进停止内战,使中国走上现代化和民主道路所做出的努力,肯定他的态度和方法是公正的,表示中共愿意在这个基础上和美国合作。② 3月4日三人小组到延安时受到毛泽东等中共领导人热烈欢迎。

第二是国民党的宪兵和铁路警卫队。周恩来反复提到在协定中规定保护民政不受宪兵干扰的必要性。马歇尔与周恩来的私下谈话中,周对据传在戴笠领导下组织18个团的铁路警卫队表示担心。周恩来还希望在协定中限制宪兵的数额,并限定其职责为军事的。张治中不愿使宪兵的地位与兵力问题包括在协定中。经过长期讨论,最后一致统一由张治中向行政院建议,授权他与周恩来商谈铁路警卫队问题,在宪兵问题和铁路警卫队问题解决之前,恢复交通的协议继续使用,根据该协议,国民党军队和中共军队的指挥官在各自区域内保护铁路线。③

第三是整军方案中双方部队的配置和驻地问题,实质上是根据地政权问题。由于这个问题太复杂,双方意见差距太远,无法达成协议,只好暂时搁置一边。

第三阶段就是下面第三节将要专门论述的南京谈判期间的整军方案和停战协定。

第三节 国际环境嬗变视域下之南京谈判: 第二次国共合作终结

1946年1月至1947年1月,美国代表马歇尔就国共南京谈判进行了积极斡旋和努力;苏联也秘密加大了对东北的中共力量的支持力度。但由于国民党顽固坚持"一党专政"并彻底关上和谈的大门,使第二次国共合作终结。那么国、共、美三方在南京谈判中的博弈情况如何?南京谈判的背景、进程和内容是怎样的?

---

① 张治中:《张治中回忆录》,文史资料出版社1985年版,第749页。
② 中央文献研究室:《周恩来年谱(1898—1949)》,中央文献出版社1998年版,第641、645页。
③ 中国社会科学院近代史研究所翻译室:《国共内战与中美关系——马歇尔使华秘密报告》,华文出版社2012年版,第53页。

一 背景：南京谈判前夕的国共、美、苏"三国四方"政治较量

在国、共、民主党派和无党派人士的共同努力下，在美国和苏联的压力下，国共双方于1946年元月分别达成了停火协议。1946年2月25日，中共代表周恩来、国民党代表张群、美国代表马歇尔组成的"军事三人小组"又通过整军方案。对此种整军方案，蒋介石认为马歇尔在帮中共的忙，受中共蒙骗。蒋在2月28日的反省录中写道："与中共商定统编其所部为18个师之方案，业已签字，此为政府最大之损失。……马歇尔对余之认识虽渐增加，然其受共党之麻醉日甚。美国民族之易受人欺诳，甚老练如马氏者尚且如此，其他更可知矣。不禁为世界前途忧也。"① 中国内战的危险似乎已经过去了但随着美苏冷战局势的进一步紧张，国共之间的脆弱互信也不断受到挑战。在太平洋及远东地区，美军已经将苏军列为主要假想敌，1946年2月9日，斯大林发表了"战争不可避免"的演讲。② 1946年3月5日，英国前首相丘吉尔在杜鲁门总统陪同下到后者家乡密苏里州访问，在富尔敦的威斯敏斯特学院发表反苏演说，声称"从波罗的海的什切青到亚得里亚海的里雅斯特，整个欧洲大陆已经被一重大铁幕分隔为两半"，他要求"所有讲英语的民族结成兄弟联盟"，在联合国之外重新安排世界秩序③。苏联认为这次讲话是对苏联、对雅尔塔体系的直接挑战。其间，美苏关系中的意识形态因素越来越占主导地位，美苏最终走向了全面冷战。在中国问题上，苏联的态度变得更加强硬了。斯大林明确告诫国民党："不能让美国有一个兵到中国来，只要美国有一个兵到中国来，东北问题就难解决了。"④

而蒋介石早就盼望美、苏打第三次世界大战，丘吉尔的富尔敦演说对他的这种心态无疑是一种鼓励。因此，蒋介石在国民党顽固派"CC系"和"黄埔系"的影响下，自认为国际形势也对其有利，采取了破坏政协决议以维持其一党专制的措施，国民党在东北也采取了更为激进的"进攻"政策。1946年四五月间，国共在东北的军事冲突不断升级。在苏联

---

① [日]古屋奎二：《蒋"总统"秘录》，第14册，中央日报社译，中央日报社1976年版，第37页。
② S. C. M. Paine, The Wars for Asia (1911-1949), p. 249.
③ Arthur M. Schlesinger, Jr., The Dynamics of World Power, A Documentary History of U. S. Foreign Policy, Vol. 2, New York, 1973, pp. 211-217.
④ FRUS, 1945, China, pp. 848-850；蒋经国：《风雨中的宁静》，台北：幼狮书店1973年版，第15页。

的支持下，中共也于 4 月 18 日进入长春。蒋介石极为愤怒，宣称长春问题为目前时局的关键问题，如果中共不自行退出，国民党必拿下长春。在蒋的竭力劝说下，马歇尔竟同意蒋在东北对中共用兵，希望用此来压迫中共让步。这么一来，马歇尔之公正立场就被中共怀疑。更严重的是，此次马歇尔对蒋让步，鼓动了蒋在此后进一步采取更大的动作，美国也进一步强化了对国民党的支持。到了 1946 年 3 月底已经往东北运了 7 个军，五六月间马歇尔不顾中共代表的反对，又将第 60 军和 53 军运往秦皇岛地区，转运东北扩大内战，并将第 54 军运往青岛地区。连他自己也不否认，这是"为 1 月 10 日协定所禁止的对华北部队的全面增援"①。美国还一再延长租借援助，装备国民党军队。

二 国际形势与四平之战

东北是中国的北大门，有丰富的粮食和能源资源，当时的工业基础也比较雄厚，地理位置重要——紧邻苏联、外蒙古、朝鲜，且与日本、韩国隔海相望，历来为兵家必争之地，在抗战结束后的中国，也为中共与国民党争夺的重要地方。而在当时的东北之争中，四平尤为重要。

（一）美国支持蒋介石对抗苏联，马歇尔在关键时刻回美国述职

1946 年 2 月，美国在军事上支持蒋介石，美国众议院海军委员会于 1946 年 2 月 5 日一致通过授权总统以美国过剩之海军战舰、巡洋舰及驱逐舰等 271 艘移交中国政府之议案，该议案并授权总统派遣海军顾问团援华，并将运用并保养上述舰艇以及训练舰只上人员所需之物资同时移交中国（其中包括弹药、零件、修理厂机器及保养并运用此项舰只所必需之一切物件在内），等等。1946 年 2 月，美政府提出对中苏东北经济合作交涉的反对意见②，美国特使马歇尔亦向国民政府建议，不要向苏联做任何让步，因为时间对苏联人不利，如果他们拒不撤兵，他们就在全世界面前成为条约的破坏者。③ 美国的态度使国民党内"主张对苏强硬态度者，觉得吾可借美国助力以抗苏联"④。国民党政府表现出越来越明显的亲美反苏的态度，借雅尔塔会议秘密协定公布之际，在关内发动大规模反苏示威游行。1946

---

① 全国政协文史资料研究委员会：《辽沈战役亲历记（原国民党将领的回忆录）》，中国文史出版社 1985 年版，第 540、546 页。
② 秦孝仪主编：《中华民国重要史料初编·第七编第 1 册》，中国国民党中央委员会党史委员会编印，1981 年，第 453—454 页。
③ Marshall to Truman, Feb. 9, 1946, Foreign Relations of United States, 1946, Vol. IX, p. 426.
④ 汪朝光：《1945—1949：国共政争与中国命运》，社会科学文献出版社 2010 年版，第 124 页。

年2月22日至3月初,在中国国统区的大城市爆发了大规模的反苏反共游行示威活动。主要原因在于:1946年2月1日苏军逾期不从东北撤军,而2月2日,美、英、苏三国公布《雅尔塔密约》,引起中国知识分子不满,加之《中央日报》连续发表社论推波助澜,称"学生的游行行动对全世界显示了中国青年纯真的心灵,充满着纯真的祖国爱"①。1946年3月召开的国民党六届二中全会,国民党一些要员反苏情绪比较高涨②,所有这些情况更加坐实了苏方的判断。中共方面对于国民党煽动的反苏反共游行也进行了批评。1946年2月23日《新华日报》发表社论认为"这是国民党内反动分子有计划的蓄意和阴谋,用排外主义的口号,利用政府尚未宣布对苏交涉真相的时机,煽惑一部分东北同乡会进行反苏反共游行"③。国民党煽动反苏反共游行,给当时正在重庆主持国共整军谈判的马歇尔留下了不好的印象。1947年1月,马歇尔发表的离华声明专门谈到此事:"去岁二三月间发生之群众运动,显系为人煽动者,发生地点距余从事完成谈判工作之地点甚迩。"④

与此同时,当国共谈判进入关键时期,作为调解中间方的马歇尔却在3月11日回美国述职,这给蒋介石在马歇尔回美国期间发动对中共的进攻埋下了伏笔。因为,如果马歇尔不回美国述职,蒋介石至少因给其幕后老板美国代表、当时国共谈判的第三方代表马歇尔的面子,不敢公开发动四平之战。

(二) 苏联从东北撤军,暗中支持中共

国民党的以上反苏表现,强烈地刺激了苏联人。苏联在国民党六届二中全会结束后,公开批评那些"受外国支持的中国反动分子,不惜用各种手段和方法,干反苏的勾当。红军驻在中国境内,成为他们不断进行反苏的对象"⑤。而随着苏军撤退日期到来,无法阻止美国势力进入东北的

---

① 《中央日报》1946年2月23日。
② 据汪朝光发表在《民国档案》2006年第3期的《关于战后对苏外交及东北问题的激烈争执》一文论述:王星舟、周异斌、潘公展等在国民党六届二中全会的发言中提出,应对中苏条约的作用予以重新估计和检讨,如果苏联不能依照条约行事,则应考虑因其违反条约而将东北问题提交联合国,利用国际力量迫使苏联让步,或者干脆宣布废除中苏条约。甚至提出,如不能达到目的,国民党要集中力量,把握时机,不惜再来一次光明神圣之抗战。
③ 社论《严重的抗议》,《新华日报》1946年2月23日。
④ 秦孝仪主编:《中华民国重要史料初编——对日抗战时期·第七编(三)》,中国国民党中央委员会党史委员会编印,1981年,第264页。
⑤ 汪朝光:《1945—1949:国共政争与中国命运》,社会科学文献出版社2010年版,第136页。

莫斯科，苏联红军再也不顾及《中苏条约》的约束，转而重新支持中共在东北的发展。① 1946年2月22日，斯大林希望把政权（无论在东北还是内蒙古）交给共产党控制，以此来保证苏联的远东利益。3月12日，东北局电告中央，苏军通知将于13日撤离沈阳，苏军一再向中共东北局领导人强调：……凡苏军撤退之地，包括沈阳、四平街，中共都可以大打，并认为"打得越大越好"。② 为了让中共顺利接收长春，苏联对国民党继续采取麻痹战术。4月14日，苏军突然撤出长春，同时用事先约定的密码通知了中共的将领周保中，并秘密给予一定数量的武器。高岗在给中共中央东北局和中共中央的电报中称：苏军已确定25日撤完，今送两辆装甲车及一部武器。"交涉送十万步枪、一万轻重机枪、一千门炮，他答应我们进哈市后即会得到东西。"③

即使苏联在宣布从中国东北撤军结束之时，苏军在旅顺和大连港还有所逗留，"苏联在中国东北的撤军不包含大连和旅顺港口。根据在东北的美国目击者观察，到1948年2月底，仍然能够在大连见到苏军官兵的身影"④。

（三）四平之战及影响

政协会议结束后，国民政府大量运兵前往东北，蒋介石还明令进入东北的国民党军队作战。当国民党开始占领南满的铁路线、城市，国共在东北的全面战争爆发。⑤ 虽然马歇尔谴责了国民党在其回到美国向总统述职期间率先向中国共产党领导的军队发起攻击导致东北内战爆发。⑥ 由于美国总统特使马歇尔已经回国述职，美军代表暂时由威望和影响都较小的吉伦中将担任。蒋介石于4月1日在国民参政会上的政治报告中狂妄宣称："东北问题在本质上，是一个外交问题，

---

① 杨奎松：《"中间地带"的革命——国际背景下看中共成功之道》，山西人民出版社2010年版，第502页。
② 《中央关于与国民党谈判策略致重庆代表团电》，1946年3月18日；转引自杨奎松《中间地带的革命——国际背景下看中共成功之道》，山西人民出版社2010年版，第503页。
③ 《高岗关于与苏军交涉情况致东北局并中央电》，1946年4月20日；转引自杨奎松《中间地带的革命——国际背景下看中共成功之道》，山西人民出版社2010年版，第504页。
④ Henry Wei PH. D., *China and Soviet Russia*, Greenwood Press, 1974, p. 195.
⑤ Wang Chaoguang, Nationalist Policy toward Manchuria after the Victory in the War Against Japan, *Historical Research*, No. 6, 1995, p. 130.
⑥ S. C. M. Paine, *The Wars for Asia (1911 - 1949)*, Cambridge University Press, 2014, p. 249.

问题的焦点，在……接收主权。"① 4 月 6 日，蒋介石在 24 小时之内又连发三道命令给东北行营主任熊式辉，催促集合全部军事力量北进，在四平街以南与共军进行一次决定性的战役，在马歇尔返华之前，企图全歼中共军队主力。国民党有 50 多个美式武器装备的师，加上其他正规军、杂牌军、伪军，在军队数量上也对中共有压倒性优势。为什么选择四平作为进攻方向呢？

四平处于东北的中心地区，处于辽宁省的铁岭市与吉林省的省会城市长春之间。当时四平是辽北省的省会，位于中长、四洮、四梅铁路的交点，为东北交通枢纽，工业重镇。对共产党而言，一则四平本为人民的胜利果实，本应保卫；二则守住四平，于日后执行停战协定有利，至少能达到消耗敌人有生力量的目的。四平开始在先到东北的共产党军队的控制之中。

自 1946 年 4 月 18 日国民党新一军②进攻四平市郊开始，至 5 月 18 日夜东北民主联军主动撤出为止，历时 31 天。当时，蒋介石调集了 7 个军约 25 万人进入东北，其中包括曾在缅甸作战的精锐主力新一军和新六军，凭借其美械装备之优势，对四平进行了疯狂进攻。中共顽强反击，但损失上万人并被迫弃守四平街和长春市，撤至北满。国民党新一军、新六军打算继续追击损失惨重的东北民主联军，但蒋介石在关键时刻到东北犒赏和慰问国民党，加之正在主持国共谈判的美国马歇尔将军要求国共停战，国民党军停止了追击，国共两党的军队大致以松花江为界，形成继续对峙之势。但四平之战的胜利加大了蒋介石的骄狂，为南京谈判中国民党的蛮横强势埋下了伏笔，蒋于 6 月初的一次军官会议上说："……他们最近在东北四平街得到一次教训，当然是不敢与我军作阵地战了。"③ "中共除一部分外，本属乌合之众，经此次打击，势必瓦解无疑。"④ 国民党的蛮横强势甚至到了不买美国调停者马歇尔的账的地步，为南京谈判的失败埋下了伏笔。

---

① 孟广涵：《国民参政会纪实》，重庆出版社 1987 年版，第 1537—1541 页。
② 新一军是国民党军队的王牌主力军，军长孙立人，毕业于美国弗吉利亚军事学院，新一军是全美械装备的国民党印缅远征军的部队，曾征战缅甸丛林，战斗力很强，被空运或海运到南满参加四平之战。
③ 秦孝仪主编：《先"总统"蒋公思想言论总集》第 21 卷，台北：中国国民党中央委员会党史委员会编印，1984 年，第 236 页。
④ 《蒋主席致宋子文院长指示面交蒋夫人函予马歇尔特使时机补充说明要旨函》（1946 年 5 月 24 日），秦孝仪主编《中华民国重要史料初编·第 7 册（三）》，中国国民党中央委员会党史委员会 1981 年印行，第 128—131 页。

四平之战后，斯大林在莫斯科权衡了时局之后，令苏联驻华大使馆武官罗中请蒋经国特派员转达蒋介石，邀请蒋介石赴莫斯科访问或在边境某地会晤，以讨论对东北的重新安排。马歇尔将军和杜鲁门总统都强烈要求蒋介石接受斯大林的邀请。但蒋介石认为斯大林的邀请是离间中美关系，为中共在东北的军队争取时间①。蒋介石在其日记中谈道："自我军克服四平街后，共军主力溃败，故其态度又为之一变。且因我拒绝斯大林邀请访俄之约，故共党乃不能不依赖美国马歇尔之调停。"② 蒋介石拒绝了斯大林的邀请。

三 南京谈判与第二次国共合作的终结

在四平会战期间，1946年4月18日，回美国汇报工作的马歇尔不得不匆忙地从美国飞返中国，作为"中间人"继续主持国共南京谈判。自马歇尔返华后，国共谈判的方式悄然变化，国共的动议、对案乃至争论，基本上通过马歇尔传递。由于1946年5月5日，国民政府由重庆迁往南京，国共主要在南京进行谈判，南京谈判一直持续到1946年11月中旬。11月16日，因国民党召开国民党一党包办的"国民大会"，周恩来在南京召开记者招待会，指出和谈之门已被国民党关上。11月19日，周恩来率领的中共代表团撤离南京。

（一）南京谈判的博弈焦点

三人小组的美军决定权是一个焦点，曾经是三方博弈的重要话题。6月13日，美方提出"结束东北之战争"草案，要求双方军队脱离接触。研究了这个草案后，周恩来在6月15日与白鲁德的会谈中，坚持"三代表的一切决定须经一致协议"，建议"不写决定权"。对京、平的指令解释不同时，美代表可有解释权；对京、平的指令不执行时，美方有权决定执行。③ 强调京、平的指令，也就是强调中共在南京三人会议和北平军调部中的对等权。当日，中共南京代表团致电延安：民盟有希望中共能让美方在军事三人小组中有调查决定权的建议，以区别马歇尔、蒋介石，使马歇尔勿消极，而继续谈判。代表团拟同意，以此争取马歇尔。6月20日，

---

① 《蒋介石日记（1915—1949）》，1946年5月11日。斯坦福大学胡佛研究所档案馆藏《蒋介石日记》手抄本。
② 《蒋介石日记（1915—1949）》，1946年5月21日。斯坦福大学胡佛研究所档案馆藏《蒋介石日记》手抄本。
③ 中共中央文献研究室编：《周恩来一九四六年谈判文选》，中央文献出版社1996年版，第432—433页。

刘少奇复电周:"为了在民盟朋友面前证明我们的诚意,同意你的建议,承认美方人员在小组中关于调查的决定权。"① 然而就在此时,蒋就该问题提出一个新方案。6月21日,徐永昌见蒋,蒋修正共党提出之请美方人员仲裁一点,改为"三人会议必取决于多数之惯例"②。由多数表决更换美方仲裁权,其中的奥妙在于:国、共、美三方中,国共两方肯定处于对立地位,这样,只要美方支持何方,何方便成为多数,实际上仍然是美方决定、仲裁一切。6月21日,周恩来就此事向马歇尔表示:"关于最后决定权,政府自己都弄不清","今天又变了……说也不用最后决定权,也不用仲裁权,而改成多数表决。这问题,政府自己的意见都未成熟,而竟故意为难。"③ 6月22日,美方职权问题基本达成协议,该项条款原列入东北停战案。规定:"倘意见不能一致时,执行小组美方代表有权决定该执行小组在其管辖地区以内何时何地进行有关军事行动之调查。"还规定:"若于执行上级之命令或指示意见不能一致时,则北平或长春军调部之美方资深人员有权指导该项命令或指示之执行。"④

其次是在东北的国共军队的整编问题。1946年5月21日,周恩来在南京谈判中明确提出,中国共产党领导的军队在东北应该在整编中占有5个师的兵力⑤。关于中共在东北的军额,国民党因刚取得"四平之战"的胜利,仅同意中共在东北的驻军为3个师,同时提出国民党亦在东北的军队在原军队的基础上再增加1个军,以确保国民党军队在东北的优势。在仔细研究了徐案后,周恩来于6月19日向马歇尔提出一份备忘录,表示:"我方仍重提增加五个师的要求,……此五个师不应计算在关内中共九个师之内。"6月20日,周恩来表示:恢复交通、东北停战、整军补充案3个问题,"我觉得一、二两项问题并不难,如为了求妥协,二十四小时以内即可谈好。困难的是第三项问题"⑥。6月25日,周恩来向马歇尔提出中共在东北驻军为4个师,全军共为13个师,理由是"东北民主联军,

---

① 中共中央文献研究室:《刘少奇年谱》下卷,中央文献出版社1996年版,第50—51页。
② 《徐永昌日记》,1946年6月21日,台北:"中研院"近史所编印1991年版,第267页。
③ 中共中央文献研究室:《周恩来一九四六年谈判文选》,中央文献出版社1996年版,第469页。
④ 中共代表团梅园新村纪念馆编:《国共谈判文献资料选辑》,江苏人民出版社1984年版,第240页。
⑤ 中共中央文献研究室:《周恩来一九四六年谈判文选》,中央文献出版社1996年版,第335、349页。
⑥ 同上书,第459—463页。

原为政府所未承认者,现时应加入整军计划之内"。周强调:此议"既非将中共军队在关内之数目移至东北,更非将政府军队数目也做同样比例增加,而只是将中共部队在东北之数目及其对政府军队之比例予以增加"①。

  再次是驻军地点。国民党谈判焦点集中为强行指定中共军队的入驻区域和入驻时间。关于中共在关内外的驻军地点问题,国民党谈判代表为中共关内外军队均指定了具体的驻区,东北的3个师分驻黑龙江省2个师,兴安省1个师。华北为5个地区,计有山东临沂地区、河北大名地区、山西长治地区、陕北延安地区以及察哈尔与热河之间的多伦地区②。集中力量控制南满,这是马歇尔的一向主张,但这个意见未被蒋介石接受。收到该案后,周恩来当日致电延安,称该案"混蛋之至,战意已大明"③,明确反对国民党的方案。为此,马歇尔要求徐永昌、俞大维与周恩来直接面谈此事。在仔细研究了徐案后,周恩来在华北驻地问题方面给予的回复是:"若云规定关内整军驻地,则应由军事小组另案办理,且应规定双方部队驻地,而不应单提一方一地之移动。"④ 规定双方驻地,也就是说国民党军亦应划定驻区,由于这个意见无懈可击,因而得到马歇尔的支持。6月25日,国民党谈判代表俞大维向马歇尔提出一个修正案,其要点为:中共热河、察哈尔军队向两省边境集中,政府军于签字后一个月内,"必须进入承德、古北口";"凡自六月七日以后被共军侵占地区,如山东、山西、河北等省所属城镇乡村,共军概须于签字后十日内退出,由中央政府军进驻"⑤。为此,富有谈判经验的周恩来于6月25日向马歇尔提交了两份驻军表,第一表为国民党在东北、西北、华北、华中、华南的30个军90个师开列出详细军师驻地,第二表为中共的驻区,其华北驻地有张家口、承德等地,华中有淮安、宿迁等地,东北有哈尔滨、齐齐哈尔、安东等地。⑥ 26日,周与马歇尔就俞大维方案会谈,首先提出以政治军、军民分治的原则,指出这些原则"也是政协精神和美国式的方法"。然后,周恩来说:"中共退出的地方,国民党军也不应进驻,而是'空出',中

---

① 《周恩来一九四六年谈判文选》,中央文献出版社1996年版,第475、476页。
② 秦孝仪主编:《中华民国重要史料初编——对日抗战时期·第七编(三)》,中国国民党中央委员会党史委员会编印,1981年,第326—328、340页。
③ 《周恩来一九四六年谈判文选》,中央文献出版社1996年版,第442页。
④ 同上书,第455页。
⑤ 《中华民国重要史料初编——对日抗战时期·第七编(三)》,中国国民党中央委员会党史委员会编印,1981年,第347、348页。
⑥ 同上书,第349—353页。

第六章 抗战胜利后的国际环境与国共合作的破裂 279

共撤退区的地方行政，'完全交改组后的联合政府来解决，军队不加干涉'。"① 这样，撤军问题又引出了地方行政问题，并成为新的争执点。6月28日，蒋介石向马歇尔重申中共必须退出6月7日后进占的山东、山西等地，蒋尤其要求中共退出胶济路、承德、苏北和古北口②。6月29日，马歇尔综合蒋的四项原则与周的备忘录，提出一个修正案，中共退出某些地区，但政府不派军队前往这些地区，当地政府继续维持秩序③。这是一个折中方案，在最为核心的中共撤退区的地方行政问题上，马歇尔接受了周恩来的意见。此时延期8天的停战令将于6月30日届期，而谈判显然无法如期完成。6月30日，国民党宣传部长彭学沛发表声明，要求："指定驻军地区之协定，限期成立。"6月30日，周恩来在与记者的谈话中也介绍了中共在此问题上的立场。周说："现在政府提案，要把军队驻地和当地民政连在一起，变成以军干政的防区制……这就是国共两党在这个问题上的分歧。"④ 谈判至此双方都没有妥协的余地了，7月2日上午，蒋直接出面与周恩来谈话，王世杰、邵力子、陈诚在座。蒋单刀直入，提出承德、安东、胶济路和苏北4个问题，蒋说："如共军必须占据以上地区，威胁政府，则政府认为一切无法续谈。"周说："……如中共一旦从苏北撤退，地方秩序必成问题。"关于承德问题，蒋说："盖热河为北平之屏障，政府不要北平则已，政府如要北平，则必须保有热河。"蒋最后强调："此为政府与中共和平谈判之基础，倘此点不能实现，则一切无法再谈。"⑤

最后是停战协定。1946年5月26日、29日、31日，作为"中间方"的马歇尔通过宋子文连连致函蒋介石，敦促蒋介石立即下令国军在24小时以内停止前进、攻击及追击，并建议军调部立即派一前方小组进长春。马歇尔在27日与国民党政府参军皮宗敢、28日与宋子文的谈话中一再以一个战略家的身份提出，"东北幅员辽阔，交通线绵长，中央军数量不足，无法处处设防"，"如再由长春跟踪北进，则运输线愈长，地位愈感困难，危险亦愈甚"，如果中共军占领山海关、锦州一带，政府"在谈判

---

① 《周恩来一九四六年谈判文选》，中央文献出版社1996年版，第477—483页。
② 《中华民国重要史料初编——对日抗战时期·第七编（三）》，中国国民党中央委员会党史委员会编印，1981年，第189页。
③ 同上书，第189、190页。
④ 《周恩来一九四六年谈判文选》，中央文献出版社1996年版，第507、508页。
⑤ 《中华民国重要史料初编——对日抗战时期·第七编（三）》，中国国民党中央委员会党史委员会编印，1981年，第196—198页。

中之有利态势即大遭削弱"。王世杰和宋子文都致函蒋介石,要他顾及马歇尔的面子,认为不便断然拒绝马歇尔的建议。① 而中国共产党在此时也愿意缓和局势。5月27日,中共代表团举行会议,认为虽然内战不可避免,但尚有缓和与推迟的可能,中共方针仍是避免挑衅,推延战争,积极准备反击。② 6月初,国民党因其在东北的兵力分散,在中共和马歇尔的坚决要求下,蒋介石被迫同意派执行小组去长春,并于6月6日发布东北停战令,宣布休战15天。6月9日,周返南京,开始了停战令规定的三项谈判,并把谈判重点放在谈判的程序上,力求将三项谈判分开,以期分别解决问题。中共此时的总方针是通过拖延谈判来推迟内战的爆发。而拖延谈判的主要步骤,求得交通、停战两协议先行签订,使整军方案延长讨论。③针对中共提出的个别解决意见,国民党的谈判代表徐永昌于6月17日向马歇尔提出一份备忘录,要求三项协议"同时签字"④ 一项不成立,其余也不能成立,以使谈判无法拖延。在15天休战期间,国共代表几经商谈,已经或正在就恢复交通、结束东北冲突等问题达成协定。但蒋介石却节外生枝,又于17日提出整军方案的所谓补充办法,要求中共军队撤出热河、察哈尔、山东的烟台、威海卫、苏北和东北的哈尔滨、牡丹江、安东、通化等许多地区;国民党则要往青岛、天津各派一个军去接替美国海军陆战队。⑤ 18日,马歇尔把蒋介石的方案转交周恩来。周恩来一看就愤怒地回答:蒋介石真是逼人太甚,简直使谈判不能进行,这个方案无法接受。眼看国共谈判又有破灭的危险,马歇尔不得不向蒋介石施加压力。在他20日同徐永昌、俞大维的会谈中施加压力,称"美国不会支持一场中国的内战"。俞大维问,如果6月23日后中国爆发内战,美国将作何反应。马歇尔答道:"海军陆战队可能撤离,第七舰队将驶离现驻地,包括租借物资、剩余物资、借款等项在内的美国的援助将停止,美国军事顾问

---

① 秦孝仪主编:《中华民国重要史料初编——对日抗战时期·第七编(三)》,中国国民党中央委员会党史委员会编印,1981年,第130—142页。
② 中央文献研究室:《周恩来年谱(1898—1949)》,中央文献出版社1998年版,第668页。
③ 《6月19日中共南京代表团致中共中央电》,《刘少奇年谱》下卷,第51页。
④ 秦孝仪主编:《中华民国重要史料初编——对日抗战时期·第七编(三)》,中国国民党中央委员会党史委员会编印,1981年,第336页。
⑤ 中共中央文献研究室:《周恩来年谱(1898—1949)》,中央文献出版社1998年版,第674页。

团的状况亦难预料。"① 在马歇尔的压力下，蒋介石于21日宣布东北休战期延长至6月30日，但他又提出：胶济铁路沿线中共军于8月1日前撤退到铁路两侧30公里以外地区。② 6月24日的三人小组会议通过了关于终止东北冲突、恢复华北华中交通的指令及解决军调部及执行小组中某些争执的条款。③ 规定双方不得向东北增调兵力。周恩来主张立即签字，以告慰全国人民，但遭国民党代表拒绝。国民党要求补齐其在东北的5个军15个师的总数24万兵员额度，提出按停战令生效的时间，双方军队恢复6月7日的位置。这是针对中共的山东行动而提出的，蒋介石要求：中共军队在10天内撤出苏北、胶济铁路、承德、古北口、安东省的哈尔滨，这些地方由政府军在一个月内占领；中共军队在一个月内从其他国民党所要求的地方撤出，政府军在两三个月内开入。④ 对此，周恩来向马歇尔表示："如果说只解决山东这些对于政府有利的事，我们不能接受。"⑤

（二）南京谈判的影响

中共在南京谈判中的努力收到四个明显的战略效果：其一，为解放军赢得了喘息时间，并发展壮大。林彪正是利用哈尔滨、齐齐哈尔、佳木斯等城市得到喘息，迅速重整军队，至1964年年底，增至36万。其二，在此期间，美国鉴于蒋介石发动内战破坏其所主张的通过和平谈判方式建立联合政府的途径解决国共争端的宗旨，也减少了对国民党的军事援助，迫蒋坚持和谈。其三，周恩来等人在南京谈判中的出色表现，宣传了中共和平、民主的政策，揭露了蒋介石的卖国、内战、独裁的政策，教育、团结了民主党派和中间分子，扩大了统一战线，为以后中共领导下的多党合作和政治协商制度的建立打下基础。其四，由于周恩来在谈判中言之有理、持之有据，态度温和、举止温文尔雅，因而在一定程度上争取了马歇尔，

---

① 中国社会科学院近代史研究所翻译室译：《马歇尔使华》，中华书局1981年版，第168页；FRUS, 1946, Vol.9, p.1105。
② 《战后中国》，（三），第184页；中国社会科学院近代史研究所翻译室译：《马歇尔使华》，中华书局1981年版，第172页。
③ 条款规定，执行小组美方代表有权决定何时何地进行有关军事行动的调查，在停止冲突和隔离部队的事项上美方代表有权以军调部名义向当地的国共指挥官发布命令，在其他问题上执行意见不一时，美方代表可向军部提出报告，请求指示。中国社会科学院近代史研究所翻译室译：《马歇尔使华》，中华书局1981年版，第161—162页。
④ 中国社会科学院近代史研究所翻译室译：《马歇尔使华》，中华书局1981年版，第175—177页；秦孝仪主编：《中华民国重要史料初编——对日抗战时期·第七编（三）》，中国国民党中央委员会党史委员会编印，1981年，第185—186页。
⑤ 中共中央文献研究室：《周恩来一九四六年谈判文选》，中央文献出版社1996年版，第446页。

中共对于马歇尔个人的态度也始终相对友好。胡乔木说："毛主席对马歇尔的态度始终非常慎重，从未听到毛主席说过马歇尔的坏话，即使后来我们党与美国当局的关系很坏了也没说过他个人什么。"①

1946年马歇尔对国共冲突的调停是与美国冷战考虑相联系的，也是在美国对华政策的矛盾态度中进行的：一方面属望于马歇尔作为一个中立者在国民党和共产党之间进行调处，另一方面美国却只承认一方（国民党政权）为中国唯一的合法政权。同时，就马歇尔本人对远东的看法而言，为了在远东遏制苏联的扩张，也必须支持蒋介石在东北抗衡苏联和中国共产党的势力。蒋介石与美国政府签订了多项计划，通过大量购买美国战争剩余物资，直接获得美国巨额贷款。美国政府还把国民党14个军、8个交通警察总队共54万余人运到内战前线，为蒋训练了军队、特务等人员15万人，给了国民政府价值13亿美元的物资援助。马歇尔决心不使美国干涉中国内战，但他坚持要履行这些协定，即使这些协定可能对两个抗争者产生某些难以缩小的"附带的影响"。② 这使中国共产党对于美国真正"中立"的怀疑也由此增加了。1946年8月2日，国民党的飞机轰炸延安，中国共产党发表声明指出国民党军队轰炸机的飞行员、战机以及轰炸延安的炸弹都是美国提供给蒋介石的，要求美国马上从中国撤军③。1946年11月4日，国共南京谈判即将面临破裂之时，美国强迫蒋介石签订的《中美商约》，加速了国共南京谈判的破裂。《中美商约》使蒋介石可以换取美国经济和军事上的援助，进行不得人心的反共内战。因此，中共批评《中美商约》："这是历史上最可耻的卖国条约"。延安甚至把11月4日称为新的国耻日。《文汇报》《新民报》，甚至偏右的《新闻报》《大公报》也都批评说，《中美商约》中中国让与如此之多的优惠权利，实在是愚蠢之至。④ 1947年1月8日，马歇尔的专机离开南京，美国主持下的国共和谈失败，华盛顿发表马歇尔措辞强烈的声明，把失败的原因归结在国共的不配合。声明强调导致和谈破裂的最重要因素：国民政府一方存在由一个反动分子组成的统治集团，他们几乎反对我为促进成立一个真正联合政府而做的一切努力，他们显然指望美国能够提供雄厚的支持但又不干涉他们的行动；彻底的共产党人则毫不犹豫地采取激烈措施以达其目

---

① 胡乔木：《胡乔木回忆毛泽东》，人民出版社1994年版，第429页。
② 中国社会科学院近代史研究所翻译室：《国共内战与中美关系——马歇尔使华秘密报告》，华文出版社2012年版，第7页。
③ Henry Wei PH. D., *China and Soviet Russia*, Greenwood Press, 1974, p. 213.
④ 《文汇报》《新民报》《新闻报》1946年11月5日；《大公报》1946年11月6日。

的，指望以一场经济崩溃导致政府垮台①。

马歇尔尽管不希望国共最后破裂，但他对国民党施加的压力早已被美国援助的影响所抵销，国民党始终认为美国不会，或者不能抛弃他们，因此国民党在与中共的谈判中始终打压中共，态度强横，出尔反尔。1946年5月3日，南京的《大公报》报道，国民政府已经拒绝马歇尔为东北和平计划所做出的最后努力。这种努力包括，马歇尔呼吁的在东北的地方政府通过全民选举产生；政府军队和中国共产党的军队都从铁路线撤退。② 导致马歇尔在调停国共冲突中做出的努力所取得的成效变得越来越弱。正如周恩来在1946年6月3日所说："蒋的办法很多，过去蒋说：你（马歇尔）的方法不对，结果一定失败。我（蒋）不用这样的方法，我用打来取得长春。现在你又要停战，则我索性把问题弄得尖锐，或则听我打下去，或则你做主。由你做主的后果，如果你做得只对国民党合适，中共自然反对，造成中共与你的对立；如果你做的事，中共觉得对，国民党反对，则总有做不下去的一天。……国民党却善于用各种方法欺骗美国，使美国上当，把美国推到与我对立的地位上去。"③ 由于国民党认为现在马歇尔对于其发动大规模内战帮助太少，甚至是起反作用，马歇尔的有些建议也直接被蒋介石所拒绝。当马歇尔向蒋介石表达了其反对蒋介石利用美国军队运输国民党军队参加内战的建议时，美国政府却在1946年6月28日给予国民党政府517万美元的租借款的新军事援助合同。④ 美国当时的副国务卿艾奇逊却在声明中为美国援助蒋介石打内战辩护："（美国援助国民党的）该计划'不能解释为支持中国任何党派之军事集团'，其目的只是协助中国和平、统一、重建，并称美国如不在中国联合政府建立之前援助中国，中国或遭'经济崩溃之危机，而陷中国一般人民于水深火热之中'。"⑤ 对此，中国共产党揭露说：世人所知，美国政府仅仅支持中国国民党内的法西斯集团，美国的所谓"援华"，仅仅是反华和侵略华而

---

① Marshall, George C. *Marshall's Mission to China*, December 1945—January 1947: *The Report and Documents*, Vol. 1, Arlington: University Publication of America, 1982, pp. 431 – 433.

② Philip Jaffee, Amer-Asia (1946 – 1947) Vol. 10, New York: Greenwood Press Corporation, 1968, p. 135.

③ 周恩来：《美国的二重政策很难使中国内战停止》，中共中央文献研究室、中共南京市委编《周恩来1946年谈判文选》，中央文献出版社1996年版，第392—393页。

④ U. S. Department of State, United States Relations with China, (With Special Reference to the Period 1944 – 1949), Washington D. C., 1949. p. 969.

⑤ 《中共中央发言人评阿泽逊的声明》，1946年7月1日，中央档案馆编《中共中央文件选集》第16册，中共中央党校出版社1991年版，第223页。

已。因此，1946年8月16日，马歇尔和美国驻华大使司徒雷登在南京共同发表声明，宣布"国共两方好像不能达成解决双方争议的协议……"①放手让用美国援助武装起来、已经准备好了的蒋介石对解放区发动进攻而不干涉。对此，中共中央1946年8月29日在《关于反对美国以剩余战争物资援蒋内战的声明》中强调：最近来华的美国清算物资委员会代表陆军部助理彼得生及其他军事人员正在与蒋介石政府谈判，出卖美国在西太平洋的巨量剩余战争物资，总计20万万美元，据估计足以够蒋介石内战两年所需，将以5万万美元低价转让给蒋介石。蒋介石准备出让中国的领空权，以换取美国把这些物资运来中国。中国共产党要求全中国人民、美国人民和一切联合国人民一起，反对和制止这个罪恶的买卖，反对和纠正美国当局制造中国内战的罪恶政策，中国共产党认为这种秘密协议是非法的，将坚决反对。②但美国仍然向蒋介石提供大量援助。1946年8月30日，中美两国政府就美国向中国出售它在中国、印度以及太平洋各岛屿的9亿美元剩余军用物资一事签订了协议，美国实际只收了1.75亿美元③。后由于国民党军队在与中共军队的作战中遇到巨大的挫折，1947年1月初，美国驻华大使司徒雷登根据美国政府和蒋介石的指示，提出国共和谈，以利于国民党重整军队向解放区发动进攻。为此，中共中央在1947年1月16日专门给在南京的董必武发的《中共中央关于对美蒋恢复和谈阴谋所采方针给董必武的指示》强调："根据目前形势，恢复和谈只会有利于国民党重整军队再向解放区发动进攻，并利于美国在三月莫斯科会议上粉饰太平。我们的方针应使有利于美蒋的完全欺骗性的和谈恢复不成。……对于美方调停，此时形式上我们不宜公开反对，但实际上拒绝之。"④1947年1月29日，美国政府决定终止与军事调处执行总部的关系，放弃国共调处工作，退出三人会议，迅速撤退了美方派驻军调部的人员。次日，国民党政府宣布解散三人小组及北平军调部。2月3日，美国驻延安联络团人员撤离。6日，北平军调处执行部美军人员撤退。在此背景下，国民党铁了心用战争"消灭共产党"。1947年2月27、28日又通

---

① Philip Jaffee：Amer-Asia（1946 – 1947）Vol. 10，New York：Greenwood Press Corporation，1968，p. 136.
② 中央档案馆编：《中共中央文件选集》第16册，中共中央党校出版社1991年版，第283页。
③ 《美中关系》，第227—228页。转引[英]琼斯（Jones, F. C.）等《国际事务·第二次世界大战·8：1942—1946年的远东》，复旦大学外文系英语教研组译，上海译文出版社2007年版，第284页。
④ 中央档案馆编：《中共中央文件选集》第16册，中共中央党校出版社1991年版，第389页。

第六章　抗战胜利后的国际环境与国共合作的破裂　285

知中共驻（南）京、沪、渝代表及家属必须在3月5日前全部撤走。3月2日，中共中央负责人发表声明，说蒋介石这一措施，"表示蒋方已经决定最后破裂，放手大打下去，关死一切谈判之门，妄图内战到底"。5天后，中共驻南京和上海的董必武、童小鹏、王炳南等74人乘美军飞机4架飞返延安。驻渝中共代表吴玉章、张友渔等人也返回延安①。董必武于临行前发表书面谈话说："10年来从未断绝之国共联系，今已为国民党好战分子一手割断矣。"② 针对马歇尔把调停国共冲突失败的原因归结为"和平的最大障碍乃中国共产党及国民党之间的相互猜疑和完全不信任，这种猜疑和不信任几乎是无法阻挡的"③，美国记者杰考贝夫人在1947年2月专门撰文《美应停止对华干涉》，指出："自从马歇尔开始了调解工作以来，自从美国宣布以建立中国的民主政府为目标以来，即对蒋的进行内战积极进行帮助；明知道要打内战，还对政府军队施以训练，又以价值八亿美元至九亿美元的剩余军需物品接济给蒋，纵然是联总的救济品，也只有百分之一又二分之一运到中共区内，而中共区域几乎要占中国的三分之一。……只有一旦外国的帮助停止的时候，双方才会妥协，中国人方能自行决定其前途。"④

小　结

抗战胜利后，中国的国际关系主要表现为三国（美、苏、中）四方（美、苏、中国国民党、中国共产党）的博弈。战后初期，美国在中国采取"扶蒋反共"政策，但希望国民党以"和平谈判建立联合政府"的方式解决中共问题，苏联从远东利益出发也表示赞同。中共鉴于当时的国际国内形势，曾打算通过国共合作和平地在中国实现新民主主义，提出了"和平、民主、团结"的口号，并为建立多党合作的"联合政府"而努力。为此，在马歇尔使华期间，中共一度采取"力争中立美国"的策略。

---

① 中共中央党史研究室：《中国共产党历史》第1卷（1921—1949）下册，中共党史出版社2002年版，第726页。
② 《董必武年谱》编辑组：《董必武年谱》，中央文献出版社1991年版，第289页。
③ Marshall, George. C., *Marshall's Mission to China*, *December 1945—January 1947*: *The Report and Documents*, Vol. 1, Arlington: University Publication of America, 1982, pp. 431-433.
④ 《美国记者杰考贝夫人撰〈美应停止对华干涉〉论文》，国民党"中执会"档案，转引自中国第二历史档案馆编《中华民国档案史料汇编》第五辑第三编，政治（2），江苏古籍出版社1994年版，第61页。

但是，蒋介石高估了军事实力和美国援助他的决心，在重庆谈判、政协会议、马歇尔主持的国共调停中始终坚持一党专政，而美国为了其远东利益，虽然对蒋介石坚持一党独裁专政不满，但也不得不支持蒋介石，尤其是在东北停战问题上。而苏联在蒋介石完全倒向美国一边以后，也在一定程度上暗中支持中国共产党抗衡国民党，最终在1946年7月至1947年1月的南京谈判中，因国民党拒绝和平、民主和让步，第二次国共合作破裂，双方刀剑相向，国民党发动对解放区的重点进攻。

第七章　国际环境嬗变与第二次
国共合作的经验

第二次国共合作期间，面对日本帝国主义对中国的侵略所形成的民族矛盾上升为主要矛盾，阶级矛盾降为次要矛盾的国内情势，以及第二次反法西斯战争的国际大背景，国共共赴国难，结成抗日民族统一战线，从正面战场和敌后战场两个方面抗击日本帝国主义，取得了抗日战争的胜利。抗战胜利后，国共根据美苏的远东政策，进行了多次谈判，但最终因国民党顽固坚持一党专制政策，国民党发动进攻解放区的全面内战，第二次国共合作结束。在此国共合作期间，国共两党都积累了丰富的应对国际环境嬗变的经验，当然也存在一些教训和不足。

第一节　国内因素与国际环境嬗变在第二次
国共合作中的辩证关系

在第二次国共合作酝酿、形成、曲折发展和破裂的进程中，国际环境嬗变与中国国内情势变化是两个重要的原因。中国国内情势变迁是基本原因，国际环境嬗变是催化剂的作用，两者互动影响。

一　国内情势是第二次国共合作形成、曲折发展和破裂的根本原因

从马克思主义唯物辩证法的理论来看：首先，内因是事物内部对立双方的又统一又斗争，推动事物的运动、变化和发展，是事物发展的根本原因，决定着事物发展的基本趋向；外因是事物之间的相互影响和相互作用，对事物的发展起着加速或延缓的作用，是事物发展的外部条件和必要条件。其次，外因通过内因而起作用。[①] 第二次国共合作的酝酿、形成、

[①] 毛泽东：《矛盾论》，《毛泽东选集》第 1 卷，人民出版社 1991 年版，第 301—302 页。

曲折发展和最终破裂，其根本原因还是中国国内形势的发展变化，国际环境嬗变只是起一个加速或延缓的作用。这两个因素也相互促进和相互影响。

（一）在第二次国共合作的酝酿方面

中国共产党与国民党之所以能够进行第二次合作，是因为日本帝国主义的侵略导致中国的民族危机，无论是国民党还是中国共产党都不愿意当亡国奴，都有必要结成抗日民族统一战线共同对付日本。当然，当时因世界经济危机的影响，欧洲和美国采取绥靖政策，苏联从自己国家安全出发，也不敢与日本公开为敌，这也加快了国民党与中国共产党的合作抗日进程。

在抗击日本法西斯方面，中国共产党始终把民族利益放在首位，从"九一八"事变爆发后开始，就积极领导和组织民众抗日。"九一八"事变爆发后，面对凶残的日本百万关东军和"伪满洲国"的伪军，从1932年年初开始，中共中央、中共满洲省委陆续派罗登贤、杨靖宇、赵尚志、周保中、赵一曼、冯仲云等人到东北各地，先后建立起巴彦、磐石、海龙、延吉、珲春、汪清、安图、和龙、珠河、密山、宁河、汤原、饶河等十几支反日游击队和抗日救国游击军、绥宁反日同盟军等，打击日本侵略者[1]。1933年5月25日，中共满洲省委扩大会议明确提出"应联合一切反日力量，开展反日反帝斗争与反日游击运动"，并建立抗日联合军指挥部，以实现抗日武装的统一战线[2]。为了更有效地打击日军，在中国共产党东北各地党组织的领导下，1935年冬，东北人民革命军各部开始着手组建东北抗日联军。东北抗日联军共有11个军，人数最多时有4万多人，其中，第一、二、三、六、七等军是在反日游击抗联战士抗击日军队（共产党领导）的基础上建立的。不仅如此，中国共产党还与国民党民主派和左派领导人共同进行反日斗争。1933年5月26日，冯玉祥在张家口成立察哈尔抗日同盟军，得到中国共产党人的大力支持和帮助，共产党员吉鸿昌担任北路前敌总指挥[3]。1934年7月20日，周恩来提出的建立统一战线的六点建议强调建立一个包括一切抗日力量——甚至蒋介石的军

---

[1] 《中国近代史》编写组：《中国近代史》，人民出版社、高等教育出版社2012年版，第451页。

[2] 中共中央党史研究室编：《中国共产党历史第一卷（1921—1949）》上册，中共党史出版社2002年版，第341页。

[3] 同上书，第343页。

队——的统一战线。① 1935 年 8 月，中国共产党驻共产国际代表团团长王明在《新形势和新政策》中指出："如果蒋（介石）先生愿意改变他的态度，中国共产党能够和他合作。……中国共产党除了中国人民的利益之外再没有别的利益。"② 1936 年 3 月 14 日，毛泽东向国民党宣布，如果政府军队停止进攻苏区，红军准备与他们缔结停战协定③。1936 年春，主持中共中央北方局工作的刘少奇，强调必须建立国统区的抗日民族统一战线。在华北，北方局开展了对宋哲元的统战工作，推动第 29 军积极抗日；在山西，薄一波等中共人士积极开展对阎锡山的争取工作，北方局还派张经武赴绥远，支持和推动第 35 军傅作义部的抗日活动④。

而随着日本发动"九一八"事变，侵占中国的东北三省，并进而把魔爪伸向华北地区，直接危害了蒋介石的利益，影响蒋介石的统治地位，以蒋介石为首的国民党面对强大的日本，也不得不考虑用秘密谈判手段，与中共开展一定的合作，来结束内战，以利用中国广袤的土地、丰富的人力资源反对日本帝国主义的侵略。"九一八"事变爆发不久，国民党将领、时任黑龙江省政府代理主席兼军事总指挥的马占山将军于 1931 年 11 月 4 日至 19 日，在嫩江铁桥打响了反对日本侵略的第一枪。11 月 4 日中午，在 7 架飞机掩护下，1300 余名日军，悍然向中国军阵地发起猛攻。马占山当即下令抵抗，全体将士英勇战斗，同敌人血战三天两夜，击退了敌人多次进犯。黑龙江省民众自发组织"援马抗日团"支援⑤，全国其他地方的群众也自动组织慰问团、后援会，捐钱捐物，支援黑龙江省抗战。到 1932 年夏秋之交，东北义勇军发展到 30 余万人，其中黑龙江有马占山、苏炳文，辽宁有唐聚五等，吉林有李杜等，这些东北抗日义勇军在 1931 年、1932 年先后歼灭日伪军 1 万余人和 3 万余人⑥。1932 年 1 月 28 日晚，日军突然向上海闸北的国民党第 19 路军发起了攻击，这就是

---

① 《红星》，1934 年 7 月 20 日，第 1 页。
② 陈昭禹（王明）：《王明选集》第 1 卷，汲古书院 1971 年版，第 9—10 页；L. P. 范斯莱克：《敌与友：中国共产党历史中的统一战线》，1967 年，第 53—54 页，载 [美] 费正清、费维恺主编《剑桥中华民国史》（1912—1949）下卷，刘敬坤等译，中国社会科学出版社 1994 年版本，第 223 页。
③ L. P. 范斯莱克：《敌与友：中国共产党历史中的统一战线》，1967 年，第 60 页，载 [美] 费正清、费维恺主编《剑桥中华民国史》（1912—1949）下卷，刘敬坤等译，中国社会科学出版社 1994 年版，第 225 页。
④ 《中国近代史》编写组：《中国近代史》，人民出版社、高等教育出版社 2012 年版，第 464 页。
⑤ 《中国近代史》，人民出版社、高等教育出版社 2012 年版，第 448 页。
⑥ 同上书，第 451 页。

"一·二八"事变。由于上海是国民政府首都南京的门户,也是全国的经济中心,蒋介石制定的对日应对原则是"一面预备交涉,一面积极抵抗"。在上海的第 19 路军总指挥蒋光鼐、军长蔡廷锴通电表示:"为救国而抵抗,虽牺牲至一人一弹,绝不退缩,以丧失中华民国军人之人格。"[①] 2 月 1 日,蒋介石下令中国空军参战,并将政府暂迁洛阳,将全国海岸沿线分为 4 个区,调张治中率第 5 军前往上海增援[②]。蒋介石还先后调动国军卫立煌第 14 军(辖第 10 师、第 83 师两师)、第 1 师、第 9 师、第 47 师及陈诚第 18 军(当时下辖第 11 师、第 14 师、第 52 师共三个师)、独立第 36 旅等部队支援上海第 19 路军。1933 年 1 月 1 日,日军在山海关制造事端,炮击临榆县城。国民政府军政部部长兼代北平军分会委员长何应钦执行国民党政府一面抵抗、一面交涉的政策。尤其是喜峰口战役,国民党军队取得了抗日的巨大胜利。1933 年 3 月 9 日至 14 日,第 29 军宋哲元部与日军血战 4 天,顶住日军进攻,歼敌 700 余人[③]。中国军队在喜峰口大捷,使全体中国民众为之一振。1935 年 11 月间,蒋介石取代汪精卫出任行政院长,撤换一批亲日分子。1936 年 2 月底,国民党方面向中共提出政治解决国共关系的条件:若中共愿意向南京国民政府"输诚",则可同意不进攻红军、一致抗日、释放政治犯、武装民众等要求。[④] 1936 年 7 月,国民党五届二中全会宣言指出:"对外则决不容忍任何侵害领土主权之事实,亦决不签订任何侵害领土主权之协定。"[⑤] 1936 年 7 月底,傅作义的将领董其武率领第 35 军第 218 旅打退了日本人田中隆吉率领的日伪军 4000 余人对红格尔图的进攻;11 月 13—18 日,董其武等又打退日伪军 5000 余人对红格尔图的进攻。11 月 23—24 日,傅作义部第 35 军奇袭日军驻守的百灵庙地区,歼灭日伪军 1300 余人[⑥]。至 12 月初,傅作义军队绥远抗战取得三战三捷的伟大胜利,激发了抗日救亡运动的高潮。毛泽东称赞绥远抗战为"全国抗战之先声,四万万人闻之,神为之旺,气为

---

① 秦孝仪主编:《中华民国重要史料初编——对日抗战时期·续编(一)》,中国国民党中央委员会党史委员会编印,1981 年,第 424 页。
② 《中国近代史》编写组:《中国近代史》,人民出版社、高等教育出版社 2012 年版,第 452 页。
③ 同上书,第 454 页。
④ 同上书,第 466 页。
⑤ 《国闻周报》第 13 卷第 28 期,1936 年 7 月 20 日。
⑥ 董恒宇:《抗日战争的先声 爱国主义之凯歌》,《内蒙古日报》(汉语版)2010 年 9 月 16 日。

之壮"①。

从全国民众来看,面对日本发动"九一八"事变后不断对中国东北、华北的侵略和染指,人民群众也掀起了一个个反日高潮,这也是促进第二次国共合作的酝酿和形成的重要原因。"九一八"事变和"一·二八"事变爆发后,全国各方面纷纷发出通电,抗击日本帝国主义的侵略暴行,要求政府放弃"攘外必先安内"的错误政策,而采取行动抵抗日本帝国主义的侵略。南京、上海、北平等城市纷纷召开各界抗日救国会,举行游行请愿。1931年9月23日,南京市各界10万多人举行抗日救国大会。会场响起哀乐,哭声震天,会上讲演者挥泪陈词,呼喊"南京民众应走在前线,杀到日本去"②。9月27日,北平学生抗日救国会发表《为东三省事件告全国民众书》,主张工农兵学商"组织起来""武装起来",成立全国的反日运动联合会,以群众的力量驱逐日军出境,打倒勾结日本帝国主义的走狗。宁沪两地学生2000多人赴国民党中央党部和国民政府请愿。由于对国民政府的攘外必先安内的政策不满以及日本侵略导致的中华民族危机,愤怒的学生在国民政府外交部痛打了外长王正廷,并捣毁了其办公室③。28日,北平各界召开抗日救国大会,参加的团体有250多个,人数约20万。大会通过了20条决议案并通电全国,要求"国民政府改定外交方针,实行对日宣战;在全国厉行对日经济绝交,组织抗日义勇军;国内各方停止内争,一致对外"④。10月初,上海80多万工人组织抗日救国会,组织抗日义勇军,派代表去南京要求政府发枪开赴抗日战场。10月中旬,北平工界抗日救国会成立,要求政府出兵抗日⑤。

从全国当时的民主党派来看,也要求国共"熄内争之火",一致御辱。"九一八"事变刚爆发,民主人士罗隆基写了《沈阳事件》的小册子,批评国民党的内外政策,提出"改组政府",组织"国防政府"的主张⑥。青年党呼吁国共休战,共同抗日。其在《我们的主张》中明确指出:第一,对日绝交,立即宣战。第二,废除一党专政,组织国防政府。1932年1月,王造时、史量才等62人提出《救济国难之具体主张》,对

---

① 董其武:《戎马春秋》,中国文史出版社1986年版,第108页。
② 趁觉:《九一八后国难痛史资料》第3卷,东北问题研究会1932年版,第42页。
③ 王桧林主编:《中国现代史》,北京师范大学出版社2004年版,第143页。
④ 趁觉:《九一八后国难痛史资料》第3卷,第8章,东北问题研究会1932年版,第42页。
⑤ 王桧林主编:《中国现代史》,北京师范大学出版社2004年版,第143页。
⑥ 罗隆基:《沈阳事件》,上海良友图书出版公司1931年版,第15页。

外主张：不辞任何牺牲，维护国家主权及领土之完整；对内主张承认各政党的并立和自由活动。① 1933 年 1 月 20 日上海著名报纸《申报》发表《攘外与安内孰先?》的时评，4 月 12 日的天津《益世报》也发表评论，都对南京国民政府的"攘外必先安内"的政策提出尖锐的批评。就连一贯"右倾"的丁文江也在 1933 年 1 月 15 日发表文章批评国民党的不抵抗政策，并强调在抗日战争时期国民党与共产党不互相攻击的条件下，双方商量停战。② 1935 年华北事变爆发后，全国人民再次掀起了抗日救亡的运动，与此同时，日本策动华北自治，也直接侵犯国民党的直接利益，在两种因素的结合下，南京国民政府的政策开始变化——改善与苏联关系、强调准备对日作战、与共产党秘密谈判解决争端。随着日本帝国主义侵略者制造华北自治步伐的加快，华北面临被日本肢解的危险，激起了全国各界民众的强烈义愤。清华大学学生发出"华北之大，已经安放不得一张平静的书桌了"的呼声③。1935 年 12 月 9 日，北平学生举行声势浩大的抗日游行，喊出"打倒日本帝国主义、停止内战一致抗日"等口号，得到了全国人民的支持和响应。天津、上海、南京、武汉、广州等地的学生纷纷举行游行或罢课。④

（二）国内因素也是第二次国共合作曲折发展的根本原因

1. 中国国内因素是第二次国共合作形成的根本原因

"七七事变"爆发后，面对残暴的日本法西斯军队的进攻以及其快速灭亡中国的图谋，无论是中国共产党，还是国民党的亲英美派、民主派、左派都不愿当亡国奴，都要奋起抵抗日本的侵略，这在前面有所论及。不仅如此，广大的不愿当亡国奴的中国民众也要求抗日，就连比较开明的地主阶级也有这种要求。因为日本帝国主义的侵略，对中国财产的掠夺，是不分财产是地主资本家还是富农贫农的，日本军队想征用就征用，想没收就没收，因此抗战时期地主也有抗日的愿望，也要求抗日，有的甚至自己组织军队抗日。尤其是出身于中小地主家庭的开明士绅阶层，更是中共领导的抗日力量的重要组成部分。救国会领袖沈钧儒、邹韬奋等 7 人在 1937 年 7 月 31 日被释放出狱后，赞成中国共产党的抗日民族统一战线政策；中华民族解放行动委员会向国民政府提出普遍动员民众、实行民主政治等主张；国家社会党、中国青年党、中华职业社、乡村建设派都拥护国

---

① 王绘林编：《中国现代史》，北京师范大学出版社 2004 年版，第 145 页。
② 丁文江：《假如我是蒋介石》，《独立评论》第 35 号，1933 年 1 月 15 日。
③ 《中国近代史》编写组：《中国近代史》，高等教育出版社 2012 年版，第 460 页。
④ 同上书，第 461 页。

共合作抗日①。全国各地也成立抗日救国宣传组织，号召民众共同抗日，促进了第二次国共合作的正式形成。比如，1937年7月8日，共产党员车耀先等人领导的"成都各界救国联合会"召开了援助平津抗战市民大会，大会发表的《为日军进攻平津宣言》指出："民族解放的战争已经发动，四万万五千万人生死存亡，要在这一次抗战中决定。"②7月17日，共产党员韩天石等人同国民党四川省党部书记曹叔实谈判，就共同开展抗日救亡运动达成协议：共同组织"四川省各界抗敌后援会"，21日，"四川民众华北抗敌后援会"举行成立大会，张澜担任会长，共产党员韩天石具体负责。后援会向全国发出通电，呼吁全国人民总动员③。8月1日，四川民众华北抗敌后援会呈请中央立刻对日宣战通电，分别致电南京中央政府和四川省政府。两份致电都指出："日寇进攻平津，意在灭亡中国。值此最后关头，务恳立刻对日宣战，全国动员。川七千五百万众，誓与敌共生存。"④ 当时参加"四川民众华北抗敌后援会"的代表包括国民党、四川实力派和共产党等多方力量，成为国共合作抗日民族统一战线在四川形成的一个重要标志。⑤

2. 中国国内因素也是抗战时期国共合作曲折发展的根本原因

抗战时期，国民党之所以既与共产党合作抗日，但也要发动反共摩擦，最主要的原因是抗战时期中国共产党实行大力组织和动员民众抗日，中国共产党及其领导的抗日力量的发展壮大，使蒋介石感到恐慌而发动反共军事摩擦，而当时的国际环境的变化只是蒋介石发动反共摩擦的一个外在原因。尤其是中国共产党领导的百团大战，八路军参战部队共计104个团，近40万人，毙伤日伪军4.63万多人（其中日军20645人），俘虏日军281人，打出了共产党领导的敌后抗日军民的声威，振奋了中国军民争取抗战胜利的信心，牵制了日军的兵力⑥，也暴露了中共领导的抗日军队的迅猛发展和实力。国民党蒋介石加紧限制中共力量的发展，并制造摩擦。

---

① 中共中央党史研究室：《中国共产党历史第一卷（1921—1949）》下册，中共党史出版社2002年版，第469页。
② 四川省档案馆丁成明、胡金玉等编：《抗战时期的四川——档案史料汇编》（上），重庆出版集团、重庆出版社2014年版，第306页。
③ 宋升堂：《同仇敌忾，共赴国难——四川地方党组织领导的抗日战争及卓越贡献》，《四川党的建设·城市版》2015年第4期，第71页。
④ 《抗战时期的四川——档案史料汇编》（上），重庆出版集团、重庆出版社2014年版，第316—317页。
⑤ 同上书，第306页。
⑥ 王绘林主编：《中国现代史》，北京师范大学出版社2004年版，第234页。

同时，抗战时期叛逃国民党的一些中国共产党官员，到国统区后"添油加醋"地大肆污蔑中共及其领导的八路军、新四军也是国民党发动对中国共产党领导的抗日军队和根据地军事摩擦的主要原因之一。比如，1938 年 5 月 2 日，曾任陕甘宁边区代主席的张国焘叛逃西安后发表《告国人书》，批评中共只在形式上改编红军，实际上保存实力，并污蔑中共的抗日合作不过为达到发展的宣传手段。① 1942 年 2 月 3 日，八路军驻洛阳办事处处长袁晓轩偕妻向第一战区司令长官蒋鼎文叛变，供称"中共中央目前的策略原则是：打击顽固势力，争取中间势力，组织进步势力"；"自卫方针是一打一拉，一拉一打，连拉带打"；军事方针是"不准放弃现有阵地一步，在华北着重铲除异己力量，共党五十万扩军计划"②。这些对中共及其领导的抗日军队的污蔑之词，都在国民党内被大肆传播，成为国民党顽固派发动摩擦的重要推手。

　　当然，国民党在抗战时期坚持一党专制，继续压制民主、自由，在坚持抗日的同时不忘反共的特点，以及一部分顽固派坚持反共的惯性思维，也是国民党发动反共摩擦的重要原因。比如国民党军事高官蒋鼎文在抗战开始不久，当中国共产党领导的八路军开赴抗战前线之际，他就电告蒋介石："……查共党虽表面一致抗日，然自始至终毫无诚意。……不过公开扩张其势力。"③ 在淞沪会战形势急剧恶化之际，蒋介石暗叹："军事失利，反动派逐渐猖獗，共党尤为跋扈，呜呼！外患未消，内忧日增矣！"④ 这个时候还是抗战初期国共良好合作共同抗日、且共产党领导的八路军力量还较弱对国民党还没有威胁的情况下，国民党将领蒋鼎文等人就有这种防范之心，那可想而知随着中共及其领导的抗日力量和根据地的发展，顽固派更是急于搞摩擦。

　　3. 中国国内因素也是中国共产党与国民党第二次合作最终破裂的重要原因

　　抗战结束后，国内矛盾上升为主要矛盾，双方在建国理念和道路上有很大的差异，是道路之争。抗战胜利以后，蒋介石企图继续维持其一党独

---

① 《张国焘敬告国人书并与中共同人商榷抗战建国诸问题》（1938 年 5 月 2 日），秦孝仪主编《中华民国重要史料初编·第五编（一）》，台北：中国国民党中央委员会党史委员会编印，1985 年，第 354—355 页。
② 《袁晓轩重要供词录》，1942 年 2 月 23 日印，台北"党史馆"藏档，581/370。
③ 《蒋鼎文致蒋委员长电》（1937 年 10 月 1 日、4 日），台北"国史馆"藏蒋中正档案，特交档案 26022521、26021767。
④ 杨奎松：《革命》叁《国民党的"联共"与"反共"》，广西师范大学出版社 2006 年版，第 453 页。

裁的国民党政权，千方百计地想消灭中国共产党及其领导的人民军队。而蒋介石之所以要邀请毛泽东参加重庆谈判，不是其突发善心，想真和平，而是因为当时全国民众不希望中国再打内战，加之其主要军队抗战结束的时候大部分在大后方地区，运送兵力到东中部地区去需要时间，这是根本原因。即使在重庆谈判期间，蒋介石仍秘密发布抗战前的《剿匪手册》，调运部队欲夺取华北，打开通往东北的道路。1945年9月20日蒋介石密示下属："目前与奸党谈判，乃系缓和国际视线……待国军控制所有战略要点、交通线，……则以土匪清剿之。"[①] 最典型的是重庆谈判时期爆发的上党战役——阎锡山部向上党地区进犯，晋冀鲁豫军区集中主力3万余人，一举歼灭入侵的国民党军队，击毙国民党军第七集团军副总司令彭毓斌，生俘第19军军长史泽波，使阎锡山损失其总兵力的1/3[②]；而美、英、苏三大国不希望中国发生内战只是其中一个原因。

在重庆政协会议决议方面，因共产党与民主党派合作共同反对国民党一党独裁，加之中国民众需要民主的强烈愿望，不得不通过了政协会议五决议。但由于国民党坚持一党独裁的根本理念没有变，为了维持其一党专制的地位，先后唆使特务制造了反对政协决议的沧白堂惨案和较场口惨案，打伤民主人士郭沫若、李公朴、施复亮、章乃器等多人，最后甚至发展成为国民党撕毁政协决议，向解放区发动进攻的内战，对民主党派进行迫害的行动，这是导致第二次国共合作破裂的根本原因，而国际环境嬗变只是催化剂。政协会议通过的《关于改组政府组织的协议》，否定了国民党的一党专制的主张，体现了共产党和民主人士的基本要求。在施政纲领上，政协决议基本上依据中共的方案，于1946年1月26日通过了《和平建国纲领》；政协会议通过的《国民大会问题的决议》，基本上打破了国民党控制国大的企图；政协会议通过的《关于宪法问题的决议》，确定了国会制、内阁制、省自治的政治制度。这些都有利于和平民主，否定了国民党的一党独裁。为此，国民党内的党务系统"CC系"和军事实力派（黄埔系）坚决反对，认为政协决议的通过等于所谓"党国自杀"，叫嚣"不能把统治权交给多党政府"。1946年3月24日至4月2日，在国民党包办、中共代表拒绝参加的国民参政会四届二次全会上，蒋介石作政治报告，公开撕毁了刚刚达成的东北停战协定和政协协议，扬言"政治协商

---

① 军事科学院军事历史研究部编：《中国人民解放军战史》第3卷，军事科学出版社1987年版，第3页。
② 中共中央党史研究室编：《中国共产党历史第一卷（1921—1949）》下册，中共党史出版社2002年版，第683页。

会议在本质上不是制宪会议,改组政府协议案在本质上不能代替约法……如果政治协商会议果真成为这样性质的会议,政府是绝不能承认的"①。这就从根本上把政协会议关于改组政府等协议推翻了。而国民党之所以敢在此时否定政协决议,破坏国共合作并坚持内战,是因为其自认为军事、政治、经济实力强大。当时国民党军队有 430 万人,其中正规军 86 个整编师 248 个旅,兵力达 200 多万人,有美国政府庞大的军事援助,又接受了侵华日军的大部分装备,有海陆空三军,统治着全国 76% 的国土和 3.39 亿人口的地区,控制了几乎所有的大城市和铁路交通线。人民解放军总兵力只有 127 万人,其中野战军只有 61 万人,解放区人口只有 1.36 亿人。② 国民党党员数量比共产党多,有军统和中统两大特务机构以及大量警察宪兵维护其统治,看似统治秩序比较稳定;控制了中国发达的上海、北京、南京、广州、天津、重庆、武汉、成都、西安、沈阳等大城市,以及广东、福建、江苏、浙江、湖北、山东等发达地区,工业发达;而广大的解放区基本上是广大农村地区,工业很少,基础薄弱,是传统的农业经济。在国际事务上,蒋介石领导的国民党作为当时中国的执政党,在对外交往、国际影响方面也比中国共产党有优势。这些都是蒋介石敢于破裂第二次国共合作、向解放区发动进攻造成内战爆发的主要原因。

二 国际环境嬗变是影响第二次国共合作历程的重要因素

(一) 国际积极因素对第二次国共合作的影响

第二次国共合作的形成和发展都正值第二次世界大战期间,而第二次世界大战期间,国际形势瞬息转变,开始是德意日签订反共产国际协定,美、英、法对法西斯绥靖政策,苏联为了自己的利益时而主张苏法联合,苏德互不侵犯和苏日中立条约,中苏中立条约;继而又是苏德战争爆发、太平洋战争爆发,苏美英中合作抗击德意日法西斯;再后则是美苏在第二次世界大战后期从各自战后全球利益出发,不断改变对华政策,这些因素无论是积极的还是消极的,都对国共合作的形成和发展有很大的影响。

1. 国际环境的积极因素对第二次国共合作的形成起推动作用

首先,第二次国共合作的形成与国际环境的积极因素有关。正如前面所述,第二次国共合作的形成固然有日本帝国主义对中国的侵略,导致中

---

① 中共中央党史研究室编:《中国共产党历史第一卷 (1921—1949)》下册,中共党史出版社 2002 年版,第 702 页。
② 同上书,第 710 页。

国的主要矛盾由阶级矛盾逐渐演变为民族矛盾，但也有此时苏联的尽力推动和英美的默认支持。在第二次国共合作形成的过程中，西安事变的爆发是一个重要催化剂。而西安事变的爆发则是一个国际因素不断催化的结果。第一，在西安事变的发生原因中，张学良打算通过中共寻求苏联的帮助，以让东北军得到苏联的帮助进行抗日，是张学良发动西安事变的重要原因之一。关于这一点，知名学者杨奎松教授在其著述《中间地带的革命——国际大背景下看中共成功之道》和《西安事变新探——张学良与中共关系研究》中有较详细的论述，此处不再赘述。第二，在西安事变的和平解决方面，无论是苏联，还是英、法都产生了较大的影响，苏联对中共和平解决西安事变有很大的影响；而当时的世界大国和强国——英、美、苏都主张和平解决西安事变，不仅对张学良、杨虎城和平解决西安事变有影响，而且对于遏制国民党内"讨伐张学良"派（何应钦等人）的武装讨伐、支持亲英美派（宋美龄、宋子文）和平解决西安事变的谈判都有很大的影响。第三，西安事变和平解决后，蒋介石回到南京之所以不敢再出尔反尔打内战，也与他顾忌美、英、苏的态度有一定关系。在日本帝国主义不断加紧侵略中国，不断挑衅或侵犯英美在华北、长江流域的利益，以及侵犯苏联在远东的利益背景下，英、美、苏都希望中国国内不再爆发内战，团结起来一致抗日。

2. 国际环境的积极因素对第二次国共合作发展起了重要的推动作用

抗战时期，国民党虽然多次发动反共摩擦，其中大的就有三次，但最终都没有发展成全国性的内战，这也与抗战时期美、英、苏对蒋介石施加压力有一定的关系。这是因为抗战初期苏联是支持中国抗战的主要国家，抗战中期和后期，蒋介石又特别依赖英美援助抗日。以国民党发动的第二次反共高潮——皖南事变为例，皖南事变爆发后，蒋介石曾经态度非常强硬，但是在中共的宣传攻势下，英、美、苏了解了"皖南事变"的真相，出于维护他们在远东的利益考量，都要求国共合作共同抗击日本帝国主义以拖住或延缓日本南进进攻英、美或者北进进攻苏联，因此英、美、苏三国的民众和政府都对蒋介石反动的"皖南事变"持批评态度，甚至美国和苏联威胁减少或停止对蒋介石的军事援助，迫使蒋介石不得不缓和与中国共产党的关系，这对于维护抗战时期的国共合作关系具有十分重要的意义。抗战胜利后，国民党与共产党之所以没有马上翻脸打内战，而是继续合作并进行重庆谈判、召开政协会议、南京谈判，也与此时美、苏主张国共和平谈判解决争端，建立由国民党主导有中国共产党和其他民主党派参加的资产阶级民主政权有一定的关系。如果不是当时美苏的态度以及美国马歇尔对国共矛盾的调停，蒋介石早在1946年初就发动了全面内战。

当然，国际环境的积极因素在一定条件下也对国共合作起消极的作用。比如皖南事变的爆发，就是因为1941年面对德国在西方"闪电战"的频频得手，连欧洲大陆强国法国都沦陷了，英国直接遭到德国飞机的轰炸，美、英、苏在欧洲的压力越来越大的情况下，美、英、苏都极力支持和拉拢中国英勇抗击日本在东方的侵略，这让蒋介石感觉到在如此有利的国际环境中发动反共摩擦，美、英、苏应该不会反应强烈，从而导致皖南事变的爆发。

（二）国际环境的消极因素对第二次国共合作的影响

国际环境的消极因素对第二次国共合作也会造成影响，这包括两个方面：积极影响和消极的影响。

1. 积极影响

在第二次国共合作形成的过程中，面对日本在20世纪30年代初期的侵略，英、美、法因为世界经济危机的影响注意力集中在国内，加之德国法西斯在欧洲的崛起，欧美国家即使面临在中国的利益受到侵害，但为了支持日本充当防范苏联的屏障和镇压人民革命的打手，采取了绥靖政策（policy of appeasement）。尤其是华北事变爆发后，英、美对日本在中国的加剧侵略也几乎无所作为。这让蒋介石国民党在失望之际，只好加强与苏联的关系。而苏联面对日本在中国的侵略，害怕日本以东北为跳板进攻苏联，也主张改善与国民党的关系。这为中国共产党把"抗日反蒋"政策改为"逼蒋抗日"政策和"联蒋抗日"政策奠定了一定的基础。在这方面，中国共产党驻共产国际代表团在1935年8月1日发表的"八一宣言"，以及中国共产党1935年12月的瓦窑堡会议就是明证。而国民党也逐渐由"剿灭红军"政策变为"熔化红军"政策（即把红军彻底改编为受国民党基本控制的抗日军队，为此国民党提出了诸如朱德、毛泽东出洋考察，国民党派政训人员和军事将领到改编后的红军队伍等条件），这为国共1935年在莫斯科和中国国内的秘密谈判打下了基础，从而为第二次国共合作打下了一定的基础。在西安事变后至抗战初期的国共关于"红军改编"谈判中，国际环境因素也有一定的影响。在抗战前夕的国共关于"红军改编"的谈判中，国民党对红军改编提出的条件要价很高，致使双方一直达不成协议。抗战爆发后，面对日本帝国主义的疯狂侵略，以及"三个月灭亡中国"的企图，蒋介石不得不尽力抵抗日本的侵略，蒋介石也不得不在"红军改编"问题上不断做出让步。尤其是在"八一三淞沪会战"期间，国民党当时在上海组织数十万精锐部队抵抗日本法西斯军队的进攻,为了牵制日军,急需中共领导的红军深入敌后对日军进行"骚扰",因此蒋介石基本上按照中国共产党的要求对长征达到陕北的主力红军进行了改编,即把主力红军改编为国民革命军第十八集团军。

2. 国际环境的消极因素对第二次国共合作也产生了不良的影响

抗战进入相持阶段后的1939年,日本帝国主义改变了以前对国民政府的方针,采取政治诱降和军事进攻相辅,改变重视正面战场忽视敌后战场为重视正面战场的同时也集中大量兵力进攻中共领导的抗日根据地[1],并加紧了对国民党的劝降活动,国民党也派代表与日本的代表秘密谈判;英美出于"祸水东引"——让日本进攻苏联的政策,也继续采取绥靖政策;苏联则加大了对国民党的军事援助,这使蒋介石在1939年1月国民党五届五中全会提出了"消极抗日、积极反共"的政策,研讨"如何与共产党作积极斗争",设立"防共委员会",严禁第十八集团军的发展,禁止共产党进行抗日宣传,派遣"忠实党员"打入共产党各级组织和游击队中,这成为国民政府改变政策的标志[2]。在此背景下,汪精卫等公开投日当汉奸,国民党亲英美派也挑起了第一次反共高潮。1941年,日本为了在太平洋战争爆发前夕,把中国变为较稳固的"南进"基地,日军在军事上反复"扫荡"并实行"三光"政策,根据地面临严重的经济困难。而此时,美国也在积极地与日本秘密谈判,以防止日军南进,英国和苏联面对德国在欧洲和北非的进攻自顾不暇,甚至是生死保卫战时,国际形势对中国的抗日极端不利,在此背景下,国民党在1941年停止了对八路军、新四军的军饷发放,并封锁包围敌后抗日根据地,企图困死或限制中共领导的抗日军队和根据地的发展,这对国共第二次合作和抗日民族统一战线都造成了巨大的影响。国民党在1943年发动的第三次反攻高潮,直接原因也与当时的国际因素有关——共产国际于1943年5月宣布解散。抗战结束后,美国在中国采取"扶蒋反共"政策,虽然曾主张国共和谈解决争端,但却利用美军的飞机、军舰帮助蒋介石运送军队抢占华东、华南,甚至东北;在美国总统特使赫尔利协调下的国共谈判中,赫尔利先是同意毛泽东拟定的中共与国民党组建民主联合政府的协定,但是后来在蒋介石的顽固反对下,赫尔利的底线是在国共争端中为了美国利益最终会支持蒋介石,这使赫尔利又全面修改其与中共达成的协议,使在抗战前夕的国共谈判以失败告终。对于赫尔利调停的失败,美国报刊上对他的批评越

---

[1] 王绘林主编:《中国现代史》,北京师范大学出版社2004年版,第222页。
[2] 同上书,第225—226页。

来越多。1944年10月30日和11月2日的《美国先驱论坛报》批评赫尔利应该对全面支持蒋介石负责。11月26日华盛顿州的众议员休·德拉西在众议院演说批评赫尔利"全面支持反动的"蒋介石政权,把中国引向内战,指责赫尔利要对高思大使的辞职、罗斯福总统政策的"逆转"以及"清洗"那些有才干的中国通负责。① 苏联和英国舆论也对赫尔利进行批评。美国总统杜鲁门不得不派具有民主思想的马歇尔将军作为其特使来华,调停国共争端、主持国共协商。马歇尔虽然也曾非常不满意蒋介石的顽固坚持一党专制,但出于战后世界格局考虑,最终还是偏向了国民党,并继续支持国民党在东北对中国共产党的进攻,最后导致国共和谈的彻底破灭。

  太平洋战争爆发后,随着强国美国加入反法西斯战争的阵营,以及美欧俄反法西斯大战略即"先欧后亚"战略的影响,中国在世界反法西斯战争中的地位,尤其是在东方反法西斯战略中的主战场,其作用更加凸显。为了争取中国积极抗日,在美国总统罗斯福的支持下,蒋介石的国际地位快速提高,成为世界"四强"领袖之一,这在一定程度上也影响着中国国内政治,包括第二次国共合作历程。1942年1月1日在华盛顿,中国与美国、英国、苏联携手领衔签订《联合国家宣言》。1942年1月5日,蒋介石发表讲话强调指出,四国代表元旦日晚上在美国总统府举行签字后,罗斯福总统对中国外交部部长宋子文长表示祝贺,"欢迎中国为四强之一,希望贵部长转告贵国政府!"② 同月,蒋介石在反省录中写道:"26国共同宣言发表后,中、美、英、苏四国已成为反侵略之中心,于是我国遂列为四强之一。"③ 1944年8月21日至10月7日,美、英、苏、中四国发起召开的美国敦巴顿橡树园会议,规划了联合国的基本框架,解决了建立联合国的主要问题。中国补充3点重要建议:(1)在和平解决争端上,国际组织应适当考虑正义和国际法原则;(2)大会应承担国际法的编纂和发展的任务;(3)经济和社会理事会应扩大到教育和其他文化合作;取得美英苏赞同④。10月7日,美、英、苏、中四大国一致通过了《关于建立普遍性的国际组织方案》,一致同意中国在未来的联合国安

---

① Russell D. Buhite, *Patrick J. Hurley and American Foreign Policy*, Cornell University Press, 1973, pp. 265 - 267.
② 秦孝仪主编:《"先总统"蒋公思想言论总集》卷19,中国国民党中央委员会党史委员会编印,1984年,第11页。
③ [日]古屋奎二:《蒋"总统"秘录》第4卷,《蒋介石秘录》翻译组,湖南人民出版社1988年版,第289页。
④ [苏] C. B. 克里洛夫:《联合国史料》第1卷,张瑞华、马华译,中国人民大学出版社1955年版,第54页。

全理事会中拥有常任理事国的席位,进一步巩固了中国的四大国地位[①]。随着蒋介石在国际上地位的上升,以及世界主要大国对中国抗战的重视,蒋介石在第二次国共合作中的态度也趋强硬,成为国民党企图发动第三次反共摩擦的重要原因之一,也成为1944年蒋介石与共产党的代表林彪在重庆谈判时,向中国共产党施加压力的筹码。

三 国共合作的曲折发展对国际环境嬗变起一定的推动作用

抗战时期国共合作的进程在受国际环境嬗变影响的同时,对国际形势的发展变化也有一定的影响,主要是共产党的敌后战场与国民党领导的正面战场结合起来,共同反对日本帝国主义,把日本陆军的绝大多数军队牵制在中国战场,并消灭了大量的日军,使国际形势不断向有利于盟军作战的方向发展。抗战后期,国共合作的曲折发展也直接影响到国际格局的演变。

(一) 国共合作抗日促进了国际形势朝有利于盟军的方向发展

抗战时期,中国共产党和国民党虽然也存在过多次军事摩擦,但是整体来看,双方在日本帝国主义妄图灭亡中国的问题上,还都在以抗日为主。这种正面战场和敌后战场联合抗日,消灭了大量日军的有生力量,并把大量日军牵制在中国战场上,并以巨大的牺牲和财产损失,支持了美、英、苏的全球反法西斯"先欧后亚"的战略,从而有利于美、英、苏集中兵力优先解决德国法西斯。在中国的抗日战争中,中国共产党率先倡导和推行抗日民族统一战线,通过全民族的全面抗战和游击战的方式,在敌后发动群众,创立抗日根据地,发展抗日队伍,积极抗日,打死打伤数十万日侵略军和数十万伪军,成为抗日战争的中流砥柱,是中国抗战取得胜利的最重要因素;整个抗日战争中,中国共产党在华北、华中等地建立了抗日根据地,并领导抗日军民对敌作战,消灭大量日伪军。与此同时,面对武装到牙齿的日本帝国主义的侵略,国民政府领导的国民革命军也进行了艰苦的抗战,主要是以阵地为主,先后打了淞沪会战、太原会战、徐州会战、长沙会战、武汉会战、昆仑关战役、远征军作战等多次的大战役,打死打伤日军数十万人。根据 History of the Sino-Japanese war (1937 – 1945) 一书的描述:中国对日作战23次大的战役,1117次大的战斗,38931次小的作战行动,花费法币14633亿元,有3237916个将士和5787352个平民为取得

[①] 陶文钊:《反法西斯战争时期的中国与世界第六卷:战时美国对华政策》,武汉大学出版社2010年版,第367页。

抗战胜利而英勇献身。同时把230万日军吸引在中国战场，极大地支持了盟军，并为盟军的反法西斯战争的胜利做出了显著的贡献。①

中国以自己的巨大牺牲坚持抗日，把日本驻扎在中国东北的关东军牵制在中国战场，这对苏联起了巨大的作用，减轻了苏联在远东地区受到日军威胁的压力，试想如果没有中国持久全民族的抗战对日军的牵制，在德国突袭苏联造成苏联战争初期损失惨重差点亡国的时机，日本关东军可能从远东地区攻击苏联，从而形成与德国夹击苏联的局面，那苏联就危在旦夕。与此同时，国共合作的持久抗战，也在一定程度上减轻了美国在太平洋战争上所受到日军进攻的压力；减轻了美、英在东南亚面对日军军事进攻所造成的压力，正是中、美、英在东南亚合作抗日，使英国在远东的重要殖民地印度没有沦落日本人手中，使日本和德国会师中东地区的图谋破灭。对此，英国驻华大使卡尔1938年在一次报告中，也向英国外交部强调："在某种态度上，中国既是为他们自己战，也是为我们而战，因为只有日本人的失败，才能把我们从危及我们在远东地位的灾难中解放出来。"②

抗战时期国共两党虽有矛盾，但始终坚持以国共合作为基础的抗日民族统一战线不破裂，德国在亚洲的战略就不得不在中国和日本中做出选择，最终选择了日本作为盟友，是最终形成德意日为首的法西斯集团以及美、英、中苏为核心的世界反法西斯联盟的重要原因。

（二）国共合作的曲折发展及破裂也直接影响国际形势

首先，抗战后期国共合作中的博弈，直接影响英美苏对华政策，也在一定程度上影响到国际形势的发展变化。抗战时期，随着中共及其领导的抗日力量的发展壮大，美英出于多种因素的考量，与中共都进行了交流和接触。这主要是由周恩来领导的中共中央南方局外事组和延安交际处进行的，先后开展与美、英来华高官、驻华大使馆工作人员、英国来华议会代表团的交流和接触，使他们认识到中共在抗战时期的政策和抗日功劳，以及发展情况、人民的拥戴程度，争取了一大批美国和英国驻华大使馆工作人员和来华高官，扩大了中共在国际上的影响和活动空间，从而使战时许多美英在华外交官员和军事人员都同情支持中共，这在一定程度上也影响到美、英政府对国共的看法，使美英两国政府人员，尤其是外交部人员存在两种对华声音，这在一定程度上为后面中国解放战争爆发后英国实行

---

① Hsu Long-hsuen and Chang Ming-kai, *History of the Sino-Japanese War* (1937 - 1945), Taipei: Chung Wu Publishing Corporation, 1971, Preface, p. 1.
② 陶文钊、杨奎松、王健朗：《抗日战争时期的中国对外关系》，中共党史出版社1995年版，第142页。

第七章　国际环境嬗变与第二次国共合作的经验　303

"中立政策",美国实行有限的对国民党"淡心淡意"支持埋下了伏笔。比如,马歇尔在中国的调停失败后,失望地返回美国,内心深处对蒋以及国民党政权失望之极,在马歇尔主持美国国务院期间,美国对国民党政府只保持了最低限度的支持。而马歇尔对蒋介石和国民党政权的看法,对他的后任艾奇逊影响也巨大,使对蒋以及国民党政权的深深的厌恶情绪一直在美国国务院延续且主导了美国决策者的对华政策。

其次,抗战后期和抗战胜利初期,鉴于中国共产党实力的增加,为了抵消苏联在战后对中国共产党的暗中支持,以夺取中国政权,美国极力推动蒋介石与中共谈判建立以国民党为政府的最大政党、吸收共产党人员在内的联合政府,使苏联首脑斯大林失去干涉中国内战的理由。但国民党太高估自己的实力,撕毁了美国同意的旧政协会议五协议,并发动内战,这使苏联和美国出于争霸的考虑,都不同程度上介入中国问题,最终导致中国解放战争成为当时国际热点问题,随着苏联的暗中少许支援,在广大工农的大力支持下,中国共产党在解放战争中最终推翻了国民党的统治,建立新中国,使美国在远东地区的"利益"受挫,加剧了美国对"中国革命蔓延"亚洲的恐惧,加快了美国全球防堵"共产革命"的"冷战"热度。

最后,抗战后期和抗战结束后国共两党的政治博弈,是影响中国从葡萄牙政府手里收回澳门的重要因素。抗战结束后,中国不仅收回了台湾、澎湖,而且收回了鸦片战争以来列强在中国强租的全部租界以及广州湾等租借地。对于澳门来说,其宗主国葡萄牙是弱国,鉴于抗日战争时期葡萄牙虽执行"中立"政策但有配合日本侵略中国的嫌疑[1],中国人民掀起了轰轰烈烈的"收复澳门"运动。1945年8月31日,外交部拟订了《关于收复澳门的方案》:"……收回澳门的实施步骤应首先策动舆论,制造空气,并争取美苏赞助和英国谅解等。"[2] 10月下旬,国民政府外交部拟定了关于收复澳门的三种方案:第一种办法,由中国主张无条件收回。第二种让一步办法,澳门的公产公物有偿移转中国政府;第三种让步办法,为

---

[1] 抗战时期,整体实力处于二、三流水平的葡萄牙为了确保澳门,夹在中日之间始终表达"中立国"立场。但在实际操作中,由于日本很快占领澳门附近的广州、珠海,并从英军手中抢占了香港,绝大部分时间里日本实际控制着中国东南沿海地方,实行"实利主义"的澳葡当局采取了"打压澳门民众抗日"的政策。
[2] 《国民政府行政院档案》(十八),第1905号,藏中国第二历史档案馆,转引自石源华等《近代中国周边外交史论》,上海辞书出版社2006年版,第535页。

澳门地区连同公产公物一并公平作价,由中国政府购回。① 1945 年 11 月,张发奎下达命令,让国民党军队第 64 军军部少将参谋陈郁萍等到前山附近,将粤澳边界全部封锁起来,选择在夜间举行军事演习,下令断绝中国内地对澳门的食物供应。当时葡萄牙在澳门的力量微不足道,当时澳门所有军警不足千人,而且澳门 95% 以上是中国人,盼望祖国迅速收回澳门,只要一个营的兵力就可以解决澳门问题。② 但轰轰烈烈的收复澳门运动却最终无果而终。主要原因在于面对中国共产党及其领导的抗日力量的崛起,蒋介石在美国支持下,暗中进行军事部署,企图发动内战,消灭共产党。国民党政府已不希望再与葡、英等国发生冲突。其次,澳门问题与香港问题相似,英国政府也担心澳门问题越闹越大会引起连锁反应,导致中国收回香港,为了香港的殖民利益,英国也暗中帮助、庇护和支持葡萄牙通过"谈判"解决澳门问题。将澳门的防卫问题并入香港方面,为香港英军防卫任务之一,并规定尔后有关澳门问题概依存香港处理云。③

四 国共合作是抗战胜利的基础,国际环境是抗战胜利的"催化剂"

从抗战胜利的原因看,国际因素和国内因素(国共合作为基础的全民族抗日)是互相影响、缺一不可的,但中国共产党领导下的以第二次国共合作为基础的抗日民族统一战线及全民抗战是中国抗战胜利的根本原因,国际因素只是起加速"催化剂"的作用。

从中国抗战发展的历程上看,早在"九一八"事变爆发后,面对国际上美英法德意都对日采取绥靖政策,中国共产党领导东北抗日民主联军进行英勇抗战;一些爱国的国民党将士也奋起抵抗;全面抗战爆发至太平洋战争前,美、英、法对日"绥靖",德意两国与日本结成法西斯同盟,苏联不敢大力援助中国;而太平洋战争爆发后,美、英、苏又实行"先欧后亚"的全球反法西斯战略,此时中国的抗战也主要由共产党领导的敌后抗日战场和国民党领导的正面战场共同完成,并最终打败日本侵略。从中国抗战歼灭的日军数量来看,在中国战场上打死打伤日军最多的还是中国军队积少成多的抗日斗争,美苏对日作战只是"催化剂"。

---

① 《外交部致行政院秘书处函》(1945 年 10 月 30 日),欧安第 10461 号。
② 李汉冲:《日本投降后有关香港、澳门的一些事件》,载广东省政协编《文史资料选辑》第 3 辑,转引自赵艳珍《珠澳关系史话》,珠海出版社 2006 年版,第 161 页。
③ 同上书,第 181、182 页。

当然，在强调中国全民抗战是中国抗战取得最终胜利的根本原因的同时，也不能否定美国、英国、苏联等国对中国抗战的支持和帮助，这包括世界上所有爱好正义的人民、国际组织和政府，这是中国抗战能取得胜利的一个重要原因。因为中国的抗日战争是一个弱国抗击强国的反侵略战争，面对武装到牙齿的日本帝国主义军队的猛烈攻击，中国必须争取更多的国际力量对中国抗战的支持。

第二节　第二次国共合作时期国共应对国际环境嬗变的经验

一　国民党、共产党应对国际环境嬗变的经验

（一）共产党运用积极因素，避免消极因素推动国共合作的经验

抗战时期，中共积极开展主动的国际统战工作，使中共的国际影响有所提高，为抗战的胜利和解放战争的胜利打下了坚实的基础，积累了丰富的经验。

1. 坚持原则性与灵活性的统一，既联合又斗争

抗战时期，英国和美国出于其自己在远东和全球利益的考虑，从实利主义和功利主义角度，执行其远东政策。对此，中共应对危机的国际统战工作把原则性与灵活性结合，在多方博弈中联合与斗争并用。

中国抗日战争期间，英、法、美等大国从"实利主义"出发，曾幻想以对日让步，促使日本北进，将矛头指向苏联。1939年7月，日本和英国背着中国私下谈判有关中国国家利益的问题，并达成"有田—克莱琪协定"。英国承认日军在中国进行大规模战争时有权"铲除任何妨碍日军或有利于敌人之行为和因素"[①]。这一协定是英国牺牲中国主权与日本妥协的产物。中共对英国的以出让中国利益向日本妥协的政策进行了坚决的斗争。1939年7月29日，中共中央发出《中央关于反对东方慕尼黑阴谋的指示》，对英国妥协派向日投降、牺牲中国利益表示严重抗议。[②] 同时，中共又极力争取英国民众、政府中主张对日强硬者，强调"英国人

[①] 军事科学院军事历史研究部军事历史研究室：《第二次世界大战大事纪要》，解放军出版社1990年版，第239页。

[②] 中央档案馆编：《中共中央文件选集》第十二册，中共中央党校出版社1991年版，第150页。

民与政府应改变这种损人利己的错误政策,以争取英国改变政策……"①1939年9月14日,针对美国对日妥协的情况,毛泽东说:"美帝国主义在中立的假面具下,已发了一笔洋财。共产党员应当在人民面前揭穿美国政府大发战争洋财的帝国主义政策。"② 1941年3月,美国和日本代表拟定了《日美谅解方案》。毛泽东为中共中央起草的《揭破远东慕尼黑的阴谋》指示指出,日美以牺牲中国利益相互妥协,正在酝酿造成反共、反苏的东方慕尼黑新阴谋,中国共产党必须揭穿和反对它。③ 在揭露英国和美国政府对日妥协方面,中共也注重灵活性,毕竟它们也是中共共同反抗法西斯的"朋友",因此,中国共产党联系情势不断变迁的实际情况进行了认真分析。1940年8月,中共认为,"英美为了对抗日本南进,便由劝和中日的远东慕尼黑政策转到利用中国牵制日本的政策"④。1941年,对于日美秘密谈判,《解放日报》在5月30日的一篇社论中指出,西方形势的紧急,美国参战的必不可免和日益迫近,其统治阶级不能不考虑怎样避免两洋作战的险恶局面。⑤

中共也极力争取英美改变对日妥协政策。1939年1月,《新华日报》赞扬美国近来外交政策"走向日趋强硬",强调中国应"加强与美国的外交关系",并希望美国"彻底修改中立法,给中国抗战以更大的援助"⑥。1939年7月24日,美国宣布废止《日美商约》,对日本实行"道义禁运"。10月22日《新华日报》社论肯定了美国远东政策的积极变化,并提出:"进一步在外交上,加强中美关系。依据自主外交原则,积极活动,总要做到使美国停止把军火输给日寇。"⑦ 中共在根据地主办的《解放日报》1941年7月11日刊上也赞扬了英国:"艾登(英国外交大臣)在答复议员质问时表示,英决继续尽力援华,英报称中国抗战为英好榜

---

① 复旦大学历史系中国近代史教研组编:《中国近代对外关系史资料选辑》(1940—1945),下卷第二分册,上海人民出版社1977年版,第132—133页。
② 毛泽东:《第二次帝国主义战争讲演提纲》(1939年9月14日),《新中华报》1939年9月19日。
③ 《毛泽东选集》第3卷,人民出版社1991年版,第804页。
④ 《中央关于时局趋向的指示》,1940年9月10日,《中共中央文件选集》第12册,中共中央党校出版社1991年版,第479页。
⑤ 《为远东慕尼黑质问国民党》,《解放日报》1941年5月30日社论,中央档案馆编《中共中央文件选集》第13册,中共中央党校出版社1991年版,第489—491页。
⑥ 陶文钊:《中美关系史(1911—1949)》,上海人民出版社2004年版,第192页。
⑦ 中央档案馆编:《中共中央文件选集》(第12册),中共中央党校出版社1991年版,第151页。

样。"① 为了争取英美对中国抗战的支援，消除国民党的对日妥协倾向，1940 年，20 多万的八路军部队在华北进行了"百团大战"，向日本帝国主义军队发起了猛烈的攻击，打死、俘虏日伪军 4 万余人。沉重打击了日寇的嚣张气焰，对那些愿意援助中国抗战的国家展示出中国民族是有最伟大力量与远大前途的。②

2. 努力争取外援，正确处理外援与自力更生

中国的抗日战争是世界反法西斯战争的重要组成部分，需要争取共同反抗法西斯的国家的政府和民众。毛泽东曾在 1939 年指出："在伟大的抗战中，基本依靠中国的自力胜敌，但同时，需要外援的配合。……中国的抗战是世界性的抗战。"③ 毛泽东在《论新阶段》中也明确指出："只有主要依靠自力更生，同时不放松外援之争取，才是正确的道路。"④

抗战时期，在周恩来的指导下，作为香港八路军办事处主任、"保卫中国同盟"成员的廖承志，积极开展对港英当局、在港外国人士的统战工作，努力争取外援。"保盟"组织中有包括英国著名记者杰姆斯·贝特兰、港英当局医务总监司徒永觉的妻子海弥达·沙尔文—克拉克夫人、诺曼·弗朗士等在内的英国人，他们对港英当局有很大的影响力。⑤ "保盟"主席宋庆龄以她的国际影响为抗战筹集了巨大物资，从 1939 年 4 月至 1941 年 11 月，保卫中国同盟收到的现款总数为：185640 港元，3417 英镑，54437.65 美元……⑥捐款绝大多数汇给新四军和中共领导的游击队。

在争取外援时，中共特别注意争取共产国际的援助。随着中国共产党领导的八路军、新四军的快速发展，军队给养问题比较突出，加之国民党停发军饷，以及陕甘宁边区恶劣的自然环境，工农业生产的不发达以及边区连续几年的自然灾害等影响，根据地的财政收入捉襟见肘。中国共产党通过多种渠道向共产国际提出援助的请求。中共在 1939 年 5 月给共产国

---

① 《艾登答复议员质问》，《解放日报》1941 年 7 月 11 日第 2 版。
② 徐肖冰：《新华社记者笔下的抗战：彭副总司令谈百团大战》，《新中华报》1940 年 9 月 15 日。
③ 张注洪：《国际友人与抗日战争》，北京燕山出版社 2007 年版，第 1 页。
④ 毛泽东：《论新阶段》，《解放周刊》1938 年第 57 期。
⑤ 南方局党史资料征集小组编：《南方局党史资料·军事工作》，重庆出版社 1990 年版，第 470 页。
⑥ 宋庆龄基金会研究室编（吴景平译）：《保卫中国同盟新闻通讯》，中国和平出版社 1989 年版，第 412 页；转引自袁小伦《粤港抗战文化史论稿》，广东人民出版社 2005 年版，第 193 页。

际的电文中强调指出:"我们的财政极其困难,钱已全部用完,党的工作、报刊、学校、医院等都缺钱。根据地正处于旱灾中,面临着饥饿的危险,恳请您们给予支援。"① 1939 年 7 月 27 日,中国共产党在给共产国际发的电报中再次恳求援助:"在目前的情况下,请您们尽快在财政方面帮助我们。我们希望能够得到不止一次地大数额——500 万美元的财政援助。"② 1941 年 5 月,中共再次致电共产国际:"从今年一月至今,蒋介石没有拨给我们一分钱,我们遇到了严重的财政困难,请允许拨给我们 100 万美元的援助款项。"③ 7 月 3 日,联共(布)政治局通过决议:"拨给共产国际 100 万美元,用于援助中共中央。"④

当然,中共在抗战时期争取外援时,正确地处理好了外援与自力更生的关系。早在 1935 年 12 月的瓦窑堡会议后的党的活动分子会议上,毛泽东就论述了国际援助与自力更生的关系。他说:"国际援助对于现代一切国家、一切民族的革命斗争都是必要的。但是,我们中华民族有同自己的敌人血战到底的气概,有在自力更生的基础上光复旧物的决心,有自立于世界民族之林的能力。"⑤ 针对有些人把战胜日本侵略者的希望寄托在外援身上的错误思想,毛泽东在同国民党中央通讯社等几家报社记者的谈话中坚定地指出:"中国抗战主要地依靠自力更生。如果过去也讲自力更生,那末,在新的国际环境下,自力更生就更加重要。"⑥ 他在《必须学会做经济工作》中指出:"我们是主张自力更生的。我们希望有外援,但是我们不能依赖它,我们依靠自己的努力。"⑦

3. 加强对外宣传,利用国际社会遏制蒋介石的反共活动

抗战时期,中共不断加强对外宣传,积极开展对苏、英、美驻华大使的半官方外交——国际统战工作,而且也注重对外国在华民主友好人士的统战工作(民间外交),从国际因素方面遏制国民党顽固派的反共摩擦。

首先,采取了创建报刊、设立对外宣传广播等方式,利用媒体的力量,对外宣传八路军和新四军的抗日功绩,揭露国民党主动挑起反共高潮

---

① 中共中央党史研究室第一部:《共产国际、联共(布)与中国革命档案资料丛书》第 18 卷,中共党史出版社 2012 年版,第 142 页。
② 同上书,第 242 页。
③ 中共中央党史研究室第一部:《共产国际、联共(布)与中国革命档案资料丛书》第 19 卷,中共党史出版社 2012 年版,第 185 页。
④ 同上书,第 197 页。
⑤ 《毛泽东选集》第 1 卷,人民出版社 1991 年版,第 161 页。
⑥ 《毛泽东选集》第 2 卷,人民出版社 1991 年版,第 588 页。
⑦ 《毛泽东选集》第 3 卷,人民出版社 1991 年版,第 1016 页。

第七章　国际环境嬗变与第二次国共合作的经验　309

的事实，使美英苏等国出于战时远东利益的考虑，向国民党施加压力。当时在国统区的报纸和媒体，主要是《新华日报》和"延安新华广播电台"。《新华日报》在对外宣传皖南事变真相方面起了非常的作用，学界已对之进行了许多论述，本书不再赘述。本书以延安广播电台的对外宣传来加以说明。1940 年 11 月，中共在红色中华通讯社的基础上建立延安新华广播电台。皖南事变发生后，当时国民党不允许任何媒体报道事件真相，延安台电波冲破敌人的层层封锁，用外语对外反复播出皖南事变的真相，及时披露了顽固派破坏国共合作的罪行①。皖南事变的真相经中共公开后，英、美、苏等国都不支持蒋介石的做法，使蒋介石一下子陷入内外交困、空前孤立的狼狈境地。

其次，中共积极开展民间外交，加强对外国在重庆友好人士的交往，并邀请外国记者访问根据地等方式，了解中共及其领导的抗日根据地、抗日力量，揭露国民党的反共阴谋和对英、美、苏远东利益的危害。1940 年 12 月中旬，周恩来在曾家岩 50 号同美国人斯特朗长谈，详细地介绍八路军和新四军的历史和现状、国民党两年来制造反共摩擦事件的真相。② 皖南事变后，廖承志在香港、周恩来在重庆分别约见斯诺、白修德，向他们说明事变的真相。斯诺立即通过美国《星期六晚邮报》做了详尽报道。在周恩来的领导下，龚澎、陈家康等冒着生命危险逐一造访各国记者，向他们说明事件的真相和中共的观点。受此影响，一些外国记者把从中共了解到的消息航寄到香港去发表，全世界都知道了事实真相。③ 迫使蒋介石不得不在政治上让步。

最后，中共积极做外国驻华大使馆人员、访华代表团、首脑特使、来华官员的统战工作，推动中共与外国政府关系的改善。1941 年 1 月中旬，中共中央南方局书记周恩来亲自到英国驻华大使克拉克·卡尔（Archibald Clark Kerr）在重庆的寓所，向他揭露"皖南事变"的真相。英国政府收到卡尔的报告后，转告蒋介石，要求蒋停止国共冲突。④ 1941 年 2 月，美国罗斯福总统的代表居里来华，在卡尔大使的安排下，周恩来和居里在英国驻华大使馆交谈。周恩来向居里解释了中共的对内对外政策，说明了皖

---

① 朱伟峰：《由毛泽东的新闻实践看如何善用媒体》，《学习时报》2011 年 6 月 20 日第 6 版。
② 童小鹏：《风雨四十年》第一部，中央文献出版社 1994 年版，第 154、221 页。
③ ［波兰］伊斯雷尔·爱泼斯坦：《中国未完成的革命》，陈瑞华等译，新华出版社 1987 年版，第 154 页。
④ 中共中央文献研究室：《周恩来年谱（1898—1949）》，中央文献出版社 1997 年版，第 486 页。

南事变的真相。居里迅速把相关信息传递给罗斯福总统。美国政府很快向蒋介石声明："美国在国共纠纷未解决前，无法大量援华，中美间的经济、财政等各问题不可能有任何进展。"① 皖南事变爆发后，周恩来和叶剑英也迅速赶赴地处枇杷山的苏联大使馆，约见了苏联军事总顾问崔可夫将军和苏联驻华大使潘友新，告之以国民党发动皖南事变的悲剧，希望苏联向国民党施加压力。不久，崔可夫同潘友新就会见蒋介石、何应钦、白崇禧等人，强调指出，进攻新四军有利于日本侵略者，内战对中国意味着灭亡，因此，苏联政府反对蒋在中国时局维艰的时候发动"内战"。② 以上美英苏政府在其驻华大使及特使的影响下，都对蒋介石发动皖南事变表示不满，并向蒋介石施加了巨大的压力，迫使蒋介石不得不保证"以后绝无'剿共'的军事"。

　　1943 年，国民党顽固派借共产国际解散之机，准备分九路进攻陕甘宁地区，企图发动第三次反共高潮。2 月 19 日，美国国务院政治事务顾问亨贝克和宋子文就国共关系问题进行长谈。亨贝克提醒宋子文皖南事变后他们之间的谈话，并说国务院现在的态度与那时一样，希望中国避免内战③。迫于各方压力，蒋介石不得不于 10 日电告胡宗南改变计划，并声明外界消息纯属"误会"。毫无疑问，美国官员的上述表态对于制止国民党顽固派发动第三次反共高潮起了一定作用。与此同时，中共也注重加强与苏联驻华大使的联系，以制止国民党的反共。

　　此时比较典型的国际统战工作是中共中央南方局外事组人员开展对美国人费正清、史迪威等人的工作。中共开展与史迪威的交往，后面将专门谈及，此处重点介绍中共中央南方局人员对费正清的交往和争取工作。费正清，美国人，英文名为 John King Fairbank，美国著名的"中国通"专家。1932—1935 年就来到中国，曾在清华大学担任教师。1941 年 12 月 8 日珍珠港事件爆发后，他作为研究远东问题的专家参与美国情报协调局（Coordinator of Information）的工作，在 1942 年 9 月再次来到中国，一直工作到 1943 年 12 月，并担任美国新闻处处长。1945 年 9 月至 1946 年 7 月再次来到重庆。④ 中共中央南方局外事组的人员龚澎、乔冠华、王炳南等积极与他交往。1943 年 6 月，作为周恩来新闻发言人的龚澎去见费正

---

① 《新中华报》1941 年 3 月 9 日。
② 王泓等编：《周恩来与国际友人》，重庆大学出版社 1995 年版，第 65—67 页。
③ 陶文钊：《中美关系史》上册，上海人民出版社 199 年版，第 199 页。
④ [美] 费正清（John King Fairbank）：《费正清中国回忆录》，闫亚婷、熊文霞译，中信出版社 2013 年版，第 175 页。

清,双方约定,龚澎定期见费正清并帮助其进行汉语对话练习。通过交流,费正清认为龚澎精神饱满且对共产主义事业有坚定的信心,并有幽默感。在 1943 年"士气低沉、了无生气的重庆,她活力四射,有如一股清新的空气"①。周恩来也接见了费正清并留下了好印象。费正清说周恩来非凡的领导能力令他深深叹服,他英俊帅气,眉毛浓密,智力超群,直觉敏锐,代表着人民群众,并为共产主义事业奋斗②。

4. 正确处理国际环境与国内环境关系,服务于国共合作大局

第二次国共合作期间主要是在第二次世界大战期间,中国国内形势的变化与国际形势有着密切的联系。中国共产党始终把国际形势与国内环境结合起来,努力服务于国共合作抗日大局。

苏德战争爆发后,斯大林曾多次电请人数不太多、装备不太优良的八路军出兵,牵制日本在远东的兵力。比如,1942 年 5 月,德国法西斯在苏德战场上发动夏季攻势,恰在此时,苏联方面再次得到日军向中苏边境秘密集结的情报。斯大林不仅致电毛泽东和中共中央,要求"八路军在日苏战争发生时,派一部分正规军开赴南满,策应苏军,以牵制日军"。而且还派弗拉季米洛夫到延安督促。面对斯大林和苏联方面的要求甚至是干预,毛泽东明确表示:一旦苏日开战,我们自然要配合苏军作战,但这种配合必须是有计划、有步骤的,而不是孤注一掷的③。这是因为当时抗日战争正面临着巨大的困难,根本没有能力出兵援助苏联。

在中国共产党利用国际环境来争取国共合作的影响方面,丘鸿达在其主编的《中共谈判策略研究》一书中也强调:"中共配合国际局势,广建外围、协调活动,拉、批国共冲突的调解人美国代表,是中共的重要谈判经验。"④

(二)国民党应对国际环境嬗变的经验

第二次国共合作时期,国民党在应对国际环境嬗变的过程中,既有成功的经验,成功地使中国成为联合国五大常任理事国和世界反法西斯战争的四大国之一,并成功收回台湾和澎湖列岛,当然也有一些值得吸取的教训。

---

① [美]费正清(John King Fairbank):《费正清中国回忆录》,闫亚婷、熊文霞译,中信出版社 2013 年版,第 264 页。
② 同上书,第 265 页。
③ 杜学峰:《斯大林六次电请毛泽东出兵》,《湖北档案》2014 年第 10 期,第 33 页。
④ 丘鸿达、任孝琦主编:《中共谈判策略研究》,台湾联合报社联经出版事业公司 1987 年版,第 37—39 页。

1. 利用国际政治的积极因素使中国的国际地位"窜升"

抗战时期,国民党的外交方针是通过积极开展对外交往,包括对英美驻华大使的工作,派遣特使和政府代表团赴英美从事交流,争取英美等国对中国抗战的支持,提升国民党在国际上的影响,使被日本强行割占50余年的台湾、澎湖列岛等地回到了祖国的怀抱。同时,中国也成为联合国安理会五大常任理事国之一。

首先,是不平等条约的废除,使中国初步摆脱了近代以来的外交屈辱。太平洋战争爆发后,中国与英美等国结成反法西斯统一战线,成为反法西斯盟友。而此时美英在华的传统利益范围——长江流域大部和珠江流域大部落入日本人手中,日本为了争取舆论,也加紧了与汪伪政府进行废除不平等条约的谈判。受此影响,美、英两国政府也终于在1942年4月开始就废除对华不平等条约问题进行商议。1942年8月27日,美国国务卿赫尔训令驻英大使怀南特将立即放弃在华领事裁判权的决定通知美国政府,连同美国所拟订新约草案,送交英国征求意见。① 英国表示同意并准备采取一致行动。10月24日和29日,中国政府接到美、英两国的新约草案后,即开始分别与两国进行谈判。中美两国的谈判比较顺利,1943年1月,中美新约在华盛顿交换批准。正式废除了在华的领事裁判权和其他一些特权。包括废除在华领事裁判权、废止1901年《辛丑条约》规定的一切特权;归还上海与厦门公共租界之行政与管理权等。② 经过艰苦的交涉和让步,1943年月11日,中英平等新约也在重庆交换批准。英国也废除了在华领事裁判权和其他一些特权,包括废除领事裁判权、通商口岸特别法庭权等项特权。中国政府与比利时、巴西、挪威、瑞典、荷兰、法国、瑞士、丹麦等国经过一系列谈判,也废除了类似的不平等条约,签订了平等新约。这使中国在法理上取得与美、英等国平等的地位,中国的国际地位得到进一步提高。伦敦《泰晤日报》发表专论:"战胜之急务,以中国之坚卓抗战,得英美之承认完整主权,其精神将益加强,并保证战胜

---

① "The Secretary of State to the Ambassador in the United Kingdom (winant), Washington, August 27, 1942", The U. S. Department of State. Foreign Relations of the United States, Diplomatic Papers, 1942, China: 276 – 277, 280 – 281.

② 《驻美大使魏道明自华盛顿致外交部报告美方所提之中美关系条约草案全文电》,1942年10月24日。秦孝仪主编:《战时外交》(三),第716—719页;《驻美大使魏道明自华盛顿致外交部报告美方所提之中美关系条约草案全文电·附外交部关于中美关系条约草案意见》,1942年10月24日。秦孝仪主编:《中华民国重要史料初编——对日抗战时期·第七编(三)》,中国国民党中央委员会党史委员会编印,1981年,第722页。

第七章　国际环境嬗变与第二次国共合作的经验　313

后居大国优越地位,以重整新亚洲。"①

其次,以大国身份参与签署《联合国家宣言》《关于普遍安全的宣言》。1941年12月27日,美英阿卡迪亚战略会议上,罗斯福不顾丘吉尔的反对,认为"根据他们正在自己的国家进行抵抗战争的理论",主张中国政府领衔签署拟议中的《联合国家宣言》,而明确将英国支持的"自由法国"排除在外。②1942年1月1日,由美、英、中、苏四国领衔,包括世界上26个国家的代表在华盛顿签署了《联合国家宣言》。宣言规定:加盟诸国应尽其兵力与资源,以打击共同之敌人,且不得与任何敌人单独媾和。③《联合国家宣言》的签署,标志着国际反法西斯统一战线的正式形成,中国人民的长期艰苦抗战受到全世界人民的敬佩,中国的国际地位空前提高。在签署《关于普遍安全的宣言》方面,1943年10月18日至30日,美、英、苏三国外长在莫斯科举行会议。10月30日,中、美、英、苏四国政府代表在莫斯科正式签署了《关于普遍安全的宣言》。宣言向全世界庄严宣告:四国将在尽快可行的日期内,根据一切爱好和平国家主权平等的原则,建立一个普遍性的国际组织,以维持国际和平与安全④。四国宣言是继《联合国家宣言》后,中国第二次以大国身份与美、英、苏共同签署的有关国际事务的重要文件,它使中国的大国地位得以进一步提高。签字后不久,丘吉尔在复蒋介石电中表示:"中国在此宣言中署名,不独加重其分量,且使其成效更得以保证。在莫斯科之四国代表能有此成功,使四国打击地球上各处侵略者之共同决心重新获以表现。"⑤

莫斯科外长会议结束不到一个月,中、美、英三国首脑又在埃及首都开罗举行首脑会议。这是中国和蒋介石在反法西斯战争期间参加的盟国最高级别的会议,而且讨论的是与远东和中国更有直接关系的内容。1943

---

① 《伦敦大使馆外交部报告关于英美取消在华治外法权签订新约英伦各报专论一致颂扬电》(1943年1月16日),《中央日报》1943年1月17日。

② "President Roosevelt to the Secretary of State", December 27, 1941, FRUS, 1942, Vol. 1. The Far East: 13.

③ 《中美苏英等二十六国本日在华盛顿签署共同宣言》(第一二二九)》,1942年1月1日,陈志奇编:《中华民国外交史料汇编》(十一册),第31编,台北:渤海堂文化事业有限公司1996年版,第4895页。

④ [日]古屋奎二:《蒋"总统"秘录》第13册,"中央"日报译,台北:"中央"日报社1977年版,第103页。

⑤ 《英国首相丘吉尔自伦敦致蒋主席说明中国在四国宣言中署名不独加重其分量且使其成效更得以保证电》,1943年11月10日。秦孝仪主编:《中华民国重要史料初编——对日抗战时期·第三编·战时外交》,中国国民党中央委员会党史委员会编印,1981年,第816页。

年 11 月 18 日，蒋介石一行自重庆启程，21 日抵达开罗。① 11 月 23 日至 26 日，美、英、中三国首脑会议在开罗总统饭店举行，除全体会议外，蒋介石还分别与丘吉尔、罗斯福进行了多次会谈。会议的主题是军事和政治两个方面，但核心是政治问题。《开罗宣言》（被舆论称为"太平洋宪章"）于 12 月 1 日正式发表。宣言庄严声明：中、美、英 3 大盟国"关于今后对日作战计划，已获得一致意见"，……3 国的宗旨是：剥夺日本自 1914 年第一次世界大战开始以后在太平洋所夺得的或占领的一切岛屿；把日本所侵占的中国领土，如东北、台湾、澎湖列岛等归还中国②；把日本从其用武力或贪欲所攫取的所有土地上驱逐出去；使朝鲜自由独立③。宣言宣告："我 3 大盟国抱定上述之各项目标并与其他对日作战之联合国家目标一致，将坚持进行为获得日本无条件投降所必要之重大的长期作战。"④《开罗宣言》成为处置日本问题的重要法律依据。

1945 年 4 月 25 日至 6 月 26 日，包括中国在内的世界上 50 个国家的代表出席了在美国旧金山举行的联合国制宪会议。6 月 25 日，全体大会通过《联合国宪章》及国际法院规约。6 月 26 日，50 个国家的 153 名代表在《联合国宪章》的中、法、俄、英、西五种正式文本上签字⑤。大会指导委员会以中国抵抗法西斯侵略最先，中国代表团顾维钧成为第一个在《联合国宪章》上签字者。中国作为联合国的创始国之一载入联合国宪章。⑥ 根据《联合国宪章》，中国不仅是联合国创始会员国，而且是安理会五大常任理事国之一；联合国安理会就非程序性问题投票表决时，只要五大国之一不同意，决议就不能通过，这就是"大国一致"的原则，即五大常任理事国享有否决权⑦，这使中国世界大国地位通过《联合国宪章》得到了国际法的正式确认。

---

① 陶文钊、杨奎松、王建朗：《抗日战争时期中国对外关系》，中国社会科学出版社 2009 年版，第 373 页。
② [美] 埃利奥特·罗斯福：《耳闻目睹》，世界知识出版社译，世界知识出版社 1996 年版，第 165 页。
③ The Communique and Its Release, The U. S. Department of State. Foreign Relations of the United States, Diplomatic Papers, The Conference at Cario and Tehran, 1943, p. 449.
④ 梁敬錞：《开罗会议》，台北：台湾商务印书馆 1973 年版，第 125 页。
⑤ 关培凤：《中国与世界反法西斯联盟》，武汉大学出版社 2010 年版，第 369 页。
⑥ 秦孝仪主编：《中华民国重要史料初编——对日抗战时期·第三编·战时外交（三）》，中国国民党中央委员会党史委员会编印，1981 年，第 786 页。
⑦ 关培凤：《中国与世界反法西斯联盟》，武汉大学出版社 2009 年版，第 369 页。

2. 特使外交，加强美苏对中国的好感

抗战时期，国民政府注重派遣有一定影响的人物，作为蒋介石的特使访问或常驻美英苏法等国，开展友善外交工作。

（1）抗战时期蒋介石的特使访法

1938年11月杨杰便以特使身份前往法国谈判各项事宜。11月中旬，杨杰到巴黎后，就援助问题按照"原料换器械"的思路继续谈判，一度在英法秘密协助下与荷兰商人阿鲁福商定了总额为4000万英磅、以原料作抵偿的军械借款。1939年3月1日杨杰同孟戴尔商谈军事合作的可能性时，孟戴尔回答"倘欧洲发生战争，日攻安南，中法军事合作极为必要"，孟戴尔告诫杨杰"绝对保守秘密"，4月初，军事合作计划拟订，交双方就具体条文进行研究。5月初，蒋介石命杨杰再赴巴黎商谈，基本达成一个合作草案。草案主要规定了中法军事合作的目的及条件、假想日本进攻之计划、为应付日本进攻之作战计划、中法军事合作计划可能产生的影响等。当然，由于法国很快被德国攻占，因此抗战时期蒋介石的特使外交主要还是在美、英、苏三大国上，并取得了显著的成效。

（2）抗战时期蒋介石特使访苏

抗战时期蒋介石为了争取苏联，先后派出孙科、杨杰、蒋经国等特使，赴苏争取军事援助，与苏联交涉。

1937年8月，蒋介石命军事顾问杨杰为代表团团长，率代表团于9月6日飞往莫斯科，寻求苏联军火援助。① 从9月9日至10月4日，中苏双方就军火供应问题展开谈判。谈判共进行4次，谈判内容为苏方提供之品种、数量及形式。代表团使命完成后，杨杰奉命继续留在莫斯科商洽苏联援华事项——与苏联元帅伏罗希洛夫洽谈由苏方向中国提供20个师的兵器及其他军火援助等事宜，促使苏联军火源源不断运往中国。抗战时期孙科也先后3次访问苏联，商谈苏联对华援助。1938年1月16日，孙科作为特使②离开阿姆斯特丹前往莫斯科，与斯大林、莫洛托夫等苏联领导人会谈，他向斯大林转达蒋介石请求苏联出兵中国东北参加对日作战，斯大林没有明确答复，但表示苏联将以物资援助中国③。在抗战后期的《中

---

① 汪金国：《战时苏联对华政策》，武汉大学出版社2010年版，第96页。
② 孙科，曾长期致力宣传中苏合作抗日，加上他是孙中山先生的儿子，孙中山在苏联受到政府和民众的尊重，因此孙科成为访苏特使。
③ 《孙科自莫斯科致蒋介石电》（1938年2月7日），秦孝仪编《中华民国重要史料初编——对日作战时期·第三编·战时外交（二）》，中国国民党中央委员会党史委员会编印，1981年，第407页。

苏条约》谈判中，蒋经国作为蒋介石的特使，实际地位高于中国代表团团长宋子文。宋庆龄曾一针见血地对苏联驻华大使馆一等秘书 H. T. 费德林指出："名义上行政院长宋子文是代表团长，事实上履行团长职能的是蒋介石的公子蒋经国。"①而由于蒋经国在中苏谈判中身兼谈判代表（国民政府的代表）、私人代表（国家元首的特使）、蒋介石儿子（与蒋介石关系特殊）三重身份，特殊身份使他能周旋于谈判内外，为蒋介石提供他人所不能提供的信息与建议，而其信息与建议往往能对蒋介石之决策产生重要影响，因此斯大林在中苏谈判与交涉中往往事先与蒋经国沟通，并将其视为"蒋介石的继承人"②。谈判期间，蒋介石每日都收到蒋经国发来的电函。蒋经国的电函，不仅为蒋介石提供了谈判情形，而且传递了谈判之外的有利信息，为蒋介石决策提供了依据。1945 年 7 月 2 日，外蒙古问题使中苏首轮谈判陷入僵局。对此，蒋介石指示中方代表暂停谈判，并令蒋经国以私人身份去拜会斯大林，"转告他为什么我们不能让外蒙古独立的道理"③。其实，在赴苏前蒋介石已交代蒋经国，若正式渠道谈不拢时便以私人代表身份与斯大林单独密谈，并向其转达"余对彼企慕与彼此信任合作"④。7 月 4 日，斯大林接见了蒋经国，并重申了其在外蒙古独立问题上之坚定立场。会后，蒋经国致电蒋介石，告以"史坚持其对蒙古问题之原意"，"万一因此而不得不停止交涉时，我究应处何种态度？"⑤7 月 8 日，蒋经国为打破谈判僵局又以私人代表身份拜会了彼得洛夫。⑥蒋经国表示，对陷入僵局的谈判深感不安，希望苏联"理解蒋介石对目前不可能承认外蒙古独立之立场，因为这种承认将大大削弱中国政府之地位，并激起中国社会舆论十分强烈的反响"。彼得洛夫表示理解，但他希望蒋经国能"说服他的父亲对苏联所提承认外蒙古人民共和国独立的建议持明智态度"⑦。

---

① АВПРФ, ф. 0100, оп. 33, п. 15, д. 244, л. 72—74, 转引自肖如平《蒋经国与 1945 年中苏条约谈判》，《抗日战争研究》2012 年第 1 期。
② 《赫尔利与彼得洛夫谈话记录》，1945 年 7 月 27 日，转引自薛衔天《民国时期的中苏关系史》，中共党史出版社 2009 年版，第 215 页。
③ 蒋经国：《我的父亲》，三民书局 1975 年版，第 66 页。
④ 《蒋介石日记》，1945 年 6 月 27 日。斯坦福大学胡佛研究所档案馆《蒋介石日记》手抄本。
⑤ 《蒋经国致蒋中正文电》，"国史馆"藏，典藏号：002 - 080200 - 00625 - 081。
⑥ 《蒋经国致蒋中正文电》，"国史馆"藏，典藏号：002 - 080200 - 00625 - 082。
⑦ АВПРФ, ф. 6, оп. 7, п. 36, д. 507, л. 25—26, 转引自薛衔天《民国时期的中苏关系史》，中共党史出版社 2009 年版，第 201 页。

第七章　国际环境嬗变与第二次国共合作的经验　317

（3）抗战时期蒋介石特使访美外交

抗战时期，为了加强中美关系，蒋介石也派了特使颜惠庆、宋子文、宋美龄等人赴美国访问，最为典型的是宋子文、宋美龄。宋子文担任蒋介石的特使是在胡适担任中国驻美大使期间。1940 年 6 月，宋子文作为蒋介石的私人代表被派往美国。当时，蒋介石在介绍函中向罗斯福解释："……因余不能亲来承教，特派宋子文先生为代表，前来华府晋谒，彼固为阁下所熟悉者。余授予宋先生代表中国政府在美洽商一切之全权，彼受完全之信任，且对国内之情形与对外之关系完全明了。"① 并请美国驻华大使高斯电告美国政府，宋氏可与美"直接交涉"，而且"不使胡大使参加亦好"②。蒋介石予宋全权，要求他"借款不必与胡使相商"，可"迳自进行为便"③。在担任特使期间，宋子文先后与美方签署了 5000 万美元借款合同（即金属借款）和中美平准基金协定，是太平洋战争爆发前中国获得的最重要的外援之一。④

当然，抗战时期作为蒋介石的特使访问美国引起世界轰动的是宋美龄。1943 年年初，宋美龄以治病名义赴美，以蒋介石特使身份开展对美国的争取工作。蒋介石致电罗斯福谓："内子非仅为中之妻室，且为中过去十五年中，共生死，同患难之，对中意志明了，当非他人所能及。故请阁下坦率畅谈，有如对中之面罄也。"⑤ 在美国期间，宋美龄频频在公共场合亮相，感动了从纽约到洛杉矶的大批充满激情的美国人。宋美龄在一定程度上代表着广大中国民众拥护的中国基督教新政权，她在那些第二次世界大战前几乎不关心亚洲的美国人中间激起了同情伤感和浪漫幻想的情绪⑥。宋美龄访美也给那些热切地想对美国的盟国中国表示友好的国会议员，提供了一个机会，并给予她在参众两院发表演说的极高荣誉，而且是在两院分别发表演讲。为了一睹她的风采，人们从早晨起就拥挤在国会大厦周围等候，希望能看一眼这位"中国第一夫人"。宋美龄的演说在美国好评如潮。《纽约时报》1943 年 2 月第 19 期刊登了好几篇关于蒋夫人的

---

① 秦孝仪主编：《初编·战时外交》第 1 册，中国国民党中央委员会党史委员会编印，1981 年，第 274 页。
② （台北）"国史馆"藏蒋介石档案：筹笔，第 14763 号。
③ （台北）"国史馆"藏蒋介石档案：筹笔，第 14511 号。
④ 参见陶文钊《战时美国对华政策》，武汉大学出版社 2010 年版，第 155 页。
⑤ [日] 古屋奎二编：《蒋"总统"秘录——中日关系八十年之证言》，（台北）"中央"日报社 1977—1978 年译印，第十二册，第 45 页。
⑥ [美] T. 克里斯托弗·杰斯普森：《美国的中国形象（1931—1949）》，姜智芹译，凤凰出版传媒集团、江苏人民出版社 2010 年版，第 104 页。

文章,其中一篇报道说她的演说"让很多美国人转变态度,支持中国的事业",并让一些国会议员认识到支持中国是赢得太平洋战场胜利的关键。① 1943年10月,《南大西洋季刊》上刊文总结宋美龄访美之后,美国对中国的良好看法持续下来。文章称,宋美龄作为中国的"特使",在代表"本质上和美国有着同样民主要求的中国在讲话,即推崇人类公正,呼吁自由行动和获得自由的机会这些共同的基本原则"。该文作者最后总结道:"熟悉中国人民的美国人都知道中国是世界上天生追求民主的国家之一,在追求民主上,较之于欧洲与我们'同宗'的许多国家,美国和中国更为亲近。"② 美国开始加大给予中国空中运输援助,包括当时最新研发的C-46运输机,在还没有充分试用之前就匆忙投入了中国空中运输之中。③

当然,蒋介石的特使外交也存在一些问题。首先,在一定程度上削弱了常设外交机构和职业外交官的作用,由于国民政府的外交制度中对于"特使"和"常使"的职能并没有明确的界定,而且外交权又高度集中于蒋介石手中,使得特使们往往"有恃无恐",难免与常使发生矛盾,其中冲突最激烈的当数驻美大使胡适与宋子文。其次,一些特使没有外交经验,可能把事情搞砸。1939年年初,为了促成中法军事合作,蒋介石派驻苏大使杨杰以特使身份赴法。杨杰在法国的活动是在抛开顾维钧和中国驻法大使馆的情况下,完全秘密进行的。④ 但是缺乏外交经验的杨杰却险在一宗借款上被骗,蒋介石不得不派程天固以"外交部特派视察员"的身份到法国首都巴黎,专门调查杨杰在法国的行为。⑤

3. 国民党应对国际环境嬗变措施的实践成效

随着抗日战局的深入发展,中国在反抗法西斯斗争中的地位和作用逐渐凸显出来,加上国民政府加强了对以美国为重点,包括英国、印度、苏联等国在军事、经济等方面全方位的对外交往,美英苏纷纷加强了对国民政府的援助。

(1) 在政治上和道义上给中国抗战声援,鼓舞大后方抗日军民士气

---

① [美] W. H. 劳伦斯:《蒋夫人请求美国首先击溃日本,白宫附和声一片》,《纽约时报》1943年2月19日第1版。
② [美] 伊丽莎白·格林和克鲁格希尔·汉迪:《新世界秩序中的两位杰出大使:蒲安臣和宋美龄》,《南大西洋季刊》1943年10月,第391—400页。
③ [美] 富兰克林·罗斯福:《公共文件与讲话》,1943年,第100—108页。
④ 程天固:《程天固回忆录》,(台)龙文出版有限公司1993年版,第376页。
⑤ 同上书,第322页。

第七章 国际环境嬗变与第二次国共合作的经验 319

苏联新闻舆论从各个方面报道中国抗战，不乏对中国人民抗日斗争的颂扬。据不完全统计，自1937年7月至1940年9月，《真理报》刊载的各种形式的有关中国抗日战争的稿件就多达170多篇①。如 A. 别罗夫在《中国的战争与日本的经济》一文中说："在中国的战争使日本的经济状况尤为恶化。这场战争的持久性突出地暴露了日本经济的弱点，特别是暴露了日本对一系列原料的短缺，没有这些原料，就无法将一场长期的战争打下去。"② 如此大范围的报道，在国际上造成了不小的影响，声援了中国人民的抗战。苏联政府领导人也经常利用各种机会，公开表明支持中国反对日本法西斯的正义立场，并严厉谴责日本的侵略行径。1939年十月革命22周年纪念大会上，莫洛托夫代表苏联又谴责了日本对中国的野蛮侵略行为，再次表达了对中国人民的深切同情和支持。

1940年前后，丘吉尔也发表了大量同情中国抗日的言论，例如在1938年10月16日，丘吉尔在对美国人民的广播中说："中国正被日本军事集团撕成碎片，但是可怜的受苦受难的中国人民正在进行英勇顽强的反抗。"③ 1940年3月14日，英美通知日本，否认汪伪政权。④ 英国的新闻媒体也从道义上声援中国。比如，1943年12月，英国报纸对中国军队所取得的常德胜利进行了高度评价。《泰晤士报》在社评中赞美中国守军："常德之胜利，殊令人兴奋……常德除为粮仓外，且具战略上之重要性，故无怪日军之猛攻及中国军队之英勇抵抗，又谓：日军进攻常德，不仅企图独占此粮食仓库，且欲囊括长沙……"⑤

对于日本在远东对中国的侵略，1940年12月29日，美国总统罗斯福曾发表"炉边谈话"，宣告中、美、英三国命运密切相关，美国将是民主国家的"兵工厂"，并以大批军需物资援助中国。他还特别提到，在亚洲的另一场伟大的保卫战中，日本正受到中国人的持续阻击。⑥ 1941年3月15日，罗斯福发表广播讲话，声称美国已逐渐成为民主国家的"兵工厂"。表示援助中、英抵抗侵略，并明言必援华获得最后胜利而后已。他

---

① 汪金国：《战时苏联对华政策》，武汉大学出版社2010年版，第59页。
② ［苏］A. 别罗夫：《中国的战争与日本的经济》，《真理报》1937年12月23日。
③ Winston S. Churchill: His Complete Speeches Vol. 6. (1935 – 1942), London: Chelsea House Bowker, 1974, pp. 6015 – 6016.
④ 袁旭等编著：《第二次中日战争记事（1939.9—1945.9）》，档案出版社1988年版，第233页。
⑤ 《常德之战，英伦各报备极赞扬》，《扫荡报》1943年12月15日第2版。
⑥ 袁旭等编著：《第二次中日战争记事（1939.9—1945.9）》，档案出版社1988年版，第259页。

特别强调指出:"千千万万的普通中国民众,在抗拒中国被日本宰割中显示出了伟大坚强的意志,美国已经答应给中国帮助。"① 1942年1月6日,美国总统罗斯福在致国会的国情咨文中说,"千百万中国人在漫长的4年半里顶住了轰炸和饥荒,在日本武装和装备占优势的情况下仍然多次打击了侵略者。……我为我的国家与阁下(蒋介石)和阁下所领导的伟大国家联手而感到自豪,并深信中、美并肩将巩固两国的传统友谊,把法西斯消灭干净"②。《纽约时报》一篇社论指出:尽管美国遭受了损失,但它并不孤立。中国人口众多、人民勤劳勇敢,对美国怀有感恩之心,拥有中国这样忠诚的盟友,美国就能找到太平洋战略的钥匙。③ 在民众道义的支援方面,美国劳工联合会(A.F.L)和产业工会联合会(C.I.O)对于抵制日货均采取一致行动,领导500万工人群众。美国劳工领袖白劳德发表《援助中国就是保卫美国》的演说,指责美国政府的"中立"政策起了"助纣为虐的作用",并指出:"美国倘不改变此政策,那么轰炸马德里的炸弹和轰炸上海的炸弹一定会轰炸到纽约和旧金山来的。"④ 美国记者白修德、贾安娜在《中国的惊雷》一书中写道:1939年至1941年间,重庆的脉搏里,跳动着战时全民族的力量。而把各种各样的男女融合成为一个社会的是重庆大轰炸。

抗战时期盟国对中国的抗战在政治和道义上的支持,对于进一步唤起美、英、苏等国民众对中国的同情、支持,加强大后方人民抗日的信心和决心都起了十分重要的作用。当然,我们也应了解的是,美、英、苏在政治和道义上给予中国的支持,其实也与它们在远东的利益是密不可分的,因为中国的抗战使日本法西斯的军队特别是陆军深陷在中国战场,从而牵制了日本在远东的行动,这对于美、英、苏保护其远东利益都是十分重要的。

(2)经济上的大量援助,维持了中国的抗战经济和大后方的稳定

抗战时期,苏联、美国、英国等国都多次向中国提供经济贷款和经济援助,用于稳定金融与经济、外购各类物资。

抗战时期苏联对华贷款援助总额达2.5亿元,分三期,是由杨杰的军事代表团访问苏联时商定的。⑤ 第一次借款协定于1938年3月1日在莫斯

---

① 世界知识出版社编:《中美关系资料汇编》第一辑,世界知识出版社1957年版,第99页。
② "The Secretary of State to the Ambassador in China (Gauss)", December 9, FRUS, 1941, Vol. 4, p. 739.
③ Michael Schaller, *The U. S. Crusade in China*, New York: Columbia University Press, p. 87.
④ 张注洪:《国际友人与抗日战争》,北京燕山出版社2007年版,第5页。
⑤ 汪金国:《战时苏联对华政策》,武汉大学出版社2010年版,第60页。

科举行，借款总额为 5000 万美元，利息为年利率 3%，自 1938 年 10 月 31 日起 5 年内还清，每年偿付 1000 万元美元。条约第三条规定："全权代表依据本条约各条款，于苏维埃社会主义联邦共和国政府借予中华民国政府之信用借款额内，订购各种工业产品与工业设备。"① 战时苏联的第二次对华信用借款于 1938 年 7 月 1 日在莫斯科商定，即《苏维埃社会主义联邦共和国政府与中华民国政府间关于实施五千万元美金信用借款条约》，借款的使用、年息与第一次相同。条约规定自 1938 年 7 月 1 日起计息，1940 年 7 月 1 日起 5 年内偿还，每年偿付 1000 万美金和相应的利息②。苏联的第三次对华借款 1.5 亿元，是 1939 年 6 月 13 日在莫斯科签订的。

  抗战时期英国出于保护远东利益，也曾给予中国物资援助。1938 年 12 月 5 日，英国向中国提供了 1000 万英镑的贷款；18 日，英国确定对华首批贷款 50 万英镑，并同时许诺了一笔购货信贷。③ 1939 年 3 月 10 日，英国单独与中国签订《中英平准基金协定》，成立中英联合委员会，由双方各出资 500 万英镑，以此来维持法币与英镑在市场上 1 元法币比 8 便士的比价。由于日伪和外国公司大量收购外汇，中英平准基金不到 3 个月就用完。1939 年 6 月 7 日，国民政府决定停止出售外汇。④ 1940 年 12 月 10 日，英国政府宣布给予中国 1000 万英镑币制借款。⑤ 1942 年 2 月 3 日，英国再次提供援华借款 5000 万英镑，约合 2 亿美元。⑥ 1943 年 1 月 11 日，英国又宣布给国民政府 5000 万英镑的贷款，以供作战和稳定货币之用。英国援华抗日，是英国为了其在远东的殖民利益。正如英国驻华大使卡尔 1938 年在一次报告中向英国外交部所说的那样："在某种态度上，中国既是为他们自己战，也是为我们而战，因为只有日本人的失败，才能把我们从危及我们在远东地位的灾难中解放出来。"⑦

  抗战时期美国对中国的经济援助数量最多。1938 年 12 月 30 日，《中

---

① 李嘉谷：《合作与冲突——1931—1945 年的中苏关系》，广西师范大学出版社 1996 年版，第 78 页。
② 汪金国：《战时苏联对华政策》，武汉大学出版社 2010 年版，第 61 页。
③ Arthur N. Young, *China and the Helping Hand*, *1937 – 1945*, Cambridge：Harvard University Press，1963，p. 84.
④ 《中英平准基金借款》，1939 年 3 月 10 日，财政科学研究所、第二历史档案馆编《民国外债档案史料》第 11 卷，档案出版社 1990 年版，第 142 页。
⑤ 《蒋介石致宋子文电》，1940 年 12 月 10 日，中国社会科学院近代史研究所中华民国史组《胡适任驻美大使期间往来电稿》，中华书局 1978 年版，第 87 页。
⑥ 李世安：《战时英国对华政策》，武汉大学出版社 2010 年版，第 174 页。
⑦ 《英国外交文件》，第 2 辑第 21 卷，第 762—763 页；转引自陶文钊、杨奎松、王健朗《抗日战争时期的中国对外关系》，第 142 页。

美桐油借款合同》正式签订，给予中国 2500 万美元的信贷，详细规定了桐油的釉质、数量等，也规定中国首先用此款订购载重至少 2.5 吨的卡车 1000 辆。① 1940 年 4 月 20 日，《华锡借款合约》在华盛顿签订，中国向美国借款 2000 万美元。② 是年 10 月 22 日，中美《钨砂借款合约》在华盛顿签字，美国进口银行于 1940 年年底前给予中国中央银行 2500 万美元的借款。③ 太平洋战争爆发后，美国同意中国免偿贷款 75%。1941 年 1 月 31 日，中美签订《金属合同》，2 月 4 日又签订《金属借款合约》，美国给中国贷款 6000 万美元。1942 年 2 月 11 日，美国同意中国免偿 75% 的贷款。④ 1941 年 4 月 1 日，中美签订《平准基金协定》，规定美国将以 5000 万美元购买中国法币，该项购款存于美国⑤。这对于稳定法币，支持大后方的经济秩序稳定起了重要的作用。抗战时期，美国政府还给予了中国大量不需要偿还属于赠予的租借物资。1941 年 3 月 11 日，罗斯福签署《租借法案》。该法案规定："只要总统认为该国的防御对美国的防御是必不可少的，总统也可以出售、划拨、交换、租借或另行处置任何此类防御物资给任何此类政府。"⑥ 5 月 6 日，罗斯福正式宣布中国为有资格获得租借援助的国家。同时宣称："保卫中国即是保卫美国的关键。"⑦ 18 日，首批 7552 吨，包括 300 辆汽车在内的、价值 110 万美元的租借物资从纽约启程运往中国。至当年 12 月，共有 66675 吨物资装运赴华。根据美国财政部的统计，中国获得的租借援助物资数额分别为：1941 年，2600 万美元；1942 年，1 亿美元；1943 年，4900 万美元；1944 年，5300 万美元；1945 年 11.07 亿美元（其中抗战结束前阶段为 5.5 亿美元）⑧。对华租借援助物资中，兵器、飞机、坦克及其他车辆、船只、各种军用装备等约占 5.2 亿美元。除 2000 万美元须偿还外，其余一概作为无偿赠予。除

---

① 《购售桐油合同》，1938 年 12 月 30 日，王铁崖编《中外旧约章汇编》第 3 册，生活·读书·新知三联书店 1982 年版，第 1124 页。
② 《陈光甫陈报华锡借款合约要点电》，财政科学所、第二历史档案馆编《民国外债档案史料》第 11 卷，第 269—270 页。
③ 《钨砂借款合约》，1940 年 10 月 22 日，王铁崖编《中外旧约章汇编》第 3 册，生活·读书·新知三联书店 1982 年版，第 1164 页。
④ 沈庆林：《中国抗战时期的国际援助》，上海人民出版社 2000 年版，第 60 页。
⑤ 同上。
⑥ [美] 威廉·哈代·麦克尼尔：《美国、英国和俄国——它们的合作和冲突（1941—1946）》，叶佐译，上海译文出版社 1978 年版，第 188 页。
⑦ 《中美关系资料汇编》第一辑，世界知识出版社 1957 年版，第 99 页。
⑧ Arthur N. Young, *China and the Helping Hand, 1937–1945*, Cambridy：Harvard University Press, 1963, p. 350.

此之外，美国医药援华会、美国红十字会、联合国善后救济总署等国际组织也向中国提供捐赠款项和物资，支援中国抗战。① 据《新华日报》1941年7月15日的报道："据美国联合救济中国难民委员会董事长本周向董事们的报告，煤油大王之长公子洛克菲勒，近捐款美金5万元救济中国难民，该会经一月之努力，截至本周止，已募得美金100890515元。"② 整个抗战时期，美国援华委员会等组织募集的捐款达2500万美元，英国联合援华筹款委员会募集捐款约200万英镑。③

以上经济上的支持，为稳定大后方的社会经济秩序，对于大后方乃至整个中国的抗日战争都起了重要的意义。

（3）军事上的支援，对于保卫大后方起了重要作用

首先是苏联的军事援助。比如，抗战时期苏联给予中国的第一笔贷款5000万美元，购买军火费用43991300美元。④ 从苏联购买的这些武器装备，成为抗战初期中国军事装备的主要来源。

抗战时期，苏联还派军事顾问来华援助中国的抗战。1938年至1942年期间，中国方面先后聘请4名苏联军事总顾问，分别是 М. И. 德拉季文、А. И. 切列潘洛夫、К. М. 卡恰洛夫；В. И. 崔可夫。⑤ 苏联也派出空军志愿队来华参加对日空战。援华空军志愿队：领队 П. В. 雷恰戈夫，政治委员 А. Г. 雷托夫。⑥ 至1939年12月，已达712人，派往中国的苏联飞行员中，不少是优秀飞行员。1939年8月3日夜至4日晨，日机18架进袭重庆，被中苏飞行员击落2架。⑦

其次是美国的军事援助。在军事上，1941年美国和中国订立了几项计划，一是由美国配备并训练大批的中国军队，二是准许美国志愿飞行员为中国服务、对日作战，派遣军事顾问；并派出以史迪威为首的军事代表团和以陈纳德为队长的空军"飞虎队"来华参加对日作战。在"军火租

---

① 重庆市地方志编纂委员会：《重庆市志》第14卷之《外事志》，西南师范大学出版2005年版，第676页。
② 《截至1941年7月，美人士援华捐款已逾百余万美元，美红会将续运药品来华》，《新华日报》1941年7月15日第1版。
③ 沈庆林：《中国抗战时期的国际援助》，上海人民出版社2000年版，第99—102页。
④ М. И. 斯拉德科夫斯基：《苏中经贸关系史》，莫斯科：科学出版社1977年版，第130页。
⑤ Р. А. 米罗维茨卡娅：《苏联首批援华顾问》，《远东问题》1983年第4期，第82—88页。
⑥ 汪金国：《战时苏联对华政策》，武汉大学出版社2010年版，第71页。
⑦ 同上书，第86页。

界法案"的名义下,供应国民政府大批军火。比如,1941年3月20日,美国批准援助中国价值4450万美元的武器弹药,包括大炮、机关枪子弹等。1941年5月中旬,美国陆军部批准首批运载租借军火物资的船舶离纽约港运往中国,10月第一批武器供给中国陆军。① 7月23日,罗斯福又批准了一项计划:为一支有500架飞机的中国航空队提供装备与人员。1940年10月18日,蒋介石约见美国驻华大使约翰逊,正式提出中国希望美国提供空中援助。他要求美国今后3个月内向中国派遣一支由美国志愿人员驾驶的有500架飞机的空军部队,同时提供一笔贷款作为实施该计划的经费②。罗斯福很感兴趣,于1941年4月15日签署了一项行政命令,允许预备役军官和陆海军退役人员参加援华志愿航空队,同意中国购买原定援英的100架P-40型战斗机。1941年7月,陈纳德在美国招募了110名飞行员、150名机械师,另外招募了一些地勤人员,飞行员名义上是"中国中央飞机制造厂"雇员。8月1日,蒋介石发布命令,正式成立中国空军美国志愿航空队(俗称"飞虎队"),下辖3个驱逐中队。共有100架P-40B型战斗机,25架P-40E型战斗机。③ 飞虎队从1941年8月1日建立到1942年7月4日解散,实际参战7个月,击落敌机299架,并消灭敌军大量坦克、车辆、舰船和地面部队。④ 截至抗日战争结束,飞虎队共击落敌机2600架,击沉或重创223万吨敌商船、44艘军舰、1.3万艘100吨以下的内河船只,击毙日军官兵66700名。⑤ 除与日机作战以外,飞虎队还掩护了中缅印空运司令部从印度北部阿萨姆邦飞跃喜马拉雅山到昆明的"驼峰"航线的战略空运,为中国的抗日战争做出了重要贡献,不少人为此献出了宝贵的生命。

最后是中、美、英在中印缅战区的军事合作。1941年12月太平洋战争爆发后,中、美、英等国结成了同盟。当时上海、广州、香港、福州等沿海城市均被日军占领,中国唯一的国际通道是从仰光到昆明的滇缅公路。为了保卫这条生命线,中国在1942年组织了10万人的远征军到缅甸配合英军对日作战。但由于英方轻敌,不让远征军进入缅甸,英军很快溃败,中国军队掩护其撤退,英军不配合并万般刁难中国军队的行动,并且

---

① 胡德坤、韩永利:《中国抗战与世界反法西斯战争》,社会科学文献出版社2005年版,第250页。
② 沈庆林:《中国抗战时期的国际援助》,上海人民出版社2000年版,第61页。
③ 李安庆:《中国空军美志愿大队战史纪要》,《民国档案》1985年第1期,第65页。
④ [美]陈香梅:《陈纳德与飞虎队》,石源华等译,学林出版社1988年版,第112页。
⑤ 陶文钊:《战时美国对华政策》,武汉大学出版社2010年版,第184页。

不援助中国军队，导致缅甸保卫战失败。中国远征军一部分退入云南，另一部分分路退入印度①。在收复缅甸的战役中，1943年12月18日，在印度经过训练、装备精良的中国驻英军新22师、新30师、新38师和部分美军在战场上初战告捷，攻下敌军重要据点于邦。② 1944年3月上旬，侵缅日军向6万名英印军发起攻击，并包围在英帕尔平原的圆形地带，中国政府1944年4月5日命令滇西远征军攻入缅北，发起反攻缅甸的战役。中国军队的指挥官有副总指挥郑洞国、军长孙立人、廖耀湘。美方派出了一个步兵团③作为特别突击队参战，指挥为梅利尔准将，简称麦支队，包揽了缅北上空的制空权和飞越驼峰的空运大队。中国亦派出少量空军与美轰炸大队混合编组，并肩作战。英方也派出部分地方部队参战。1945年5月，在中美英共同打击下，日军被迫从缅甸撤退，缅甸战役胜利结束。④

以上军事支援，对于大后方乃至整个中国的抗日战争都起了非常重要的意义。当然值得指出的，美、英、苏对华军事援助都是从其国家根本利益出发的。从美国援华来看，其给中国支援最多的时候是在太平洋战争爆发后，且受制于美国"先欧后亚"总体战略的影响，这导致美国在军事援华与军事援英发生冲突时，它总是牺牲中国的利益而援助英国。比如，在中国抗日十分困难的情况下，罗斯福还抽调原来支援中国抗战的美国第十航空队到中东支援英国。

二 国共应对国际环境嬗变的教训

（一）中国共产党应对国际环境嬗变的不足

抗战时期，中国共产党在应对国际环境嬗变方面积累了丰富的经验，但也存在少许不足，尤其是在抗战初期。

1938年后，英法等国对德国采取绥靖政策，妄图把德国"祸水东引"去进攻苏联，同年9月，英、法、德、意签订了《慕尼黑协定》，以牺牲捷克利益，换取了德国不与英、法作战的特殊利益。1938年8月，苏联为求自保，与德国签订《苏德互不侵犯条约》。此后，苏联放弃了建立国际反法西斯统一战线的策略，并断定第二次世界大战是帝国主义之间的战争。由于受共产国际和苏联的影响，加之英美对日采取绥靖政策，中共把英美当成日本侵略者的"战略同盟军"。因此，毛泽东

---

① 萨本仁、潘兴明：《20世纪的中英关系》，上海人民出版社1996年版，第238页。
② 陶文钊：《战时美国对华政策》，武汉大学出版社2010年版，第278页。
③ 沈庆林：《中国抗战时期的国际援助》，上海人民出版社2000年版，第64页。
④ 关培凤：《中国与世界反法西斯联盟》，武汉大学出版社2010年版，第172页。

在此时对于外援的叙述是这样的："以自力更生为主，不放弃外援。这种外援主要有三种，一是社会主义的苏联；二是世界各资本主义国家的人民（不包含政府）；三是世界各殖民地、半殖民地的被压迫民族。"① 把英、法、美等国政府排除在外，这不仅不利于争取美英法，同时也削弱了中国共产党在国际上的影响。

而《苏日中立条约》的签订完全是从苏联本国利益出发的，这对于中国的抗战有很大的影响。但中共由于当时是共产国际的一分子，迫于压力，中国共产党不得不在1941年4月16日发表对《苏日中立条约的意见》。在《意见》中，中共中央认为：苏日条约使苏联的国际地位极大地提高了，苏联无论在东方在西方都增大了它的发言权②。很明显，苏联与日本签订中立条约，不仅不能提高其国际地位，也减少了其在西方的发言权。日本因为得到苏联中立的保障，这对中国的抗战不利。其次，《意见》还指出，苏日条约没有限制苏联援助中国进行独立的正义的对日抗战。③ 但事实上，苏日中立条约的签订，确实使苏联减少了对中国抗战的援助。

在抗战后期，对于蒋介石与苏联签订的《中苏友好同盟条约》，中共中央的机关报《解放日报》发表社论认为："中苏友好同盟条约，是历史上我国和外国签订的第一个友好同盟条约。……我们认为这个条约是苏联一贯地以平等待我的政策的又一表现。"④ 中共在当时对中苏友好同盟条约的表态，固然有加快打败日本帝国主义、解放中国领土的考虑，也有借此赢得苏联共产党的暗中支持的意图。但该条约使外蒙从中国版图分离出去，苏联也在"优越权益"的名义下，恢复了沙俄时代在中国东北的系列特权。因此，中共在当时的此举使一些不明真相的民主人士曾对中共表示不满。

（二）国民党应对国际环境嬗变的教训

1. 错误判断国际形势及莽撞行动，国际势力使蒋介石"尴尬"

抗战时期，国民党曾经误判国际形势，并进而采取了反共军事摩擦，

---

① 毛泽东：《苏联利益和人类利益的一致》，《毛泽东选集》第2卷，人民出版社1991年版，第600页。
② 《中国共产党对苏日中立条约发表意见》（1941年4月16日），新华网2007年5月22日。根据1941年出版的《六大以来》，人民出版社1980年刊印。
③ 李新总主编：《中华民国大事记》第四册（1937—1943），中国文史出版社1997年版，第699—702页。
④ 王建朗：《大国背后的辛酸——再议宋子文与〈中苏友好同盟条约〉谈判》，载吴景平主编《宋子文与战时中国》，复旦大学出版社2008年版，第203页。

第七章 国际环境嬗变与第二次国共合作的经验　327

招致美、英、苏等大国的反对。比较典型的是皖南事变。在皖南事变前，德国在欧洲打败了法国，空袭了英国，并准备攻打苏联。无论是德国、意大利、日本还是美、英、苏，都极力争取蒋介石。在此有利国际形势下，蒋介石企图通过大规模的反共军事摩擦，给中国共产党造成强大的军事、政治压力，以压迫共产党屈服和中国共产党领导的抗日军队就范。但皖南事变后的形势发展完全出其意料，皖南事变使国民党政府的外交陷于窘境。在国际上，皖南事变爆发后不久，苏联驻华大使潘友新于 1 月 25 日专门会见了蒋介石，表示：" 苏联政府对于此次之冲突与斗争非常关怀，深恐由此引起内战，因而损及贵国的抗战力量。" 并提出，如果蒋介石不停止反共，苏联将不再支援国民党政府的武器、贸易和军事人员。美国朝野各界在皖南事变发生后都对中国爆发内战表示了担忧。美国一些报纸陆续发表了斯诺和斯特朗等记者对该事件真相的报道，对国民政府的做法进行了抨击。美国纽约《先驱论坛报》的社论指出，皖南事变是"极大的不幸"，认为国民党称中共为"心腹大患"、日本为"癣疥之疾"，是极其错误的[①]。1941 年 1 月 24 日，合众国际社报道了美国总统罗斯福委派总统行政助理居里访华，在考察中国经济情况的同时，兼有调查国共间争执的任务。……鉴于国共内争，美国国务院已暂停了拟议中的对华贷款计划的实施[②]。2 月 8 日，蒋介石在重庆会见了居里，居里转述了罗斯福总统的口信：罗斯福认为"中国之共产党员，……对于农民、妇女以及日本之态度，足值吾人之赞许。故中国共党与国民政府相类者多，相异者少，深盼其能排除异见，为抗日战争之共同目标而加紧团结"[③]。这清楚地表明，美国政府在抗战时期是希望国共两党能团结一致共同抗日，而不赞成国民党发动皖南事变。英国的立场和美国一致。英国政府通过驻华大使卡尔把意见告诉蒋介石："内战只会加强日本的攻击。"就连日本首相东条英机也不买账，说："日本决不依赖国共纠纷，而是依靠自己的力量解决中国事件"，并调集重兵于 1941 年 1 月下旬大举进攻河南。国民党顿时陷入空前的孤立和被动之中。为了给美、英、苏三大国一个中国团结抗战的假象，蒋介石派张冲"三请"周恩来，周恩来仍拒见蒋介石！蒋介石无可奈何，又派两批特使，前去动员董必武、邓颖超出席会议，依然无效。国民党《中央日报》这时的社论也同样保证说："只要中共不脱离抗战阵

---

① 张俊义：《皖南事变后蒋介石对美外交余波——宋子文档案解读之三》，《百年潮》2014 年第 11 期，第 42 页。
② 同上书，第 43 页。
③ 同上书，第 45 页。

线，事件不致扩大，而剿共事实亦不至发生。"①

2. 国民党没有坚持领土主权和民族自决的原则

当领土主权和国民党统治政权有冲突时，国民党往往为了保住其党派利益而牺牲民族和国家利益。在抗战中，由于对中国自身抗战认识不足，尤其是其长期轻视中国共产党领导的游击战，把最后战胜日本的希望寄托在美、苏、英等大国身上，而它们都是奉行"实利主义"的国家。它们对日作战除了保护远东利益不受日本侵略者的侵害外，同时对抗战时期中国成为四强国和五大常任理事国后对它们在远东特殊利益的"危害"也持十分警惕的态度，为此，蒋介石在对美、英、苏特别是对英和对苏交往中，往往在领土主权和涉及中国国家利益问题上采取妥协政策。在抗战期间，由于反法西斯的急切需求和压力，英苏不得不在形式上承认中国的大国地位，但实际上从没有把中国当成世界大国对待。比如，在开罗会议上，丘吉尔根本没有把蒋介石看在眼里。蒋介石曾感慨地说："英国绝不肯牺牲丝毫之利益以济他人，……其与中国存亡生死，则不值一顾矣。"②1942年11月至1943年11月，英国迫于当时需要中国在远东抗击日本法西斯的形势需要，加之，日本与汪伪政府正在谈判交还外国在华租界，英国开始与中国谈判废除英国在华特权。当时，中国方面要求先行收回九龙，以为将来解决香港问题之基础。③而1942年11月22日，英国外交部要求其驻华大使薛穆（Horace Seymour）在与中国签订新约时坚持一个原则："条约与香港殖民地和包括新界在内的香港任何部分无关系"。其方针是坚决抵制中国收回香港的要求，即使中英谈判破裂也在所不惜。④薛穆大使在涉及英国殖民地利益上也态度坚决，中方最后做出让步，暂时放弃收回九龙的要求。抗日战争即将结束之时，苏联借口向驻扎在中国东北的日本关东军发起进攻可帮助中国尽快打败日本，要求在中国东北享有特殊的权益，并极力推动外蒙古从中国独立，以在中苏之间搞一个"缓冲带"。蒋介石为了让苏联在战后不支持中国共产党，居然做出巨大让步，不仅同意外蒙古独立，而且在东北主权问题上也采取了妥协退让措施。

---

① 重庆《中央日报》，1941年3月9日（社论）。
② 《中国国民党临时全国代表大会决议案》，秦孝仪《革命文献》第76辑《中国国民党历次全国重要决议案汇编》（上），台北："中央"文物供应社1978年版，第72页。
③ 关培凤：《中国与世界反法西斯联盟》，武汉大学出版社2009年版，第127页。
④ 陶文钊、杨奎松、王建朗：《抗日战争时期的中国对外关系》，中国社会科学出版社2009年版，第359—360页。

3. 抗战胜利后逆"和平、民主"的国际环境而动,败退台湾

抗战胜利后,面对国际上英、美、苏都主张和平、民主,主张国共和平谈判解决争端的形势,国民党却处处逆势而动,即使美国人亲自出面调停,也顽固坚持一党专制,并撕毁政协决议,发动内战,最终不仅苏联和英国不支持国民党,就是美国也不是全心支持国民党,最终导致国民党败退台湾。关于这一点,我们在前面的章节中已有详细的论述,此处不再赘述。

小　结

本章概括了国际环境嬗变与第二次国共合作的经验。首先,国际环境与国内因素在第二次国共合作进程中的关系:国内因素是基本动因,中国国内政治环境嬗变是国共第二次合作酝酿、形成、曲折发展乃自破裂的根本因素,国际因素只是催化剂的作用。其次,20世纪三四十年代的国际环境嬗变,对第二次国共合作的酝酿、形成、曲折发展和破裂都造成了影响。再次,第二次国共合作对国际环境的嬗变也有很大影响;国共合作抗日减轻了美国在太平洋、美英在东南亚与日本作战的压力、苏联在远东的压力,对于美英苏的"先欧后亚"战略起了重要作用。最后,国共应对国际环境嬗变的经验、成效和教训。国民党的经验包括:制定正确的应对方针——极力向美英苏靠拢,中立德国;利用国际政治的积极因素使中国的国际地位"窜升";加强特使外交,推进美英苏对中国的好感。共产党的经验包括:坚持原则性与灵活性的统一,既联合又斗争;努力争取外援,正确处理外援与自力更生;加强对外宣传,利用国际社会遏制蒋介石的反共活动;正确处理国际环境与国内环境关系,服务于国共合作大局。

参考文献

一 档案和文献资料集

《美国对外关系文件集》（FRUS），1933年，第2卷，Washington，1954。

《美国对外关系文件》1936年第4卷，Foreign Relations of the United States，1936，Vol. IV，Washington 1954。

"The Ambassador in the United Kingdom（Bingham）to the Secretary of State"，July 13，1937，FRUS，*The Far East*，Vol. 3.

"The Ambassador in Japan（Grew）to the Secretary of State"，July 14，1937，FRUS，*The Far East*，Vol. 3.

"The British Embassy to the Department of State"，July 13，1937. FRUS，*The Far East*，Vol. 3.

United States Department of State, Foreign Relations of the United States, 1939, *The Far East*, Vol. 3, Washington D. C.：U. S. Government Printing Office, 1955.

《美国对外关系文件集，1942年，中国》，美国国务院1956年版。

美国国务院编：《美国对外关系：1943年开罗会议和德黑兰会议》，普林斯顿大学出版社1945年版。

The Secretary of State to the Ambassador in China, Sept. 9, 1944, FRUS, 1944, Vol. 6, 1967.

The Ambassador in China to the Secretary of State, Sept. 16, 1944, FRUS, 1944, Vol. 6.

Marshall to Truman, Feb. 9, 1946, Foreign Relations of United States, 1946, Vol. IX.

Great Britain Foreign Office, Documents on British Foreign Policy 1919 – 1939, Third Series, Vol. 9, 1938 – 1939, London：Her Majesty's Stationery Office, 1955.

俄罗斯国家档案馆档案，档案名：斯克沃尔佐夫就建立联合政府谈判事宜与周恩来的会谈备忘录；档号：SD11971；АВПРФ，ф. 0100，оп. 33，п. 244，д. 13，л. 66 – 70 Русско-китайские отношения в XX веке，Т. IV，К. 2，с. 17 – 19。

俄罗斯国家档案馆档案，档案名：彼得罗夫与赫尔利关于国共谈判及美苏对华政策的会谈备忘录（1945年9月6日），档案号：SD12112；АВПРФ，ф. 0100，оп. 33，п. 244，д. 12，л. 218 – 219 Русско-китайские отношения в XX веке，Т. IV，К. 2，с. 229 – 230。

俄罗斯国家档案馆档案，档案名：彼得罗夫关于政治协商会议和国内形势与周恩来的会谈备忘录（1946年2月6日），档案号：SD16081；АВПРФ，ф. 0100，оп. 34，п. 253，д. 20，л. 16 – 22，Русско-китайские отношения в XX веке，Т. V，К. 1，с. 54 – 58。

《苏联对外政策文件集》第18卷，莫斯科政治文献出版社1971年版。

莫斯科俄罗斯当代历史文献保管与研究中心档案，全宗号：495 目录号：74。珍妮·德格拉斯编：《共产国际文件》（1929～1943年），世界知识出版社1964年版。

[苏] С. В. 克里洛夫：《联合国史料》第1卷，张瑞华译，中国人民大学出版社1955年版。

《苏联共产党代表大会、代表会议和中央全会决议汇编》（第四分册），人民出版社1957年版。

内阁情报部1939年6月编：《议会资料调查（第一辑）——第七十四回帝国议会》第三五二页"增产计划"条，外务省外交史料馆藏，薄册号：B – A – 5 – 2 – 002。

《近卫首相演述集》，外务省史料馆藏，薄册号：B – A – 1 – 0 – 016。

法国外交文件档案（Documents diplomatiques français）：《沈阳Crepin领事致法国驻北京公使韦礼德电》，1931年9月19日，法国外交部档案，319/52；《沈阳Crepin领事致法国驻北京公使电》，1931年9月21日，326/20；《沈阳Crepin领事致法国驻北京公使电》，1931年9月22日，319/343；《法国驻北京公使韦礼德致法国外交部》，1931年9月20日，319/33；《法国驻北京公使韦礼德致法国外交部》，1931年9月23日，法国外交部档案，324/129；《法国驻东京大使De Martel致外交部》，1931年9月23日，319/147；《中国驻日内瓦代表1931年9月22日电》，法国外交部档案，319/109；《法国外交部给Massigli的指示》，1933年3月24日，法国外交部档案 Assia 1918 – 1940，China，659/90。

《Paul-Boncour给法国驻伦敦大使、华盛顿和罗马大使的指示》，1933年4月

21 日,《法国外交部文件 1932—1939》第 3 册第 1 卷,巴黎 1960 年。
《亚太司致法国外交部长的报告》,1936 年 12 月 21 日,《法国外交部文件 1932—1939》,巴黎 1960 年,第 2 册第 4 卷。
《德国外交政策文件集》,1918—1945 年 D 辑 1 卷,华盛顿 1950 年。
德国外交部波恩政治档案馆,秘密档案 1920—1936 年 (Geheimakten 1920–1936),政治四处 (politische Abteilung IV),东亚综合事务 (Ostasien Allgemein),中国 (China)。
《王世杰签呈第 101 号》,1939 年 4 月 4 日,中国第二历史档案馆藏档案:761/167。
《外交专门委员会第 27 次会议记录》,1939 年 4 月 12 日,台北中国国民党党史馆藏国防档案:003/310.3。
《蒋介石日记》,1937—1946 年。美国斯坦福大学胡佛研究院档案馆藏。
《中国外交史资料选辑》第 2 册,高等教育出版社 1958 年版。
中共中央马克思恩格斯列宁斯大林著作编译局:《斯大林全集》第 13 卷,人民出版社 1956 年版。
世界知识出版社辑:《中美关系史资料汇编》,世界知识出版社 1957 年版。
复旦大学历史系日本史组编译:《日本帝国主义对外侵略史料选编:1931—1945》,上海人民出版社 1975 年版。
复旦大学历史系中国近代史教研组编:《中国近代对外关系史资料选辑》(1840—1949 年)下卷,第二分册,上海人民出版社 1977 年版。
秦孝仪主编:《"总统"蒋公大事长编初稿》卷 5(下),(台北)中国国民党"中央委员会"党史委员会 1978 年版。
中国社会科学院近代史研究所中华民国史组编:《中华民国史资料丛稿》增刊第 5 辑,中华书局 1979 年版。
中国社会科学院现代史研究室编:中国现代革命史资料丛刊《西安事变资料》第一辑,人民出版社 1980 年版。
秦孝仪主编:《中华民国重要史料初编·绪编(三)》,中国国民党中央委员会党史委员会编印,1981 年。
秦孝仪主编:《中华民国重要史料初编·第七编》,中国国民党中央委员会党史委员会编印,1981 年。
秦孝仪主编:《中华民国重要史料初编》(对日抗战时期绪编二),中国国民党中央委员会党史委员会编印,1981 年。
秦孝仪主编:《中华民国重要史料初编——对日抗战时期·第三编(二)》,中国国民党中央委员会党史委员会编印,1981 年。

中共中央文献编辑委员会:《周恩来选集》上, 人民出版社1981年版。
王铁崖编:《中外旧约章汇编》第3册, 生活·读书·新知三联书店1982年版。
中国社会科学院近代史研究所:《顾维钧回忆录》第1—12分册, 中华书局1983、1985、1985、1986、1987、1988、1988、1989、1989、1989、1990、1993年版。
秦孝仪主编:《先"总统"蒋公思想言论总集》第21卷, 台北国民党"中央委员会"党史委员会印1984年版。
中共代表团梅园新村纪念馆编:《国共谈判文献资料选辑》, 江苏人民出版社1984年版。
中央统战部、中央档案馆:《中共中央抗日民族统一战线文件选编》(中), 中国档案出版社1985年版。
秦孝仪主编:《中华民国重要史料初编——对日抗战时期·第五编·中共活动真相(四)》, 中国国民党中央委员会党史委员会编印, 1985年。
秦孝仪主编:《中华民国重要史料初编·第五编第4册》, 中国国民党中央委员会党史委员会编印, 1985年。
中央统战部、中央档案馆:《中共中央解放战争时期统一战线文件选编》, 中国档案出版社1988年版。
中央统战部、中央档案馆编:《中共中央抗日民族统一战线文件选编》(上), 中国档案出版社1988年版。
《王世杰日记》第2册, 台北:"中央研究院"近代史研究所1989年版。
中央档案馆:《中共中央文件选集》, 第7、8、9、10、11、12、13、15册, 中共中央党校出版社1991年版。
中共中央文献研究室编:《毛泽东选集》(1—4卷), 人民出版社1991年版。
中央档案馆编:《中共中央文件选集》第9—18册, 中共中央党校出版社1991年版。
中央档案馆编:《中共中央文件选集》第14册, 中共中央党校出版社1992年版。
马振犊:《中德外交密档(1927—1947)》, 广西师范大学出版社1994年版。
《马克思恩格斯选集》第4卷, 人民出版社1995年版。
《列宁全集》第39卷, 人民出版社1996年版。
中共中央文献研究室编:《刘少奇年谱(1898—1969)》下卷, 中央文献出版社1996年版。

陈志奇编:《中华民国外交史料汇编》(十一册),第 31 编,台北:渤海堂文化事业有限公司 1996 年版。

中国第二历史档案馆:《中华民国档案资料汇编》第 5 辑第 2 编·外交,江苏古籍出版社 1997 年版。

中国第二历史档案馆:《中华民国档案资料汇编》第 5 辑第 3 编·政治,江苏古籍出版社 1997 年版。

《毛泽东文集》第 1—8 卷,人民出版社 1999 年版。

吴景平:《宋子文与战时中国(1937—1945)》,复旦大学出版社 2008 年版。

吴景平、郭岱君:《宋子文驻美时期电报选(1940—1943)》,复旦大学出版社 2008 年版。

杨奎松:《美国对华情报解密档案(1948—1976)》(壹)第二编《中国内战》,东方出版中心 2009 年版。

吴景平、林孝庭：《战时岁月:宋子文与外国人士往来函电稿新编(1940—1943)》,复旦大学出版社 2010 年版。

二 主要的期刊和报纸

《国闻周报》《中央周报》《国际通讯》《大众知识》。

《红色中华》《解放周刊》《新中华报》《新华日报》《解放周刊》《解放日报》。

《扫荡报》《大公报》(天津)、《中央日报》《申报》《改造杂志》。

[苏联]《消息报》《真理报》。

Philip Jaffee, Amer Asia Vol. 7 (1943), Vol. 8 (1944), Vol. 9 (1945), Vol. 10 - 11 (1946 - 47), New York: Greenwood Press Corporation, 1968.

三 外文书籍

Henry L. Stimson, *The Far Eastern Crisis. Recollections and Observations*, New York: Harper and Brothers, 1948.

John King Fairbank, *The United States and China* (American Foreign Policy Library), Harvard University Press, 1948.

Winston Churchill, *The Second World War*, Vol. IV: The Hinge of Fate, London: Cassel, 1951.

Richard N. Current, *A Study in Statecraft*, New Brunswick: Rutgers University Press, 1954.

Charles B. Mclane, *Soviet Policy and the Chinese Communists, 1931 – 1945*, New York: Columbia University Press, 1958.

Chalmers Johnson, *Peasant Nationalism and Communist Power, The Emergence of Revolutionary China, 1937 – 1945*, Stanford University Press, 1962.

Arthur N. Young, *China and the Helping Hand, 1937 – 1945*, Harvard University Press, 1963.

James B. Crowley, *Japan's Quest for Autonomy National Security and Foreign Policy (1930 – 1938)*, New Jersey: Princeton University Press, 1966.

Lyman P. Van Slyke, *Enemies and Friends: The United Front in Chinese Communist History*, Stanford: Stanford University Press, 1967.

Iriye Akira, *Acrosss the Pacific: An Inner History of American-East Asian Relations*, New York: Harcourt, Brace and World, Inc, 1967.

Barnett, David D. Dixie Mission, *The United States Army Observer Group in Yenan, 1944.* Berkeley: Center for Chinese Studies, China Research Monographs, University of California, 1970.

Davies, John Paton. *Dragon by the Tail: American, British, Japanese, and Russian Encounters with China and One Another.* New York: W. W. Norton, 1972.

Leonid N. Kutakov, *Japanese Foreign Policy on the Eve of the Pacific War, A Soviet View*, Tallahassee, Florida: The Diplomatic Press, 1972.

Gerald E. Bunker, *The Peace Conspiracy (Wang Chingwei and the China War, 1937 – 1941)*, Cambridge, Massachusetts: Harvard University Press, 1972.

Martin H. Brice, *The Royal Navy and the Sino-Japanese Incident (1937 – 1941)*, London: Ian Allan Ltd, Shepperton, Surrey, 1973.

Richard C. Thornton, *China, the Struggle for Power (1917 – 1972)*, Bloomington: Indiana University Press, 1973.

Henry Wei, *China and Soviet Russia*, Greenwood Press, 1974.

A. Morgan Young, *Imperial Japan (1926 – 1938)*, Greenwood Press Publishers (Westport Connecticut), 1974.

Tetsuya Kataoka, *Resistance and Revolution in China (The Communists and the Second United Front)*, Berkley, Los Angels: University of California Press, 1974.

Ch'I Hsi-sheng. *Nationalist China at War: Military Defeats and Political Collapse, *1937 – 1945*. Ann Arbor: University of Michigan Press, 1982.

Marshall, *George C. Marshall's Mission to China, December 1945—January 1947: The Report and Documents*, Vol. 1, Arlington: University Publication of America, 1982.

John King Fairbank, *Republican China, 1912—1949*, Vol. 13, Part 2, Harvard University Press, 1983.

John King Fairbank, *Chianbound: A Fifty-Year Memoir*, Harper and Row, New York, 1983.

Milan Hauner, *Hitler, A Chronology of His Life and Time*, New York: St. Martin's Press, 1983.

Shai, A., *Britain and China*, 1941 – 1947, London, Macmillan, 1984.

Eastman, Lloyd, *Seeds of Destruction: Nationalist China in War and Revolution, 1937 – 1949*, Stanford, Calif: Stanford University Press, 1984.

Frank N. Magill Edited, *The American Presidents—The Office and the Men*, (Ⅱ), Salem Press, 1986, Salem State Library.

John King Fairbank, *The Great Chinese Revolution, 1800—1985*, Harper and Row, New York, 1986.

Christian Zentner and Friedeman Bedurftig, English translation edited by Amy Hackett, *The Encyclopedia of the Third Reich*, Vol. 1, New York: Macmillan Publishing Company, 1991.

Charles Loch Mowat, *Britain between the Wars（1938 – 1940）*, Chicago: The University of Chicago Press, 1998.

Treaty of Peace between the Allied and Associated Powers and Germany, and Protocol, signed at Versailles, 28 June 1919. Dr. Spencer C. Tucker edited, *the Encyclopedia of World War* Ⅰ, Vol. 5, New York: ABC CLLO, 2005.

Daqing Yang, Jie Liu, Hiroshi Mitani, and Andrew Gordon, *Toward a History beyond Borders（Contentious Issues in Sino-Japanese Relations）*, Cambridge, Massachusetts: Harvard University Press, 2012.

Rana Mitter, *Forgotten Ally（China's World War II, 1937 – 1945）*, Houghton Mifflin Harcourt, 2013.

四　外文著作的中文翻译

［英］贝特兰:《中国第一幕：西安事变》,纽约：维金出版社1938年版。

［英］阿诺德·汤因比:《一九三八年国际事务概览》第1卷,牛津大学

1941 年版。

［美］小爱德华·R. 斯退丁纽斯：《租借——致胜的武器》，纽约麦克米伦公司 1944 年版。

［美］爱里奥特·罗斯福：《亲眼所见》，纽约 1946 年版。

［美］科德尔·赫尔（Cordell Hull）：《科德尔·赫尔回忆录》（*The Memoirs of Cordell Hull*）第 1 卷，纽约 1948 年版。

［德］奥托·布劳恩：《中国纪事》（1932—1939），李奎六译，现代史料编刊出版社 1950 年版。

［英］伍德沃德：《第二次世界大战中的英国对外政策》，伦敦 1962 年版。

［日］日本国际政治学会编：《通向太平洋战争之路》别卷《资料篇》，朝日新闻社 1963 年版。

［日］宋屋典郎：《日本经济史》，周锡卿译，生活·读书·新知三联书店 1963 年版。

［日］秦郁彦：《日中战争的军事展开（1937—1941）》，日本国际政治学会太平洋战争原因研究部《走向太平洋战争之路 4. 日中战争下》，东京：朝日新闻社 1963 年版。

［苏］瓦里科夫：《苏联和美国——它们的政治经济关系》，北京编译社译，生活·读书·新知三联书店 1965 年版。

［日］防卫厅防卫研究所战史室：《战史丛书 35·大本营陆军部 3》，东京：朝云新闻社 1969 年版。

［日］外务省编：《日本外交年表及主要文书》（1840—1945）下卷，东京：原书房 1978 年版。

［英］克里斯托弗·索恩：《外交政策的限度：西方、国联与 1931—1933 年的远东危机》，伦敦：麦克米伦公司 1972 年版。

［日］井上清、铃木正四：《日本近代史》（上），杨辉等，商务印书馆 1972 年版。

［日］楫西光速等：《日本资本主义的发展》，阎静先译，东京 1974 年版。

［英］斯蒂芬·罗斯基尔：《两次大战之间的海军政策》第 2 卷，伦敦：1976 年版。

［日］臼井胜美、稻叶正夫：《现代史资料 38·太平洋战争 4》，东京：美玲书房 1977 年版。

［苏］М. И. 斯拉德科夫斯基：《苏中经贸关系史》，莫斯科：科学出版社 1977 年版。

［日］古屋奎二：《蒋总统秘录》，第 13 册，"中央"日报译，台北"中

央"日报社 1977 年中文版。

［英］琼斯·F. C. 等：《1942—1946 年的远东》下册，复旦大学外文系英语教研组译，上海译文出版社 1979 年版。

［苏］A. M. 杜宾斯基：《日中战争时期的苏中关系》（1937—1945），莫斯科思想出版社 1980 年版。

［美］伊·卡恩：《中国通，美国一代外交官的悲剧》，陈亮等译，新华出版社 1980 年版。

［美］沃尔特·拉弗贝：《美苏冷战史话（1945—1975）》，游燮庭等译，商务印书馆 1980 年版。

［日］冈村宁次：《冈村宁次回忆录》，［日］稻叶正夫编，天津市政协编译委员会译，中华书局 1981 年版。

［日］服部卓四郎：《大东亚战争全史》，东京：原书房 1982 年版。

［美］迈克尔·沙勒：《美国十字军在中国 1938—1945 年》，郭济祖译，商务印书馆 1982 年版。

苏联科学院经济研究所：《苏联社会主义经济史》第 3 卷，王逸琳等译，生活·读书·新知三联书店 1982 年版。

［美］H. N. 沙伊贝等：《近百年美国经济史》，彭松建、熊世俊译，中国社会科学出版社 1983 年版。

［美］威廉·P. 黑德：《美国在中国的历程、美国对外政策及其对中美关系的影响 1942—1948》，美国大学出版社 1983 年版。

［日］防卫厅防卫研究所战史室：《战史丛书 90. 中国事变陆军作战 3》，东京：美玲书房 1983 年版。

［苏］崔可夫：《在华使命》，万成才译，新华出版社 1983 年版。

［美］赫伯特·菲斯：《通向珍珠港之路》，周颖如、李家善译，商务印书馆 1983 年版。

埃德加·斯诺：《斯诺文集 3——为亚洲而战》，新民译，新华出版社 1984 年版。

［美］巴巴拉·塔奇曼：《史迪威与美国在华经验》（上册），陆增平译，商务印书馆 1985 年中译本。

［美］罗伯特·达莱克：《罗斯福与美国对外政策（1932—1945）》（上、下），伊伟等译，白自然校，商务印书馆 1984 年版。

［英］约翰·科斯特洛：《太平洋战争 1941—1945》上册，王伟、夏海涛译，东方出版社 1985 年版。

［波兰］伊斯雷尔·爱泼斯坦：《中国未完成的革命》，陈瑞华等译，新华

出版社 1987 年版。

［日］小林清：《在华日人反战组织史话》，社会科学文献出版社 1987 年版。

［日］和田真一：《从帝国军人到反战勇士》，张惠才、韩凤琴译，中国文史出版社 1987 年版。

［日］外务省：《日本外交年表并主要文书（1840—1945）》下册，《文书》，东京：原书房 1987 年版。

［苏］沃龙佐夫：《蒋介石之命运》，董友忱等译，中共中央党校出版社 1992 年版。

［日］法眼晋作：《二战期间日本外交内幕》，袁靖等译，中国文史出版社 1993 年版。

费正清：《剑桥中华民国史》，刘敬坤等译，中国社会科学出版社 1998 年版。

［美］柯伟林：《德国与中华民国》，陈谦平等译，凤凰出版传媒集团，江苏人民出版社 2006 年版。

［英］阿诺德·汤因比主编：《国际事务概览·第二次世界大战·3：轴心国的初期胜利》，许步曾等译，上海译文出版社 2007 年版。

［英］琼斯（Jones，F. C.）等：《国际事务·第二次世界大战·8：1942—1946 年的远东》，复旦大学外文系英语教研组译，上海译文出版社 2007 年版。

［美］黄仁宇：《从大历史的角度读蒋介石日记》，九洲出版社 2008 年版。

［美］艾伦·布林克利：《美国史》（1492—1997），邵旭东译，海南出版社 2009 年版。

［德］戈特弗里特—卡尔·金德曼：《中国与东亚崛起（1840—1949）》，张莹译，社会科学文献出版社 2010 年版。

［日］城山智子：《大萧条时期的中国——市场、国家与世界经济（1929—1937）》，孟凡礼、尚国敏译，凤凰出版传媒集团、江苏人民出版社 2010 年版。

［美］T. 克里斯托弗·杰斯普森：《美国的中国形象（1931—1949）》，姜智芹译，凤凰出版传媒集团、江苏人民出版社 2010 年版。

［美］Suzanne Peper：《中国的内战 1945—1949 年的政治斗争》，启蒙编译社译，当代中国出版社 2014 年版。

［美］吉原恒淑、詹姆斯·霍姆斯：《红星照耀太平洋：中国崛起与美国海上战略》，钟飞腾等译，社会科学文献出版社 2014 年版。

五 中文著作

邹阳编:《国共之间》,历史资料供应社1945年版。

孙科:《中苏关系》,中华书局1946年版。

吴相湘:《"俄帝"侵略中国史》,(台北)中正书局1957年版。

蒋经国:《风雨中的宁静》,(台北)幼狮书店1973年版。

梁敬錞:《开罗会议》,台北:台湾地区商务印书馆1973年版。

[苏]朱可夫:《回忆和思考》第1卷,中国人民解放军军事科学院外国军事研究部译,中国对外翻译出版公司1984年版。

董琳:《顾维钧与中国战时外交》,传记文学出版社(台北)1978年版。

张其昀:《党史概要》(第3册),(台北)"中央文物供应社"1979年版。

王安娜:《中国——我的第二故乡》,生活·读书·新知三联书店1980年版。

中国社会科学院近代史研究所翻译室译:《马歇尔使华》,中华书局1981年版。

中央档案馆编:《皖南事变》,中共中央党校出版社1982年版。

龚古今等主编:《中国抗日战争史稿》,湖北人民出版社1983年版。

李长久等主编:《中美关系二百年》,新华出版社1984年版。

《蒋廷黻回忆录》,台湾传记文学出版社1984年版。

童小鹏主编:《第二次国共合作》,文物出版社1984年版。

张宪文:《中华民国史纲》,河南人民出版社1985年版。

张治中:《张治中回忆录》,文史资料出版社1985年版。

金挥等:《苏联经济概论》,中国财经出版社1985年版。

刘云久编:《第二次国共合作》,黑龙江人民出版社1985年版。

李贻彬:《震惊世界的一幕》,上海人民出版社1986年版。

周文琪等:《共产国际和中国共产党》,中央党校出版社1986年版。

金城:《延安交际处回忆录》,中国青年出版社1986年版。

中共中央党史研究室第一研究部:《抗日战争在中国民主革命中的作用》,中共中央党校出版社1986年版。

中国第二历史档案馆编:《抗日正面战场》(上),江苏古籍出版社1987年版。

王正华:《抗战时期外国对华军事援助》,台北:环球书局1987年版。

陈再凡:《共产国际与中国革命》,华中师范大学出版社1987年版。

林家友等:《国共合作史》,重庆出版社1987年版。

杨世兰等：《国共合作史稿》，河南人民出版社 1988 年版。

李松林等编：《中国国民党大事记》，解放军出版社 1988 年版。

李宏编著：《香港大事记》，人民日报出版社 1988 年版。

杨云若、杨奎松：《共产国际与中国革命》，上海人民出版社 1988 年版。

中共中央党史资料征集委员会编：《第二次国共合作的形成》，中共党史资料出版社 1989 年版。

姜德昌、夏景才主编：《资本主义现代化比较研究》，吉林人民出版社 1989 年版。

中共中央文献研究室编：《周恩来传》，人民出版社、中央文献出版社 1989 年版。

周国全、郭德宏等：《王明评传》，安徽人民出版社 1989 年版。

胡德坤：《中日战争》，武汉大学出版社 1989 年版。

廖承志文集、传记编辑办公室编：《廖承志文集》（上），人民出版社 1990 年版。

吴东之主编：《中国外交史，中华民国时期 1911—1949》，河南人民出版社 1990 年版。

军事科学院军事历史研究部军事历史研究室：《二次世界大战大事纪要》，解放军出版社 1990 年版。

张广信等：《国共关系研究》，陕西人民教育出版社 1990 年版。

张闻天文集编辑组：《张闻天文集》第 1 卷，中共党史资料出版社 1990 年版。

张梅玲：《干戈化玉帛——第二次国共合作的形成》，中国广播电视出版社 1991 年版。

师哲、李海文：《在历史巨人身边——师哲回忆录》（修订本），中共中央党校出版社 1991 年版。

中共中央政策研究室党建组编：《毛泽东 邓小平论中国国情》，中共中央党校出版社 1992 年版。

张闻天文集编辑组：《张闻天文集》第 2 卷，中共党史出版社 1992 年版。

重庆市政协文史资料委员会、重庆市委党校、红岩革命纪念馆合编的《抗日战争时期国共合作纪实》，重庆出版社 1992 年版。

郝晏华：《从秘密谈判到共赴国难——国共两党第二次合作形成探微》，北京燕山出版社 1992 年版。

杨奎松：《失去的机会——战时国共谈判实录》，广西师范大学出版社 1992 年版。

田克勤：《国共关系论纲》，东北师范大学出版社1992年版。

李良志：《度尽劫波兄弟在——战时国共关系》，广西师范大学出版社1993年版。

中共中央文献研究室编：《毛泽东年谱》中卷，人民出版社、中央文献出版社1993年版。

周尚文等：《苏联兴亡史》，上海人民出版社1993年版。

刘德喜：《延安时期毛泽东外交战略》，陕西人民教育出版社1993年版。

张魁堂：《张学良传》，东方出版社1993年版。

周文琪等编著：《特殊而复杂的课题——共产国际、苏联和中国共产党关系编年史》，湖北人民出版社1993年版。

童小鹏：《风雨四十年》第一部，中央文献出版社1994年版。

张闻天文集编辑组：《张闻天文集》第3卷，中共党史出版社1994年版。

李世安：《太平洋战争时期的中英关系》，中国社会科学出版社1994年版。

黄修荣编：《抗战时期国共关系纪事》（1931—1945），中共党史出版社1995年版。

柳建伟：《红太阳、白太阳——第二次国共合作启示录》，解放军文艺出版社1995年版。

王庭岳：《崛起的前奏：中共抗战时期对外交往纪实》，世界知识出版社1995年版。

王泓等编：《周恩来与国际友人》，重庆大学出版社1995年版。

余绳武：《20世纪的香港》，中国大百科全书出版社、麒麟书业有限公司1995年版。

范小方：《国共谈判史纲》，武汉出版社1996年版。

李嘉谷：《合作与冲突——1931—1945年的中苏关系》，广西师范大学出版社1996年版。

萨本仁、潘兴明：《20世纪的中英关系》，上海人民出版社1996年版。

马振犊、戚如高：《友乎？敌乎？——德国与中国抗战》，广西师范大学出版社1997年版。

李新编：《中华民国大事记（1937—1943）》，中国文史出版社1997年版。

成金编著：《铁将军叶挺》，中国戏剧出版社1997年版。

章伯锋、庄建平主编：《抗日战争》第4卷《抗战时期中国外交》，四川大学出版社1997年版。

中共中央文献研究室：《周恩来年谱（1898—1949）》，中央文献出版社

1998年版。

齐世荣主编：《绥靖政策研究》，首都师范大学出版社1998年版。

笑蜀编：《历史的先声——半个世纪前的庄严承诺》，汕头大学出版社1999年版。

沈坚：《当代法国》，贵州人民出版社2001年版。

方连庆等主编：《国际关系史》（现代卷），北京大学出版社2001年版。

中共中央党史研究室：《中国共产党历史（1921—1949）》第1卷上册，中共党史出版社2002年版。

张静如：《中国共产党通史》，广东人民出版社2002年版。

邓野：《联合政府与一党训政：1944—1946年间国共政争》，社会科学文献出版社2003年版。

王桧林主编：《中国现代史》，北京师范大学出版社2004年版。

李工真：《德意志道路：现代化进程研究》，武汉大学出版社2005年版。

赵佳楹：《中国现代外交史》，世界知识出版社2005年版。

张惠才编：《从鬼子兵到反战斗士》，中国文史出版社2005年版。

丁晓平：《感动中国：与毛泽东接触的国际友人》，中央文献出版社2005年版。

中共中央党史研究室第一研究部编：《国共关系的历史回顾与"一国两制"理论研究》，中共党史出版社2005年版。

张振江：《冷战与内战：美苏争霸与国共冲突的起源（1944—1946）》，天津古籍出版社2005年版。

莫高义：《书生大使——胡适出使美国研究》，广东人民出版社2006年版。

陈福今、唐铁汉主编：《公共危机管理》，党建读物出版社2006年版。

雷国山：《日本侵华决策史（1937—1945）》，学林出版社2006年版。

张注洪：《国际友人与抗日战争》，北京燕山出版社2007年版。

中共中央党史研究室第一研究部编：《共产国际、联共（布）与中国革命档案资料丛书》（15），中共党史出版社2007年版。

牛军：《从延安走向世界：中国共产党对外关系的起源》，中共党史出版社2008年版。

杨奎松：《国民党的"联共与反共"》，社会科学文献出版社2008年版。

吴景平：《宋子文与战时中国（1937—1945）》，复旦大学出版社2008年版。

中共重庆市委党史研究室编：《中共中央南方局史》，中共党史出版社

2009 年版。

沈志华主编：《俄罗斯解密档案选编——中苏关系》第 1 卷（1945.1—1949.2），中国出版集团、东方出版中心 2014 年版。

王福琨、邓群主编：《中共中央南方局的统一战线工作》，中共党史出版社 2009 年版。

陶文钊主编：《抗日战争时期中国对外关系》，中国社会科学出版社 2009 年版。

牛军：《从赫尔利到马歇尔：美国调处国共矛盾始末》，东方出版社 2009 年版。

刘方富：《密档中的历史之：西安事变》，广西师范大学出版社 2009 年版。

中共湖南省委党史研究室编：《中共中央南方局的党建工作》，中共党史出版社 2009 年版。

中共广西壮族自治区委员会党史研究室：《中共中央南方局的统一战线工作》，中共党史出版社 2009 年版。

胡德坤主编：《反法西斯战争时期的中国与世界研究》（1—9 卷），武汉大学出版社 2010 年版。

汪朝光：《1945—1949：国共政争与中国命运》，社会科学文献出版社 2010 年版。

胡德坤：《中国抗日战争与日本世界战略的演变》，武汉大学出版社 2010 年版。

杨奎松：《"中间地带"的革命——国际背景下看中共成功之道》，山西人民出版社 2010 年版。

杨奎松：《失去的机会？抗战前后国共谈判实录》，新星出版社 2010 年版。

谢天开：《国共兄弟》，中国文史出版社 2010 年版。

陈铁健：《中国新民主革命通史》，上海人民出版社 2011 年版。

沈志华：《中苏关系史纲：1917—1991 年中苏若干问题再探讨》（增订本），社会科学文献出版社 2011 年版。

杨奎松：《西安事变新探——张学良与中共关系之谜》，山西人民出版社 2012 年版。

许文鸿：《中共"一边倒"政策的形成》，知识产权出版社 2012 年版。

中国社会科学院近代史研究所翻译室：《国共内战与中美关系——马歇尔使华秘密报告》，华文出版社 2012 年版。

《中国近代史》编写组：《中国近代史》，人民出版社、高等教育出版社 2012 年版。

蒋永敬、刘维开：《蒋介石与国共和战（1945—1949）》，山西人民出版社 2013 年版。

徐中约：《中国近代史：1600—2000 中国的奋斗》，世界图书出版社公司 2013 年版。

［美］詹姆斯·L. 麦克莱恩：《日本史》，王翔、朱慧颖译，海南出版社 2009 年版，2013 年 8 月印刷。

牛军：《冷战与新中国外交的缘起（1949—1955）》，社会科学文献出版社 2013 年版。

黄修荣、黄黎：《国共关系纪实》，人民出版社 2014 年版。

胡德坤、韩永利、彭敦文：《中国抗战与世界历史进程》，社会科学文献出版社 2015 年版。

吕迅：《大棋局中的国共关系》，社会科学文献出版社 2015 年版。

杜俊华：《抗战时期中国共产党应对危机的国际统战经验研究》，中国社会科学出版社 2016 年版。

鞠海涛、朱晓艳：《国共谈判六十年》，人民出版社 2016 年版。

杨奎松：《国民党的"联共"与"反共"》（上、下册），广西师范大学出版社 2016 年版。